M000166387

# SELECT LETTERS OF SENECA

*Multa enim, ut dixi, probanda in eo,
multa etiam admiranda sunt: eligere
modo curae sit.*

Quintil. 10. 1. 131

# SELECT LETTERS OF SENECA

Edited with Introduction &
Explanatory Notes by
## Walter C. Summers, M.A.

Sometime Fellow of St John's College, Cambridge & Firth
Professor of Latin in the University of Sheffield

Published by Bristol Classical Press (U.K.)
General Editor: John H. Betts
and by
Aristide D. Caratzas, Publisher (U.S.A.)
(by arrangement with University Tutorial Press Ltd.)

Cover/Frontispiece illustration: Portrait of the Younger Seneca from a double herm of Socrates and Seneca, third century A.D., copied from a first century original made ca. 60 A.D. when Seneca would have been in his 60's; Berlin [drawing by Jean Bees].

First published by Macmillan & Co. Ltd., 1910

Reprinted by permission of Macmillan Education Ltd., 1983, 1990 by

| U.K. | U.S.A. |
|---|---|
| Bristol Classical Press | Aristide D. Caratzas |
| 226 North Street | 30 Church Street |
| Bedminster | P.O. Box 210 |
| Bristol BS3 1JD | New Rochelle |
| | New York NY 10802 |
| ISBN 0-86292-120-1 | ISBN 0-89241-385-9 |

Printed and bound in Great Britain by
Short Run Press Ltd., Exeter, Devon

# PREFACE

IT has often struck me as unfortunate that most
candidates for Classical Honours, whilst familiar
with Caesar, Cicero, Livy and Tacitus, know of a
writer who deserves at least next place to them
among the Latin prosaists only so much as they
may have learned from chance interviews in
examination rooms or Unseen Translation classes.
And this although between two of those writers
there lies a long interval during which prose
steadily developed in what is usually considered
an entirely new direction, and Seneca's works
are by date and style marked out as the natural
bridge from the 'milky richness' of Livy to the
daring concentration of Tacitus. Nor is the
path they offer either unsafe nor unprofitable:
indeed the student of Latin loses much and risks
much in the aerial flight by which he generally
evades it. I spoke at the outset of the Honours
man, but there is no reason at all for refusing
the Pass man access to this road. That Seneca

is a writer who claims the unflagging attention
of his reader is undeniable.   But he is not really
hard either to understand or to translate : Tacitus,
with whom we confront the Pass man, is both.
What difficulty there is in Seneca is caused very
largely by his habit of laying stress on such
points as the resemblance between two words or
parts of two words, differences of cases or tenses,
the different meanings of a single word, and so
forth.   It is just this that, to my mind, makes
him a valuable exercise for a class of student
with which those who teach in the Universities
of more recent foundation are familiar enough,
students who begin Latin comparatively late
and hope to make up for any lack of that
instinctive sense of grammatical fitness which
comes to those whose Latin has been with them
since early boyhood by the resolute application
of common-sense judgment and keen observation
to the text they are reading.   Of course Seneca
has stronger claims on the Pass man's attention
than this.   The information he gives us as to
ordinary life in Italy under Nero, the light he
throws on that colloquial Latin which still lives
in French, Italian and Spanish, the literary influence which he has exercised, as only a great
writer can, upon later generations : to all this I
have tried to testify in my Introductions, and if

there, conscious of my lack of all qualifications
for the task of revising the modern verdict upon
Seneca's philosophy, I have said nothing of this
other aspect of his writings, here at any rate I
should like to whisper a query as to whether his
teaching is not, in spite of tiresome paradox and
dangerous concession, on the whole at once
honourable and valuable, and whether, on the
rare occasions when he handles thorny problems
of doctrine or terminology, the clearness of his
style does not compare favourably with that of
some philosophers of more recognised standing.

The editor of Seneca finds himself in a position
almost unique nowadays for the editor of one of
the more important Latin authors.    For the
text, indeed, much has been done in recent years,
and Hense's edition of the *Epistulae* presents an
up-to-date critical apparatus to the clearness
and adequacy of which I proclaim myself a
grateful debtor.    But there is a strange dearth
of explanatory editions.    Of the Letters as a
whole there has been, so far as I know, none
since 1800, and those of only very limited portions which have appeared since then, mainly in
France and Germany, do not, if I may judge of
two samples at which I glanced, attempt to give
more than occasional assistance of quite an
elementary character.    The Variorum edition,

published at Amsterdam in 1672 and containing
the valuable, but all too brief, notes of Lipsius,
with Ruhkopf's edition of 1800, supplied a good
nucleus for a commentary, in supplementing
which I got much assistance from a Lexicon to
Seneca's philosophical writings which I have been
compiling in moments of leisure during the last
four years. It is by no means complete, but it is
fairly full, perhaps the fullest that exists outside
the sacred chests of the Thesaurus office in
Munich, and reference to it has often enabled
me to choose between variant readings or interpretations. I have had in mind (dare I confess
it ?) not only the learner, but the teacher. The
introductions to each letter, in which I hope to
have made some amends for the neglect of
Seneca's philosophy in the larger introductions,
obviously appeal rather to the inner circle. But
even in the notes I have not hesitated, *e.g.* to
quote lines from the Tragedies which contain
striking parallels of language or thought, or passages from the prose writings at least as hard as
the text they are intended to illustrate. In the
latter case I have, I think, always given as well,
and in a simple form, any explanation of the
text which was absolutely necessary for average
students, and, by partly translating the quotation
and giving the meanings of the more difficult

words in it, have tried to meet half-way any who have a tendency to raise themselves out of the ruck. I hope that the attention paid to the differences between Seneca's Latin and that of Cicero will reassure teachers who may fear that the study of the book will demoralise the composition of their pupils. As for my text, in order that the reader may see at a glance how much he owes to the emendations of Renaissance and later scholars, I have printed there in italics all letters of which the good MSS. seem to me to preserve no trace. Many of these emendations are so self-evident that I have not attempted to note them all in the apparatus, where my object was simply to (1) record all important cases where I thought there was real doubt as to the correct reading, and (2) give, for the benefit of those interested in such matters, a selection of the more striking corruptions of the MSS. I hope it will be remembered that it is the omission (from considerations of space) of so many certain conjectures that makes my own emendations receive a prominence to which their intrinsic merit does not entitle them.

In conclusion, it is my pleasant task to express my thanks to Prof. E. V. Arnold of Bangor and my colleague Mr. J. H. Sleeman, both of whom looked over the whole of my proofs and helped me with many valuable suggestions and corrections, to my colleague Prof. G. C. Moore Smith, who purged my Introductions of many errors and obscurities, to my old tutor, Mr. W. E. Heitland of St. John's College, Cambridge, who took some pains to illuminate some dark passages on which I had consulted him, and to Messrs. Macmillan & Co., who have been kind enough to undertake the publishing of a work which is not likely to meet with a large sale.

WALTER C. SUMMERS.

The University,
Sheffield.

*Jan.* 1, 1910.

I DEDICATE THIS BOOK TO

WILLIAM EDGAR ALLEN, Esq., Litt.D.

IN GRATEFUL RECOGNITION OF THE GENEROSITY
TO WHICH THE UNIVERSITY OF SHEFFIELD OWES
THE MOST BEAUTIFUL AND THE MOST WIDELY USEFUL
OF ITS LABORATORIES

THE EDGAR ALLEN LIBRARY

# CONTENTS

## INTRODUCTION A[1]

## THE POINTED STYLE IN GREEK AND ROMAN LITERATURE

THE pointed style seems to me the best name by which to designate a kind of writing which, without sacrificing clearness or conciseness, regularly avoids, in thought or phrase or both, all that is obvious, direct and natural, seeking to be ingenious rather than true, neat rather than beautiful, exercising the wit but not rousing the emotions or appealing to the judgment of the reader. It is a style which in modern literature has been admired in France rather than in Germany or our country, although in Pope we have an acknowledged master of it.[2]   In Latin,

[1] In this part of my work I owe much to Blass's *Griech. Beredsamkeit in dem Zeitraum von Alexander bis auf Augustus*, Norden's *Antike Kunstprosa* and the preface to Marx's edition of the *Ad Herennium*.

[2] It is the pointed character of the style more than anything else that makes Pope's Homer un-Homeric : cp. e.g. ' *Be still yourselves, and Hector asks no more* ' (6. 138), ' *Achilles absent was Achilles still* ' (22. 418), ' *In all my equal, but in misery* ' (24. 603), where a glance at the original reveals the fact that these turns are due entirely to the translator, whose view is that ' the literary simplicity of Homer has missed an opportunity ' (Prof. Shorey, to whose Intr. to his edition of

whilst its best representative is undoubtedly Seneca
the younger, it is characteristic of the whole of that
later period of literature which we call 'Silver' and
the duration of which so nearly coincides with the
first century of our era. The pointed thought was
by no means unknown to the writers of the Golden
period, especially Cicero,[1] but what was occasional in
them became a habit with their successors. The
difference may be illustrated by comparing the ways
in which Cicero and Seneca express identical thoughts,
as for instance in their answer to the charges urged
against old age as putting an end to pleasure and
involving the near anticipation of death.[2]

|             CICERO             |            SENECA            |
| ------------------------------ | ---------------------------- |
| Cupidis enim rerum talium      | Hoc ipsum succedit in locum  |
| (*sc.* uoluptatum) odiosum for-| uoluptatum, nullis egere.    |
| tasse et molestum est carere,  |                              |
| satiatis uero et expletis iu-  |                              |
| cundius est carere quam frui.  |                              |
| Quamquam quis est tam stul-    | (Mors) tam seni ante oculos  |
| tus, quamuis sit adulescens,   | debet esse quam iuueni : non |
| cui sit exploratum se ad ues-  | enim citamur ex censu.[3]    |
| perum esse uicturum ?          |                              |

In two short sentences Seneca gives us the half-
paradoxical 'to need no pleasure is itself a pleasure,'

part of Pope's *Iliad* I owe these exx.). Pope's definition of
Wit, 'What oft was thought, but ne'er so well expressed,'
covers a good many kinds of Point.

[1] See p. xxvii below.

[2] *Cato* §§ 47, 67, *Ep.* 12 §§ 5, 6 respectively.

[3] See my notes on this passage.

the pointing of the antithesis 'old and young by the use of *senex* and *iuuenis* in an oblique form, so that the words end similarly (homoioteleuton), and the rendering by a brief and alliterative clause of the thought 'Death sends its summons without recognising such distinctions as *younger* and *older.*'

For a full list and classification of these neat 'points,' for which we seem to have no really comprehensive title, though one or another of the words 'epigram,' 'conceit,' 'turn' and 'paradox' will apply to most of them, the reader is referred to Intr. B. Here he is invited to consider the questions, (1) Was this pointed tendency something entirely new in literature, and (2) If not, what caused it to become so predominant in the Latin of the imperial period?

The taste for Point seems to be characteristic of literature in decadence. Montaigne in his chapter on Books [1] observes 'that good and ancient Poets have shunned the affectation . . . not only of fantastical, new-fangled . . . Petrarchistical elevations, but also of more sweet and sparing inventions which are the ornament of all the Poeticall workes of succeeding ages. Yet is there no competent judge that finds them wanting [2] in those Ancient ones, and that doth not much more admire that smoothely equal neatnesse, continued sweetness, and flourishing comelinesse of Catullus his Epigrams than *all the sharpe quips and witty girds wherewith Martiall doth whet and embellish the conclusions of his.*' In our own literature,

[1] *Essays* 2. 10 (Florio's trans.).      [2] I.e. misses them.

the natural genius of the Elizabethan poets was succeeded by the conceits of Donne and Cowley which
led up to the epigrammatic style of Dryden and Pope.
And the scanty remains of the literature of Greece
in what we may call its Silver period, the third
and second centuries B.C., seem to point to something
of the kind having happened there, so that when
the Greek teachers of rhetoric came in contact with
the Italians many of them must have been under the
influence of a pointed tendency either still flourishing
or at all events not long discredited.[1]

Timaeus of Tauromenium is generally supposed to
have compiled the history of Sicily about the beginning of the third century B.C.   The work is lost, but
the accounts given us of his style and the fragments
preserved by such writers as Plutarch and the author
of the treatise on the Sublime suggest the votary of
Point   In the *Brutus* Cicero implies that Timaeus'
style was characterised by 'thoughts that were neat
and witty rather than impressive and dignified,'[2] and

---

[1] I cannot regard Gorgias and Isocrates as fore-runners
of the pointed style.  It is true that this owes a great
deal to the figures which they had developed, but whereas
in e.g. Bion and Seneca the figures are used to give emphasis
and clearness to the point which is to be made, in Isocrates
they seem to be mainly musical or rhythmical devices, sub-
servient to the run of the period, whilst in both Isocrates and
Gorgias antithesis is constantly used for its own sake alone
and actually obscures the thought.

[2] § 325.  Cicero describes a certain style of oratory in these
terms (*sententiosum et argutum, sententiis non tam grauibus et
seueris quam concinnis et uenustis*), and then goes on to say
*qualis in historia Timaeus.*

in the *De Natura Deorum* he introduces one of his
fantastic turns with the words 'Timaeus puts it
neatly, as usual.'[1]    The treatise on the Sublime
charges the historian with a wish to be for ever
finding a novel conceit.[2]    In a speech which Timaeus
makes Timoleon deliver just before attacking the
Athenians [3] we find two 'points': 'We have a proverb *more desolate than Libya*, not because Libya is
uninhabited, but because its inhabitants have but a
poor spirit,' and 'Who would fear men who wear
shirts under their inner tunics for fear of shewing
their nakedness if they fall in battle?'  Poor as these
specimens are, they are better than some others that
are quoted from Timaeus, as for instance such trifling
as 'That Nicias, whose name is derived from *Nike*
(victory), should be opposed to the Sicilian expedition
boded ill for its success,' or ' 'Twas but natural that
Heracles should help Syracuse : he owed the Sicilian
goddess Persephone a good turn for having been
allowed to carry off her dog Cerberus, the Athenians
a grudge for helping the people of Egesta, the
descendants of his old foe Laomedon.'[4]   Still, we
must remember that the survival of fragments of an
ancient writer is very often by no means a survival of
the fittest, and in the case of Timaeus the authorities
who preserve them are openly hostile, with the
important exception indeed of Cicero.   Unfortunately

[1] 2. 69 *concinne ut multa Timaeus, qui* etc.
[2] 4. 1 ἔρως τοῦ ξένας νοήσεις ἀεὶ κινεῖν.   [3] cited by Polyb. 12. 26 a.
[4] These two gems are cited by Plut. *Nic.* 1.

the only 'point' that he quotes is not pleasing to
modern taste.  The temple of Artemis at Ephesus
was burned down on the same night as that which
saw the birth of Alexander—at least so the historian
affirmed, and he added that it was quite conceivable
that the disaster was due to the fact that the goddess
of childbirth was away, in attendance on Alexander's
mother.[1]  Plutarch calls this piece of ingenuity chill
enough to have extinguished the conflagration in
question,[2] but still, unworthy as it was of the dignity
of history, it certainly suits the context in which
Cicero himself introduces it, and it seems clear that
he did not regard Timaeus' taste in these matters as
ridiculous and contemptible.[3]

The tendency which has been observed in Timaeus
was quite in harmony with the general tendency of
his age, the third century B.C., in the direction of the
ingenious, the amusing and the piquant.  The orators
of the period are for the most part mere names, but
among the scanty fragments quoted from them are
several that remind us of Timaeus.  ''Twas mon-
strous that Thebes, the land that bore the Σπαρτοὶ,
should itself be ἄσπορος,' said Hegesias, contrasting
the untilled condition of the fields with their ancient

---

[1] N.D. 2. 69 *minime id esse mirandum, quod Diana, cum in
partu Olympiadis adesse uoluisset, afuisset domo.*

[2] *Alex.* 3, where however it is ascribed to Hegesias (see next
note).

[3] As he evidently did that of Hegesias, of whom he says
(*Or.* 226) *non minus sententiis peccat quam uerbis, ut non
quaerat quem appellet ineptum qui illum cognouerit.*

sowing with the dragon's teeth: Hermesianax in a panegyric on Pallas Athene observed that, springing as she did from the Thunderer's κεφαλή (head), it was only natural that she should possess τῆς εὐδαιμονίας τὸ κεφάλαιον (crown). As for poetry, this was the age in which the epigram, hitherto content with the rôle of monumental or votive inscription, began to aspire to the handling of the most various thoughts and feelings. As the conception of it as a short poem remained unchanged, conciseness of expression became essential and the point began to prevail in it—not indeed to the extent to which it prevails in Martial, but still markedly, as in the epitaph [1] on the drunken hag who weeps even in the grave, not for husband or children, but because the wine-cup is empty, or in that of Erinna,[2] where a phrase from one of her poems, 'Hades, how jealous thou art!', is quoted and applied to the occasion of her death, and in compositions like *Anth. Pal.* 6. 302, a mere versification of one of the witticisms ascribed to Diogenes.[3] The love of such sallies and apophthegms of all kinds is but another form of the tendency: whether the collections were those of philosophers or courtesans or parasites, the style was much the same.[4] Puns

---

[1] A.P. 7. 455.           [2] A.P. 7. 13.

[3] Recorded by Diog. Laert. 6. 40. Mice ran over his table, and the Cynic remarked 'even I can maintain παράσιτοι.'

[4] The exx. I quote come, except where stated to the contrary, from Athenaeus 8. 348 d, 13. 583 f. He calls the power to make such retorts εὐστοχία τῶν ἀποκρίσεων, the person who possesses it εὔθικτος πρὸς τὰς ἀπαντήσεις.

abounded: a woman tells a chatterer who professes
to have come from Hellespont that he certainly never
went to *Sigeum* (Stil-ton), Stilpo tells a rival philosopher whom he sees shivering, that he seems χρείαν
ἔχειν ἱματίου καινοῦ,[1] maliciously dividing the syllables
of the last word so that it represents 'and common-
sense.' Often the point depends on the change of a
letter: a man about to make a speech in a city that
is celebrated for the number of its temples turns the
herald's call for silence, ἀκούετε λεῴ, into ἀκούετε νεῴ
('steeples' for 'peoples'), Diogenes calls the argument-
ative sect of Euclides χολή instead of σχολή.[2] More
elaborate are cases in which there is an inversion of
some kind, as when a falling beam (δοκός) kills a bad
man and the wit remarks 'δοκῶ, εἰσὶ θεοί· εἰ δὲ μή,
δοκοὶ εἰσίν': Socrates himself is credited with 'Others
live to eat: I eat to live.' In this case, and probably
in many others, we have not so much what Socrates
said as what the third century would have wished
him to say.[3] Contemporary philosophers, especially
the Cynics in their 'diatribes' or sermons, made
large concessions to the spirit of the age. Bion of
Borysthenes is a typical figure, half philosopher, half
littérateur, the Greek Voltaire as he has been admirably named. His style seems to have combined with
the plain speech natural to one who was at least
half a Cynic a distinct tendency towards Point.

---

[1] Diog. Laert. 2. 118.          [2] Diog. Laert. 6. 24.

[3] Cp. Wilamowitz-Moellendorff, *Antigonos von Karystos*,
pp. 81 *sqq.*

Eratosthenes accused him of being the first to robe philosophy in the 'gay attire of a wanton,'[1] and epigram, antithesis and paradox loom large in his fragments. His sally against Persaeus is not much better than a pun. An inscription to this philosopher read Περσαῖον Ζήνωνος Κιτιᾶ, 'Persaeus, (pupil) of Zeno and native of Citium'; Bion proposed to emend the last word to οἰκετιᾶ,[2] as it was generally believed that Persaeus had been Zeno's slave. But when we read such sayings as, 'In estimating friends consider not πόθεν εἰσί, but τίνες,' 'Conjecture[3] is προκοπῆς ἐγκοπή,' ''Tis a great evil not to be able to—endure evil,' 'A miser doesn't own his land: his land owns him,'[4] we feel that we have advanced a good way upon the road towards Silver Latin.[5]

Of the style prevalent in the second century we know but little. The only writer of whose works a considerable portion has survived, Polybius, cannot be said to possess a style at all. It is likely that Menippus, who doubtless belongs to this period, wrote a pointed prose. The earlier of the two classes

[1] Strabo 1. 2. 2 πρῶτον ἀνθινὰ περιβαλεῖν φιλοσοφίαν.

[2] Athen. 4. 54 (Kaibel). L.S. do not recognise the word οἰκετιεύς. One would have expected Περσαίῳ, or the nominative : it is not easy to see why the accusative is used.

[3] I.e. οἴησις, as opposed to ἐπιστήμη.

[4] These passages are quoted from the Intr. to Hense's *Teles*, pp. 72, 82, 85.

[5] Cp. such Senecan passages as *magis quis ueneris quam quo interest* (*Ep.* 28. 4), *miserum te iudico quod numquam fuisti miser* (*Pro.* 4. 3), *sic diuitias habent quomodo habere dicimur febrem, cum illa nos habeat* (*Ep.* 119. 12).

of what Cicero calls the Asiatic oratory must have flourished towards the end of this century, and was certainly pointed.[1] But the long-dwindling stream of literature now vanishes altogether, and we must turn elsewhere to find it rising again, like Arethusa, across the Ionian waters.

It may be fanciful to see anything characteristic in the fact that on the occasion of what Mommsen[2] calls 'the first demonstrable contact between Rome and the Greek East' the Romans shewed themselves apt pupils of the pointed Timaeus. When they based the right to intercede for the Ilians on their own kinship with the old Trojans of Homer, they were indulging in much the same kind of argument as that by which we have seen the historian of Sicily explaining the hatred of Heracles for Egesta.[3] At all events there is no doubt that the Roman genius was peculiarly adapted for the assimilation and development of the pointed style. The acuteness of mind which in Roman law produced quibbles was likely in literature to produce points, whilst the national instinct for assonance and alliteration[4] would ensure for these 'jewels' that natural setting which all jewels require.

---

[1] See his description of it, cited on p. xviii note 2.

[2] Rom. Hist. (E.T.) l. 484.

[3] See p. xix. It is probable that it was Timaeus who gave the finishing touches to the legend of Rome's Trojan origin : see Mommsen, l.c. p. 483.

[4] For which Plautus and the Roman proverbs give us the best evidence. See for the latter Otto, *Sprichwörter der Römer*, p. xxxii.

Such *a priori* considerations are confirmed by a study
of the eloquence of so typical a Roman as the elder
Cato. Greek culture probably influenced him more
than he knew or would admit, but it certainly is not
responsible for the fact that out of the record of his
writings and sayings there emerges, as clearly as the
practical bent for which he is famous, a style which is
pregnant with point. '*Quis in sententiis argutior?*'
says Cicero [1] : 'His style was like the man, εὔχαρις
γὰρ ἅμα καὶ δεινὸς ἦν, ἡδὺς καὶ καταπληκτικὸς, ἀποφ-
θεγματικὸς καὶ ἀγωνιστικός,' says Plutarch [2] : Jordan's
edition of the fragments supplies the commentary to
these criticisms. '*Epistulis bellum gerit*' (of Antiochus),
'*uentrem suum pro hoste habet*' (of a glutton), 'Our
doctors are worse than useless : they are dangerous,
and only ask a fee *ut fides eis sit et facile disperdant.*'
'*Auditis, non auscultatis,*' he says to a listless audience,
perverts a man's cognomen 'Nobilior' into 'Mobilior,'
and points a contrast by means of similar endings of
words with '*equos carius emebant quam coquos*' in his
eulogy of Rome's olden days. Bion and Seneca might
have been the authors of such turns as 'Nowadays
you may do ill and come to no harm, but you can't
do well without coming to harm' and 'They blame
me *quia multo egeo,* I them, *quia nequeunt egere.*'[3]

---

[1] *Brut.* 65.                    [2] *Cato* 7.

[3] In this last example *egere* acquires the force of *carere,*
'do without.' The point is much the same as that of the
first Senecan passage quoted on p. xvi. Seneca may have
drawn upon Cato more than we can prove : *Ep.* 31. 11 *cogita
illos* (the gods), *cum propitii essent, fictiles fuisse* is very like

How far such orators as the Gracchi, Antonius and Crassus used the pointed style which I believe would be most natural to them, how far their desire to rival Demosthenes and the great Attic orators led them to avoid it of set purpose, it does not seem possible to gather.[1] We may reasonably suppose that some of the Greek teachers of rhetoric were advocates of what they doubtless called the modern style, protesting against the classicism which ignored all the oratory later than the fourth century B.C., and that such teaching did not fall entirely in vain on Roman ears. But it is not until the period immediately preceding the Ciceronian that we find a definite instance of a Roman orator who used the pointed style, and our knowledge of this fact we owe to a single passage of Latin. At the close of the Brutus Cicero tells us that the style of his rival Hortensius combined with great volubility the taste for thoughts that were 'neat and luscious rather than necessary or sometimes even to the purpose.'[2] The orator, who takes this opportunity to observe that such a style is particularly attractive to youthful genius, is doubtless speaking

---

Cato in Liu. 34. 4. 4 *multos audio . . . antefixa fictilia deorum ridentes: ego hos malo propitios deos*, whilst *Ep.* 94. 27 cites with appreciation *illa Catoniana* 'emas non quod opus est, sed quod necesse est ; quod opus non est, asse carum est' as instances of precepts compressed into a *sententia* (i.e. 'point' : see p. xxxv note 3).

[1] Cp. Norden, l.c. pp. 169 *sqq.*

[2] *Brut.* 326 *habebat . . . studium crebrarum uenustarumque sententiarum, in quibus . . . erant quaedam magis uenustae dulcesque sententiae quam aut necessariae aut interdum utiles.*

from personal experience.  His own earlier speeches
shew a very marked tendency towards Point,[1] and
this in all probability is chiefly what he means by the
*iuuenilis dicendi impunitas et licentia* which he tells us[2]
his famous Rhodian teacher Molo worked hard to
check.  But the taste for the thing never entirely left
Cicero.  We have seen above how he appreciated
Timaeus' wit; that he never expressed real censure
of the so-called Asiatic styles, one of which as we
have seen above was pointed, has often been observed;[3] Quintilian and Tacitus expressly say that
some of the 'points' so dear to their age had been
used, if not discovered, by Cicero.[4]

But we have now reached a period when our knowledge of Roman literature is not confined to Oratory
or oratorical History.  The fragments of Varro's
Satires, though preserved to us by grammarians only

[1] Cp. Landgraf, *De Ciceronis elocutione in orr. pro Quinctio
et pro Roscio Amerino conspicua*, Huebner *De Ciceronis or.
pro Q. Roscio comoedo* (esp. pp. 13 *sqq.*, where the speech is
ascribed to that Asian style which affected *sententiae con-
cinnae*, i.e. that of p. xxiv above, and emphasis is laid on the
shortness of the sentences as especially suitable to it).

[2] *Brut.* 316.

[3] E.g. by Blass, l.c. p. 128, Norden, l.c. p. 225 : cp. Teuffel-
Schwabe[5] § 178.

[4] Quint. 12. 10. 48, Tac. *Dial.* 22 (for the word used
by them to denote the 'point,' *sententia*, see p. xxxv).
Clear exx. of Ciceronian points are *Verr.* 2. 3. 47 *campus
Leontinus sic erat deformis atque horridus ut in uberrima
Siciliae parte Siciliam quaereremus* (imitated by Florus : see
Weyman in *Arch. für lat. lex.* 14 p. 48) and *Marc.* 12 *ipsam
uictoriam uicisse* (a favourite with later writers : see
Morawski, *Rhet. Rom. Ampullae* p. 17 and Sen. *Ep.* 9. 19).

because of the rare words and forms they contain,
reveal clear traces of a pointed style, the style best
adapted to the light and gay tone that reminds us so
much of Petronius and Rabelais.  As examples of a
typically Latin spirit, not likely to be due in any way
to anything in his Greek original, Menippus, may be
cited : *sociis bellum ita geris ut bella omnia domum
auferas ; sapiens bonum ferre potest modice et malum
fortiter ; quem terra non cepit* ('was not large enough
for') *et caelum recepit* (said of Hercules) ; *ut uideatur
non defuisse magis (quam) superfuisse.*[1]   Even in a serious
work like the *Rerum rusticarum libri* Varro indulges
this propensity : cp. e.g. *uerberibus potius coerceant quam
uerbis,* or 'they prefer *manus mouere in theatro ac circo*
(i.e. in applauding) *quam in segetibus ac uinetis*' (said
of the degenerate Roman farmer).[2]   In another
native of that Sabine land where the old Roman
characteristics so long survived, the historian Sallust,
we find the same tendency, which indeed here begins
to become affectation.[3]   Sallust takes Thucydides as

[1] Buecheler[4] 64, 172, 298, 340.   In the first of these
passages the meaning is : 'You are supposed to be fighting
for our subjects, and your way of doing it is to carry off all
their beautiful (works of art ?)', *bella* belonging to the adj.
*bellus,* not the noun *bellum.*

[2] R.R. 1. 17. 5, 2. pr. 3.   In the first passage Varro is quoting
Cassius Dionysius, but we may safely make him responsible
for the *form.*   The play is found, characteristically enough,
in Plautus (*Men.* 978), Terence (*Haut.* 356), and Sen. (*Ep.*
47. 19).

[3] In view of Sallust's notorious influence upon Tacitus,
examples seem scarcely necessary.   See however *Cat.* 5. 8
*pessima ac diuorsa inter se mala, luxuria atque auaritia, Jug.*

his model, but he reminds us almost as much of Ovid. Although the poet prides himself on being the child of his day and the historian is for ever yearning for the old Roman manners, although the one immediately precedes the Augustan age and the other belongs to its latter half, both proclaim with almost equal clearness the advent of a new régime, the absolute monarchy of Point.

And indeed, although this régime was not fully established until the closing years of the rule of Augustus, two changes to which it mainly owed its power may be said to have followed at once upon the extinction of the Republic: the degeneration in the teaching of Rhetoric and the increase in the influence of the rhetorical schools upon Literature.

What exercises were employed by the earlier teachers of the art of speaking is not very clear. The philosophers seem to have contented themselves with giving their pupils the handling of such commonplaces as 'Is knowledge attainable?' or 'Which is preferable, Town life or Country life?'[1] The rhetors proper seem to have preferred themes drawn from epic legends and mythology, of which they liked to give startlingly new, paradoxical versions, singing the praises of the wanton

---

57. 6 *pari periculo sed fama impari boni atque ignaui erant*, H. 1. 30 (Dietsch) *fracta crura et bracchia et oculi effossi ut per singulos artus exspiraret* (on which see Weyman, *Archiv* l.c. p. 44).

[1] These exercises were called θέσεις, *theses*, *quaestiones* (or *quaestiones infinitae*): cp. Cic. *Inuent.* 1. 8, Quint. 3. 5. 5.

Helen, or defending the cunning of Palamedes.[1]
Isocrates took the trouble to compete with one
Polycrates in whitewashing the character of the
brutal tyrant Busiris.[2]  But, somewhere about the
time of the orator Demetrius of Phalerum, according
to Quintilian,[3] i.e. about 300 B.C., a new kind of
exercise came into fashion, the declamation on
fictitious subjects akin to those which would arise in
the law-courts, the senate or the popular assembly.
Quintilian implies that the date, which he describes
merely as the one generally given, is not based on
any definite evidence : very possibly Demetrius was
named simply because it was generally understood
that the old style of oratory had died with him.[4]
There is no other evidence that declamations of this
kind were practised so early, and it is certain that
the old paradoxical ones were still thriving in the
time of Polybius, who speaks of the 'excellence of
Thersites' or the 'faithlessness of Penelope' as
favourite subjects for schoolboy essays.[5]  But at all
events by the time of Cicero's boyhood the mock legal

---

[1] Examples of 'fair copies' of exercises on these two themes
have come down to us : see Jebb, *Attic Orators* 2. pp. 55 and
100, Mahaffy *Classical Gk. Lit.* 2. p. 80.

[2] Printed in the editions as *Or.* 11.

[3] Quint. 2. 4. 41 *fictas ad imitationem fori consiliorumque
materias apud Graecos dicere circa Demetrium Phalerea
institutum fere constat.* He adds that he cannot find out
whether D. was the inventor of this kind of exercise, and
that those who assert most confidently that he was have no
good authority for doing so.

[4] Cic. *Brut.* 38, Quint. 10. 1. 80.          [5] Polyb. 12. 26 b.

or deliberative speeches were in full force.[1]   We find
a number of them mentioned in two treatises on
Rhetoric which belong to this period, the *Ad
Herennium* and the *De Inuentione*, and an examination
of the subjects [2] shews that, speaking generally, they
kept as closely as possible to the conditions of ordinary
life, such as the pupil was likely to have to face in
practice.   Cicero indeed himself implies this,[3] and
Suetonius tells us that they were taken either from
history or *ex ueritate ac re si qua forte recens accidisset.*[4]

Very different are the declamations which we
meet in the collection of the elder Seneca,[5] and which
were evidently in general use in the Augustan period.
Seneca tells us at the very outset [6] that though
Cicero used to declaim, it was 'not the kind of
declamation which we nowadays call *Controuersia.* . . .
Our kind of declamation is so new that it has a new

[1] These were called ὑποθέσεις, *quaestiones finitae, causae*:
Cic. *De Or.* 2. 78, Sen. cited in note 6 below, Quint. 3. 5. 7.

[2] See esp. Marx. l.c. p. 102 *sqq.*

[3] *De Or.* 1. 149 *ut causa aliqua posita consimili causarum
earum quae in forum deferuntur dicatis quam maxime ad
ueritatem accommodate.*

[4] *Rhet.* 1.   The context there makes it clear that by *ueteres
controuersiae* he means the Ciceronian declamations, as
opposed to that of the empire : strictly speaking, if the elder
Sen. is reliable (see next note), the former were called *causae*,
not *controuersiae.*

[5] The full title of the work is *Oratorum et Rhetorum
Sententiae, Diuisiones, Colores.*   Ten books deal with the
*Controuersiae*, or imaginary legal cases, one with the *Suasoriae*
or imaginary deliberative pieces.   I cite the book as Sen.
*Contr.* or *Suas.* as the case may be.

[6] *Contr.* 1. pr. 12.

name: Cicero called his declamations *Causae.*' A
glance at Seneca's book shews where the novelty lay.
Care was no longer taken to ensure that the declamation should be a genuine exercise, a preparation for
real public speaking. The 'legal' declamations, or
*Controuersiae* as they were called in contradistinction
to the *Suasoriae* or deliberative ones, generally begin
with a quotation of the law (or laws) on which the
case turns. But very often the law quoted never
stood in the Roman statute-book. Sometimes it is
doubtful if there was such a law anywhere at all:
generally the Latin declaimer has simply taken over
the νόμος of a Greek declamation and turned it into a
*lex.*[1] In the subject-matter imagination, very often a
diseased imagination that conjures up scenes of
refined cruelty and reckless passion, is allowed full
play, and the young barrister who had been trained
on such exercises found himself as much at home in a
law-court as would a person who had been kept all
his life in close confinement and had read only the
most extravagant of our modern novels. Some of
the subjects were indeed of a distinctly romantic
tendency.[2] A pirate's daughter falls in love with a

[1] The first declamation in Seneca's book turns on a law by
which children were bound to support their parents. Such a
law existed at this time in Greece, not until Hadrian's reign
at Rome. The first declamation of the ninth book turns on
the *actio ingrati*, which is mentioned by the younger Sen. in
*Ben.* 3. 6. 1 as a conventional fiction of the schools.

[2] As a matter of fact some of them reappear in medieval
collections of novels and romances like the *Gesta Romanorum*:
see Mueller's ed. of the elder Seneca, p. vii, note 1. The

captive and runs away with him : they escape
together and are married.  But on reaching home
they are met by a stern father who calls upon his
son to divorce a bride of antecedents so doubtful,
and punishes refusal by disinheritance.  Or, again, a
husband and wife swear not to survive each other.
The man goes abroad, and sends home false news of
his death : the woman makes an unsuccessful attempt
to kill herself.  On the discovery of the truth, her
father insists on her securing a divorce : when she
refuses, he too disowns his child.[1]  No doubt the
declamations of the early rhetoricians had not always
been free from extravagance: Cicero mentions as
a favourite the one in which an alien plays a
great part in repelling the enemy's attempt to
storm the city in which he is residing, and is then
indicted for having broken the law forbidding
aliens to mount the walls.[2]  This, and some others
that might be mentioned,[3] are almost as silly and
improbable as any of the Senecan ones, but they are
few in number, and the criticisms passed by imperial
orators and writers [4] upon the contemporary declama-

subject of Massinger's *Bondsman* is obviously derived ultimately from *Contr.* 7. 6.

[1] *Contr.* 1. 6, 2. 2.                [2] *De Or.* 2. 100.

[3] Blass, l.c. p. 113.  Marx, l.c. 104 seems to think there was
no difference between the declamation of Sulla's times and
that of the Empire, but his evidence does not seem to me at
all convincing.

[4] Cassius Seuerus in Sen. *Contr.* 3. pr. 12, Montanus Votienus
*ib.* 9. pr. 4, Petr. 1, Quint. 2. 10. 4 *sqq.*, 5. 12. 17, Tac.
*Dial.* 31, 35.

tions confirm the belief that it was not until the Augustan age that such themes became common.

Nor is it hard to find the cause of the change. With the establishment of the Empire, the sphere of eloquence contracted at the very moment when the schools of eloquence grew crowded. Many of those who attended the latter had no intention of becoming public speakers, and classes that had been regarded as preparatory became now an end in themselves. Ovid was not the only young man who shirked the less attractive parts of the curriculum and sought for themes that gave scope to elegant description and polished wit rather than legal acumen and accurate thought.[1] Worse than all, the able men of mature years, their ambition diverted by the political situation into strange and pitiful channels, began to declaim in public. In Cicero's time declamation was essentially a form of exercise to be practised at home : in the elder Seneca's, it was necessary to note as exceptional the fact that an orator did not declaim in public,[2] and we find in his book the wit of men like Pollio, Cassius Severus, Q. Haterius and Votienus

---

[1] The elder Sen. mentions that Ovid preferred the declaiming of *suasoriae* to that of the *controuersiae* proper (for the distinction see p. xxxii), and gives as the reason : *molesta illi erat omnis argumentatio* (*Contr.* 2. 2. 12). Montanus (*ib.* 9. pr. 1) says that the average declaimer won't handle 'argumentationes' *quia molestae sunt et minimum habent floris.*

[2] Sen. *Contr.* 1. pr. 12 (Caluus) *ait declamare iam se non mediocriter, dicere bene : alterum putat domesticae exercitationis esse, alterum uerae actionis*, 10. pr. 4 (Labienus) *declamauit, non quidem populo.*

Montanus quoted alongside that of the clever boy or professional teacher of rhetoric. The declamation is in fact by this time the rival of that other characteristic institution of the Augustan age, the *recitatio* or reading of one's literary composition to an audience admitted more or less by ticket and representing in theory a body of independent critics, in practice something not far removed from *la claque*. The survival of Seneca's book is very instructive in this connexion. It is not likely to have been the first of the kind written, but it was the first written since the declamation became one of the forms of Literature.[1] Its predecessors had been school books, and they died the early death natural to such books.

For the new kind of declamation, involving in theory the discussion and elucidation of the legal aspects of a given situation, but in practice little more than the attempt to gain applause by some new way of putting them, the pointed style was almost indispensable. The very title of Seneca's book[2] shews what store it set upon this kind of ornament, for in the Silver age what this Introduction understands by the word *point* is denoted by the word *sententia*.[3]

---

[1] We know of no previous work of this kind. The elder Pliny's *Studiosus* ('The rhetorical student') resembled Seneca's work in so far as it recorded '*plerasque sententias, quas in declamandis controuersiis lepide arguteque dictas putat*' (Gell. 9. 16. 4).

[2] See p. xxxi note 5.

[3] Sen. *Ep.* 94. 27 cited p. xxv note 3, 100. 5 *sensus* ('thoughts') *honestos et magnificos . . . non coactos in sententiam sed latius dictos . . . 8 deest . . . oratorius uigor*

Anyone who reads a page or two of the work itself will find it a collection of close-packed sentences bristling with antithesis and brilliant with such ornaments as alliteration and homoioteleuta, sentences in which every word has to be carefully weighed and a vigilant look-out kept for ingenious hints and mysterious allusions.[1]  Seneca gives us the 'best things' out of the declamations, not the declamations themselves,[2] and as he follows no logical order in

*stimulique quos quaeris et subiti ictus sententiarum*, Quint. 8. 5. 2 'the ancients used *sententiae* for thoughts in general : we call these *sensus*, reserving the other name for *lumina* ('brilliant turns'), *praecipue in clausulis* ('the ends of sentences') *posita*' (§§ 3-24 then give a classification of various forms of the ornament), 12. 10. 48 (*sententiae*) *feriunt animum et uno ictu . . . impellunt*.  This is the force of the word in Quintilian's criticism of Lucan as *sententiis clarissimus* (10. 1. 90). Cicero uses *sententia arguta* for it, *Opt. Gen.* 5.

[1] *Suspiciones*, as they are called, *suspiciosus* and *suspiciose* being used in corresponding ways.  See Quint. 9. 2. 65 : in 8. 5. 12 he applies the term νόημα to the same kind of thing, and gives an excellent example to illustrate what is meant.  The theme of the declamation in which it occurred was as follows.  A young rake is continually going bankrupt and turning gladiator (see on 87. 9).  His sister buys him out again and again, and at length, finding him incorrigible, takes the opportunity of his falling asleep to cut off his thumb, thereby rendering it impossible for him to fence again.  He brings an action against her, and the sister levels against him the point, '*eras dignus ut haberes integram manum*'—'you don't deserve to be anything but a gladiator all your life.'  Sometimes *suspicio* is very like what we mean by 'dramatic irony' : in the second declamation described above on p. xxxiii the wife whose readiness to condone her husband's frivolous use of the solemn oath has alienated her father pleads that the very oath in question contained the formula 'As I hope to be dear to my father.'

[2] For examples of complete declamations we must turn to the *Declamationes Maiores* ascribed to Quintilian, some of

doing this the strain upon the reader's mind is considerable. No doubt the *staccato* character of the style is a little exaggerated by this procedure of his: but there is no question that the shortness of the sentences, the marked avoidance of anything like the period, is mainly due to the declaimer's resolution to draw as frequently as possible the applause of an audience apt to pay somewhat indiscriminate tribute to the close of every sentence.[1] Unfortunately, as Quintilian grimly remarks, there are not likely to be as many good epigrams as there must be sentence-ends.[2]

The style of these declamations, acquired in early youth and still practised in manhood, soon began to colour all the branches of literature. Its influence in the direction of Point shews itself clearly in the prose of the latter half of Augustus' reign and the years immediately preceding the manhood of the younger Seneca. Among the *Orators* of this period, Cassius

which at any rate may very well belong to his time. The 13th is one of the best: 'a rich man who objects to a poor man's bees, because they settle upon his flowers, sprinkles the latter with poison and kills the trespassers. *Reus est diues damni iniuria dati.*' In Riese's *Anth. Lat.* 1. 21 is a declamation written entirely in hexameters.

[1] The elder Sen. gives an amusing account (*Contr.* 7. 4. 10) of the trick which Ovid's master Latro played a class. He ended one of the sentences of a declamation with the resounding, but nonsensical, phrase *inter sepulchra monumenta sunt.* The audience responded with vehement applause and he then shewed them what they had done, *et effecit ut in reliquum etiam quae bene dicta erant tardius laudarent.*

[2] 8. 5. 14.

Severus and Domitius Afer are the only names of
note. Cassius is described as the first speaker who
departed from the methods of the old Republican
eloquence : [1] the suspicion that this means the adoption of the declamatory mannerisms is natural, and
the elder Seneca's account of his style confirms it.
'There was not a clause,' he says, 'in which it was
safe for the hearer to let his attention go astray :
everything had a purpose. The thoughts were more
numerous than the words.' [2] Domitius on the other
hand was classed with the old school,[3] and Pliny the
younger's account [4] of the indignation he manifested
at the frequent bursts of applause with which an
audience was rewarding a more 'modern' orator is
very instructive. As for *History*, although the judgment and self-control that make Livy a classical
writer enabled him to avoid an excessive use of
Point, there is plenty of it in the speeches which he
introduces in the course of his great work, and none
of his successors seem to have been able to resist the
tendency of their time. We see this not only in the
books that have come down to us, the summary of
Roman history by Velleius, the collection of 'Facta
et Dicta memorabilia' of Valerius Maximus, and
Curtius Rufus' history of Alexander, but also in the

---

[1] Tac. *Dial.* 19 *quem primum affirmant flexisse ab illa
uetere atque directa dicendi uia.*

[2] *Contr.* 3. pr. 2. He was not however, Sen. tells us,
successful as a declaimer.

[3] Quint. 10. 1. 118.          [4] *Ep.* 2. 14. 10 *sqq.*

fragmentary remains of two writers whom their day
doubtless reckoned far superior to these, Cremutius
Cordus and Aufidius Bassus.  The former called the
murdered Cicero *pretium interfectoris sui*, meaning
thereby presumably that the great orator had fallen
so low that he represented simply so many sestertii
paid out to the infamous Popillius, and speaks of him
as a citizen remarkable 'not merely for the *magnitude*,
but also for the *multitude* of his virtues'.[1]  Aufidius
makes him greet the timid assassins with the words
'*Quid si ad me primum uenissetis ?*',[2] a typically Silver
refinement for 'You have murdered a good many of
the *proscripti* by this time: why make so much ado
about killing me ?'  Of *philosophic* writings of this
period nothing survives, but that department of
prose doubtless fared no better than the others.  The
declamations themselves are full of digressions and
commonplaces on themes similar to those handled by
the Cynics and other popular philosophers in their
diatribes, *loci philosophumeni*[3] as they were called:
the superiority of poverty over wealth, nature over
art, peace over war, or, a favourite topic, the iniquity

[1] See for these fragments Sen. *Suas.* 6. 18, 19 and 23.

[2] Livy was content to make Cicero say '*moriar in patria
saepe seruata*' (Sen. l.c. 17), and who can doubt that, if
Cicero said anything at all, he said this ?

[3] Sen. *Contr.* 1. 7. 17 *hic philosophumenon locum introduxit:
quomodo animi magnis calamitatibus euerterentur*, 7. 6. 18
*Albucius et philosophatus est* (in a declamation where a slave
had played a noble part: A.'s theme was that of Sen. *Ep.* 44. 4).
Other exx. will be found in *Contr.* 1. 6. 3 *sqq.*, *Suas.* 6. 6,
[Quint.] *Decl. Maior.* 4. 9, 10.

of the age. This contact of rhetoric and philosophy
was likely to have far reaching effects, and as a
matter of fact the most important philosopher of the
period, Papirius Fabianus, had been, before his
conversion, one of the most promising declaimers.
The elder Seneca's book contains several extracts
from his declamations, several of them from half-
philosophical tirades of the kind mentioned above.
The style reminds us, more than does that of any
other Latin prose, of the younger Seneca. Now
Fabianus was one of Seneca's philosophic directors,
and it does not seem rash to conjecture that his
philosophic prose did not differ greatly from that of
his *loci philosophumeni*.[1] With an example from one
of these[2] this Introduction may suitably conclude:

Quae causa hominem aduersus hominem in facinus coegit?
nam neque feris inter se bella sunt, nec, si forent, eadem
homines deceant, placidum proximumque diuino genus . . .
an, ut conuiuia populis instruantur et tecta auro fulgeant,
parricidium tanti fuit? . . . an, ne quid uentri negetur
libidinique, orbis seruitium expetendum est? in quid tandem

---

[1] Sen. indeed implies in 100. 8 that F.'s style was not
pointed. But Sen. is there in one of those moralising moods
in which he is prepared to imply that he himself disapproves
of such kinds of ornament: see p. lxx. In 58. 6 he speaks
of F. as a writer *orationis etiam ad nostrum fastidium
nitidae.*

[2] Sen. *Contr.* 2. 1. 10–13. One can illustrate almost every
point from the younger Seneca: for *hominem aduersus
hominem* see on 7. 3, for *conuiuia populis instruantur* on
90. 9, for houses that are a peril, not a protection *ib.* 8, for
the comparison of artificial and natural water-courses *ib.* 43;
cp. too the use of *tanti fuit* and *in hoc . . . ut.*

sic pestiferae illae diuitiae expetuntur, si ne in hoc quidem
ut liberis relinquantur? quid tandem est quod non diuitiae
corruperint? primum . . . aedes ipsas, quas in tantum ex-
struxere ut . . . nunc periculo, non praesidio, sint . . . o
paupertas, quam ignotum bonum es! quin etiam montes
siluasque in domibus marcidis ex[1] umbra fumoque uiridibus
aut maria amnesque imitantur. uix possum credere quemquam
eorum uidisse siluas uirentisque gramine campos . . . , non
maria umquam ex colle uidisse . . . quis enim tam prauis
oblectare animum imitamentis posset si uera cognouerit? . . .
miraris si fastidio rerum naturae laborantibus iam ne liberi
quidem nisi alieni placent.[2]

---

[1] So I would read for *et* or *et in* of the MSS. *Viridibus* is
instrumental, and the allusion is to the town garden where
everything is half killed by smoke and want of sun. Mueller
has ruined this passage by adopting Haase's conjecture
*uiridia*.

[2] The part F. is declaiming is that of a young man who
protests against the action of his father, a poor man, who has
consented to his adoption by a wealthy man who has disinherited his own children.

## INTRODUCTION B

## THE LANGUAGE AND STYLE OF
## SENECA'S PROSE

### I. VOCABULARY

#### 'COLLOQUIAL' ELEMENTS

IT is not by mere accident that Seneca's vocabulary
has so much in common with that of Varro, Columella
and the elder Pliny.[1] These writers never indeed
resigned all pretensions to style, but the nature of
their theme compelled them to keep fairly close to
the language of ordinary life. The purely literary
authors avoided this, and the teachers of rhetoric
warned their pupils to do the same.[2] The elder
Seneca regards as eccentric a declaimer who believed
that there was nothing *quod dici in declamatione non
posset*, and accordingly spoke of 'acetum' and 'pul-

[1] The references to whom, as compared with those to his
nephew, are so frequent in this Introd. that I have dispensed
with the distinguishing epithet in his case.

[2] Cp. Cic. *De Or.* 3. 150, Sen. *Contr.* 4. pr. 9, 7. pr. 3, Quint.
8. 3. 17 *sqq.*, Suet. *Rhet.* 6, and esp. 114. 13 n.

eium,' 'lanternae' and 'spongiae.'[1] Quintilian[2] implies that words like 'serracum' and 'cubitare' would only be used by an orator for some special object—e.g. to add realism to his description of the low meanness of an opponent's character. Even so unpretentious a writer as Caesar recognised the rule: its neglect by the authors of the *Bellum Africanum* and *Bellum Hispaniense* betrays them as dabblers in literature. The frequency of colloquial words in the elaborate prose of Seneca is only one of the many contradictions with which the study of his life and writings presents us. To any carping critic of his own day he would doubtless have replied that he too was a technical writer: philosophy is the Art of Life, he says, and *Vitae, non scholae discimus.*[3] With us moderns he needs no defence on the score of his vocabulary: we realise how vivid a picture of the everyday life of his times he is giving us, we note how he complains that the mimes, whose very essence lay in the accurate delineation of scenes from that

---

[1] *Contr.* 7. pr. 3.

[2] 8. 3. 21, 22. Just before, he observes that in *Aen.* 8. 641 *caeso porco* instead of *caesa porca* would be inelegant! He also notes the phrase *etiam canem pascis* as an ex. of *humilitas uerborum.* Curiously enough Sen. *Contr.* 10. 1. 13 quotes the words '*non te ferrem si canem ad ostium alligasses*' as typical of one Bassus who *consectari solebat res* ('expressions') *sordidissimas.* For the distinction between *sermo uulgaris* and *uiri eloquentis oratio* see Quint. 12. 10. 40 *sqq.*

[3] *Ep.* 117. 12, 106. 12. Cp. B. 3. 26. 2 *rem ineptissimam fecero si uerba quaesiero* etc.

life, are hardly true enough to nature,[1] and we should feel it an unfortunate weakness if he shrank from the *uerba ex cotidiano usu repetita*.[2]

The following lists will give a fair idea of this aspect of Seneca's vocabulary. They do not claim to be in any way exhaustive.

**A.** *Words (or Meanings) found in pre-Ciceronian Writers,[3] but not in Cicero[4] (outside the Correspondence), Caesar, or Livy[5]*

(I mark with an asterisk those not found in the prose of the elder Sen., Vell., V.M., Mela or Celsus.[6])

*arietare (Curt.).
*caballus (Petr.).
 colaphus.
*concinnare (Petr.).
*coquere ' vex.'
*crepare.
*cubitare (Col.).
 decrepitus.

 exporrigere.
*hallucinatio.
*impos.
*manducare.
*merus 'naught but.'
*morticinus.
*obstrigillare.
*percidere.

 pessum dare, *ire (Col.).
*praecox (metaph.).
*recogitare (Col.).
*retritus.[7]
*scabere.
 scapulae.
*uerminare (-ri)
*ueternus (Col.).

---

[1] B.V. 12. 8 *ut iam mimorum arguere possimus neglegentiam*.

[2] Sen. *Contr.* 4. pr. 9. Other designations are (*uerba*) *abiecta, humilia, sordida*.

[3] Almost all the exx. cited come from Plautus, Terence, Ennius, Pomponius, or Lucilius.

[4] A few of these words do occur *once* in his writings : apart from *cubitare*, for which see above, *decrepitus* occurs in the Tusculans, *pessum dare* and the neuter *ueternum* in fragments.

[5] In the absence of a Livy-lexicon one must admit the possibility that some of these words *may* occur in that historian. The existing lexicons quote no exx. from him.

[6] At least nine of these words recur in the elder Pliny.

[7] Only Naevius is cited besides.

B. *Words (or Meanings) found before the Silver Age only in
       Correspondence or Colloquial Writing* [1]
           *of the Golden Age*

(Asterisks as in A.)

*accognoscere(Petr.).  *inconueniens.         *sanguinarius.
*applorare.             *lancinare. [2]        scordalus.
*cernu(l)are.           *mutuo (Curt.).        *strigare. [3]
*clamosus.               notabilis.             sugillare. [4]
*conuictor.             *obiter (Petr.).       *surrepere 'deceive.'
*exhortatio (Col.).     *regustare.            *temporarius(Curt.). [5]
 imponere 'deceive.'


C. *Technical Words (or Meanings) seldom or never found in
       the purely literary writers* [6]

(I mark with † those not known to me from any other
literary source.)

(*a*) Names of persons following a particular calling :

†alipilus.                    †crustularius.
†botularius.                   dissignator  'undertaker'
 cinerarius (Varr., Catull., and   (Hor., and late).
    late).                     †effractarius.

---

[1] Varro, the author of the *Ad Herennium*, Nepos, the
continuers of Caesar, Catullus, Horace (in Epodes, Satires
and Epistles) mainly.

[2] A favourite word with Sen. : cp. *lancinatio* in D.

[3] Found before Sen. only in the Vergilian Catalepta.

[4] Livy uses the word metaphorically in 4. 35. 10.

[5] Seneca himself shews the word was colloquial : *amicitias
quas populus temporarias appellat* (*Ep.* 9. 9).

[6] Some words of this class may be creations of Augustan or
later times. The first authority for *decollare* is Fenestella :
the fact may serve as commentary to Lucan 8. 673 *nondum*
(48 B.C.) *artis erat caput ense rotare*. *Admissio* ('audience')
and *sparsio* ('scent sprays' in the theatre) are Silver words
and probably Silver institutions. *Specularia* 'windows with
panes' are mentioned first by Seneca and Columella, then by
the Plinies and Juvenal.

ferrarius (Plaut., Plin.).[1]  †pilicrepus.
libitinarius (Dig.).            plagiarius (Corr., Dig.).
marmorarius (Vitr., and late). praestigiator (Plaut., Fronto,
obsonator (Plaut., lemma in      and late).
  Mart., and late).   uitrearius (late).
†pausarius.

Cp. †*conciliatura*, the office of the *conciliatrix* or professional matchmaker known to us from Plautus, Lucilius
and Cicero.

(*b*) Terms of the *res rustica* :

capillamenta 'root-    folliculus 'pod.'      retorridus.
  fibres.'          pinsatio.              subterere.
circumfodere.          repullulare.           †tolutarius.[2]

(*c*) Instruments, appliances, etc.

†acetabulum 'conjurer's cup.'   latrunculus 'pawn' (Varr.,
†capsula 'bandbox.'                 Plin.).[3]
nauis { codicaria(Varr., Sall.).  muscipulum (Lucil., Varr.,
       { †cubiculata                  Phaedr.).
epitonium (Varr., Vitr.,        repositorium (Petr., Plin.).
  Dig.).                    †spatha 'batten.'
forus 'diceboard' (Corr.).      subula (Col., Mart., and late).
lamella (Vitr.).                †tendiculae 'clothes-stretcher.'
                                †ueterarium.

(*d*) Articles of diet, preparations of food, etc.

crustulum.             halica.                pulmentarium.
fermentum.             obsonium.              sorbitio.[4]
fitilla.               polenta.


D. *Words for which Seneca is the sole, rare words for which
he is the first, literary authority*

Our first authority for the use of *alloqui* in the
sense 'to console' would be Seneca, were it not that

---

[1] Or †*serrarius* : see on 56. 4.

[2] Varro however uses *tolutilis* and *tolutim* in reference to
the same thing.

[3] Sen. alone has the adj. *latruncularius*.

[4] Seven of these eight words are found, characteristically
enough, in Pliny, several of them in Cato, none in Cicero
(outside the Correspondence), Caesar, or, I believe, Livy.

Varro [1] happens to tell us that the women of his times use the word 'cum eunt ad aliquam locutum consolandi causa.' Probably this meaning of the word was common in old Latin, and, though it had evidently become unfashionable in Varro's time, survived upon the lips of the conservative Roman matron. Seneca's use of it may be directly due to the influence of the mother to whom he pays such respectful tribute in the *Consolatio* addressed to her. Anyhow, the history of the word warns us not to imagine that Seneca invented every word, or use of a word, for which he is the sole or first authority. Indeed, apart from this, a moment's consideration will shew us that many of these words are not new formations : so, for instance, in the case of the names of tradesmen, etc., given in C (*a*) above, or a word like *refractarius*, the diminutive of which (*refractariolus*) is used by Cicero in one of his letters. *Linguarium* is found only in Seneca, but the words with which the philosopher introduces the phrase in which it is set [2] make it clear that the word is a colloquial one. The examination of a tolerably complete list of the Senecan words belonging to the present section has persuaded me that actual neologisms are quite rare,[3] and that in almost all cases we have to do with words which were common enough in the streets of Rome and the

[1] L.L. 6. 7.

[2] B. 4. 36. 2 *quod dicere solemus, linguarium dabo.*

[3] In *Ep.* 27. 7 Sen. may well have coined *arrisor* and *arrosor* for the sake of the word-play.

ordinary scribblings of everyday life.    The following
selection may be of interest : [1]

†abhorridus (-*ide* in
    Charisius).
abnoctare.
†arietatio.
†arrisor.
†arrosor.
attritus.
†bōletatio (?) [2]
†circitare.
circumactus.
cogitabilis.
collaticius.
†collatrare.
colleuare.
†comptulus (in Je-
    rome, but pro-
    bably a citation
    from Sen.).
corriuare.

†decondere.
deploratio.
†dispectus (at least
    five exx.).
displicentia.
dispositor.
†disputabilis.
effricare.
†eluctabilis.
†emaceratus.
emarcescere.
euagatio.
†excauatio.
†exceptiuncula.
†excusse.
†explanabilis.
†grandiscapius ('*ut
    ita dicam*').
hebetatio.

†hilariculus ('*ut isti
    loquuntur*').
†imperpetuus.
imprecatio.
†inagitabilis.
†incursitare(at least
    four exx.).
†indisposite.
inelaboratus.
†inexcitabilis.
infrunitus.
inhonorificus.
†initiamentum.
inobsequens.
inseparabilis.
inspector.
†inspurcare.
irritator.
†lancinatio.

---

[1] I mark with † words not known to me from any other
literary source.   Some certainly occur in inscriptions or the
glossaries : e.g. *circitare, uigiliarium.*

[2] See on *Ep.* 77. 18.   The unorthodox character of the
Senecan vocabulary sometimes makes the choice between
various readings or emendations no easy task.   In A above
we find him using a word for which Naevius seems to be the
only other authority : we can hardly then object to Lipsius'
*creperi* for the meaningless *crebri* of MSS. in B. 5. 12. 2, or
Juretus' *scaeuus* for (*c*)*aecus* in § 4 of the same chapter, on the
ground that these words are apparently to be found only in
the early writers or their imitators.   In 11. 2 of the next
book we have to choose between the readings *erroneus* and
*erro* : the latter is much the commoner word of the two, but
the other has the best MS. authority, and is found in
Columella and the glossaries, in other words belongs to the
type of which various representatives are given in C above.
Cp. too the curious forms *maniculo, inficiscitur,* and *experisci,*
offered by, or suggested by the reading of, the chief MS. or

†latruncularius.
†linguarium.
modificatio.
murmuratio.
†nauseabundus.
†nauseator.
nepotari.
†occallatus.
†ocliferia.
†olitio.
perfusorius.
†peringratus.
†perpessicius.

†praedomare.
proculcatio.
†procuratiuncula.
proximior.
†punctiuncula.
†radicescere.
reformatio.
†refractarius.
reptabundus.
reuilescere.
rigidare.
†ructabundus.
†satagius.

superciliosus.
†supine.
tardiloquus.
transforare.
uagatio.
uegetare.
†uellicatio.
uerminatio.[1]
ueteratus (Scrib. Larg.).
†uigiliarium.
†uomitor.
uulnerabilis.

Words that are found elsewhere form the minority in this list: they make their appearance almost invariably only in the elder Pliny, Gellius, Apuleius, the Fathers and the Vulgate, *i.e.* are used only by writers who are notorious for having drawn freely on the vocabulary of spoken Latin.

### E. *Colloquial particles and phrases.*

The reader of Seneca cannot fail to be struck by the frequency of certain particles and phrases into which he seems to drop almost mechanically, so that hardly a page of his writings does not furnish an example of at least one of them. We know that some of them were particularly common in colloquial Latin: in view of Seneca's propensities it seems likely that most of them belonged to the same

MSS. in V.B. 25. 2, *Ep.* 102. 12, 121. 19. One would hardly hesitate to write *impetu* for *inceptu* in *Ep.* 108, 15, if one were dealing with any ordinary author.

[1] Lucr. has *uermina* as the verse-equivalent. It is probably old: cp. *uerminari* under A.

sphere. One may instance in this connexion the following :[1] *adice (nunc) quod*, agedum (with a command), *quid aliud quam* and *si nihil aliud* (both elliptically), *mecum agitur* (with an adverb like *bene*),[2] beneficio (alicuius rei), the deictic *-ce* (see on 12. 3), mihi crede, di boni !, di deaeque !, *hoc est* (with infinitive), *id est* (explanatory), *ita dico* or *ita est* (preparatory), mehercules, *nemo non*, nempe, puto (parenthetic), *quid ergo* or *quid porro* (introducing a question), quid ergo est, quidni, *non est quod*, *satius est* (with infinitive), uis scire . . . (see on 88. 4), uis tu (see on 47. 10).[3]

## F. *Greek words*

The influence of Greek upon the ordinary vocabulary of the Romans is exemplified in Seneca by several words for which he is the first or sole authority. *Apologare, crisis, hiera, iconismus* and *progymnastes* belong to the latter category, whilst *analecta, apyrina, ceroma, ectypus, haphe, paedagogium, phaecasium, proxeneta* and *stemma* are not found before Seneca, and occur afterwards for the most part only in writers like Pliny

---

[1] I print in ordinary type examples which are generally recognised as colloquial.

[2] 33. 6 n.

[3] Seneca is a notorious phrase-monger, and is never weary of such words as *accessio, angulus, contubernium, conuersatio, fastigium, persona, pompa; caducus, delicatus, fluidus, publicus, pusillus, solidus; caligare, laborare* ('suffer from,' with causal abl.), *pendere* ('be in doubt'), *renuntiare, spectare* (*ad*), *tendere* (*ad*), *uolutare; supra,* 'beyond reach of.' Some of these were probably stock words and phrases of the day.

and Martial. *Apologare* is obviously a vulgarism, and there cannot be much doubt that the others were current terms of the day.[1]

## 'SILVER' ELEMENTS

We find in Seneca a great many words which there is no strong reason to believe to have belonged to the colloquial sphere, but which we do not meet in prose until the post-Augustan period. They fall into two classes according as they do or do not occur previously to that period in poetry. In the case of those that do not, it may sometimes be a mere accident that no earlier examples are found, but there cannot I think be much doubt that most of them are new words, due to the various causes which in all living languages lead to word-creation. The words of the other class however owe their appearance in prose to a distinctly Roman tendency. The works of the poets, especially Vergil,[2] were studied with great thoroughness at school, and the declaimers constantly draw upon them for points and descriptions : the elder Seneca mentions several direct attempts made by these men to rival Vergilian

[1] Scientific terms, such as occur in great numbers in the *Nat. Quaest.*, do not of course concern us here. For a complete list of the Greek words in Sen. and a discussion of the question as to how many of them should be written with Greek letters, see Bickel, *Arch. für Lex.* 14, pp. 193 *sqq.*

[2] Most of the words in A occur also in Vergil. A good example of his influence is the phrase *uictricia arma*, which recurs in both Senecas and Val. Max.

passages.[1] With the ideas went of necessity a good deal of the phraseology : both Quintilian and Tacitus recognise that the barriers between the styles of verse and prose had broken down. The first of the following lists will serve as a commentary.

### A. *Words found in earlier poetry.*[2]

\* denotes that the word is not found in the prose of the elder Sen., Vell., V.M., Mela or Celsus.

*alternare (Col.).
ardescere.
*astupere.
circumspectus (adj.)
*circumuolitare (Col.).
*contagium[3] (Curt.).
*desaeuire.
*dissultare.
*diuerberare (Curt.).
efferus.
eloquium.
*enarrabilis.
*euiscerare.
exhortari.
*exosus (Curt.).
fabulosus.
*flauescere.
*formidabilis.

*fumidus.
*gestamen.
*indigestus.
indurescere.
ineluctabilis.
*ineuitabilis (Curt.).
*inextricabilis.
*inoffensus.
*insertare (Petr.).
*intemptatus.
intremere.
*inuiolabilis.
*irrequietus.
*lanugo.
*letalis.
*meare (Curt.).
*mersare.
*mirator (Curt.).
*monstrator.
mulcere.
*notescere.

*obhaerere.
*obumbrare (Curt.).
*percussus (noun).
*pererrare (Col.).
*piscosus.
praesagium.[3]
*praesagus.
praesumere.
refluere.
reluctari.
*remetiri.
*remollire (Col.).
retemptare.
*sonorus.
*stridulus.
sublabi.
succutere.
*supereminere (Col.).
*temperies (Curt.).
*uastator.
*uiuax.

---

[1] *Contr.* 7. 1. 27, *Suas.* 3. 4 sqq. (esp. § 5 *solebat Fuscus ex Vergilio multa trahere*).

[2] I omit, as very probably colloquial, words found in Plautus and Terence, as also those which are found previously to this epoch only in Horace's Satires or Epistles. Even so, some of those in the list may well be colloquial : the elegiac writers, and Ovid at all times, are never afraid of such words.

[3] Of course the poets use only the plural forms.

B.   *Words found only in post-Augustan writers*

\* as above.

admirator.
*aggestus.
*annuntiare
   (Curt.).
*assiccare (Col.).
*auersatio.
*caelibatus.
captiuitas.
*circumstrepere.
*complodere
   (Petr.).
*conflagratio.
conuersari (-atio).
conuiuere.
diuersitas.
eneruis.
*enormis (Petr.).
enotescere.

exarmare.
*fabulator.
fauorabilis.
*formator (Col.).
*gulosus (-se in Col.).
hodieque.
*illicitus.
imaginari.
indecens [1] (-\*center).
*indubitatus.
*inhabitare.
innutrire.
*inspectio (Col.).
interemptor.
inundatio.
marcor.
*nutatio.

*oblatrare.
*obseruabilis.
*pacator.
*pigre (Col., Curt.).
positio.
praenauigare.
professor.
repensare.
*repercussus (noun).
reuerberare.
segrex.
*sublimitas (Col.).
*subnotare.
*supernatare (Col.).
*taxare.
*tirunculus (Col.).
*toruitas.

A number of previously existing words acquire a sense either absolutely new or at any rate new to prose. In many of these cases the new force is due to a metaphorical use: e.g. *renuntiare* originally meant 'to say no' to an invitation or a business proposal, *traducere* was the technical term for parading prisoners in a triumphal procession (see 108. 14 n.).

C.   *New meanings of words*

\* as above.

abstinentia,       ' voluntary
   starvation.'
*aequanimitas, ' cheerfulness.'

capere, 'admit of.'
*custodia, ' prisoner.'
defunctus, ' deceased.' [2]

---

[1] Used however by Vitruvius, who is generally accounted an Augustan.

[2] Vergil has the full phrase *defunctus uita*, Ovid omits the noun.

*excessus, 'death' (and *excedere* analogously [1]).

gustus, 'sample.'

imputare, 'claim credit for.'

*obuius, 'ready to hand.'

*renuntiare, 'abandon.'

*reuoluere, 'ponder over.'[2]

scrupulosus, 'careful.'

*traducere, 'ridicule' (Petr.).

tumor, tumere, tumidus, used absolutely to denote a haughty or angry state of mind.[3]

*uastitas, 'immense size' (Col.).

See further under *Prepositions* in II.

## II. SYNTAX

Here again attention must be drawn to the frequency of constructions which are representative of colloquial rather than literary Latin (sense-constructions, exclamatory accusative, ablative of duration of time, the indicative in *qui* clauses of a causal character, the present indicative in reference to a contemplated action, phrases like *habere mittendos legatos*) or of poetic Silver prose, rather than that of the Golden period (use of neuter adjectives as nouns, genitive with adjectives, dative of agent, indicative for subjunctive in apodosis, etc.).

### CASES

ACCUSATIVE.

The *exclamatory* use is very common : it is almost always accompanied by the interjection *o* and qualified by an adjective ; very often a causal relative clause follows. Somewhat similar to this, as based on an ellipsis, is the acc. with *quo* and *unde*, and Sen. has several instances : e.g. *Tranq.* 9. 4 *quo innumerabiles*

---

[1] So in Curtius.      [2] After Vergil.

[3] Cp. however Liu. 45. 23 16 where *tumidus* is used of style.

*libros et bibliothecas?*, 5. 1 *unde ... tot Harmodios?*
The *sense-construction* by which verbs compounded
with *ex* take this case is not uncommon in Sen.: he
uses thus *egredi, eluctari, euadere* and *excedere.* In the
case of all these words Livy had anticipated him;
*egredi* indeed is thus used by Caesar and Sallust.
On the same principle *contremescere* [1] and *profugere* [2]
now become transitive: note also *Prou.* 3. 6 *cenat
radices* (so often in Plaut. and Hor., but perhaps not
before Sen. in prose), *Tranq.* 11. 10 *mendicauit
stilicidia* (Plaut. Ov. etc.).

### GENITIVE.

Like most Silver writers, Sen. works this case hard.
Worthy of mention is the *emphatic* use in exx. like
55. 7 *uilla totius anni*, 118. 2 *multarum rerum esse*,
V.B. 22. 5 *diuitiae meae sunt, tu diuitiarum es* etc.
The *partitive* after such words as *nihil* or *quid* is rather
affected (e.g. 36. 5, 110. 5 and esp. N.Q. 6. 5. 3
*etiam cum multum acti erit* where *actum* would be more
usual) and sometimes has coupled with it a word
which would ordinarily form part of the predicate:
cp. e.g. 79. 11 *iam multum operis effecti est* (not
*effectum*). There are a good many exx. of the poetical
use of it with neuter adjectives: e.g. V.B. 17. 4 *in alto
uitiorum*, N.Q. 3. 19. 3 *in illo terrarum profundo*,
*Ep.* 78. 9 *angusta corporis*, 31. 9 *deserta Candauiae.*[3]

---

[1] 65. 24. So already in the elder Seneca.

[2] Perhaps only so in poets before.

[3] None of which are found in prose before Seneca, I
believe. The use with neut. plur. is very common in the

Instances like *Ep.* 16. 3 *ancipitia fluctuantium*, 93. 4
*pretiosa rerum* are quite Tacitean.   The gen. of *quality*
is very common, and is sometimes used in an elliptical
way, without a governing noun: *Ep.* 11. 1 *amicus
tuus, bonae indolis*, 87. 16 *Natalis, tam improbae linguae
quam impurae.*[1]   Like Sallust, Sen. often couples it
with an adjective, sometimes very awkwardly, as
in 114. 12 *dabo maximae famae et inter admiranda
propositos*, where *famae* looks at first sight like a
dative.   Seneca constantly uses the *objective gen.* of
the personal pronoun where Golden prose would
prefer the possessive adjective: 6. 2 *tam subitam
mutationem mei*, 13. 6 *contagium mei timent*, 66. 2
*ipsa magnum sui decus est*, 71. 16 *sine incommodo sui*,
120. 14 *ad summam sui adductus* etc.   There are some
instances of dependence on participles or adjectives
new either absolutely (so after *curiosus, incontinens,
rapax, rectus* and *sollicitus*) or at least to prose (so after
*abstinens, metuens ; anxius, certus* and *timidus*).   In
the use with *securus* and *tenax* Velleius or Valerius
Maximus had preceded him.

DATIVE.

Another very active case in Sen.   The most noticeable feature is the strain put on the dative of
*advantage*, which often, thanks to Seneca's tendency
to personify inanimate objects, encroaches on the

*Nat. Quaest.* : e.g. *concaua terrarum, editiora caeli, secretiora
Naturae, obstantia terrae.*

[1] There is no example however as bold as Mela 1. 16. 83
*Caria sequitur* : *habitant incertae originis.*

domain of the purpose dative.   An act done in order
to secure a result or comply with a condition is
regarded as a gain for the result or condition.   It is
surely useless to distinguish the use of the dative in
*paucis natus* from that in *mors cui nascimur*, to say that
in *cui ista didici? tibi* we have 'advantage' and in *non
uitae sed scholae discimus* 'purpose.'   In such a sentence
as B. 6. 42. 2 *famae, non conscientiae, gratus est,* 'not
for conscience' sake but because he prizes his name,'
the ablative would ordinarily be used.   The really
personal datives are often used in a strained way:
35. 2 *mihi proficis* 'I gain by your progress,' N.Q.
5. 15. 4 *aquae nulli fluentes* 'with none to use them,'
94. 69 *aliter populo uiuit, aliter sibi* (where the dative
represents πρός with the acc.), B. 2. 12. 2 *hostibus
iacuere* ('prostrated themselves before') etc.[1]   The
dative of the *agent* is found even with the present
tense :  20. 6 *plerisque agitur uita per lusum,* 53. 4
*nautis terra timetur.*   It may be noted here that Sen.,
though in 65. 3 he writes *ab homine facienda* to avoid
the ambiguity which the dative might occasion, does
not mind saying in 14. 14 *an sapienti opera reipublicae
danda sit.*   Of *predicative* datives, *alimento, maledicto,
oblectamento*[2] and *tormento* are found only in Sen. ;

[1] Most of the exx. I give can be paralleled from the Senecan
declamations :  in the third generation Lucan is conspicuous
for the same kind of thing :  cf. esp. with N.Q. l.c. *Phars.* 9.
163 *nec Nilus cui crescat erit,* with B. l.c. *Phars.* 2. 547 *Catulo
iacuit.*

[2] In Sen. *Contr.* 2. 1. 13 there is no need to read *oblectamento*
for *-ta* of the MSS.

*admirationi, desiderio, formidini, leuamento, lucro, maerori, periculo* and *sollicitudini* seldom occur elsewhere, and then mainly in colloquial writing [1]; *fastidio* and *taedio*, found first in Valerius Maximus and the elder Seneca respectively, are used by several of the Silver writers.[2]

ABLATIVE.

The most noticeable features here are the rareness of the abl. of *quality* and the frequency of the use of the case to denote *duration* of time : e.g. 52. 10 *quinque annis tacere*, 77. 20 *annis xcix uixit*. The construction is the regular one on tomb inscriptions and was probably colloquial. Occasionally a *causal* or *modal* abl. is given very emphatic force, as in 90. 4 *animo eligebatur* 'in virtue of,' 104. 19 *loco discitur* 'can only be learned in a particular place.' Almost certainly colloquial are one or two examples of the *comparative* abl. after *alius* : 74. 22 *negatis ullum esse aliud honesto bonum.*[3]

## PRONOUNS

QUICUMQUE is sometimes indefinite, even in cases where the verb cannot easily be supplied: cp. e.g. 44. 5 *ex quacumque condicione licet surgere* (so already Livy), N. Q. 6. 18. 3 *soluit quodcumque uinculum.*[4] IPSE is often used for *se* as subject in the acc. and inf. without any idea of contrast being involved:

[1] Com., Sall., Corr. of the Ciceronian period.
[2] Both occur in the elder Pliny and Tacitus.
[3] See on 90. 8.        [4] Cp. 80. 4 n. on *quanticumque.*

**e.g.** 6. 3 *sciunt ipsos omnia habere communia*, 21. 9 *qui uelamentum ipsos uitiorum suorum habituros existimant.* NEUTERS are used in other cases than the nom. or acc. more freely than is the case with the classical writers[1]: cp. 72. 8 *quicquid proiecit, id demittimus, statim ad rapinam alterius erecti*, B. 4. 18. 1 *quo alio tuti sumus ?*, N.Q. 3. 7. 3 *habent cui insidant*, *Ep.* 114. 25 *conspectu eorum quibus* etc. Cicero, whilst not entirely eschewing these ambiguous forms, distinctly prefers to make the meaning unmistakeable (e.g. by the use of *res*).

## ADJECTIVES AND PARTICIPLES

In the literary Latin of the Golden age we find that, apart from a few common words like *bonus, fortis, amans, sapiens* etc., a participle or adjective is rarely used as a noun in the *singular*. The chief exception lies in the use of the *neuter* in this way by the poets, who found herein a convenient device for securing brevity or expressing abstract ideas where the ordinary term was metrically impossible or inconvenient.[2] It is possible that here, as not infrequently, the poets were drawing upon the usage of colloquial Latin: we shall see below that some of the instances in Seneca clearly belong to the colloquial sphere. In any case, the use was likely to appeal to the Silver prosaists, with their love of brevity and their poetic reminiscences, and Seneca is very free with it. Often

---

[1] Sallust had led the way here.
[2] So e.g. *aequum* for *aequitas, altum* for *altitudo*.

no doubt the adjective or participle represents the
same part of speech with ὁ or τό before it in the
Greek original: cp. 33. 7 *senex aut prospiciens senectutem*, 65. 9 *mundus habet facientem*, 117. 15 *habens* ( = *id
quod habet*) *sapientiam*, 21. 2 *alieno nitet*, 66. 28 *plano
nihil est planius*, *Ira* 3. 5. 8 *tela a duro resiliunt* ; sometimes, where we have to do with a neuter, it is
simply a case of what we saw above under the Pronouns, the readiness to dispense with the clearness
which Cicero secured by the use of *res* and other
devices: cp. 95. 33 *uoluptas ex omni quaeritur.* How
far Seneca will go in this direction is best seen from
his use of *nullius* and *nullo* as gen. and abl. of *nihil*, a
thing unknown to the prose of the best period.[1]   He
uses, by the way, *nullus* as the equivalent of *nemo*,
not merely in the dative,[2] but, at least twice, in
the nominative.[3]   Even in the *plural*, where of course
the classical use is much freer, he has some abnormal
uses : one may specify (*a*) the use of the demonstra-
tive with such plurals (51. 7 *illis Punica signa
sequentibus*, 89. 18 *istis dicentibus*), and (*b*) the (relative) frequency of òblique cases of neuters (5. 1
*omnibus omissis*, *Marc.* 4. 4 *nec id in maioribus modo . . .
sed in minimis*).

[1] Though Livy uses *ullius* once as a neuter (2. 59. 8), and
Hor. writes *nullius auari*.  The earliest example I know of
*nullo* used thus occurs in the elder Seneca, *Contr.* 5. 1.

[2] So Cic. (Corr.), Caesar, and (often) Livy.

[3] *Ep.* 7. 11, *Pol.* 14. 2.  Here again a declaimer in Sen.
*Contr.* 9. 2. 20 precedes, with *nullum* for *neminem* in acc. and
inf.

It would be tedious, and not particularly useful, to enumerate all the adjectives or participles which Seneca uses as substantives. Of those which he has in the neuter one may draw attention to

(a) a curious set of words which denote periods of the day, or particular days, and which, though hardly ever found outside Sen., must have been common in spoken Latin :[1] *antelucanum, antemeridianum, cotidianum,*[2] *crastinum,*[3] *hesternum,*[4] *hodiernum, matutinum* ;

(b) the frequency of cases where the adj., in combination with a preposition, (i) denotes position or direction : *Ep.* 51. 10 *ex confragoso uenit,* 77. 2 *minus habet uirium ex humili, Tranq.* 10. 6 *in ancipiti posuit,* or (ii) represents an adverb of manner. So especially with *ex* : B. 1. 11. 5 *ex abundanti* 'by way of extras,' *Ep.* 41. 6 *speciosus ex horrido* 'ruggedly beautiful,' 75. 11 *ex toto* ;

(c) some plurals that seem to be new to prose : *aperta, ardua, deuia, florentia,*[5] *laeta, praerupta, prospera, tonsa* 'clippings,' *uitalia.* Of these, *tonsa* is almost certainly 'colloquial,' and

---

[1] Cp., in this connexion, the business terms *antecessum, constitutum, praescriptum.*

[2] *Cotidiano* (advb.), Com. and Cic.

[3] *In crastinum,* Com., Cic., Nep. ; *crastino* (advb.) Gell. : Sen. writes *crastini dominus, crastinum timere.*

[4] *Hesterno* (advb.), Sisenna and late.

[5] 84. 4 *uirentium florentiumque tenerrima. Virentia* is cited only from Columella besides.

*florentia* reminds us of the *gignentia* and *nascentia*[1] of Sallust and Vitruvius.

Cp. also some of the exx. given above under the
(partitive) Genitive.

## MOODS

INDICATIVE.

Apart from the fairly frequent use of the vivid
indicative in the apodosis of an unreal conditional
sentence[2] (*Ep.* 55. 11 *in angusto uiuebamus si quicquam
esset* etc., *Ira* 1. 11. 5 *perierat si . . . ausus esset*), the
most noticeable peculiarity is the frequent use of
this mood where Cicero and Livy generally prefer
the subjunctive, e.g. in causal *qui*-clauses[3] and clauses
depending on the acc. and infin.: cp. *Ep.* 23. 3 *existimas me detrahere uoluptates, qui fortuita summoueo,* 30. 5
*id agit ut nobis persuadeat, si quid incommodi . . . est,
morientis uitium esse.* The ind. with *non quia, non
quod* is quite common: I have noted 9 exx. in the
*Epp.*, 7 in the *De Beneficiis.*

SUBJUNCTIVE.

In *jussive* sentences the 2nd pers. sg. of the present
sometimes occurs[4] (*Ira* 3. 7. 1 *idem accidere in rebus*

---

[1] Sen. himself uses *nascentia* in 79. 3.

[2] Was this colloquial? I think not: the declamations
affected it (see the elder Sen.'s collection) and Sen. learnt
the habit there.

[3] Of the numerous ones which follow the exclamatory
accusatives referred to above, p. liv, not one is in the subjunctive: contrast with this Cicero's *me caecum qui non
uiderim, o fortunate adulescens qui . . . inueneris.* I think we
may reckon this as a colloquial tendency.

[4] In *Ira* 1. 20. 4 *scias* is clearly potential, but it is often
very hard to decide between this and the jussive force.

*ciuilibus scias, Ep.* 47. 11 *haec praecepti summa est*:
*uiuas*), as also the use of perfect or pluperfect
(*Tranq.* 3. 3 *delituerit, Pol.* 6. 3 *ne conuertisses*).  In subordinate sentences, the *indefinite* subjunctive, generally
of the 2nd person,[1] is very common : so especially in
protasis or in clauses subordinate to an infinitive
(12. 4 *plena est uoluptatis si scias uti,* 74. 10 *breue est, si
compares* ; 24. 1 *est stultum, quia sis futurus miser, esse
iam miserum,* 54. 7 *eici est inde expelli unde inuitus
recedas,* 78. 11 *non est acerbum carere eo quod cupere
desieris*), but it is found in other surroundings (with
*cum* in 75. 4, *quam diu* in 76. 3, *antequam* in 90.
46).  The perfect *potential* is extremely common : I
have noted some 50 exx. of the first person, more
than 20 with the third.[2]  As in Livy, words like
*antequam* take the subjunctive without any collateral
idea of purpose being involved thereby : cp. especially
113. 11 *omne animal donec moriatur id est quod coepit*
(sc. *esse*), 23. 11 *ante uiuere desierunt quam inciperent.*
The *directly dependent* subjunctives with the verbs
*adhortari, censere, cogere, exigere* and *praecipere* are
worth noting.[3]  I can find no earlier examples.

This seems a convenient place for mentioning
Seneca's use for *non* where *ne* might be expected.
Not only does he write *utinam . . . non* (as Cicero
occasionally does), but he uses *non* with the simple
jussive and with *dum* or *dummodo*.  For exx. of the

[1] For other persons see 5. 2 (3rd), 116. 8 (1st pl.).

[2] In seven of these cases the indefinite *quis* is involved.

[3] *Ep.* 99. 32, 105. 1, 53. 3, C. 2. 1. 2, *Ep.* 18. 5.

latter construction see on 54. 6, of the former I have
noted nearly a score of exx. in the letters alone. In
most of them there is word contrast, generally of
nouns, but sometimes of verbs, as in 15. 8 *descendat,
non decidat,* 33. 7 *dicat ista, non teneat* etc. Much
more remarkable however are the cases in which
there is no contrast: *Ira* 3. 43. 5 *non timori cuiquam,
non periculo simus, Tranq.* 14. 2 *damna non sentiat.*
N.Q. 1. pr. 9 *ultra Istrum Dacus non exeat* etc. Cp.
also exx. like B. 7. 26. 2 *uellem non fecissem.*

IMPERATIVE.

This mood very often enables Sen. to dispense with
a *si* clause, as e.g. in 17. 10 *saeculum muta*: *nimis habes.*
In about a third of the instances I have noted the
two clauses are connected—generally by *et,* occasionally by *iam, tunc* etc. Once or twice, apparently for
variety's sake, the imperative clause *follows* what in
the conditional clause would have been the apodosis,
and the meaning is not very obvious: cp. e.g. 95. 23
*innumerabiles esse morbos non miraberis*: *coquos numera.*
*Const.* 19. 4 *ne repugnate* is the only example I have
observed of the popular form of the prohibition.

INFINITIVE.

The *substantival* use is one of the most prominent
features of the Senecan style. It is a use peculiarly
convenient to the philosophic writer, and plays a
great part in definitions: e.g. 51. 9 *quae sit libertas
quaeris? nulli rei seruire,* 54. 7 *eici est inde expelli unde*
etc. Particularly common are turns with *hoc est*

(e.g. 18. 11 *h.e. praeoccupare tela Fortunae* : I have noted 13 exx. in the *Epp.*)[1], *egregia* (or *magna*, or some other adj.) *res est* (at least 9 exx. in the *Epp.*), and *tanti est* (at least 7 exx. in the *Epp.*). It appears not uncommonly as the subject to a personal verb (active or passive) : so 14. 10 *multis timendi attulit causas timeri posse*, 94. 40 *uim praeceptorum obtinet frequenter aspici*, 81. 13 *uelle non discitur*. Curiously enough it is just Seneca's contemporaries, Petronius and Persius, who carry the substantival use so far as to join a possessive adjective with it,[2] and write respectively *nostrum uiuere* and *meum intellegere*. Sen. does not do this, but some of his object infinitives are almost as startling : cp. 99. 2 *sibi lugere sumpserunt*, 117. 9 *sapere non nisi bonus habet*.[3] Others, though unusual, are easily explained by the principle of analogy :[3] new to prose, I think, are those after *adhortari*,[4] *adigi, certare, consentire, interdicere,*[5] *mandare, recusare, sperare,*[6] *uitare* ; and the phrases *cura fuit, fastidium est, necessitas est.*

---

[1] So with *quid* : 111. 5 (we must learn the lesson *uitam contemnere*) '*Quid regere?*' *inquis. secundum opus est.* Cp. Cato *Agr.* 61.

[2] Cicero writes *hoc non desiderare, hoc non dolere.*

[3] Similarly *rumpi* and *torqueri* take the acc. and inf. on the analogy of *dolere* (*Marc.* 22. 5, *Tranq.* 16. 1) : the matter is one of Vocabulary rather than Syntax. Cp. 124. 1 *quod . . . fieri laborabo*, where *laborare* takes the construction of *cogere* etc.

[4] After *hortari* even in Cic.          [5] Used by Ter.

[6] Here the question is also one of tense. The simple infinitives after *polliceri* and *promittere*, found the one in Comedy and Caesar, the other in Comedy, are very similar : probably all three were colloquial.

*Facilis* sometimes takes the passive, *natus* the active infinitive where the gerund (in the dative or after a preposition) might be expected: cp. 18. 15 *facilia corripi*, 95. 21 *pati natae*. The construction with *natus* is found in Horace and Ovid, for the other I know no earlier example.[1]

The 'historic' infinitive does not occur in Seneca.

## TENSES

Sen. has several examples of the colloquial use of the *present* indicative in questions or statements as to the course of action one contemplates taking: so e.g. 79. 5 *quid tibi do ne Aetnam describas?*, 77. 15 *non seruic* (translating οὐ δουλευσδῶ). Closely connected with this use, and likewise colloquial, is that of the same tense in the protasis of future conditions: 24. 3 *si damnaris*, 75. 6 *si ita competit*. Aoristic *perfects* are very common, especially in similes and illustrations: 7. 7 *malignus comes robiginem affricuit*, 18. 15 *maximum (ignem) solida non receperunt*, 30. 4 *desinit morbus, incendium exstinguitur, ruina quos uidebatur*[2] *oppressura deposuit*. The emphatic use of the tense[3] occurs in 91. 10 *apparet illas saltem fuisse*, 99. 4 *(nihil) est loco tutiore quam quod fuit*: cp. the use in final sentences like 7. 10 *ne soli mihi didicerim*, 23. 10 *agendum est ut*

---

[1] Val. Max. however uses *difficilis* thus. The next instance I have noted of this use of *facilis* is in Seneca's nephew, Lucan (2. 656).

[2] Strict grammar would require *uisa erat*: the pluperfect is used in the next clause (*mare quos hauserat eiecit incolumes*).

[3] See also p. lxxxvi.

*satis uixerimus.* For the *future-perfect* in apodosis see
*Tranq.* 3. 6, B. 6. 11. 4, *Ep.* 13. 14.

### PARTICIPLES, ETC.

Sen. has the free use of the future participle which
is found first in Livy's prose : cp. e.g. 19. 9 *ingen-
iosus uir fuit, magnum exemplum* ... *daturus, nisi* ...
*eneruasset* ('and would have ...'), 33. 3 *emptorem
decipimus, nihil inuenturum* etc. ( = a relative clause),
51. 6 *uapor corpora exhausurus includitur* (final : cp.
53. 1[1]), 91. 12 *stant casurae* ('destined to ...'), 77. 3
*epistolas accepturus* ('though I could have'[2]), 80. 9
*equum empturus* ( = protasis).   In one or two instances
Seneca uses the participle to avoid an accusative and
infinitive construction after a noun : B.V. 16. 3 *argumentum diu uiuentium*( = *eos diu uiuere*), N.Q. 7. 28. 1
*indicium saeuituri maris, Marc.* 2. 3 *spe futuri principis*
('that her son would be emperor ').

The gerund, or a noun with the gerundive, is sometimes found governed by *habere*, with much the same
force as it would have had if constructed in the
nominative, with the verb *esse*.   The earliest example
is perhaps Ter. *Phorm.* 364, there are at least three in
the elder Seneca's book, Seneca himself writes *iram
castigandam habet* (*Ira* 2. 6. 2) and *non habet mittendos
*... *legatos* (B. 7. 3. 2), and the construction is common
in the younger Pliny.   It was no doubt colloquial.

[1] A very odd example of the final force is 76. 6 *est tanti
laborare, omnia occupaturo.*

[2] An odd example of this concessive force in *Prou.* 5. 11
*est tanti per ista ire casuro.*

## PREPOSITIONS

AB. In the sense 'by' this is used not only with
such obvious personifications as *paupertas* and *iracundia*,[1] but in sentences like 83. 24 *uinceris a dolio,*
87. 35 *a fortuitis impelli.* AD. The force 'looking at,
'in accordance with,' 'in regard to' is very common:[2]
cp. e.g. 78. 13 *ad opinionem dolemus,* and the somewhat favourite phrase *quantum ad* (found before
Seneca perhaps only in Ovid). B. 7. 31. 5 *neminem
ad excitandas domos deterruit* is a curious extension of
it. CIRCA, as in Livy, is used of time (122. 15);
examples of the post-Augustan use[3] in reference to
the sphere of one's work or interests are quite
common: cp. 33. 1 *circa flosculos occupati,* 115. 1 *circa
uerba anxius.* CITRA. Ovid is apparently the first
writer in whom we find this preposition used in connexion with a stopping short of some stage or
extreme : *citra necem consistere, citra scelus.* The
declamations, Celsus and Seneca offer a number of
examples: in Seneca indeed the word is treated so
freely that it is really equivalent to *sine*: cp. 102. 17
*fama uocem desiderat: claritas potest etiam citra uocem
contingere.* EXTRA and SUPRA are commonly used
to denote 'out of, beyond, the reach of': see e.g.

---

[1] Cp. 88. 19.                    [2] Cp. also 11. 9 n.

[3] Cp. for pre-Senecan prose Vell. 2. 23. 3 *plurimo c. Piraei
portus munitiones labore expleto,* Sen. *Contr.* 1. 6. 12 *c. eundem
sensum uersatus est.* The would-be Ciceronian Quintilian has
over 70 examples of the use: how nearly it approximates to
that of *de* appears from the second ex. cited in the text
above.

9. 2 *extra patientiam positus*, 95. 10 *magna supraque uos posita*, and the common phrase *s. fortunam (esse, surgere, eminere* etc.).[1] IN with the accusative to denote purpose is common: the phrase *in hoc* (generally leading up to an *ut* clause) is a particular favourite.[2] Sometimes, as in V.B. 22. 3 *in summam rei parua sunt*, B. 7. 8. 2 *in uerba sollicitae*, this force approximates to that of the preposition when it takes the ablative.[3] This latter construction is very commonly used by Seneca to denote the condition, environment and sphere: cp. e.g. 21. 8 *esse in perpetua uoluptate*, 23. 4 *in magno gaudio est*, 29. 5 *ostendet alium in adulterio*, 53. 8 *in vitiis est*, 90. 44 *hoc iam in opere maximo nomen est*, 16. 3 *non in uerbis, sed in rebus est (philosophia)*, 97. 14 *sceleris in scelere supplicium est*. PONE occurs only in the phrase *p. tergum*. POST is often used of rank and importance,[4] as e.g. in 40. 12 *egregius et uita et scientia et, quod p. ista est, eloquentia*. There is a tendency in Silver Latin to use this preposition very concisely: examples from Seneca are 119. 7 *post Darium et Indos* (i.e. 'after having conquered them'), *Ira* 3. 30. 5 *p. Pompeium* (i.e. 'after his *death*'), B. 5. 17. 2 *p. Catilinam* ('after his conspiracy'), N Q. 3. pr. 6 *Hannibal etiam*

---

[1] See e.g. 44. 5, 63. 1, 71. 25, *Const.* 1. 1, B.V. 5. 3. *Infra* occasionally denotes the opposite: cp. V.B. 4. 4 where *infra uoluptatem* = ἥσσων ἡδονῆς.

[2] Cp. e.g. 47. 3, 51. 13, 76. 2, and a slovenly example in 108. 4 *qui in solem uenit, licet non in hoc uenerit, colorabitur*.

[3] Cp. too 59. 11 *laudari in aliquid* and 12. 7 n.

[4] So already in Sall. and Hor., but the use seems rare.

*p. Carthaginem pertinax* ('after it had yielded to Rome').[1] SECUNDUM is used somewhat curiously in the phrases *secundum mortem steterunt* (30. 9: 'near') and *s. quietem* (53. 7: 'in one's sleep'): the latter at any rate seems to have been a common expression.[2] SUB is used to denote little more than *circumstances*, where *coram* or *cum* or the simple abl. might be expected: 66. 29 *sub tortore gemitus deuorare*, B. 7. 1. 4 (of wrestling tricks) *quorum usus s. aduersario rarus est*, B. 6. 28. 1 *certum mihi optas periculum sub incerto auxilio*.[3] As for SUPER, in N.Q. 3. 17. 3 we meet with the phrase *super cenam* which must almost certainly have been a colloquial one, although Manilius and Curtius seem the first literary authorities for this force of the preposition.[4]

## III. ORNAMENTS OF STYLE, ETC.

Seneca remarks more than once, and with emphasis, that literary style is of no importance in a philosophical treatise: *non delectent uerba nostra, sed prosint*, he says in *Ep.* 75. 5, and in 100. 2 defends Fabianus from Lucilius' charge of dulness with the words *mores*

---

[1] See also 21. 6 n.

[2] It occurs in Cic., Petr. and Suet., always in conn. with visions.

[3] 'You would have me exposed to definite danger, on the off-chance that you may be able to help me.'

[4] See Mayor on Iuu. 15. 14, where the Sen. instance is overlooked. One of Curtius' phrases, *s. uinum et epulas*, reminds us of Tennyson's 'Across the walnuts and the wine.'

*ille, non uerba, composuit, et animis scripsit ista, non auribus,* adding in § 4 *oratio sollicita philosophum non decet.*[1] In his own works however he was careful enough as regards the style, as indeed in the letter just quoted he lets slip a sentence which practically abandons the position he has just taken up: *si me interrogas, maior ille est qui iudicium abstulit quam qui meruit,* words which unfriendly critics might be glad to see printed as a motto to an edition of his works. Here, then, as in the matter of vocabulary, there is a certain amount of inconsistency: here, as there, we can feel sure what Seneca's defence would be, nay, here we can give it in his own words, from *Tranq.* 1. 13, 14: 'In philosophy the right course is *res ipsas intueri . . . uerba rebus permittere, ut qua duxerint hac inelaborata sequatur oratio . . . aliquid simplici stilo scribe.* Yes, but *ubi se animus cogitationum magnitudine leuauit ambitiosus in uerba est, altiusque ut spirare ita eloqui gestit . . . oblitus tum legis pressiorisque iudicii sublimius feror et ore iam non meo.*'[2]

---

[1] Cp. too 52. 9 *sqq.* (against *applause* from the audience), and 115. 18, in which he says that it is beneath a philosopher to trouble about *compositio* ('order of words') and ends up with a characteristic quip: '*eant* (uerba) *ut uolent, dum animo compositio sua constet.*' No author of course is more careful about order of words: see p. xc, note 2.

[2] Cp. *Ep.* 75. 3 *non mehercules ieiuna esse et arida uolo, quae de rebus tam magnis dicentur: neque enim philosophia ingenio renuntiat.* Bacon has these passages in view in *Advancement of Learning* pp. 283 *sqq.*, ed. Spedding: 'Men began to hunt more after words than matter . . . Yet, notwithstanding, it is a thing not hastily to be condemned, to clothe and adorn the obscurity even of philosophy itself with sensible

The power to tell a good story in clear, terse
language was an essential part of the quality to
which the Romans gave the name *urbanitas*, and the
examples of it form one of the most attractive features
of the book in which the elder Seneca records his
recollections of the Declaimers. His son inherited the
gift: it would be hard, for instance, to surpass his
story [1] of the Pythagorean who went to pay for a pair
of boots, but found the shop closed and the cobbler
dead. At first he hurries off, delightedly chinking
the money in his pocket: gradually however the
sense of duty awakes: ' *ille tibi uiuit* ' says conscience
and persists until he goes back and drops the money
in by the keyhole. There are other stories as good
as this in Seneca—e.g. those of Calvisius and Papinius
in *Epp.* 27 and 122, but I select this one in particular
because an episode in it illustrates another factor in
*urbanitas*, the gentle vein of badinage with which the
name of Horace is so intimately connected. The
neighbour who gives the Pythagorean the information
about the cobbler's decease adds the remark: 'Of
course we friends of his are greatly upset, but you
won't mind: you, as a good Pythagorean, know that
he will come to life again.' Two other instances of
the same trait may perhaps find a place here. Writing to Lucilius [2] to ask him to climb Aetna and settle
some scientific points for him, Seneca makes the sly

and plausible elocution,' etc., etc. Johnson has similar
remarks in ref. to Milton, *Rambler*, No. 94.

[1] B. 7. 21.                    [2] 79. 4.

thrust: 'You needn't think I shall be tremendously
grateful—you couldn't have helped a visit even
had I never suggested one,' whilst in describing his
attempts at vegetarianism and explaining that he
abandoned them in deference to his father's advice he
remarks, '*nec difficulter mihi ut inciperem melius cenare
persuasit.*' [1]

*Ingenium facile et copiosum*, says Quintilian [2] of
Seneca, and certainly his wealth of illustration is
remarkable.   Medicine,[3] war,[4] the gladiatorial school
and athletics [5] are the commonest sources, but there
are some very interesting ones drawn from the animal
world: cp. e.g. the dog that gulps down the present
morsel so as to be ready for the next,[6] the tired
animals that step out when they know they are
turning homeward.[7]   All these classes of illustration
were common in the diatribes of the Cynics,[8] and the
declamations of the Empire.   Quintilian [9] complains
that some that were quoted in the schools were
invented for immediate use, and had no foundation at
all in fact, and we see that popular philosophy yielded
to the same temptation, when we read in *Ira* 2. 8. 3
(*ferae*) *inter se placidae sunt morsuque similium abstinent.*
It is quite possible indeed that here Seneca is

[1] 108. 22.       [2] 10. 1. 128.       [3] Cp. 7. 1 n., 27. 9 n., 40. 5.
[4] Cp. 18. 6, 51. 6 n., 107. 5 and 9.       [5] Cp. 78. 16 n.       [6] 72. 8.
[7] *Tranq.* 1. 11.   See also intr. to LXXXVI (sub fin.).

[8] See Weber, *De Dio Chrysostomo* pp. 106 *sqq.* (animals), 137
*sqq.* (athletes), 178 (military).

[9] 8. 3. 76.   He quotes *Magnorum fluminum nauigabiles fontes
sunt* and *Generosioris arboris statim planta cum fructu est.*

perpetuating the errors of his teacher Fabianus, who in a declamation recorded by the elder Seneca says '*neque feris inter se bella sunt*':[1] anyhow one cannot help being reminded of the spurious Natural History of the birds that 'in their little nests agree.' At times the illustrations are rattled off in a string which Euphues himself might envy: cp. e.g. 2. 3 *non prodest cibus nec corpori accedit qui statim sumptus emittitur, nihil aeque sanitatem impedit quam remediorum crebra mutatio, non uenit uulnus ad cicatricem in quo medicamenta temptantur, non conualescit planta quae saepe transfertur,* 12. 4 *gratissima sunt poma cum fugiunt, pueritiae maximus in exitu decor est, deditos uino potio extrema delectat,*[2] and 41. 3.

But Quintilian's *copiosum* refers mainly, I think, to Seneca's ingenuity, especially his never-failing fund of point and epigram. It is of course impossible to do justice here to the infinite variety of forms which he employs.[3] The rhetoricians had labels for all the ways in which a jaded palate could be tickled. *Quicquid ante pugnatum est, misericordia fuit* of 7. 3 for instance might be classed as *ratiocinatio*.[4] When, after

---

[1] *Contr.* 2. 1. 10.

[2] This passage curiously enough suggests a well-known passage from Euphues' contemporary, Shakspere: see ad loc.

[3] Of Seneca's ingenuity in the way of giving variety of dress to an idea which has to be introduced several times I have noted some good instances on 5. 7.

[4] Quint. 8. 4. 19 *cum res atrocissimas . . . eleuamus consulto, quo grauiora uideantur quae secutura sunt.* From 9. 2. 51 it is clear that it might also be reckoned as *concessio* (under 'irony').

describing a mirror in which all objects were enor-
mously magnified, Seneca says that its disreputable
owner ought to have been put to death in front of it
—so as to suffer more than an ordinary death ! [1]—it
is one of those *sententiae a uerbo* which Quintilian
regards as *semper uitiosae*.[2]   A turn like that in which
Seneca, weary of the investigation of the causes of
snow, passes to a typical tirade on the morals of the age
by making an imaginary interlocutor interrupt with
*' Quomodo fiant niues dicis, cum multo magis ad nos dici a
te pertineat quare emendae non sint niues'*[3]—this of course
is simply an example of the *sententia e transitu* which
Quintilian[4] describes as a *' frigida et puerilis affectatio,'*
common in the declamation schools and excusable in
the *Metamorphoses* (and, he might have added, Valerius
Maximus) only because transitions were so frequent
there that they needed special treatment.   Quintilian's

[1] N.Q. 1. 16.

[2] 8. 5. 20.   Such points evidently consisted in making
some word which would *naturally* be used by the speaker
appear to have some *special* aptitude in this particular case.
Q. cites *' Patres conscripti, sic* ('with your title') *enim incipi-
endum est mihi ut memineritis patrum,'* no doubt from the
speech of some injured father or disowned son.

[3] N.Q. 4. 13. 1.   The reference in the latter part of the
sentence is to the luxurious use of snow at the dinner table :
see on 78. 23.

[4] 4. 1. 77.   Cp. also Sen. *Contr.* 1. 1. 25 *transit* (a declaimer)
*a prooemio in narrationem eleganter, rarissimo genere, ut in
eadem re transitus esset, sententia esset, schema esset.*   The
technical name for this does not seem on record : that given
in the text is simply a suggestion of my own, based on such
terms as *'(sententia) ex inopinato,' 's. a uerbo'* in Quint. 8. 5.
15 *sqq.*

words prepare us for that general impeachment of
Seneca's taste which he gives in the tenth book[1] and
in which he so completely anticipates the verdict of
modern times. It is not that, generally speaking,
the idea itself is foolish and extravagant. That is the
vice rather of his nephew Lucan. With Seneca what
one feels is that either the idea is harped upon too
much or that the word play, or whatever it may be,
is hardly worthy of the dignity of the subject. Both
faults are eminently products of the declamation
school. The second is the one to which the most
definite part of Quintilian's indictment[2] applies : 'He
would deserve the praise of mature judges as well as
boys, *si rerum pondera minutissimis sententiis non fre-
gisset*' :[3] it is, curiously enough, the very one which
Seneca himself finds in Ovid's description of the
Deluge. Nothing could be better than his criticisms
here[4] : unfortunately, they apply with equal force to
the very context in which they are made, his own
description of the great flood with which certain
Stoics believed the world was doomed to end. His
other fault, the beating thin of an idea, is also very
Ovidian, and one which his father's well-known work
might have taught him to avoid : we read there[5]
not only that Ovid *nescit quod bene cessit relinquere,*
but also that a declaimer named Montanus who *sen·*

---

[1] 10. 1. 129 *uelles eum suo ingenio dixisse, alieno iudicio.*

[2] L.c. 130.

[3] Cp. *Ep.* 114. 16 *sententiae pusillae et pueriles.*

[4] N.Q. 3. 27. 13–15.               [5] *Contr.* 9. 5. 17.

*tentias suas repetendo corrumpit* was dubbed 'the Orator-
Ovid.'[1]  Fronto has some very severe remarks on this
mannerism of Seneca's, comparing his feats to those
of a man who when dining out *oleas suas in altum
iaciat, ore aperto excipiat, exceptas (ut calculos praestigiator)
primoribus labris ostentet.*  No doubt the boys in waiting
will admire and the guests will be vastly amused,
but the fact remains: other people will have dined
decently, this man *labellis gesticulatus erit.*[2]  It seems
almost needless to quote instances of this Senecan
weakness: in the very first letter we find the point of
the first sentence repeated in the second, in the
twenty-second the ninth section begins and ends with
variations of the same theme, whilst the fortieth
letter offers several different forms for the thought
'A Philosopher's style must be like his mind.'  In 55. 3
the second version of the epigram *quotiens Seiani odium,
deinde amor merserat,* 'aeque enim offendisse illum
quam amasse periculosum fuit', reminds one of a
jester laboriously explaining a neat *mot,* or, to continue Fronto's picture, a conjurer who follows up a
difficult trick with an easy one.

I pass now to what the rhetorical writers call
'Tropes' and 'Figures.'  To the former belong
Metaphor, Personification and Oxymoron.

Seneca's *Metaphors* cannot be treated fully here.
They come for the most part from the spheres
whence he derives his illustrations.  *Prou.* 2. 9 *ecce
par deo dignum, uir fortis cum fortuna mala compositus*

[1] *Inter oratores Ouidius.*          [2] Fronto 156 N.

is one of the most famous of the gladiator-class. Of the very numerous medical ones I will quote one, V.B. 17. 4 *non perueni ad sanitatem . . . delenimenta magis quam remedia podagrae meae compono*, not because citations are necessary, but because Schanz gravely cites the passage to prove that old age added gout to Seneca's ailments![1] Metaphorical use of a colloquial or technical expression is very frequent. It is possible to see here too the influence of the declamation schools. The elder Seneca[2] makes it quite clear that the use of such phrases, 'low' as it generally was, might under certain circumstances become a grace. In this case it receives a label and is called by him *idiotismus*, a virtue of which he notes the rareness and explains this from the fact that it is one so close to a vice. In *Suas.* 2. 13 *sqq.* we read of a grammarian who à-propos of a description of soldiers enjoying dinner and ease on the eve of a battle, found fault with the words '*hic meus est*' *dixere* '*dies*,' which he held to contain a solecism, the plural possessive being necessary. Seneca dissents, charging him with having attacked *in sententia optima quod erat optimum*, and goes on to explain that this precious kernel is '*hoc quod ex communi sermone trahitur: nam quasi prouerbii loco est hic dies meus est.*' Similarly in *Contr.* 2. 3. 21 the use of the phrase *domi est* is called a *bellus idiotismus*, because a special

[1] *Gesch. der röm. Lit.* § 452.   To be consistent, he should have added the ulcers of *Ep.* 8. 2, *quae etiamsi persanata non sunt, serpere desierunt.*

[2] *Contr.* 7. pr. 5.

allusive force is here combined with the ordinary one of 'at our disposal.' [1]   One feels that Seneca is doing something similar when he says 21. 11 *uenter praecepta non audit: poscit, appellat* ('duns us'), 31. 11 *deum in corpore humano hospitantem*, 107. 6 *sine querella mortalitatis tributa pendamus*, 115. 9 *bracteata felicitas* ('thinly gilded over'), *Marc.* 19. 5 *mors dolorum omnium exsolutio est* and the like.

The sphere of *Personification* in prose had been greatly enlarged by Livy, but Seneca far outruns him, writing (to confine oneself to the Epistles alone [2]) 8. 5 *hanc (domum) utrum caespes erexerit an uarius lapis, nihil interest*, 15. 7 *noua artificia docuit fames*, 41. 3 *stagna quaedam opacitas uel altitudo sacrauit*, 42. 3 *uitia non minus ausura*, 56. 9 *in latebram nos timor ac lassitudo coniecit*, 77. 1 *gratus illarum (nauium) Campaniae aspectus est*, 87. 24 *sacrilegium spondet securitatem*, 94. 57 *numquam pacem agens ferrum*, 117. 26 *horrea messem sentiunt*.   The figure is conducive to brevity ; in several of the instances quoted above the normal construction would require a passive verb and a preposition governing the word which Seneca personifies.

*Oxymoron* is really a special form of antithesis, as one sees by comparing the phrase *quies inquieta* of

---

[1] The subject of the verb is the forgiveness of a son by his father, the waiving by him of his *domestic* rights, the *patria potestas*.

[2] Two noteworthy instances outside these are B.V. 17. 6 *Marium caliga dimisit, consulatus exercet* ('got his discharge from the army and then began to worry about office'), B. 6. 15. 6 *huic tantae rei praemium uectura persoluit* ('the fare covers all this service').

lxxx     SELECT LETTERS OF SENECA

*Ep.* 56. 8 with the saying *non est quies, sed dissolutio et languor* of 3. 5. It is a favourite with most pointed writers, and Seneca has many examples. Generally these involve a direct contradiction : so the one just mentioned, and such instances as *saeua bonitas, contumaciter parere, ius iniuriae, auget numerum tollendo, philosophiae seruire libertas est, miserum te iudico quod nunquam fuisti miser, regnum est nolle regnare* etc. But sometimes the point lies in mere incongruity of ideas, as in 5. 6 *pati diuitias,*[1] 114. 27 *se numeret*[2] ('realise he is but an individual'), C. 1. 8. 3 *summae magnitudinis seruitus,* N.Q. 3. 18. 7 *oculis gulosi.* Paradoxes like 7. 3 *inhumanior redeo quia inter homines fui,* 62. 3 *breuissima ad diuitias per contemptum diuitiarum uia est,* 70. 8 *timore mortis mori,* 78. 8 *ipso dolore sensum doloris amittunt* seem to involve the same principle.

Coming now to the Figures, and first to those which Quintilian classifies under the *genus grammaticum,* one may note that Seneca does not affect the *Variety of construction* which is so common in Sallust and degenerates into disease with Tacitus. We meet a few eccentricities such as the change of subject in *Ep.* 90. 36 *antequam auaritia atque luxuria dissociauere mortales et ad rapinam ex consortio concurrere,* of case in 115. 4 *oculis mite quiddam sed uiuido igne flagrantibus* and *Const.* 1. 1 *altera pars ad obsequendum,*

[1] Quint. 8. 5. 15 (*sententiae ex inopinato*) *Quis tibi sic timere permisit?* (said to a man who went about in a breastplate to imply that he feared assassination by his enemy).

[2] Mart. 5. 49. 3 *caluae me numerus tuae fefellit* involves the same point.

*altera imperio nata*[1] *sit*, of case usage in 51. 4 *quae*
(acc.) *non tantum peccat, sed publicat*, 74. 18 *utamur
illis, non gloriemur*,[2] of mood in N.Q. 5. 14. 4 (*spiritus*)
*accendat flammam necesse est, deinde . . . extenuatum
moueri*,[3] of voice in 31. 4 *uinci ac strigare*, 39. 3 *iacere
ac deprimi*, of connecting word in 22. 7 *non est uir
fortis . . . qui laborem fugit, nisi crescit illi* (i.e. *cui non
crescit*) *animus ipsa rerum difficultate.* But such things
are rare : usually Seneca only changes the construction
for some definite object, especially that of antithesis.
The examples will be given under that figure.
*Asyndeton* is one of the grammatical figures, but I
prefer to treat it below. under *Brevity.*

Of the rhetorical Figures, *Anaphora* is not very
common, except in that form in which the repetition
of a word saves the writer the use of a conjunction
(as in 11. 7 *iniussa ueniunt, iniussa discedunt*, 14. 3 *timetur inopia, timentur morbi, timentur quae . . . eueniunt*,
21. 11 *quae licet differre, licet castigare*, 88. 42 *inuidēre
grammaticis, inuidere geometris*).[4] Somewhat often too
Seneca, in developing a thought, repeats a sentence
once or twice, as a preacher may his text, to apply to
it each time some fresh comment : a typical example

---

[1] *Ot.* 5. 1 *Natura nos ad utrumque genuit, contemplationi et
actioni.*

[2] Hel. 17. 4 (*quae litteris non . . . utuntur sed . . . instruuntur*)
is exactly similar : cp. also *sibi* in *Ep.* 9. 18.

[3] *Ep.* 114. 25 'nec *illi tam gratum est* abundare *quam
acerbum* quod . . . *non* transmittit' is similar.

[4] Sometimes the effect is anything but pleasing : in 51. 6
*quo numquam quies, numquam otium datur* : as the two nouns
are really synonymous, emphatic anaphora is out of place.

is 9. 17 *se contentus est—et ducit uxorem ; se contentus est—et liberos tollit ; se contentus est—et tamen non uiueret si* etc., and others will be found in 24. 10, 25. 6, 7.

On the other hand in the figures of *Word-play* and *Word-contrast*[1] we have two of the most prominent characteristics of the Senecan style. Both are eminently 'popular figures': a glance at Otto's *Sprichwörter* will show how common they are in proverbs. But they were also greatly appreciated in the declamation-schools.[2] It is often really impossible to separate one from the other.

In most cases of *Word-play* we have to do with a pair of words interconnected in some way or other (generally by antithesis) and both actually expressed. Occasionally Seneca goes beyond this limit, imitating the sound of two words by a single one (or vice-versa) or leaving one of the pair to be inferred from the context (cp. e.g. 3. 3 *ius peccandi suspicando fecerunt*, 8.'3 *ad omne fortuitum bonum* [almost a pun for *sonum*] *suspiciosi ... subsistite*[3]), or playing with words which

---

[1] Paronomasia and Antithesis as the ancients called them.

[2] A few instances from the elder Seneca's book may be of interest, arranged according as they illustrate 1-4 or 5-6 below : (1) 1. 3. 1 *saxo, sacrario*, 4. 3 *patriae, patri* ; 2. 1. 3 *educauit, abdicauit*, 2. 4 *debet, deuouet* ; 7. 6. 8 *uiolet, uolet* ; (2) 1. 1. 3 *seruatus, seruandus*, 2. 3. 20 *rogantur, rogant, Suas.* 6. 2 *uictus uocem uictoris emisit, Contr.* 2. 5. 8 *cum uiro )( pro uiro, Suas.* 7. 10 *omnes pro Ciceronis libris, nemo pro ipso.* Even Quintilian cannot repress some filial pride in a *sententia* which he quotes from one of his father's declamations : *non exigo ut immoriaris legationi : immorare* (9. 3. 73).

[3] Cp. 8. 3 *habere nos putamus* (implies *habemus*) : *haeremus.*

are in no way parallel to each other, as in 41. 17
*superbe superiorem*, 80. 3 *ictūs inuictus excipiat.* But
examples like these are exceptional, where almost
every page contains at least one specimen of the
commoner class. The following examples, with the
exception of a few that seemed to be of special
interest, are drawn from the *Epistulae.*

1. Cases where the resemblance between the two
words is close:

(*a*) Parisyllabic pairs.[1]    20. 12 *non properare, sed
praeparari*, 24. 14 *leuis es, si ferre possum,
breuis es, si ferre non possum*, 27. 9 *numquam
nimis dicitur, quod numquam satis discitur*,
47. 17 *consularem aniculae seruientem, ancillulae diuitem.* Less close than these are exx.
like 28. 9 *deprendas . . . antequam emendes*,
39. 4 *utilia uitaliaque*, 116. 8 *malumus ex-
cusare quam excutere.*

(*b*) Pairs in which one word is a syllable longer
than the other. In cases like 58. 23 *amne
)( homine*, 71. 16 *ueritatem et uirtutem*, 120. 18
*carpit, non corripit* the vowel is so easily
slurred that the words are practically parisyllabic.    Real instances are 23. 4 *uerum
gaudium res seuera est*, 30. 1 *continuit et con-
tinuauit*, 95. 72 *censura, non cena*, 120. 12
*non delatum, sed delegatum* etc.

[1] In V.B. 3. 4 *irritant, territant*, B. 3. 15. 3 *ānulis, ănimis*,
shewing that agreement of *quantity* was not a *sine qua non*
in these cases.

(*c*) Miscellaneous.    108. 11 *animo* )( *patrimonio,*
*Hel.* 10. 2 *non opes, sed occupationes.*

2. Cases where the resemblance lies in the first
syllable.   Of course where the words are in the same
grammatical form the resemblance often goes beyond
this, and so sometimes in other cases: e.g. 22. 10,
47. 19, 76. 4 below.

(*a*) Parisyllabic pairs.    42. 5 *non pedem, sed pen-
nam,* 76. 4 *inepti et inertes,* 81. 25 *offensae
potius quam offici,* 114. 10 *pro sordidis solita.*

(*b*) Imparisyllabic pairs.    3. 5 *motum molestiam
putat,* 17. 4 *fames* )( *fastidium,* 22. 10 *de ambi-
tione quomodo de amica,* 47. 19 *uerborum* )(
*uerberibus,* 102. 2 *promittentium magis quam
probantium.*

3. Cases where the resemblance is in the first
letter.[1]   Here again there is often *homoioteleuton* as
well, and this is not always confined to the inflexional
suffix : cp. 51. 4 *non tantum peccat, sed publicat,* 63. 13
*aut simulatus aut stultus.*

(*a*) Parisyllabic pairs.    28. 7 *in pace* )( *in pugna,*
97. 10 *non pronum, sed praeceps.*

(*b*) Imparisyllabic pairs.    24. 5 *aliquid felicius,
nihil fortius,* 33. 11 *non domini, sed duces,*
47. 15 *non ministeriis, sed moribus.*

4. Cases where the resemblance is at the end of the
words, and due to more than similarity of grammatical
forms.    24. 26 *non odium, sed fastidium,* 27. 5 *libertini
patrimonium et ingenium,* 73. 13 *non uincit felicitate, si*

[1] I confine myself to words beginning with a consonant.

*uincit aetate*,[1] 105. 6 *qui rem non tacuerit, non tacebit auctorem*, N.Q. 6. 32. 6 *non de re sed de tempore*.

5. Cases where the pair consists of two forms of the same word. The most obvious examples are those in which a noun or verb is used in two different cases or tenses, and the like. But I reckon here also passages in which a noun or verb is combined with two different prepositions, a form of word play very common in Seneca, and before him in the Declamations. The elder Seneca did not care for it: he censures as belonging to the *genus humillimum et sordidissimum cacozeliae* a 'point' based on the play *scribit, proscribit* (*Suas.* 7. 11).[2]

(a) *Noun* or *Pronoun*. Typical examples are 9. 7 *iam fructu artis, (tum) ipsa fruebatur arte*, 14. 7 *quibus potestas populi et in populum data est*, 22. 8 *facile est occupationes euadere, si occupationum pretia contempseris*. Where the play depends on the use of prepositions, the case may remain unaltered, as in 23. 6 *ab alio*

[1] P²'s emending hand, finding here for *aetate* the corrupt *paetaque* of his original, callously wrote *tempore*.

[2] Cp. also Quint. 9. 3. 71 where exx. of *reprimi* )( *comprimi*, *emissus* )( *immissus* are quoted (from Cicero) with somewhat reserved approval. Such plays are not uncommon in Greek : Demosthenes in Athen. 6. 3 δίδωσιν )( ἀποδίδωσιν, Diogenes in D.L. 6. 28 'They sacrifice ὑπὲρ ὑγιείας, then dine at the feast κατὰ τῆς ὑγιείας,' Aristo *ib.* 7. 160, 'the one is ὑπὲρ ἡμᾶς, the other οὐδὲν πρὸς ἡμᾶς,' and the Laconian woman's famous ἢ τὰν ἢ ἐπὶ τᾶς ('bring back your shield or be brought back upon it dead'), reproduced characteristically enough by a declaimer in *Suas.* 2. 8. For earlier Latin exx. see Marx, *Ad Herenn.* p. 88.

*uel ex alio,* 26. 10 *supra potentiam, certe extra,* or change as in 18. 6 *ante rem* )( *in re,* 30. 5 *in ipsa* )( *post ipsam* etc.[1]  Difference of gender is combined with difference of case in *Ep.* 19. 12 *magis ad rem pertinere quis quam quid acceperit.*[2]

(b) *Verb.*  Difference of tense : 9. 7 *iucundius pingere est quam pinxisse,*[3] 13. 11 *fortasse erit, fortasse non erit : interim non est* ; voice: 9. 6 *si uis amari, ama,* 13. 2 *nec proiecit animum proiectus,* 14. 10 *ne dum calcare nolumus, uideamur posse calcari.*[4]  More complex are instances like 11. 9 *magna pars peccatorum tollitur si peccaturis testis assistit,* or 79. 6 *inuenturis inuenta non obstant,* where tense, voice and gender are involved.  Play with prepositions is very common : cp. e.g. 24. 20 *cum crescimus, uita decrescit,* 26. 10 *mori didicit, seruire dedidicit,* 47. 2 *ut maiore opera egerat quam ingessit,* B 2. 29. 6 *magna accepimus, maiora non cepimus.*[5]

---

[1] In many cases the figure is obscured by the fact that *ipse* is used instead of repeating the noun : cp. e.g. 3. 2 *cum amico delibera, sed de ipso prius,* 19. 1 *quid habeo melius quod amicum rogem quam quod pro ipso rogaturus sum ?*

[2] Cp. 12. 11 n.

[3] Sen. is fond of contrasting these two tenses : cp. 78. 14, 88. 2.

[4] So often in Sen. Chiasmic sentences like 22. 11 *paucos seruitus, plures seruitutem tenent,* 119. 12 *habere dicimur febrem, cum illa nos habeat* are only another form of this : cp. *Ira* 1. 17. 1 *habent, non habentur.*

[5] Cases like 27. 7 (*arrisor, derisor*), 51. 7 (*uictor, uincens*) clearly belong here, not to the nouns.

(c) *Adjective* or *adverb*. Difference of degree of
      comparison: 63. 13 *non ut tam diu, sed ne*
      *diutius*, B 2. 29 l.c.; of gender: *Pol*. 11. 4
      *omnes, immo omnia*.

6. Cases where the pair consists of cognate words.
Turns like 9. 19 *hostis sui uictoriam uicit*, 76. 4 *contemnendus est contemptus*, *Ira* 3. 42. 3 *ad frangendum
fragiles consurgimus* shew how closely this class is
allied to the last mentioned : all three involve the
contrast of active and passive voice. Other examples
however are quite distinct from it : a common type
is exemplified by 4. 2 *non pueritia, sed puerilitas*, 6. 3
*non amico, sed amicitia, Hel*. 13. 7 *homo iustus* contrasted
with *ipsa iustitia*.[1]

*Alliteration* is so closely connected with the figure
we have just been considering that it will be convenient to deal with it here. It was an instrument
for which the Romans always shewed peculiar
aptitude, one which appealed to the crowded benches
of the theatre as well as the delicate taste of a Vergil.
A glance at Seneca's pages will shew the use of it :
some obvious examples are 5. 7 *eadem catena et
custodiam et militem copulat, ib*. 9 *multa bona nostra
nobis nocent : timoris enim tormentum memoria reducit*,
24. 2 *malum tecum ipse metire, ac timorem tuum taxa*,
14 *quem in puerperio puella perpetitur* etc.

As for *Word-contrast*, some of what comes under
this head has been anticipated under that of Word-
play. Examples like 78. 14 *quid iuuat miserum* esse

[1] Cp. 114. 12 n.

*quia* fueris, *Ira* 3. 20. 4 *quis* male *periret, quis* peius
*uiueret* differ from those given on pp. lxxx, lxxxi only
in the fact that here the grammatical change destroys
all resemblance of form [1]   But the field of the figure
we are now treating is very much wider than that of
Word-play.[2]   One can hardly imagine a page of
Seneca that does not contain an example.   The very
first sentence in the letters gives us one.   Sometimes, as in this case (*tempus quod aut auferebatur
aut surripiebatur aut excidebat*), several words are contrasted, but the doublet is distinctly the prevalent
form.   I cannot, and would not, if I could, give
here a complete account of the use of this figure
in Seneca, but I should like to draw attention to
four forms of it which he particularly affects, in
which the contrast involves

> (a) Number: 1. 4 *omnes ignoscunt, nemo succurrit,*
> 2. 2 *nusquam est, qui ubique est,* 5. 3 *nihil
> imitari uelint, ne imitanda sint omnia,* 18. 8
> *tam facile erit illud pati semper quam aliquando
> experiri* ; [3]
>
> (b) Interrogative pronouns or adverbs: 28. 4
> *magis quis ueneris quam quo interest,* 35. 3

---

[1] The contrast of *pati* with *facere*, so frequent in Sen., is
really one of the passive and active voices : cp. too that of
*discere* and *docere* (7. 5 n.).

[2] Even particles are called in to help here : cp. 17. 1 *si
sapis, immo, ut sapias,* 47. 15 *quidam, quia digni sunt,
quidam, ut sint.*

[3] Often the figure is less obvious, as in e.g. 9. 19 *facilius
totam gentem quam unum uirum uincere.*

*non tantum quem uelis, sed qualem uelis,*
115. 10 *quaerimus non quale sit, sed quanti,*
40. 9 *quantum dicant, non quemadmodum,*
*quaerunt,* 71. 24 *non tantum quid uideas, sed*
*quemadmodum, refert* ; [1]

(c) The verbs *posse, uelle, nolle, debere, solere* (or
synonyms [2]) : 4. 5 *uiuere nolunt, mori nesciunt,*
9. 5 *non ut uelit, sed ut possit,* 21. 11 *das quod*
*debes, non quod potes,* 55. 1 *quod diu noluimus,*
*posse desimus,* 82. 16 *contemni debet magis*
*quam solet* etc. ;

(d) Distinction of synonymous words. Thus *ire*
is contrasted with such words as *cadere,*
*errare, ferri, impelli, proici* and *ruere* : cp. e.g.
23. 8 *non eunt, sed feruntur,*[3] 45. 1 *non ire*
*istud, sed errare est.* Other typical examples
are 15. 8 *descendat, non decidat,* 19. 1 *si potes,*
*subduc te ; si minus, eripe,* 2 *non emineat, sed*
*appareat.*

All these forms, especially the first, occur frequently
in the Declamations.

The figure which the Greeks called ἀντιμεταβολή and
the Romans *commutatio* is really a combination of the

---

[1] Here, as in some other cases, there is alliteration also, but
it is clearly accidental.

[2] Such as *libet* and *licet*. Lucilius jeers at the contrast of
*nolle* and *debere* (186 M.), Cic. *Quint.* 6 writes *saepius cogitant*
*quid possit, quam quid debeat, facere,* and Otto, *Sprichw.*
s.v. *posse, quire* shews that the contrast between these verbs
and *uelle* is almost proverbial in Latin. (He cites Menander
for contrast of θέλειν and δύνασθαι.)

[3] See on 114. 3.

two figures Word-play and Word-contrast : its form is
regularly antithetical, and the repetition in the second
clause of words that have occurred in the first is
analogous to paronomasia. Draeger noting its rarity
in Tacitus calls it characteristic of the mannered style
of Seneca : I have shewn in Introduction A that the
Greeks credited at least one example to Socrates.
From the *Epistulae* I would instance 2. 3 *cum legere non
possis quantum habueris, satis est habere quantum legas,*
5. 6 *magnus ille est qui fictilibus sic utitur quemadmodum
argento : nec ille minor est qui sic argento utitur quemadmodum fictilibus,* 81. 29 *non quia concupiscenda sunt
laudantur, sed concupiscuntur quia laudata sunt,* 104. 26
*non quia difficilia sunt non audemus, sed quia non
audemus difficilia sunt.*

*Brevity*, as a subdivision of Ἐνέργεια, comes early in
Quintilian's chapters [1] on the ornaments of style : I
have preferred to postpone its treatment to the end
of our study of Seneca's prose. The absence there of
anything like the Ciceronian or Livian period [2] at once

---

[1] 8. 3. 82.

[2] Quintilian's *minutissimae sententiae* (10. 1. 130) does not
refer to this, but to the paltry, trifling wit of the declamation
style: so in 8. 5. 14 *minuti corruptique sensiculi.* That the
shortness of the sentences was intimately connected with their
badness we see from Quint. cited on p. xxxvii. It is this that
makes the monotony of Seneca's rhythm so marked : like
Cicero, he affects in sentence-ends mainly the forms $-\smile-|-\leq$
and $-\smile-|-\smile-|$ (with the various resolutions). I should
think that, in the *Epistles*, about half the sections end with
one or the other of these two forms : the proportion between
them varies in different parts of the book. In *Epp.* 1-6 the
cretic and spondee occur 20 times, the two cretics 14, but in
*Ep.* 88 (which is about as long as the six letters together)

strikes the most careless reader: this is but one aspect of a general tendency towards brevity of expression such as Sallust alone among those of Seneca's predecessors whose works have come down to us regularly exhibits. Sallust did not succeed in avoiding the two faults against which Quintilian warns its votaries. That one of these is obscurity every reader of Horace will guess: no doubt the Roman Thucydides piqued himself on some of his darker sayings. The other vice Quintilian only implies, by requiring that *breuitas* shall be *integra*, by which I take it he means that it must not suggest that a longer form of expression has been cut down into the briefer one, must not shew where it has been lopped. Quintilian in the immediate context speaks very highly of Sallust's brevity, but it seems to me that many of the historian's sentences are open to the very objection in question,[1] and Seneca's phrase about *amputatae sententiae*[2] shews that he held the

the numbers are 26 and 6. The point is not without practical importance: some readings (especially emendations !), already suspected, are rendered more so by the exceptional character of their rhythm. See on 53. 9, 54. 1 and 78. 29, and cp. passages like 3. 4 where we have the variants *urserit exonerant, ūrĭt ēx* | *ŏnĕrānt,* 40. 13 *ipsum non* (or *ĭpsĕ nōn*) | *aŭdĭās,* 42. 10 *habere se contingit, -bĕrĕ sē* | *cōntĭgĭt,* 50. 2 *domum tenebrosam esse, (d. te)nēbrĭcōsam* | *ēssĕ,* 95. 18 *fercula* (or *fericŭlă) fĕ* | *cērŭnt.* Into the question of the extent to which the respect for these *clausulae* affects the order of words in Seneca I have not yet gone: see however on 11. 5.

[1] Quintilian's *abruptum sermonis genus* in 4. 2. 45 practically admits it.

[2] *Ep.* 114. 17 *Sallustio uigente amputatae sententiae et uerba ante exspectatum cadentia et obscura breuitas fuere pro cultu.*

same view. His own brevity is neither obscure nor maimed. Occasionally there may be some doubt as to the exact connexion between two clauses and the strain put on a single word is excessive, but this is exceptional, and as a rule Seneca's brevity is that of a proverb or maxim, where there is not a superfluous word and yet the vulgar can understand.[1] I would instance as prominent among the devices by which he secures this effect:

1. *Asyndeton.* Connecting particles are rather scarce: Erasmus[2] complains that it is at times difficult to know whether a clause goes with what precedes or what follows. In adversative clauses of course asyndeton is regularly used by all Latin writers. Seneca however often goes considerably beyond the regular usage, as for instance in 6. 6, where he writes, 'Cleanthes would not have reproduced Zeno so faithfully *si tantummodo audisset: uitae eius interfuit,*' omitting before *uitae* the connecting *nunc* which is necessary if we are to supply the suppressed thought 'but he did not merely do this.'[3] But, apart from this 'adversative' asyndeton, again and again, where Cicero or Livy would have had one sentence, with a main clause and a subordinate clause, Seneca gives us

[1] Cp. his own words, *Ep.* 94. 27 'rules for life of much use, *utique si aut carmini intexta sunt aut prosa oratione in sententiam* ('epigram,' 'maxim') *coartata sunt.*' He instances Cato's *quod non opus est, asse carum est.*

[2] Ep. MX (Leyden ed., III. 1151 D). Cp. too p. xcvi note 1.

[3] Cp. 7. 9 n.

two parallel clauses. This happens most frequently
in conditional expressions: cp. e.g. 70. 15 *placet? uiue.
non placet? licet eo reuerti* etc., and *Marc.* 16. 1 *par illis
uigor, par ad honesta,* libeat, *facultas est.*[1] But it
is by no means rare in all kinds of sentences: cp.
especially N.Q. 4. pr. 10 *ingenium suspicere coepisti:
pedes abstulit. frugalitatem laudare coepisti: prima statim
uerba praecidit* etc., where the first sentence of each
pair represents a temporal clause. Within the simple
sentence the same tendency appears in the frequent
coupling of words, mostly adjectives, without a
connecting particle: cp. 15. 4 *usum rudem, facilem,*
21. 10 *custos hospitalis. humanus,* 53. 8 *fortiter, aperte,*
59. 8 *munitus, intentus,* 102. 26 *haeres, reluctaris . . .
gemis, ploras,* 121. 8 *niti, quatere se.* Sometimes
phrases and clauses are treated in the same way: so
e.g. 21. 1 *animi firmitate, cupiditatum deminutione, Ira*
3. 21. 3 *alueum in trecentos riuos dispergeret, siccum
relinqueret.* In the case of pairs of words it is quite
possible that the asyndeton reproduces a feature of
colloquial Latin: this is almost certainly the explanation of the freedom with which Seneca omits the
interrogative particles, using, for instance *non* far
more frequently than *nonne* in questions expecting an
affirmative answer.

2. *Emphasis* is an ornament to which Quintilian
turns immediately after Brevity,[2] to which he says it
is *uicina, sed amplior.* He defines it as *altiorem praebens*

[1] Cp. the passages cited under the *imperative* on p. lxiv.
[2] 8. 3. 83.

*intellectum quam quae uerba per se ipsa declarant*, and points out that the figure can be applied to ordinary words, quoting as instances the use of *uir* in the meaning 'man in the true sense of the word,' of *homo*, presumably for 'one who has all the weaknesses of a man,' and of *uiuere* with the sense 'enjoy life.' In this form the use of emphasis is a favourite Silver device: both Senecas shew their appreciation of it, the father [1] praising the *explicationes* of Severus Cassius as *non lentas nec uacuas, sed plus sensuum quam uerborum habentes*, the son congratulating Lucilius with the words *loqueris quantum uis, et plus significas quam loqueris*.[2] The declamations are full of instances; possibly Vergil owed to his studies in the school of Epidius his well known tendency to strain slightly the ordinary use of words. Many examples from Seneca himself will be found in the notes to this edition:[3] here I will content myself with noting that the three instances cited by Quintilian are all to be found in his Epistles [4] and quoting from *Tranq.* 11. 9 the very typical *horae momentum interest inter solium et aliena genua* ('sitting on the throne'—'clasping as a suppliant the knees of one's master'). The strained uses of cases (genitive, dative and ablative) and sundry other peculiarities noticed under the Syntax above come under this same head.

---

[1] *Contr.* 3. pr. 7.                    [2] 59. 5.

[3] See esp. 56. 14 n. 76. 4 n. 87. 10 n.

[4] E.g. 51. 12 *quisquis uir est*, 104. 25 *cur timeat timorem uir, mortem homo?* 13. 17 *quid turpius quam senex uiuere incipiens*.

3, 4. Two other devices for securing brevity are
the use of *Apposition* in place of conditional, causal or
concessive clauses and the *Omission* of words that can
be more or less easily supplied.  The first is too
common in Seneca to require illustration here.
Omission of verbs, apart from those of saying[1] and
outside one or two colloquial phrases, does not take
place very often in Seneca.  The only instances that
seem to be noticeable are : 14. 3 *quid tua (interest)* ?,
108. 7 *sunt quales iubentur (esse)*, 113. 11 *id est quod
coepit (esse)*, N.Q. 3. 16. 4 *crede infra (esse) quicquid
uides supra* and the very close translation of the
famous ἀλλ' οὖν γε, ὦ Πόσειδον, ὀρθήν[2] in 85. 33
*Neptune, numquam hanc nauem nisi rectam (demerges)*.
A favourite trick of Tacitus is anticipated in 19. 11
*quo plus debent (eo) magis oderint*: cp. B. 6. 15. 2
*quaedam pluris esse quam (quanti) emuntur*.

[1] E.g. 7. 11 *haec ego non multis sed tibi*, 29. 11 *quis hoc?
Epicurus*.

[2] Teles p. 48 H.  It is said by the steersman : he cannot
save his ship, but she shall be well steered to the last.

# INTRODUCTION C

## SENECA'S PROSE: ITS CRITICS AND DEBTORS

ALTHOUGH Caligula called Seneca's prose mere declamation, devoid of all cohesion,[1] most contemporaries
seem to have thought very differently,[2] and when
Quintilian began to teach, he found the great
philosopher almost the only model accepted by his
students.[3] Quintilian's own summing up of his rival's
merits is careful and, on the whole, favourable. It
recognises the richness of his genius, the value of
his moral teaching, and the nobility of many of his
thoughts: if it lays stress on the lack of taste
which he sometimes displays, we must remember
that Quintilian has just been considering the Greek

[1] Suet. *Cal.* 53 *Senecam commissiones meras componere et
harenam esse sine calce* ('sand' without the 'lime' necessary
for good plaster, the point being the disconnectedness of
his sentences, I suppose: see the criticisms of Balzac,
Shaftesbury and Coleridge below. Diderot replies '*Le style
de S. est coupé, mais ses idées sont liées*').

[2] Suet. l.c., Tac. A. 13. 3.

[3] Quint. 10. 1. 126. The *critique* is *ib.* 128–131.

and Roman writers from the point of view of their
suitability as models for young students of style.[1]
Juvenal and Tacitus shew that Seneca's influence
lasted long after Quintilian's death.[2] But the
pedants of the next century had nothing but
hatred for the man who had ridiculed[3] the foolish
'questions' of which the *Noctes Atticae* is full,
and whose colloquial style was the antipodes of
their archaistic jargon. Very naive is the way in
which Gellius censures his language as *uulgaria et
protrita*, his learning as *uernacula et plebeia, nihilque
ex ueterum scriptis habens*. 'Some think his moral
thoughts valuable, but—just see how he carps at
Ennius, Cicero and Virgil.'[4] Fronto is a more dangerous critic: he ridicules the repetitions of the same
idea in different forms and maintains that the sentences never really gallop, but merely amble along:
the good things are about as common as silver plate
in a drain. These attacks seem to have had effect:
Seneca's prose is almost ignored by the grammarians,
writers like Symmachus, Sidonius, Ennodius, and
Venantius shew no certain traces of its influence,

---

[1] Hence he says (§ 131) *sic quoque* ('with all his faults') *iam
robustis et seueriore genere satis firmatis legendus.*

[2] See for Juvenal Mayor's index s.v. Seneca (the list may
easily be increased : see e.g. intr. to XLIV and note on 90. 9).
I have not seen M. Zimmermann, *De Tacito Senecae philosophi
imitatore*, but have noted some almost certain cases of imitation in Tacitus.

[3] See on 88. 3.

[4] N.A. 12. 2. Fronto's remarks are on pp. 156, 7 N. : see
also p. lxxvii.

whilst Macrobius and Merobaudes[1] regard it as so completely forgotten that in borrowing, the former two long passages, the latter three typically pointed sentences, they do not trouble to acknowledge their debt or to make any serious change in the wording.

But at the very moment when the stylists rejected Seneca's language, the Christians learned to appreciate his matter.[2] The first Latin Christian author known to us, Minucius Felix, owes much to him,[3] and Tertullian speaks of him as '*saepe noster*': Lactantius quotes him at great length and in this way, with Jerome and Augustine, has preserved to us several fragments of the lost works.[4] It was probably a Christian who composed the still extant *Correspondence between Seneca and St. Paul*, on the strength of which Jerome placed

[1] For Macrobius see introductions to XLVII and LXXXIV, for Merobaudes, Bickel, *Rh. Mus.* 1905 p. 317. Rutilius Namatianus 1. 395 *sqq.* is surely an imitation of Seneca *Frag.* 42 H.

[2] The remarkable resemblance between certain passages of Seneca and Scripture has often been noticed. Cp. e.g. B. 4. 26. 1 *et sceleratis sol oritur* (Matth. 5. 45), *Ira* 1. 14. 3 *nemo inuenietur qui se possit absoluere*, *Tranq.* 8. 1 'money the chief cause of our misfortunes' (Tim. 1. 6. 10), *Const.* 7. 4 *scelera, etiam ante effectum operis, quantum culpae satis est perfecta sunt* (Matth. 5. 28), B. 7. 28. 3 *ut absoluaris, ignosce*, *Ep.* 102. 25 *non licet plus efferre* (at death) *quam intuleris* (Job 1. 21), *Ep.* 17. 3 *multis ad philosophandum obstitere diuitiae* (Matth. 19. 24), *Prou.* 4. 7 *hos deus quos probat, quos amat, indurat* etc. (Hebr. 12. 6) and the notes on 27. 2, 63. 7, 78. 16.

[3] Even peculiarities of style : see Burger, *M.F. und Seneca*, pp. 39 *sqq.*

[4] Lactantius the *Exhortationes* and *Libri moralis philosophiae*, Jerome the *De Matrimonio*, Augustine the *De Superstitione*.

the Pagan in the Catalogue of the Saints.[1]  In the
sixth century Martin, Archbishop of Bracara, composed works which were little more than mosaics of
Senecan epigrams.[2]  And in spite of Seneca's protest
against the excerpting of Stoic maxims, several antho-
logies of his own have come down to us under the
titles *Monita (Senecae)*, *Liber (Senecae) de moribus*,
*Senecae prouerbia*.[3]

In the Middle Ages Seneca was Cicero's equal.
The oldest MSS. belong to the ninth and tenth centuries[4]: Gerbert (940-1003) quotes from his works.
In the twelfth and thirteenth centuries he is on all
enlightened lips and pens.  Heloise meets Abelard
with a passage from him as an argument against their
marriage,[5] John of Salisbury defends him against

---

[1] *De Vir. Ill.* 12.  Bickel, *Rh. Mus.* 1908 pp. 392 *sqq.*,
shews that *Anth. Lat.* 1. 667 ('Seneca's Epitaph') is the
composition of a late Christian writer.

[2] A *De Ira* and the *Formula uitae honestae* ascribed by
many MSS. (esp. under the name *De IV uirtutibus*) to Seneca
himself.  See Bickel, *Rh. Mus.* 1905 pp. 505 *sqq.*

[3] When these collections were made is uncertain.  The
*Monita* are preserved in a MS. generally assigned to the seventh
or eighth century.  But Seneca was probably excerpted before
then.  In the *Disticha Catonis* (? second century) 1. 14 is a
poetic version of *Ep.* 80. 10, and in *Anth. Lat.* 2. 1567 an
epitaph of perhaps the third century contains two Senecan
maxims.  Cp. *ib.* 119.  To such collections I should ascribe
isolated quotations such as one in Gregory the Great (*Ep.* 1. 33)
and a canon of the Tours council of 567 A.D.

[4] They contain the *Epistulae* or the *De Beneficiis* and *De
Clementia*.

[5] Abelard, *Ep.* 1.  The passage is 72. 3 *non cum uacaueris—
explicandae* (with omissions).

unfair interpretations of Quintilian's *critique*,[1] Peter
of Blois rebukes a greedy monk with language that
owes a good deal of its force to him,[2] Alain de
Lille [3] and Gerald of Cambray [4] know him well.
Vincent of Beauvais quotes him freely in his *De
eruditione filiorum regalium*.[5] Among the works which
Roger Bacon desired, but found so expensive, were
those of Seneca : in spite of a steady search for over
twenty years, he was unable to find them until the
time when he was put in touch with Pope Clement.[6] It
is of course the *Naturales Quaestiones* that he uses most.
Albert of Bollstädt has large extracts from them in
the *Metheora*. We also find Seneca in lighter products
of this period, such as the *Gesta Romana* and the
*Bataille des sept Arts*.

As the new dawn of literature proper begins to
break, we meet Seneca in the works of three great
poets. Dante mentions him in a list of sages in the
*Inferno* [7] ('*Tullio e Lino e Seneca morale*') and occasionally quotes him in the *Convito* and *Della volgare
Eloquenza*. Chaucer's *Summoner's Tale* contains three
anecdotes from the *De Ira*, and the poet specifically
quotes the 'flour of moralitie as in his tyme'[8] more

---

[1] *Polycrat.* 8. 13.    [2] *Ep.* 85.

[3] Mayor, *J. of Phil.* 20. pp. 1 *sqq.*

[4] He has a curious way of ascribing to him quotations
which really come from Sidonius Apollinaris.

[5] And has copious extracts in the *Speculum Historiale*.

[6] *Op. Tert.* 15.    His friend Grosseteste seldom quotes
Seneca.

[7] 4. 141.    [8] *Monk's Tale* 507.

often than any other author save Ovid. But frequently the quotation is very general, and may be, sometimes demonstrably is, not firsthand.[1] Very different are the relations between Seneca and the third great poet of this century. When Petrarch records in his copy of Virgil the date of Laura's death, it is to Seneca that he turns for a quotation,[2] and he chooses him to be one of the nine ancient authors to whom are addressed letters in the fourteenth book of his *Epistulae de rebus familiaribus*. 'Every day,' he says, 'I listen to you with an intentness almost beyond belief: it is perhaps not unreasonable to wish you to listen to me for once,' and goes on to reproach his favourite for his complaisance to Nero. His works are full of quotations and adaptations from Seneca: the *Epistulae* in particular are Senecan rather than Ciceronian.[3] An interesting testimony to the position of Seneca at this time is afforded by the fact that at the University of Piacenza, founded about the end of this century, there was, in addition to a Professor of Philosophy, a Professor of Seneca.[4] In France, Seneca was among the authors translated for Charles V.

[1] See Lounsbury, *Studies in Chaucer* 2. pp. 267 *sqq.* and Skeat on *Merchant's Tale* 279. In *Meliboeus* the frequent references to 'Senek' are due to the Latin original, a work belonging to the previous century: see intr. to LXIII.

[2] *Animam quidem eius, ut de Africano ait Seneca, in celum unde erat rediisse persuadeo mihi*, he writes. See 86. 1.

[3] Cp. e.g. the beginning of *Ep. Reb. Fam.* 3. 15. Sen. is utilised even in his Italian poems: see Attilio Hortis, *Archeogr. Triest.* 6. p. 275[1].

[4] Rashdall, *Universities of Europe* 2. p. 37.

The last quarter of the next century saw several editions of the prose works printed. The *De remediis fortuitorum* appeared at Cologne in 1470, five years later the *editio princeps* of the complete philosophical works was published at Naples, the *Epistulae* coming out at Rome, Paris, and Strassburg in the same year. An Italian version of the latter appeared at Venice in 1494.

In the sixteenth century Seneca was edited by Erasmus  The edition of 1515 was not a success, but in 1529 a new one retrieved this disgrace. The letter of dedication to the Bishop of Cracow[1] is really a preface to the edition. In it Erasmus points out that although the use of Seneca by ignorant Christian teachers had led to the corruption of his text, it was this use that had led to its being preserved at all.[2] Petrarch, who recognised that the *Formula* was not Seneca's work, had accepted the *Correspondence with St. Paul*, but Erasmus rejects it without hesitation. Other matters treated here are : ancient criticisms of Seneca, the difference between his language and that of Cicero, and the merits of his writings. The *Adagia* probably had even more influence in diffusing a knowledge of Seneca's wisdom, which is well represented there. In France, Calvin's first work was an edition of the *De Clementia*, and he

[1] *Ep.* MX.

[2] *Infantes ac uix semigrammatici*, he calls them, and adds that they were bound to change the text when they could not understand it : ' αἰσχρὸν γὰρ σιωπᾶν ubi cathedram conscenderis.'

occasionally quotes Seneca in the *Institutio.* '*Seneca de IV uirtutibus*' is one of the works which Rabelais' Gargantua reads with his tutor, and *Pantagruel* contains at least seven citations from or references to the prose works. Muret was a great admirer of Seneca. Not only did he write a Senecan drama, the *Julius Caesar,* but he lectured, in spite of protests from rabid Ciceronians, upon the prose writings,[1] and the text owes much to his emendations and his edition of 1585. It may be that Seneca owes him a yet greater debt. Montaigne was one of Muret's pupils and acted in his *Julius Caesar*: his taste for Seneca may well have been inspired by his teacher. 'I have not,' he says,[2] 'had commerce with any excellent booke except Plutarke or Seneca, from whom, as the Danaides, I draw my water uncessantly filling and as fast emptying.' Elsewhere he tries to compare his two favourites, but it is not easy to say which he preferred. Not content with copious quotations from Seneca, Montaigne often introduces a French version of a passage without giving us a hint that the words are not his own.[3] His love for Seneca was

---

[1] *Orationes* II 3 and 12. They had objected three years before to his lecturing on Seneca's *Troades.* The famous trick Muret played these good people is narrated by him in *Var. Lect.* 15. 1.

[2] *Essais* 1. 25 (tr. Florio). The comparison is in 2. 10.

[3] Thus, the last part of 1. 19 is simply a version of *Ep.* 24. 13 and 14. In 2. 10 he notes his reason for not always naming his sources : he knows men are severe on 'young writings of men living' and 'will have them to give Plutarch a bob upon my own lips and vex themselves in wronging Seneca in mee'.

inherited by his disciple Charron. A correspondent
of Montaigne's was Justus Lipsius of Leyden and
Louvain, whose taste for brevity gradually led him
away from Ciceronianism to the cult of Seneca and
Tacitus [1] and whose letters bear abundant testimony
to the influence of the former of these two. In 1599
a lecture of his upon the *De Clementia* delivered in the
presence of the Archduke Albert is said to have led
to the release of three hundred political prisoners.[2]
A year before his death, in 1605, appeared an edition
of Seneca which had occupied many years of his life.
In Spain, a translation of *Epp.* i.-lxxiii. appeared at the
seat of Cardinal Ximenes' new college, Alcalà, in 1529,
followed by one of some of the *Dialogi* and other
Senecan or pseudo-Senecan works in 1530; in 1536
Pincianus published valuable notes to the prose
writings. In England, More's *Utopia* has at times a
tone very like that of Seneca, but it is not easy to
point out any passages that are likely to have come
direct from him.[3] Elyot in the *Governour* cites him
pretty often; a rendering of *annulis nostris plus quam
animis creditur* by *seeles be more set by than soules* [4]
shews a due appreciation of his love of word-play.
Most of our schoolmasters, however, were in the
thrall of Sturm and Ciceronianism, recognising Seneca

[1] Cp. *Ep. Cent. Misc.* 1. 13.

[2] Cp. *Ep. ad Belg. Cent.* 2. 57. Lipsius was the first to
make clear the distinction between Seneca the father and
Seneca the son. His pupil and successor at Louvain, Puteanus,
shews the same taste for Seneca.

[3] See however on 47. 16.        [4] 3. 7.

only as a writer of tragedies. I know nothing to
prove that Ascham ever read a line of his prose:
the only mention of it I have found in him occurs in
a very significant account of his interview with a man
who 'by his preference of Lucian, Plutarch, Herodian,
Seneca, Aulus Gellius and Apuleius seemed to me to
compress both languages into the period of old age
and decay.'[1] Mulcaster, so far as I have observed,
cites Seneca once only[2]—as an authority for the
beneficial effects of reading aloud. The attitude of
the men of letters was different. In the case of
Spenser and Shakspere, indeed, in spite of many
passages that have a distinctly Senecan tone,[3] I know
none that suggests anything like direct borrowing
except one in the *Merchant of Venice*, to which Prof.
Sonnenschein has recently drawn attention.[4] But
most other Elizabethans owe something to Seneca's
prose writings—often, no doubt, through the medium
of such collections as Erasmus' *Adagia*. In the second
part of Marston's *Antonius and Mellida* I find a passage of the *De Prouidentia* quoted in the original
Latin, whilst the *De Constantia* and *Consolatio ad*

[1] *Ep.* 1. 99. Yet he admired the Tragedies, writing a
*Philoctetes* in their manner.

[2] *Positions* 12.

[3] Cp. e.g. the Duke's speech in *Measure for Measure* 3. 1 or
Petruchio's in *Taming of the Shrew* 4. 3. 171-174 (which
recalls V.B. 2. 2).

[4] In a paper published in *National Review*, June 1906. The
passage is 4. 1. 184 *sqq.*, and the Senecan sources are *Clem.*
1. 3. 3, 6. 1, 7. 2, 19. 1 and 9, 26. 5.

*Polybium* are also used.[1] Jonson's plays are full of
the fruits of his reading of the philosophical works,[2]
the *Discoveries* is full of spirited translations from
them, and *Underwoods* 30 versifies much of the *De
Beneficiis*. What he thought of Seneca's adversaries
we may judge from the fact that he makes the egre-
gious Daw one of them. 'Grave asses!' says the good
knight[3] (of Seneca and Plutarch) 'Mere essayists! A
few loose sentences and that's all. I do utter as good
things every hour if they were collected and observed.'[4]
In prose, Seneca appears in Lyly (*Euphues*) and
Nashe (especially in the *Anatomy of Absurditie*[5]),
Daniel quotes him four times in his *Defence of Rhyme*[6]
(besides versifying some maxims in his poem *Muso-
philus*), and Lodge, who quotes him thrice in his
*Defence of Poetry*, achieved in 1614 the first English
translation of the whole of the prose works.[7]  Burton

---

[1] Marston borrows from Seneca in the *Scourge of Villany*
also: 4. 149 = *Ep.* 90. 1.

[2] Jonson himself refers to Senecan passages in his notes
to *Sejanus* and the commentators note parallels elsewhere
(by no means all that they might: e.g. the close following of
B.V. 3. 5 and 8. 1, 2 in Truewit's speech at the beginning
of the *Silent Woman*).

[3] *Silent Woman* 2. 2.

[4] Of the other dramatists, Marlowe seems to owe Seneca
nothing. There are a few allusions etc. in Massinger (see
esp. on 47. 14), hardly any in Ford.

[5] See McKerrow's notes, which suggest the use of the
*Adagia* in many cases. But the list of pedantic questions
looks as if it came direct from *Ep.* 88.

[6] In Latin, and anonymously.

[7] Golding had Englished the *De Beneficiis* in 1578.

in his *Anatomy of Melancholy* has many quotations
and racy versions. Bacon loves to quote Seneca, and
his *Essays* are thoroughly Senecan in spirit, as he
himself admits in the dedication to Prince Henry :
'The word is late, but the thing is auncient. For
Senecaes Epistles to Lucilius, yf one marke them well,
are but Essaies, that is, dispersed Meditacions, thoughe
conveyed in the forme of Epistles.'[1] That Seneca
was still a favourite with the divines the *Homilies*
published in 1574 shew : the one against Gluttony
and Drunkenness makes considerable use of his eighty-
third letter.

In the seventeenth century the influence of our
author is seen clearly in the works of the German poet
Martin Opitz.[2] The Moravian Comenius in the *Great
Didactic* not only often quotes him, but occasionally
appropriates his thoughts without acknowledgment,
and is broadminded enough to admit him as an
author to be read in the Latin School. In France,
Balzac resents Seneca's attacks on Maecenas, and
thinks the criticisms of the latter's style may very
well be thrown back upon their author, whose *discours
n'est pas un corps entier, c'est un corps en pièces*.[3] But
elsewhere [4] he admits that where Maecenas' reputa-

[1] It is from the *Epistulae* that Bacon usually quotes : of
seven citations I have noted in the *Advancement* all come
thence.

[2] See Stemplinger, *Neue Jahrb.* 1905 pp. 334 *sqq.* He
simply versifies Senecan passages, without acknowledgment.

[3] *Oeuvres Diverses* (Paris 1659) p. 225, *Entretiens* 18.

[4] *Oeuvres Diverses* p. 396.

tion is not at stake, he is Seneca's very humble servant, often quotes him, and, I think, owed much of his neatness to his influence.  Corneille, like the Elizabethan dramatists, does not confine his borrowing to the plays : his *Cinna* is based on a chapter of the *De Clementia*, and it is Seneca, not Don Gomez, who says *à vaincre sans péril on triomphe sans gloire*.[1]  Malebranche selects Seneca, with Tertullian and Montaigne, as typical of those writers who possess a fatal power of convincing without the use of any reasons, simply because they move and please : he admits, however, that he may be read with profit by those who are firmly grounded in the principles of Christian morality.[2] In the frontispieces to the earlier editions of La Rochefoucauld's *Maximes* Seneca figures as a vicious person wearing the mask of virtue ; nevertheless some of the French author's epigrams are obviously of Senecan origin.[3]  Bossuet fulminates against Seneca's Stoic pride, but seems to borrow some of his thoughts.[4]  In England, Milton recommends the use of the *Naturales Quaestiones* for educational purposes, but his view of Seneca's character was evidently unfavourable ('Seneca *in his books* a

[1] *Cid.* 2. 2. 38 ( = *Prou.* 3. 4 *scit eum sine gloria uinci qui sine periculo uincitur*).    I have noted other examples in *Polyeucte* and *Rodogune*.

[2] *Recherche de la Verité* 2. 3. 4.

[3] *Max.* 25 is from *Ep.* 66. 50, *Max.* 30 = 116. 8, *Max.* 83 = 9. 10, *Max.* 86 = 3. 3, *Max.* 226 = B. 6. 41. 1, *Max.* 322 = *Hel.* 13. 5 : see too 5. 7 n.

[4] See Martha, *Moralistes sous l'empire romain*, Ch. 6 (with the notes).

philosopher' he says once), and it is only occasionally that he borrows from him.[1]   Herrick versifies
some of the maxims, whilst Cowley in the *Essays*
and notes to the *Davideis* shews a good knowledge of
the prose writings.[2]   Pope tells us[3] that Seneca was
one of Wycherley's favourite authors, but I find no
traces of this in his plays.   Indeed, it is a curious fact
that, similar as the wit of the Restoration writers is
in many respects to that of Seneca, they seem to owe
him very little.   Almost the only certain debt I
have observed in Dryden is his 'Great wits are sure
to madness near allied'[4]: in the *Life of Plutarch*
where, like Montaigne, he compares the two Stoic
writers, he has, unlike Montaigne, no qualms in
giving the palm to the Greek.   I believe that a fine
description of the earth's future destruction by fire
in T. Burnet's *Theory of the Earth*[5] is inspired by
the final deluge in Seneca's *Naturales Quaestiones*.
Senecan maxims continue during this period to

[1] He recommends N.Q. in his treatise 'Of Education'.
Undoubted instances of Senecan influence (not noted in any
edition I have seen) are P.L. 11. 504 *sqq.* = *Marc.* 22. 3 and
*Comus* 362 *sqq.* = *Epp.* 24. 1, 13. 10.   There is a very Senecan
tone about P.L. 6. 171-8.

[2] He is the only writer, so far as I know, to note Seneca's
interesting criticism of the *Georgics* : see on 86. 15.

[3] Spence's *Anecdotes*, Sect. 5.

[4] *Tranq.* 17. 10 *nullum magnum ingenium sine mixtura
dementiae fuit.*

[5] See Gosse's *Eighteenth Century Literature* p. 99.   There
is little verbal imitation, but the tone and manner of
treatment seem to me unmistakeably due to Seneca.

adorn the sermons, *e.g.* of Jeremy Taylor and especially Barrow.

In 1710 Seneca was still read at Cambridge, and Ambrose Bonwicke in his first year at St. John's read 'a great part' of his philosophical works.[1] Pope was influenced by him and occasionally quotes him in the letters : as with Dryden, direct imitation seems rare. His friend Bolingbroke was a professed admirer of the prose works ; his *Reflections on Exile* is full of renderings from the *Ad Heluiam*, and Pope maintains [2] that if Seneca were alive everyone would suppose he had written it. Shaftesbury, admitting respect for the man, attacks his style : 'Every period, every sentence almost, is independent and may be taken asunder, transposed, postponed, anticipated or set in any new order as you fancy.'[3] Lady Mary Montagu has several turns which I think she borrowed from Seneca, quoting at Lyons a passage from his *Apocolocynthosis* to illustrate 'the celebrated joining of the Saone and Rhone.'[4] The *Spectator* occasionally quotes him—not without protests from fashionable readers.[5] Three of its mottoes come from the prose writings— one of them [6] indeed involving a serious misapprehension on the part of Steele, who has confused *lēuitate* and *lĕuitate*. The beautiful passage which begins *sacer inest in nobis spiritus* did not escape Addison's

---

[1] *Life*, ed. Mayor, p. 19.          [2] Spence's *Anecdotes*, Sect. 4.

[3] *Characteristics* 2. p. 169 (ed. Robertson).

[4] Letter to Pope, dated Sept. 28, 1718.

[5] See No. 182.          [6] That to No. 492.

notice : [1] he had already used the somewhat trite
*Prou.* 2. 9 for his *Cato* prologue. But as the century
advances, the decline in Seneca's influence on English
writers is very marked. The divines (*e.g.* Sterne) still
use him, and Chesterfield cites him when inclined to
moralise. But Gray has, I think, only one quotation,[2]
whilst Johnson and Goldsmith hardly mention him.
The latter's comparison of the style of the Italian
composers to that of Seneca is however noteworthy.[3]
In France, on the other hand, it was the latter half
of the century which brought Seneca the tribute of
two great thinkers. How much Rousseau owes him
is perhaps now forgotten : it was not forgotten by
his contemporaries,[4] and indeed his very first work,
the *Discours sur les sciences et les arts*, enables us to
realise it. Not only is its theme thoroughly Senecan,
but in its text and that of Rousseau's various
'*Réponses*' to critics Seneca is actually cited or translated four times. To Diderot we owe remarks that
are perhaps the most thoughtful and discriminating
ever passed upon Seneca's character and style.[5]
Without for a moment closing his eyes to the weaknesses of the latter, he refuses to be carried away by
vague terms like ' rhetoric ' and ' paradoxical,' does

---

[1] No. 571.    [2] See on 7. 3.    [3] Essay on *Schools of Music.*

[4] See for instance Diderot in the second book of the Essay
cited below, § 17 *Jean-Jacques, qui nous rappelle Sénèque en cent
endroits et qui ne doit pas une ligne à Cicéron.*

[5] *Essai sur les règnes de Claude et de Néron, et sur les
mœurs et les écrits de Sénèque*, 1782 (much enlarged from
an essay of the same scope published by him in 1778).

full justice to the concentration and brilliance of
Seneca's thoughts, and makes no secret of his opinion
that his philosophy is infinitely more solid than
Cicero's.[1]  Mirabeau uses the *Ad Marciam* in a letter
to Sophie announcing the death of their daughter,[2]
a dialogue of Chamfort's introduces the philosopher
along with Epicurus, Julian, Louis the Great and
St. Real, and Madame de Stael in the *De la littérature*
thinks that Seneca's philosophy *pénétre plus avant
dans le cœur de l'homme* than Cicero's ever does.

With the nineteenth century Seneca's style begins
to be generally censured, his works read only by
thorough-going students of the classics.    Landor has
a Dialogue [3] between him and Epictetus, in which he
is the representative of the false philosophy.  Coleridge
says : ' You may get a motto for every sect in religion,
but nothing is ever thought out by him,' and elsewhere,
observing that the couplets in Hudibras are complete
in themselves, adds, 'There is no fusion, just as it is
in Seneca.' [4]  Macaulay makes Seneca's 90th letter
the basis of a comparison between his philosophy and
Bacon's that is very much in the latter's favour, and
complains that to read him straightforward is 'like
living on nothing but anchovy sauce. . . . His style

[1] See the second book of the *Essai* §§ 10, 11, 12, 14, 40, 60.
Examples of refutation of Senecan reasoning etc. in §§ 20, 21,
32, 44, 45 etc.  Diderot in § 13 seems to recognise an affinity
between Seneca and Voltaire.  In *Candide* ch. 25 Pococurante
speaks of *recueils de sermons, qui tous ensemble ne valent pas
une page de Sénèque.*

[2] *Lettres d'Amour* 50.          [3] *Roman Dialogues* 8.

[4] *Table Talk*, June 1830 and July 1833.

affects me in something like the same way with that
of Gibbon.'[1]   Yet Goethe allows[2] that some of the
descriptions in the *Naturales Quaestiones* are fine and
'*if we once accept the rhetorical style,* really charming,'
Wordsworth borrows from Seneca the text for the
*Ode to Duty,* De Quincey in *Style*[3] says of him ' A
nobler master of thinking Paganism has not to shew,
nor, when the cant of criticism has done its worst, a
more brilliant master of composition,' whilst Ste.-
Beuve calls him ' *le grand et si ingénieux écrivain* '[4] and
often quotes him with approval.   But the most
interesting and favourable of all criticisms is one contained in a well-known study of Jonson,[5] where we
are told that ' At the very opening of these *Discoveries,*
we find ourselves in so high and so pure an atmosphere
of feeling and thought that we cannot but recognise
and rejoice in the presence and influence of one of the
noblest, manliest, most honest and most helpful
natures that ever dignified and glorified a powerful
intelligence and an admirable genius.   In the very
first note . . . we find these among other lofty and
weighty words : *Heaven prepares good men with crosses,
but no ill can happen to a good man.   That which happens*

---

[1] *Essay on Bacon,* and *Life and Letters* (May 25, 1836).

[2] *Farbenlehre,* Hist. Theile, Zweite Abth. (Nachtrag).

[3] Part 3.   The quotation which forms his text comes from
the *elder* Sen., but it is quite clear that his criticism is meant
for the son.   Compare his remarks on both Senecas in the
*Rhetoric.*

[4] *Causeries du Lundi,* Dec. 15, 1856.

[5] Swinburne, *A Study of Ben Jonson,* Part 3.

*to any man may to every man.    But it is in his reason
what he accounts it and makes it.'*  Swinburne did not of
course know when he penned these words that this first
' note ' or ' section ' was simply Jonson's translation
of several passages of Seneca fused into one.[1]

[1] See Castelain's edition of the *Discoveries*, where however
he has omitted to note the borrowing from *Prou.* 1. 6—2. 1.
The words ' But it is in his reason ... make it ' have not yet been
run to earth, but I am very confident they are from Seneca.
It is amusing, in view of what we now know, to find
Swinburne complaining that there is perhaps in the structure
of this sentence something too much of the Latinist, too
strong a flavour of the style of Tacitus, etc.   Several other
passages of Seneca are quoted in the *Study* and praised (in all
innocence) in such terms as ' concise and masterly essay ',
' sermon full of lofty wisdom and of memorable eloquence '.

# SELECT LETTERS OF SENECA

# NOTE TO CRITICAL APPARATUS

O denotes the best MSS.: in V–LI p, the Paris MS. numbered 8540 (or, where leaves are lost in this, P mentioned below), and L, a Florence MS. (Laurent. 76. 40); in LIII–LXIII p, L and V, a Venice MS., once the property of Cardinal Bessarion; in LXXVI–LXXXVIII P, a second Paris MS. numbered 8658 A (supplemented by Par. b, a third Paris MS. numbered 8539), and V; in XC–CXXII B, a Bamberg MS. numbered V 14, and A, a Strassburg MS. fortunately collated by Buecheler before its destruction by fire during the siege of 1870.

s denotes the interpolated MSS., or any one of them.

# SELECT LETTERS OF SENECA

## V

### PARADE OF PHILOSOPHY

SENECA LVCILIO SVO SALVTEM

1 Quod pertinaciter studes et omnibus omissis hoc unum agis ut te meliorem cotidie facias, Don't proclaim 5 et probo et gaudeo, nec tantum hortor nest student by ut perseueres, sed etiam rogo. illud dress, etc. autem te admoneo, ne eorum more, qui non profi-cere sed conspici cupiunt, facias aliqua quae in habitu 2 tuo aut genere uitae notabilia sint. asperum cultum 10 et intonsum caput et neglegentiorem barbam et in-dictum argento odium et cubile humi positum et quicquid aliud ambitionem peruersa uia sequitur, euita. satis ipsum nomen philosophiae, etiamsi mo-deste tractetur, inuidiosum est : quid si nos hominum 15 consuetudini coeperimus excerpere? intus 'Tis the interior omnia dissimilia sint, frons populo nostra ferent. 3 conueniat. non splendeat toga : ne sordeat quidem. non habeamus argentum in quod solidi auri caelatura

descenderit, sed non putemus frugalitatis indicium
auro argentoque caruisse. id agamus ut meliorem
uitam sequamur quam uulgus, non ut contrariam :
alioquin quos emendari uolumus, fugamus a nobis et
auertimus. illud quoque efficimus, ut nihil imitari 5
uelint nostri, dum timent ne imitanda sint omnia.

**4** Philosophy must hoc primum philosophia promittit, sen-
be human and
natural. sum communem, humanitatem et congre-
gationem. a qua professione dissimilitudo nos sepa-
rabit. uideamus ne ista, per quae admirationem 10
parare uolumus, ridicula et odiosa sint. nempe propositum nostrum est secundum naturam uiuere : hoc
contra naturam est, torquere corpus suum et faciles
odisse munditias et squalorem appetere et cibis non
**5** tantum uilibus uti, sed taetris et horridis. quem- 15
admodum desiderare delicatas res luxuriae est, ita
usitatas et non magno parabiles fugere, dementiae.
frugalitatem exigit philosophia, non poenam : potest
autem esse non incompta frugalitas. hic mihi modus
placet : temperetur uita inter bonos mores et publicos ; 20
There is a middle suspiciant omnes uitam nostram, sed
course open to
**6** us. agnoscant. 'quid ergo? eadem faciemus
quae ceteri? nihil inter nos et illos intererit?' plurimum. dissimiles esse nos uulgo sciat qui inspexerit
propius. qui domum intrauerit, nos potius miretur 25
quam supellectilem nostram. magnus ille est qui
fictilibus sic utitur quemadmodum argento : nec ille
minor est qui sic argento utitur quemadmodum
fictilibus. infirmi animi est pati non posse diuitias.

15. *taetris* ς, *certis* O.

7 Sed ut huius quoque diei lucellum tecum communicem, apud Hecatonem nostrum inueni cupiditatium finem etiam ad timoris remedia proficere. 'desines' inquit 'timere si sperare desieris.' dices 'quomodo ista tam diuersa 5 pariter sunt ?' ita est, mi Lucili : cum uideantur dissidere, coniuncta sunt. quemadmodum eadem catena et custodiam et militem copulat, sic ista quae tam dissimilia sunt, pariter incedunt : spem metus 8 sequitur. nec miror ista sic ire : utrumque pendentis 10 animi est, utrumque futuri exspectatione sollicitum. maxima autem utriusque causa est, quod non ad praesentia aptamur, sed cogitationes in longinqua praemittimus. itaque prouidentia, maximum bonum 9 condicionis humanae, in malum uersa est. ferae 15 pericula quae uident fugiunt, cum effugere, securae sunt : nos et uenturo torquemur et praeterito. multa bona nostra nobis nocent. timoris enim tormentum memoria reducit, prouidentia anticipat. nemo tantum praesentibus miser est. VALE. 20

*To-day's quotation is : 'Cease to hope and you'll cease to fear.'*

# VII

## EVIL COMMUNICATIONS

### SENECA LVCILIO SVO SALVTEM

1 QUID tibi uitandum praecipue existimem, quaeris ? turbam. nondum illi tuto committeris. 25 ego certe confitebor imbecillitatem meam :

*I always feel the worse for going out.*

numquam mores quos extuli refero. aliquid ex eo
quod composui turbatur, aliquid ex iis quae fugaui
redit. quod aegris euenit quos longa imbecillitas
usque eo affecit ut nusquam sine offensa proferantur,
hoc accidit nobis, quorum animi ex longo morbo 5
2 reficiuntur. inimica est multorum conuersatio : nemo
non aliquod nobis uitium aut commendat
aut imprimit aut nescientibus allinit. utique quo maior est populus cui miscemur, hoc periculi
plus est. nihil uero tam damnosum bonis moribus 10
quam in aliquo spectaculo desidere. tunc enim per
3 uoluptatem facilius uitia surrepunt. quid me existimas
dicere ? ' auarior redeo, ambitiosior, luxuriosior '? immo
uero crudelior et inhumanior, quia inter homines fui.

*The bigger the crowd, the great-er the danger.*

*I have in mind just now the butchery of the midday games.*

casu in meridianum spectaculum incidi, 15
lusus exspectans et sales et aliquid laxa-
menti quo hominum oculi ab humano
cruore acquiescant. contra est : quicquid ante pugnatum est, misericordia fuit ; nunc omissis nugis mera
homicidia sunt. nihil habent quo tegantur : ad ictum 20
totis corporibus expositi numquam frustra manum
4 mittunt. hoc plerique ordinariis paribus et postulaticiis praeferunt. quidni praeferant? non galea,
non scuto repellitur ferrum. quo munimenta? quo
artes? omnia ista mortis morae sunt. mane leonibus 25
et ursis homines, meridie spectatoribus suis obiciuntur.
interfectores interfect*ur*is iubent obici et uictorem in
aliam detinent caedem : exitus pugnantium mors est.
ferro et igne res geritur. haec fiunt, dum uacat
5 harena. ' sed latrocinium fecit aliquis.' quid ergo? 30

occidit hominem? '*occidit hominem.*' quia occidit, ille
meruit ut hoc pateretur: tu quid meruisti miser, ut
hoc spectes? 'occide, uerbera, ure! quare tam timide
incurrit in ferrum? quare parum audacter occidit?
quare parum libenter moritur *et* plagis agitur in 5
uulnera? mutuos ictus nudis et obuiis pectoribus
excipiant. intermissum est spectaculum: interim
iugulentur homines, ne nihil agatur.' age, ne hoc
quidem intellegitis: mala exempla in eos redundare
qui faciunt? agite dis immortalibus gratias, quod eum 10
6 docetis esse crudelem qui non potest discere. sub-
ducendus populo est tener animus et parum tenax
recti: facile transitur ad plures. Socrati
et Catoni et Laelio excutere morem suum
dissimilis multitudo potuisset: adeo nemo
nostrum, qui cum maxime concinnamus ingenium, ferre
impetum uitiorum tam magno comitatu uenientium
7 potest. unum exemplum luxuriae aut auaritiae multum mali facit: conuictor delicatus paulatim eneruat
et mollit, uicinus diues cupiditatem irritat, malignus 20
comes quamuis candido et simplici robiginem suam
affricuit: quid tu accidere his moribus credis in quos
8 publice factus est impetus? necesse est aut imiteris
aut oderis. utrumque autem deuitan-
dum est: neue similis malis fias, quia
multi sunt, neue inimicus multis, quia
dissimiles sunt. recede in te ipse, quantum potes;

*Margin note (right of lines 13–15):* Don't risk temptation, where a Socrates might fall.

*Margin note (right of lines 24–27):* Mix only with those who will improve you or be improved by you. 25

---

1. For my insertion of a second *occidit hominem* see the
notes. I am also responsible for the insertion of *et* after
*moritur* and the changes of punctuation which it entails:
C.Q. 1908 p. 23.

cum his uersare qui te meliorem facturi sunt; illos admitte quos tu potes facere meliores: mutuo ista fiunt,
9 et homines, dum docent, discunt. non est quod te
gloria publicandi ingenii producat in medium, ut
recitare istis uelis aut disputare. quod facere te 5
uellem si haberes isti populo idoneam mercem: nemo
est qui intellegere te possit. aliquis fortasse, unus
aut alter incidet, et hic ipse formandus tibi erit
instituendusque ad intellectum tui. 'cui ergo ista
didici?' non est quod timeas ne operam perdideris, 10
si tibi didicisti.

10    Sed ne soli mihi hodie didicerim, communicabo
Three sayings to-  tecum quae occurrerunt mihi egregie
day—on the text
'Size of one's  dicta circa eundem fere sensum tria, ex
audience imma-
terial.'  quibus unum haec epistula in debitum 15
soluet, duo in antecessum accipe. Democritus ait
'unus mihi pro populo est, et populus pro uno.'
11 bene et ille, quisquis fuit (ambigitur enim de auctore),
cum quaereretur ab illo, quo tanta diligentia artis
spectaret ad paucissimos peruenturae, 'satis sunt' 20
inquit 'mihi pauci, satis est unus, satis est nullus.'
egregie hoc tertium Epicurus, cum uni ex consortibus
studiorum suorum scriberet—'haec' inquit 'ego non
multis, sed tibi: satis enim magnum alter alteri thea-
12 trum sumus.' ista, mi Lucili, condenda in animum 25
sunt, ut contemnas uoluptatem ex plurium assensione
uenientem. multi te laudant. et quid habes cur
placeas tibi, si is es quem intellegant multi? introrsus
bona tua spectent. VALE.

## XI

## PHILOSOPHY UNABLE TO ALTER TEMPERAMENT

### SENECA LVCILIO SVO SALVTEM

1 Locutus est mecum amicus tuus bonae indolis, 5
in quo quantum esset animi, quantum
ingenii, quantum iam etiam profectus,
*I like your young friend: he blushes.*
sermo primus ostendit. dedit nobis gustum, ad quem
respondebit. non enim ex praeparato locutus est,
sed subito deprensus. ubi se colligebat, verecun- 10
diam, bonum in adulescente signum, vix
potuit excutere : adeo illi ex alto suffusus
est rubor. hic illum, quantum suspicor,
*Philosophy won't cure that, any more than it will nervousness, etc.*
etiam cum se confirmauerit et omnibus uitiis exuerit,
sapientem quoque sequetur. nulla enim sapientia 15
naturalia corporis aut animi uitia ponuntur : quicquid
infixum et ingenitum est, lenitur arte, non uincitur.
2 quibusdam etiam constantissimis in conspectu populi
sudor erumpit non aliter quam fatigatis et aestuantibus
solet, quibusdam tremunt genua dicturis, quorundam 20
dentes colliduntur, lingua titubat, labra concurrunt :
haec nec disciplina nec usus umquam excutit, sed
natura uim suam exercet et illo uitio sui etiam robus-
3 tissimos admonet. inter haec esse et ruborem scio,

16. *aut animi* is omitted by Hense after Madvig, but *Ira*
2. 2 shows that Sen. recognised some *uitia animi* as involun-
tary : these would be *naturalia* and ineradicable. And what
he calls *rubor* here is *pudor* in § 4 : shame is surely *mental*.

qui grauissimis quoque uiris subitus affunditur. magis
quidem in iuuenibus apparet, quibus
et plus caloris est et tenera frons:
nihilominus et ueteranos et senes tangit. quidam
numquam magis quam cum erubuerunt timendi sunt, 5
4 quasi omnem uerecundiam effuderint. Sulla tunc
erat uiolentissimus cum faciem eius sanguis inuaserat.
nihil erat mollius ore Pompei: numquam non coram
pluribus rubuit, utique in contionibus. Fabianum,
cum in senatum testis esset inductus, erubuisse 10
5 memini, et hic illum mire pudor decuit. non accidit
hoc ab infirmitate mentis, sed a nouitate rei, quae
inexercitatos, etiamsi non concutit, mouet naturali in
hoc facilitate corporis pronos. nam ut
quidam boni sanguinis sunt, ita quidam 15
6 incitati et mobilis et cito in os prodeuntis. haec,
ut dixi, nulla sapientia abigit: alioquin haberet
rerum naturam sub imperio, si omnia eraderet uitia.
quaecumque attribuit condicio nascendi et corporis
temperatura, cum multum se diuque animus com- 20
posuerit, haerebunt. nihil horum uetari
7 potest, non magis quam arcessi. artifices
scaenici, qui imitantur affectus, qui metum et
trepidationem exprimunt, qui tristitiam repraesentant, hoc indicio imitantur uerecundiam: deiciunt 25
enim uultum, uerba summittunt, figunt in terram
oculos et deprimunt. ruborem sibi exprimere non
possunt: nec prohibetur hic nec adducitur. nihil
aduersus haec sapientia promittit, nihil proficit: sui
iuris sunt, iniussa ueniunt, iniussa discedunt. 30

*Good and bad are equally liable to it.*

*It is a physical, not a moral, weakness.*

*Hence it is that actors cannot blush at will.*

8 Iam clausulam epistula poscit. accipe, *et* quidem
utilem ac salutarem, quam te affigere
animo uolo: 'aliquis uir bonus nobis
deligendus est ac semper ante oculos
habendus, ut sic tamquam illo spectante uiuamus 5
9 et omnia tamquam illo uidente faciamus.' hoc,
mi Lucili, Epicurus praecepit. custodem nobis et
paedagogum dedit, nec immerito : magna pars peccatorum tollitur, si peccaturis testis assistit. aliquem
habeat animus quem uereatur, cuius auctoritate etiam 10
secretum suum sanctius faciat. o felicem illum, qui
non praesens tantum, sed etiam cogitatus emendat.
o felicem, qui sic aliquem uereri potest ut ad memoriam
quoque eius se componat atque ordinet. qui sic
10 aliquem uereri potest, cito erit uerendus. elige ita- 15
que Catonem ; si hic tibi uidetur nimis rigidus, elige
remissioris animi uirum Laelium ; elige eum cuius tibi
placuit et uita et oratio et ipse animum ante se ferens
uultus : illum tibi semper ostende uel custodem uel
exemplum. opus est, inquam, aliquo ad quem mores 20
nostri se ipsi exigant: nisi ad regulam praua non
corriges. VALE.

'Select some good man and deem him witness of all you do.'

# XII

## OLD AGE

### SENECA LVCILIO SVO SALVTEM 25

1 QUOCUMQUE me uerti, argumenta senectutis meae
uideo. ueneram in suburbanum meum et querebar

de impensis aedificii dilabentis.  ait uilicus mihi non
My country house
is getting old like
myself. esse neglegentiae suae uitium; omnia
se facere, sed uillam ueterem esse.  haec
uilla inter manus meas creuit: quid mihi futurum
2 est, si tam putria sunt aetatis meae saxa? iratus illi 5
proximam occasionem stomachandi arripio.  'apparet'
inquam 'has platanos neglegi: nullas habent frondes.
quam nodosi sunt et retorridi rami, quam tristes et
squalidi trunci! hoc non accideret, si quis has circum-
foderet, si irrigaret.'  iurat per genium meum se 10
omnia facere, in nulla re cessare curam suam, sed illas
uetulas esse.  quod intra nos sit, ego illas posueram,
3 ego illarum primum uideram folium.  conuersus ad
ianuam 'quis est' inquam 'iste decrepitus et merito
ad ostium admotus? foras enim spectat.  unde istunc 15
nactus es? quid te delectauit alienum mortuum
tollere?' at ille 'non cognoscis me?' inquit 'ego sum
Felicio, cui solebas sigillaria afferre.  ego sum
Philositi uilici filius, deliciolum tuum.'  'profecto'
inquam 'iste delirat: pupulus et iam delicium meum 20
factus est.  prorsus potest fieri: dentes illi cum
maxime cadunt.'

4      Debeo hoc suburbano meo, quod mihi senectus
Well, age has its
pleasures: many
things are best at
the close. mea, quocumque aduerteram, apparuit:
complectamur illam et amemus: plena est 25
uoluptatis, si illa scias uti.  gratissima
sunt poma cum fugiunt, pueritiae maximus in exitu
decor est, deditos uino potio extrema delectat, illa
quae mergit, quae ebrietati summam manum imponit:

19. *perfecte* O, but is it ever used in reference to defects?

5 quod in se iucundissimum omnis uoluptas habet, in
finem sui differt. iucundissima est aetas deuexa iam,
non tamen praeceps. et illam quoque in extrema
regula stantem iudico habere suas uoluptates; aut
hoc ipsum succedit in locum uoluptatium, nullis egere. 5
quam dulce est cupiditates fatigasse ac reliquisse!
6 'molestum est' inquis 'mortem ante oculos habere.'
primum ista tam seni ante oculos debet We may always
esse quam iuueni; non enim citamur ex expect one more
day: the longest
censu. deinde nemo tam senex est ut span brings really
no more, 10
improbe unum diem speret. unus autem dies gradus
uitae est. tota aetas partibus constat et orbes habet
circumductos maiores minoribus: est aliquis qui omnis
complectatur et cingat; hic pertinet a natali ad diem
extremum. est alter qui annos adulescentiae excludit. 15
est qui totam pueritiam ambitu suo adstringit. est
deinde per se annus in se omnia continens tempora
quorum multiplicatione uita componitur. mensis
artiore praecingitur circulo. angustissimum habet
dies gyrum, sed et hic ab initio ad exitum uenit, 20
7 ab ortu ad occasum. ideo Heraclitus, cui cognomen
fecit orationis obscuritas, 'unus' inquit as one of Heraclitus' riddles im-
'dies par omni*bus* est.' hoc alius aliter plies,
excepit. dixit enim . . . . . parem esse horis, nec mentitur. nam si dies est tempus uiginti et quattuor 25

4. *tegula* O.    23. *par omni* O, but my correction seems
indispensable, as the second interpretation of H.'s words ('one
day as good as any number of them') implies that he wrote
πάσαις.    24. *dixit enim . . . parem*] I assume a lacuna, because *enim* shews that the subject of *dixit* is some interpreter,
not H. himself.  Has the name of a commentator (see the list
in D.L. 9. 15) fallen out?

horarum, necesse est omnes inter se dies pares esse,
quia nox habet quod dies perdidit. alius ait parem
esse unum diem omnibus similitudine : nihil enim
habet longissimi temporis spatium quod non et in
uno die inuenias, lucem et noctem, et in alternas 5
mundi uices plura facit ista, non *alia*. alias con-
8 tractior, alias productior *uita*. itaque sic ordinandus
est dies omnis tamquam cogat agmen et consummet
atque expleat uitam. Pacuuius, qui Syriam usu

and the βεβίωται suam fecit, cum uino et illis funebribus 10
chant of the rake
Pacuuius.      epulis sibi parentauerat, sic in cubiculum
ferebatur a cena, ut inter plausus exoletorum hoc ad
symphoniam caneretur : βεβίωται, βεβίωται : nullo
9 non se die extulit. hoc, quod ille ex mala conscientia
faciebat, nos ex bona faciamus et in somnum ituri 15
laeti hilaresque dicamus

'uixi et quem dederat cursum fortuna peregi.'

crastinum si adiecerit deus, laeti recipiamus. ille
beatissimus est et securus sui possessor qui crastinum
sine sollicitudine expectat. quisquis dixit 'uixi' 20
cotidie ad lucrum surgit.

10    Sed iam debeo epistulam includere. 'sic' inquis

Here is a prize: 'sine ullo ad me peculio ueniet?' noli
'No need to live
in slavery.'     timere : aliquid secum fert. quare aliquid
dixi? multum. quid enim hac uoce praeclarius quam 25
illi trado ad te perferendam ? 'malum est in necessitate
uiuere : sed in necessitate uiuere necessitas nulla est.'

    6, 7. The insertion of *alia* is due to Gronov, that of
*uita* (with the corresponding punctuation) to myself : see
C.Q. l.c. p. 24.

quidni nulla sit? patent undique ad libertatem uiae
multae breues, faciles. agamus deo gratias quod
nemo in uita teneri potest : calcare ipsas necessitates
11 licet. 'Epicurus' inquis 'dixit. quid tibi cum alieno?'
quod uerum est, meum est. perseuerabo Epicurum 5
tibi ingerere, ut isti qui in verba iurarunt nec quid
dicatur aestimant, sed a quo, sciant quae optima sunt
esse communia. VALE.

# XV

## PHYSICAL EXERCISE 10

### SENECA LVCILIO SVO SALVTEM

Mos antiquis fuit, usque ad meam seruatus
aetatem, primis epistulae uerbis adicere  The mind's health
'si uales bene est, ego ualeo.' recte  more precious than the body's.
nos dicimus 'si philosopharis, bene est.' ualere 15
autem hoc demum est. sine hoc aeger est animus ;
corpus quoque, etiam si magnas habet uires, non
2 aliter quam furiosi aut phrenetici ualidum est. ergo
hanc praecipue ualetudinem cura, deinde et illam
secundam : quae non magno tibi con-  The latter is a 20
stabit, si uolueris bene ualere. stulta est  simple affair: we don't want to be
enim, mi Lucili, et minime conueniens  athletes.
litterato uiro occupatio exercendi lacertos et dila-
tandi ceruicem ac latera firmandi. cum tibi feliciter
sagina cesserit et tori creuerint, nec uires umquam 25
opimi bouis nec pondus aequabis. adice nunc quod
maiore corporis sarcina animus eliditur et minus agilis

est. itaque quantum potes circumscribe corpus tuum et
3 animo locum laxa.  multa sequuntur incommoda huic
deditos curae : primum exercitationes, quarum labor
spiritum exhaurit et inhabilem intentioni ac studiis
acrioribus reddit.  deinde copia ciborum subtilitas 5
impeditur.  accedunt pessimae notae mancipia in
magisterium recepta, homines inter oleum et uinum
occupati, quibus ad uotum dies actus est si bene
desudauerunt, si in locum eius quod effluxit multum
potionis altius in ieiunio iturae regesserunt.  bibere 10
4 et sudare uita cardiaci est.  sunt exercitationes et
faciles et breues, quae corpus et sine
There are easy
exercises: e.g.,   mora lassent et tempori parcant, cuius
running, dumb-
bells, jumping,   praecipua ratio habenda est : cursus et
cum aliquo pondere manus motae et saltus uel ille 15
qui corpus in altum leuat uel ille qui in longum
mittit uel ille, ut ita dicam, saliaris aut, ut contumeliosius dicam, fullonius : cuiuslibet ex his elige usum
5 rudem, facilem.  quicquid facies, cito redi a corpore ad animum : illum noctibus ac diebus exerce. 20
labore modico alitur ille : hanc exercitationem non
frigus, non aestus impediet, ne senectus quidem.  id
6 bonum cura quod uetustate fit melius.  neque ego te
iubeo semper imminere libro aut pugillaribus : dan
dum est aliquod interuallum animo, ita tamen ut non 25
riding in a litter,  resoluatur, sed remittatur.  gestatio et
corpus concutit et studio non officit : possis legere,
possis dictare, possis loqui, possis audire, quorum

17. *saliaris* Erasmus, *-lutaris* O.   18. *quoiuslibet* Buecheler,
*quoslibet* O.

7 nihil ne ambulatio quidem uetat fieri. nec tu intentionem uocis contempseris, quam ueto
te per gradus et certos modos extollere,

voice-produc-
tion.

deinde deprimere. quid si uelis deinde quemadmodum ambules discere? admitte istos quos noua 5
artificia docuit fames: erit qui gradus tuos temperet
et buccas edentis obseruet et in tantum procedat
in quantum audaciam eius patientia *et* credulitate
produxeris. quid ergo? a clamore protinus et a
summa contentione uox tua incipiet? usque eo 10
naturale est paulatim incitari, ut litigantes quoque
a sermone incipiant, ad uociferationem transeant:
8 nemo statim Quiritium fidem implorat. ergo utcumque tibi impetus animi suaserit, modo uehementius
fac uicinis conuicium, modo lentius, prout uox 15
quoque hortabitur. inclinatus. modesta, cum recipies
illam reuocabisque, descendat, non decidat, † mediatorisui habeat † et hoc indocto et rustico more
desaeuiat. non enim id agimus ut exerceatur uox,
sed ut exerceat.

20

8. *patientia et* Lipsius, *-entiae* O. 15–19. The words *prout
— desaeuiat* evidently contain several corruptions. Between
*uox* and *quoque* the MSS. interpose *te*: one of them however
has it above the line and Hense seems justified in ignoring
it. *Inclinatus* is my suggestion for *in id latus*, where *id*
seems to me quite meaningless. *Reuocabis* ς, *-aris* O, which
cannot stand beside *recipies*. The mysterious *mediatorisui*
has been emended to *media oris uia* (or *ui*) or *mediam oris
uim* (in the first case *abeat* must be read for *habeat*, and in
both cases *nec* for *et*). But *oris uia* is an odd expression,
whilst with *oris ui* or *uim* the genitive seems very otiose,
seeing that *uox* is the subject to (*h*)*abeat*. Can Sen. have
written *nec lictoris uim habeat*? Plin. P. 61 speaks of the
*sollemnis lictorum clamor.*

9    Detraxi tibi non pusillum negotii : una mercedula

*est.* †unum graecum ad haec beneficia

'Fool's life rest-
less    through    accedet : ecce insigne praeceptum 'stulta
always    looking
forward.'    uita ingrata est et trepida : tota in

futurum fertur.' 'quis hoc' inquis 'dicit ?' idem qui 5
supra.    quam tu nunc uitam dici existimas stultam ?
Babae et Isionis ? non ita est : nostra dicitur, quos
cacca cupiditas in nocitura, certe nunquam satiatura
praecipitat, quibus si quid satis esse posset, fuisset,
qui non cogitamus quam iucundum sit nihil poscere, 10
quam magnificum sit plenum esse nec ex fortuna

10 pendere.    subinde itaque, Lucili, quam multa sis
consecutus recordare.    cum aspexeris quot te antecedant, cogita quot sequantur.    si uis gratus esse
aduersus deos et aduersus uitam tuam, cogita quam 15
multos antecesseris.    quid tibi cum ceteris ? te ipse

11 antecessisti.    finem constitue, quem transire ne uelis
quidem, si possis ; discedant aliquando ista insidiosa
bona et sperantibus meliora quam assecutis ; si quid
in illis esset solidi, aliquando et implerent : nunc 20
haurientium sitim concitant, irritant, ut speciosi
apparatus.    ecquid futuri temporis incerta sors
uoluit ? quare potius a fortuna impetrem ut det,
quam a me ne petam ? quare autem petam ? oblitus
fragilitatis humanae congeram ? in quid laborem ? 25
ecce hic dies ultimus est.    ut non sit, prope ab
ultimo est.    VALE.

2. *est* is my conj., *et* O.  For *unum graecum* I suggest
*nunc peculium* : cp. 12. 10 n.    21. *inritant ut* is my conj.,
*im(m)itantur* O : see C.Q. l.c. p. 26.    22. *ecquid* is my conj.,
*et quid* O, *et quod* s, edd. (omitting stop after *uoluit*).

## XVIII

## REHEARSAL OF POVERTY

### SENECA LVCILIO SVO SALVTEM

1 DECEMBER est mensis: cum maxime ciuitas sudat. ius luxuriae publicae datum est. ingenti *The Saturnalia are here: how 5 must we behave?* apparatu sonant omnia, tamquam quic- quam inter Saturnalia intersit et dies rerum agen- darum: adeo nihil interest ut *non* uideatur mihi errasse qui dixit olim mensem Decembrem fuisse,

2 nunc annum. si te hic haberem, libenter tecum 10 conferrem quid existimares esse faciendum: utrum nihil ex cotidiana consuetudine mouendum an, ne dissidere uideremur cum publicis moribus, et hilarius cenandum et exuendam togam. nam quod fieri nisi in tumultu et tristi tempore ciuitatis non solebat, 15 uoluptatis causa ac festorum dierum uestem muta

3 uimus. si te bene noui, arbitri partibus *Steer a middle course, or see if we can be severe?* functus nec per omnia nos similes esse pilleatae turbae uoluisses nec per omnia dissimiles: nisi forte his maxime diebus animo imperandum 20 est, ut tunc uoluptatibus solus abstineat cum in illas omnis turba procubuit: certissimum enim argu- mentum firmitatis suae capit, si ad blanda et in

4 luxuriam trahentia nec it nec abducitur. hoc multo fortius est, ebrio ac uomitante populo siccum ac 25 sobrium esse, illud temperatius, non excerpere se, nec insigniri nec misceri omnibus, et eadem, sed

non eodem modo facere. licet enim sine luxuria
**5** A few days' prac- agere festum diem. ceterum adeo mihi
tice of the simple
life is useful : placet temptare animi tui firmitatem,
practice always
is. ut ex praecepto magnorum uirorum tibi
quoque praecipiam : interponas aliquot dies, quibus 5
contentus minimo ac uilissimo cibo, dura atque
horrida ueste dicas tibi 'hoc est quod timebatur ?'
**6** in ipsa securitate animus ad difficilia se praeparet
et contra iniurias fortunae inter beneficia firmetur.
miles in media pace decurrit, sine ullo hoste uallum 10
iacit et superuacuo labore lassatur ut sufficere
necessario possit. quem in ipsa re trepidare
nolueris, ante rem exerceas. hoc secuti sunt qui
omnibus mensibus paupertatem imitati prope ad
inopiam accesserunt, ne umquam expauescerent quod 15
saepe didicissent. non est nunc quod
**7** But it must
be genuine, not existimes me dicere Timoneas cenas et
fashionable
craze. pauperum cellas, et quicquid aliud est
per quod luxuria diuitiarum taedio ludit : grabatus
ille uerus sit et sagum et panis durus ac sordidus. 20
hoc triduo et quatriduo fer, interdum pluribus diebus,
ut non lusus sit, sed experimentum : tunc, mihi
crede, Lucili, exultabis dupondio satur et intelleges
ad securitatem non opus esse fortuna : hoc enim quod
**8** necessitati sat est, debet irata. non est tamen 25
quare tu multum tibi facere uidearis. facies enim
quod multa milia seruorum, multa milia pauperum
faciunt : illo nomine te suspice, quod facies non
coactus, quod tam facile erit tibi illud pati semper
quam aliquando experiri. exerceamur ad palum, 30

et ne imparatos fortuna deprendat, fiat nobis
paupertas familiaris. securius diuites erimus, si
9 scierimus quam non sit graue pauperes esse. certos
habebat dies ille magister uoluptatis
Epicurus quibus maligne famem ex- *Epicurus kept such days:*
tingueret, uisurus an aliquid deesset ex plena et 5
consummata uoluptate, uel quantum deesset, et an
dignum quod quis magno labore pensaret. hoc
certe in his epistulis ait quas scripsit Charino
magistratu ad Polyaenum. et quidem gloriatur non 10
toto asse *se* pasci, Metrodorum, qui nondum tantum
10 profecerit, toto. in hoc tu uictu saturi-
tatem putas esse? et uoluptas est. *they give the mind real joy.*
uoluptas autem non illa leuis et fugax et subinde
reficienda, sed stabilis et certa. non enim iucunda 15
res est aqua et polenta aut frustum hordeacei panis,
sed summa uoluptas est posse capere etiam ex his
uoluptatem et ad id se deduxisse quod eripere
11 nulla fortunae iniquitas possit. libera*li*ora alimenta
sunt carceris, sepositos ad capitale supplicium non 20
tam anguste qui occisurus est pascit: quanta est
animi magnitudo ad id sua sponte descendere quod
ne ad extrema quidem redactis timendum sit. hoc est
12 praeoccupare tela fortunae. incipe ergo, mi Lucili,
sequi horum consuetudinem, et aliquos dies destina 25
quibus secedas a tuis rebus minimoque te facias fa-
miliarem; incipe cum paupertate habere commercium:

'aude, hospes, contemnere opes et te quoque dignum
finge deo.'

---

23. *redactis* is my conj. (cp. 1. 4 *ad inopiam redactis*),
*decretis* O.

13 nemo alius est deo dignus quam qui opes contempsit. quarum possessionem tibi non interdico,
sed efficere uolo ut illas intrepide possideas: quod
uno consequeris modo, si te etiam sine illis beate
uicturum persuaseris tibi, si illas tamquam exituras 5
semper aspexeris.

14    Sed iam incipiamus epistulam complicare. 'prius'
inquis 'redde quod debes.' delegabo te
*He pays my debt to-day with 'Anger begets frenzy.'*
ad Epicurum: ab illo fiet numeratio.
'immodica ira gignit insaniam.' hoc quam uerum 10
sit, necesse est scias, cum habueris et seruum et
15 inimicum.  in omnes personas hic exardescit affectus:
tam ex amore nascitur quam ex odio, non minus
inter seria quam inter lusus et iocos. nec interest
ex quam magna causa nascatur, sed in qualem 15
perueniat animum. sic ignis non refert quam
magnus, sed quo incidat. nam etiam maximum
solida non receperunt; rursus arida et corripi facilia
scintillam quoque fouent usque in incendium. ita
est, mi Lucili: ingentis irae exitus furor est, et ideo 20
ira uitanda est, non moderationis causa, sed sanitatis.
VALE.


## XXI

### PHILOSOPHY BRINGS TRUE GLORY

SENECA LVCILIO SVO SALVTEM        25

1 CUM istis tibi esse negotium iudicas de quibus
scripseras? maximum negotium tecum habes; tu

tibi molestus es.  quid uelis nescis, melius probas
honesta quam sequeris, uides ubi sit posita  Don't think twice
felicitas, sed ad illam peruenire non audes. about retiring.

quid sit autem quod te impediat, quia parum ipse
dispicis, dicam : magna esse haec existimas quae 5
relicturus es, et cum proposuisti tibi illam securitatem
ad quam transiturus es, retinet te huius uitae a qua
recessurus es fulgor tamquam in sordida et obscura
2 casurum.  erras, Lucili : ex hac uita ad  The philoso-
illam ascenditur.  quod interest inter  pher's glory is
                                         real, the politi- 10
splendorem et lucem, cum haec certam  cian's reflected.
originem habeat ac suam, ille niteat alieno, hoc inter
hanc uitam et illam.  haec fulgore extrinsecus
ueniente percussa est, crassam illi statim umbram
faciet quisquis obstiterit : illa suo lumine illustris est. 15
studia te tua clarum et nobilem efficient.
3 exemplum Epicuri referam.  cum Ido-  Epicurus said
                                         rightly that Ido-
meneo scriberet et illum a uita speciosa  meneus' claim to
                                          renown would be
ad fidelem stabilemque gloriam reuocaret,  the receipt of his
                                           letters.
regiae tunc potentiae ministrum et magna tractantem, 20
' si gloria ' inquit ' tangeris, notiorem te epistulae meae
facient quam omnia ista quae colis et propter quae
4 coleris.'  numquid ergo mentitus est ? quis Idomenea
nosset, nisi Epicurus illum litteris suis incidisset ?
omnes illos megistanas et satrapas et regem ipsum ex 25
quo Idomenei titulus petebatur obliuio alta suppressit.
nomen Attici perire Ciceronis epistulae  Atticus lives
non sinunt.  nihil illi profuisset gener  through Cicero's.
Agrippa et Tiberius progener et Drusus Caesar

20. *regiae* Lipsius, *rigidae* O.

5 pronepos; inter tam magna nomina taceretur, nisi *sibi* Cicero illum applicuisset. profunda super nos altitudo temporis ueniet, pauca ingenia caput exserent et in idem quandoque silentium abitura obliuioni

This service I am doing you—the same that Vergil did for Nisus and Euryalus.

resistent ac se diu uindicabunt. quod 5 Epicurus amico suo potuit promittere, hoc tibi promitto, Lucili. habebo apud posteros gratiam, possum mecum duratura nomina educere. Vergilius noster duobus memoriam aeternam promisit et praestat :    10

> 'fortunati ambo! si quid mea carmina possunt,
> nulla dies umquam memori uos eximet aeuo,
> dum domus Aeneae Capitoli immobile saxum
> accolet imperiumque pater Romanus habebit.'

6 quoscumque in medium fortuna protulit, quicumque 15 membra ac partes alienae potentiae fuerunt, horum gratia uiguit, domus frequentata est, dum ipsi steterunt : post ipsos cito memoria defecit. ingeniorum crescit dignatio nec ipsis tantum honor habetur, sed quicquid illorum memoriae adhaesit excipitur.    20

7    Ne gratis Idomeneus in epistulam meam uenerit,

Idomeneus must pay for my mention of him: Epicurus wrote him 'Would you make a man rich? Cut down his desires,'

ipse eam de suo redimet. ad hunc Epicurus illam nobilem sententiam scripsit, qua hortatur ut Pythoclea locupletem non publica nec ancipiti uia faciat. 'si 25 uis' inquit 'Pythoclea diuitem facere, non pecuniae adiciendum, sed cupiditati detrahendum

8 est.' et apertior ista sententia est quam *ut* interpretanda sit, et disertior quam ut adiuuanda. hoc unum te admoneo, ne istud tantum existimes de diuitiis 30

dictum : quocumque transtuleris, idem poterit.  si uis
Pythoclea honestum facere, non honoribus  *a saying of wide*
adiciendum est, sed cupiditatibus detra-  *application.*
hendum : si uis Pythoclea esse in perpetua uoluptate,
non uoluptatibus adiciendum est, sed cupiditatibus 5
detrahendum ; si uis Pythoclea senem facere et
implere uitam, non annis adiciendum est, sed cupi-
9 ditatibus detrahendum.  has uoces non est quod
Epicuri esse iudices : publicae sunt.  quod fieri in
senatu solet, faciendum ego in philosophia quoque 10
existimo : cum censuit aliquis, quod ex parte mihi
placeat, iubeo illum diuidere sententiam et sequor *quod*
pro*bo*.  eo libentius Epicuri egregia dicta commemoro,
ut isti*s* qui ad illum confugiunt spe mala  *Epicurus gives*
inducti, qui uelamentum ipsos uitiorum  *vice no excuse:*
*visit his gardens.* 15
suorum habituros existimant, probent quocumque
10 ierint honeste esse uiuendum.  cum adieris eius
hortulos, e*r*it inscriptum postibus ' hospes, hic bene
manebis, hic summum bonum uoluptas est,' paratus
erit istius domicilii custos hospitalis, humanus, et te 20
polenta excipiet et aquam quoque large ministrabit et
dicet 'ecquid bene acceptus es ? ' 'non irritant' inquit
'hi hortuli famem, sed extinguunt, nec  *Those desires*
maiorem ipsis potionibus sitim faciunt,  *that cannot be*
*postponed are*
sed naturali et gratuito remedio sedant.  *easily satisfied.*
25
11 in hac uoluptate consenui.'  de his tecum desideriis

---

12, 13. *quod probo* Haupt and Madvig., *pro* O.    14. *istis*
Muret, *isti* O.    16. *probem* Muret, but *dicta* may well be
the subject.    17. *adieris eius* Schweighaeuser and Usener,
*audierit his* O.    18. *erit — postibus* is my conj. (C.Q. l.c.
p. 26), *et — hortulis* O.

loquor quae consolationem non recipiunt, quibus dandum est aliquid ut desinant. nam de illis extraordinariis, quae licet differre, licet castigare et opprimere, hoc unum commonefaciam : ista uoluptas naturalis est, non necessaria. huic nihil debes : si 5 quid impendis, uoluntarium est. uenter praecepta non audit ; poscit, appellat. non est tamen molestus creditor : paruo dimittitur, si modo das illi quod debes, non quod potes. VALE.


## XXVII 10

## WISDOM NOT WON BY PROXY

### SENECA LVCILIO SVO SALVTEM

1 'TU me ' inquis 'mones ? iam enim te ipse monuisti,

*I'm not writing as though myself perfect.*

iam correxisti ? ideo aliorum emendationi uacas ?' non sum tam improbus ut cura- 15 tiones aeger obeam, sed, tamquam in eodem ualetudinario iaceam, de communi tecum malo colloquor

*'Tis to myself I say 'Time to win that lasting joy virtue alone can give.'*

et remedia communico. sic itaque me audi tamquam mecum loquar. in secretum te meum admitto et te adhibito 20

2 mecum exigo. clamo mihi ipse 'numera annos tuos, et pudebit eadem uelle quae uolueras puer, eadem parare. hoc denique tibi circa mortis diem praesta, moriantur ante te uitia. dimitte istas uoluptates turbidas, magno luendas : non uenturae tantum, sed 25 praeteritae nocent. quemadmodum scelera etiam si non sunt deprensa cum fierent, sollicitudo non cum

ipsis abit: ita improbarum uoluptatum etiam post
ipsas paenitentia est. non sunt solidae, non sunt
3 fideles: etiam si non nocent, fugiunt. aliquod potius
bonum mansurum circumspice. nullum autem est,
nisi quod animus ex se sibi inuenit. sola uirtus 5
praestat gaudium perpetuum, securum: etiam si quid
obstat, nubium modo interuenit, quae infra feruntur
4 nec umquam diem uincunt.' quando ad hoc gaudium
peruenire continget? non quidem cessatur adhuc, sed
festinetur: multum restat operis, in quod     10
ipse necesse est uigiliam, ipse laborem   *Personal toil is needed: Caluisius' device is no use here.*
tuum impendas, si effici cupis. delega-
5 tionem res ista non recipit. aliud litterarum genus
adiutorium admittit. Caluisius Sabinus memoria
nostra fuit diues. et patrimonium habebat libertini et 15
ingenium: numquam uidi hominem beatum indecentius.
huic memoria tam mala erat, ut illi nomen modo
Vlixis excideret, modo Achillis, modo Priami, quos
tam bene quam paedagogos nostros nouimus. nemo
uetulus nomenclator, qui nomina non reddit, sed 20
imponit, tam perperam tribus quam ille Troianos et
Achiuos persalutabat. nihilominus eruditus uolebat
6 uideri. hanc itaque compendiariam ex-   *He relied on his slaves' prompting,*
cogitauit: magna summa emit seruos,
unum, qui Homerum teneret, alterum, qui Hesiodum; 25

19. The MSS. read *nouerat* between *bene* and *quam*, but, as
there is no reason why the parvenu should be so familiar
with Homer, Gronov's proposal to drop it seems acceptable.
Even now I am not satisfied with the passage: was it
necessary for Sen. to say 'of course you and I have these
names at our fingers' ends?'

nouem praeterea lyricis singulos assignauit. magno
emisse illum non est quod mireris : non inuenerat ;
faciendos locauit. postquam haec familia illi com-
parata est, coepit conuiuas suos inquietare. habebat
ad pedes hos, a quibus subinde cum peteret uersus 5
quos referret, saepe in medio uerbo excidebat.

7 *making himself the butt of his own toadies.* suasit illi Satellius Quadratus, stultorum
diuitum arrosor, et quod sequitur,
arrisor, et quod duobus his adiunctum est, derisor,
ut grammaticos haberet analectas. cum dixisset 10
Sabinus centenis milibus sibi constare singulos
seruos, 'minoris' inquit 'totidem scrinia emisses.'
ille tamen in ea opinione erat ut putaret se scire
8 quod quisquam in domo sua sciret. idem Satellius
illum hortari coepit ut luctaretur, hominem aegrum, 15
pallidum, gracilem. cum Sabinus respondisset 'et
quomodo possum ? uix uiuo,' 'noli, obsecro te,' inquit
'istuc dicere : non uides quam multos seruos
ualentissimos habeas ?' bona mens nec commodatur
nec emitur. et puto, si uenalis esset, non haberet 20
emptorem. at mala cotidie emitur.

9 Sed accipe iam quod debeo et uale. 'diuitiae sunt
*How often Epicurus says 'Enough for Nature—that means wealth.'* ad legem naturae composita paupertas.'
hoc saepe dicit Epicurus aliter atque
aliter : sed numquam nimis dicitur quod 25
numquam satis discitur. quibusdam remedia monstranda, quibusdam inculcanda sunt. VALE.

## XXVIII

## TRAVEL WILL NOT EASE THE MIND

### SENECA LVCILIO SVO SALVTEM

1 Hoc tibi soli putas accidisse et admiraris quasi rem nouam, quod peregrinatione tam longa et tot locorum uarietatibus non discussisti tristitiam grauitatemque mentis? animum *'Travel doesn't ease your mind'? Nothing new in that.* 5 debes mutare, non caelum. licet uastum traieceris mare, licet, ut ait Vergilius noster, 'terraeque urbesque recedant': sequentur te quocumque perueneris 10
2 uitia. hoc idem querenti cuidam Socrates ait 'quid miraris nihil tibi peregrinationes prodesse, cum te circumferas? premit te eadem causa quae expulit.' quid terrarum iuuare nouitas potest? quid cognitio urbium aut locorum? in irritum cedit ista iactatio. 15 quaeris quare te fuga ista non adiuuet? tecum fugis. onus animi deponendum est: non ante tibi ullus placebit locus. *You don't escape yourself, unbalanced as Vergil's Sibyl.*
3 talem nunc esse habitum tuum cogita, qualem Vergilius noster uatis inducit iam concitatae et 20 instigatae multumque habentis in se spiritus non sui :

> 'bacchatur uates, magnum si pectore possit
> excussisse deum.'

uadis huc illuc, ut excutias insidens pondus, quod 25 ipsa iactatione incommodius fit, sicut in naui onera immota minus urguent, inaequaliter conuoluta citius

eam partem in quam incubuere demergunt. quicquid
facis, contra te facis et motu ipso noces tibi : aegrum

4 *Learn to be at home everywhere,* enim concutis. at cum istud exemeris
malum, omnis mutatio loci iucunda fiet :
in ultimas expellaris terras licebit, in quolibet 5
barbariae angulo colloceris, hospitalis tibi illa qualis-
cumque sedes erit. magis quis ueneris quam quo
interest, et ideo nulli loco addicere debemus animum.
cum hac persuasione uiuendum est : 'non sum uni
angulo natus, patria mea totus hic mundus est.' 10

5 quod si liqueret tibi, non admirareris nihil adiuuari
te regionum uarietatibus, in quas subinde priorum
taedio migras. prima enim quaeque placuisset, si
omnem tuam crederes. non peregrinaris, sed
erras et ageris ac locum ex loco mutas, cum illud 15
quod quaeris, bene uiuere, omni loco positum sit.

6 num quid tam turbidum fieri potest quam forum ?
ibi quoque licet quiete uiuere, si necesse sit. sed si

*though 'tis well to avoid dangerous places.* liceat disponere se, conspectum quoque
et uiciniam fori procul fugiam. nam ut 20
loca grauia etiam firmissimam ualetudinem temptant,
ita bonae quoque menti necdum adhuc perfectae et

7 conualescenti sunt aliqua parum salubria. dissentio
ab his qui in fluctus medios eunt et tumultuosam
probantes uitam cotidie cum difficultatibus rerum 25
magno animo colluctantur. sapiens feret ista, non
eliget, et malet in pace esse quam in pugna. non
multum prodest uitia sua proiecisse, si cum alienis

8 rixandum est. 'triginta' inquit 'tyranni Socraten
circumsteterunt, nec potuerunt animum eius in- 30

fringere.' quid interest, quot domini sint? seruitus una est. hanc qui contempsit, in quantalibet turba dominantium liber est.

9    Tempus est desinere, sed si prius portorium soluero. 'initium est salutis notitia peccati.' egregie mihi hoc dixisse uidetur Epicurus. nam qui peccare se nescit, corrigi non uult: deprendas te oportet ante-
10 quam emendes. quidam uitiis gloriantur: tu existimas aliquid de remedio cogitare qui mala sua uirtutum loco numerant? ideo quantum potes, te ipse coargue, inquire in te; accusatoris primum partibus fungere, deinde iudicis, nouissime deprecatoris. aliquando te offende. VALE.

*Here's toll: 'Knowledge of guilt is the first step to salvation.'* 5

10

## XXXIII                    15

## PHILOSOPHY NOT MERE MAXIM-LEARNING

### SENECA LVCILIO SVO SALVTEM

1 DESIDERAS his quoque epistulis sicut prioribus ascribi aliquas uoces nostrorum procerum. non fuerunt circa flosculos occupati: totus contextus illorum uirilis est. inaequali-tatem scias esse, ubi *aliqua* eminent, notabilia sunt. non est admirationi una arbor, ubi in eandem
2 altitudinem tota silua surrexit. eiusmodi uocibus referta sunt carmina, refertae historiae. itaque nolo illas Epicuri existimes esse: publicae sunt et maxime

*You want envois from the Stoics? No: read them entire.* 20

25

22. *aliqua* is my conj., *qu(a)e* O, but *quae eminent* must necessarily be *notabilia*.

nostrae.  sed *in* illo magis annotantur, quia rarae
interueniunt,  quia in*e*xpectatae,  quia  mirum  est
In Epicurus fine
sayings are the
exception. fortiter aliquid dici ab homine mollitiam
professo.  ita enim plerique iudicant :
apud me Epicurus est et fortis, licet manuleatus sit. 5
fortitudo et industria et ad bellum prompta mens tam
3 in Persas quam in alte cinctos cadit.  non est ergo
quod exigas excerpta et repetita : continuum est apud
We don't need
to  dress  the
windows. nostros quicquid apud alios excerpitur.
non habemus itaque ista ocliferia nec 10
emptorem decipimus nihil inuenturum, cum intrauerit,
praeter illa quae in fronte suspensa sunt.  ipsis
4 permittimus, unde uelint sumere exemplaria.  puta
nos uelle singulares sententias ex turba separare : cui
illas assignabimus ?  Zenoni an Cleanthi an Chrysippo 15
We aren't under
a king. an Panaetio an Posidonio ? non sumus
sub rege : sibi quisque se uindicat.  apud
istos quicquid Hermarchus dixit, quicquid Metrodorus,
ad unum refertur.  omnia quae quisquam in illo
contubernio locutus est, unius ductu et auspiciis dicta 20
sunt.  non possumus, inquam, licet temptemus,
educere aliquid ex tanta rerum aequalium multitudine

'pauperis est numerare pecus.'

quocumque miseris oculum, id tibi occurret, quod
'Tis the whole,
not the parts, eminere posset, nisi inter paria legeretur. 25
5 we must master. quare depone istam spem, posse te
summatim degustare ingenia maximorum uirorum :

1. The insertion of *in* is due to Erasmus : we might
instead change *illo* to *illic*.  With Muret I omit *interim*,
which follows *rarae* in the MSS., as a dittography of the
first three syllables of the following word.

tota tibi inspicienda sunt, tota tractanda. † res
geritur et per lineamenta sua ingenii opus nectitur,
ex quo nihil subduci sine ruina potest. nec recuso
quo minus singula membra, dummodo in ipso homine,
consideres : non est formosa, cuius crus laudatur aut 5
bracchium, sed illa cuius uniuersa facies admirationem
6 partibus singulis abstulit. si tamen exegeris, non
tam mendice tecum agam, sed plena manu fiet :
ingens eorum turba est passim iacentium : sumenda
erunt, non colligenda. non enim excidunt, sed fluunt ; 10
perpetua et inter se contexta sunt. nec  No doubt quota-
dubito quin multum conferant rudibus  tions are useful
                                        to beginners.
adhuc et extrinsecus auscultantibus. facilius enim
singula insidunt circumscripta et carminis modo
7 inclusa. ideo pueris et sententias ediscendas damus 15
et has quas Graeci chrias uocant, quia complecti illas
puerilis animus potest, qui plus adhuc   Ripe scholars
non capit. certi profectus uiro captare   ought to have
                                          rules of their own
flosculos turpe est et fulcire se notissimis  to impart.
ac paucissimis uocibus et memoria stare : sibi iam 20
innitatur. dicat ista, non teneat. turpe est enim
seni aut prospicienti senectutem ex commentario sapere. 'hoc Zenon dixit': tu quid ? 'hoc Cleanthes':
tu quid ? quousque sub alio moueris ? impera et dic
quod memoriae tradatur. aliquid et de tuo profer. 25
8 omnes itaque istos numquam auctores, semper interpretes, sub aliena umbra latentes, nihil existimo habere

1, 2. *Res geritur* can hardly be 'They mean business' : one
expects an adjective like *magna* or *ingens* (see C.Q. l.c. p. 27).
It is possible that the phrase belongs to the previous clause,
'you're engaged on a task that wants doing completely.'

generosi, numquam ausos aliquando facere quod diu
didicerant. memoriam in alienis exercuerunt. aliud
autem est meminisse, aliud scire. meminisse est rem
commissam memoriae custodire. at contra scire est
et sua facere quaeque nec ad exemplar pendere et 5
9 totiens respicere ad magistrum. 'hoc dixit Zenon,
hoc Cleanthes.' aliquid inter te intersit et librum.
quousque disces? iam et praecipe. quid est *enim*
quare audiam quod legere possum? 'multum'
inquit 'uiua uox facit.' non quidem haec quae alienis 10
10 uerbis commodatur et actuari uice fungitur. adice

The ancients did not simply follow their predecessors: Truth is not found yet.
nunc quod isti qui numquam tutelae suae
fiunt primum in ea re sequuntur priores in
qua nemo non a priore desciuit. deinde
in ea re sequuntur quae adhuc quaeritur. numquam 15
autem inuenietur si contenti fuerimus inuentis.
praeterea qui ali*quid* sequitur, nihil inuenit, immo nec
11 quaerit. quid ergo? non ibo per priorum uestigia?
ego uero utar uia uetere, sed si propiorem planiorem-
que inuenero, hanc muniam. qui ante nos ista mo- 20
uerunt non domini nostri, sed duces sunt. patet omnibus ueritas; nondum est occupata; multum ex
illa etiam futuris relictum est. VALE.

8. *quid est enim* is my conj., *quid est et* or *quidem* O.
17. *aliquid* is my conj. (for the contrast cp. 45. 9, 51. 2, 105. 8),
*aliud* O, *alium* s and most edd. (but then one would expect
*nihil* ipse *inuenit*).

## XL

## THE BEST STYLE FOR PHILOSOPHICAL LECTURES

### SENECA LVCILIO SVO SALVTEM

1 Q<small>UOD</small> frequenter mihi scribis, gratias ago. nam quo 5
uno modo potes, te mihi ostendis. num- A friend's letter
is dearer than his
quam epistulam tuam accipio, ut non portrait.
protinus una simus. si imagines nobis amicorum
absentium iucundae sunt, quae memoriam renouant
et desiderium † absentiae falso atque inani solacio 10
leuant: quanto iucundiores sunt litterae, quae uera
amici absentis uestigia, ueras notas afferunt? nam
quod in conspectu dulcissimum est, id amici manus
2 epistulae impressa praestat, agnoscere. audisse te
scribis Serapionem philosophum, cum This pace of 15
istuc applicuisset: 'solet magno cursu Serapio's rather
suggests the
uerba conuellere, quae non effundit unda, quack.
sed premit et urguet: plura enim ueniunt quam quibus
uox una sufficiat.' hoc non probo in philosopho,
cuius pronuntiatio quoque, sicut uita, debet esse com- 20
posita: nihil autem ordinatum est quod praecipitatur
et properat. itaque oratio illa apud Homerum con-
citata et sine intermissione in morem niuis super-
ueniens oratori data est, lenis et melle dulcior seni

17. *unda* is my conj. (cp. § 8 and esp. N.Q. С. 17. 2: the
river *aquas explicat* until rocks check its career, when *omnis
illa unda . . . uim ruina parat et prona cum ipsis quae
obiacebant fugit*), *ima* O.

3 profluit. sic itaque habe : istam uim dicendi rapidam
atque abundantem aptiorem esse circulanti quam
agenti rem magnam ac seriam docentique. aeque
stillare illum nolo quam currere : nec extendat aures
nec obruat. nam illa quoque inopia et exilitas minus 5
intentum auditorem habet taedio interruptae tardi-
tatis ; facilius tamen insidit quod exspectatur quam
quod praeteruolat. denique tradere homines dis-
cipulis praecepta dicuntur : non traditur quod fugit.

4 Discourse that adice nunc quod quae ueritati operam 10
aims at truth
must be simple dat oratio incomposita esse debet et
and under con-
trol. simplex : haec popularis nihil habet ueri.
mouere uult turbam et inconsultas aures impetu
rapere, tractandam se non praebet, aufertur : quomodo autem regere potest quae regi non potest ? 15
quid quod haec oratio quae sanandis mentibus
adhibetur descendere in nos debet ? remedia non

5 prosunt nisi immorantur. multum praeterea habet
inanitatis et uani, plus sonat quam ualet. lenienda
sunt quae me exterrent, compescenda quae irritant, 20
discutienda quae fallunt, inhibenda luxuria, cor-
ripienda auaritia : quid horum raptim potest fieri ?
quis medicus aegros in transitu curat ? quid quod ne
uoluptatem quidem ullam habet talis uerborum sine

6 dilectu ruentium strepitus ? sed ut pleraque quae 25
fieri posse non crederes cognouisse satis est, ita istos
qui uerba exercuerunt abunde est semel audisse.
quid enim quis discere, quid imitari uelit ? quid de
eorum animo iudicet quorum oratio perturbata et

7 immissa est nec potest reprimi ? quemadmodum per 30

procliue currentium non ubi uisum est gradus sistitur,
sed incitato corporis pondere serpit ac longius quam
uoluit effertur : sic ista dicendi celeritas nec in sua
potestate est nec satis decora philosophiae, quae
ponere debet uerba, non proicere, et pedetemptim 5
8 procedere. 'quid ergo? non aliquando
et insurget?' quidni? sed salua digni-
tate morum, quam uiolenta ista et nimia
uis exuit. habeat uires magnas, moderatas tamen :
perennis sit unda, non torrens. uix oratori per- 10
miserim talem dicendi uelocitatem irreuocabilem ac
sĩne lege uadentem. quemadmodum enim iudex
subsequi poterit aliquando etiam imperitus et rudis?
tum quoque, cum illum aut ostentatio abstulerit aut
affectus impotens sui, tantum festinet atque ingerat 15
9 quantum aures pati possunt. recte ergo facies, si
non audieris istos, qui quantum dicant,
non quemadmodum, quaerunt, et ipse
malueris, si necesse est, uel P. Vinicium *imitari quam*
dicere *concitate*. cum quaereretur quomodo P. Vinicius 20
diceret, Asellius ait 'tractim.' nam Geminus Varius
ait 'quomodo istum disertum dicatis nescio : tria
uerba non potest iungere.' quidni malis tu sic dicere
10 quomodo Vinicius? aliquis tam insulsus interuenerit
quam qui illi singula uerba uellenti, tamquam 25
dictaret, non diceret, ait 'dic, † numquam dicas?'

Marginal notes:
- Philosophy may sometimes strike a lofty tone, but must not overshoot the audience.
- Copy Vinicius rather than Haterius.

19, 20. *imitari quam dicere concitate* is my conj. (C.Q. l.c.
p. 28), *dicere qui itaque* O.      26. A most difficult passage. I
do not see that the emendations *num iam* or *numquid* help us
much. The words 'I say, are you speaking?' are a mere
repetition of the clause *tamquam dictaret, non diceret*, which

nam Q. Hateri cursum, suis temporibus oratoris
celeberrimi, longe abesse ab homine sano uolo : numquam dubitauit, numquam intermisit; semel in-
11 cipiebat, semel desinebat.    quaedam    tamen    et

A deliberate style nationibus  puto  magis  aut  minus  con- 5
best suits the
Latin genius.  uenire.  in  Graecis  hanc  licentiam
tuleris : nos etiam cum scribimus interpungere assueuimus.    Cicero quoque noster, a quo Romana
eloquentia exsiluit, gradarius fuit.    Romanus sermo
magis se circumspicit et aestimat praebetque aesti- 10
12 mandum.    Fabianus, uir egregius et uita et scientia
et, quod post ista est, eloquentia quoque, disputabat
expedite magis quam concitate, ut posses dicere
facilitatem esse illam, non celeritatem.    hanc ego in
uiro sapiente recipio, non exigo—ut oratio eius sine 15
impedimento exeat; proferatur tamen malo quam

13 The other needs profluat.    eo autem magis te deterreo
impudence and
practice.    ab isto morbo, quod non potest tibi ista
res contingere aliter quam si te pudere desierit :
perfrices frontem oportet et te ipse non audias. 20
multa enim inobseruatus ille cursus feret quae
14 reprendere uelis.    non potest, inquam, tibi contingere res ista salua uerecundia    praeterea exerci-

becomes entirely otiose : what we want is a saying which
would be obscure without that clause to explain it.    I suggest
*alius* for *aliquis*, and then *ait ‘ Dic!’: nunquam a me audias*.
The interrupter simply said ‘ *Dic*,’ as if he were taking
down Vinicius’ words from dictation, and was ready for a
fresh instalment : we say ‘ Yes ?’ in such cases.    Sen. says
‘ Somebody else may play such a trick on you ; you’ll
never hear *me* doing it.’    My suggestion makes *nam* of the
next clause intelligible.

tatione opus est cotidiana, et a rebus studium
transferendum est ad uerba. haec autem etiam si
aderunt et poterunt sine ullo tuo labore decurrere,
tamen temperanda sunt. nam quemadmodum
sapienti uiro incessus modestior conuenit, ita oratio 5
pressa, non audax. summa ergo summarum haec
erit: tardiloquum esse te iubeo. Vale.

## XLIII

## LIVE AS IF YOU WERE BEFORE THE
## EYES OF ALL 10

### SENECA LVCILIO SVO SALVTEM

1 Quomodo hoc ad me peruenerit quaeris, quis mihi
id te cogitare narrauerit quod tu nulli You wonder that
I hear your very
narraueras? is qui scit plurimum, rumor. thoughts?
'quid ergo?' inquis 'tantus sum ut possim excitare 15
rumorem?' non est quod te ad hunc locum respiciens
2 metiaris: ad istum respice in quo moraris. quicquid
inter uicina eminet, magnum est illic ubi eminet.
nam magnitudo *non* habet modum certum: comparatio
illam aut tollit aut deprimit. nauis quae in flumine 20
magna est in mari paruula est. gubernaculum quod
alteri naui magnum *est* alteri exiguum est. In your province
you are a person-
3 tu nunc in prouincia, licet contemnas ipse age, and must
live carefully.
te, magnus es. quid agas, quemadmodum
cenes, quemadmodum dormias, quaeritur, scitur: eo 25
tibi diligentius uiuendum est. tunc autem felicem

esse te iudica cum poteris uiuere in publico, cum te
parietes tui tegent, non abscondent, quos plerumque
circumdatos nobis iudicamus non ut tutius uiuamus,

4 How few of us sed ut peccemus occultius. rem dicam
could live with
our doors wide ex qua mores aestimes nostros: uix 5
open!
quemquam inuenies qui possit aperto
ostio uiuere. ianitores conscientia nostra, non superbia
opposuit: sic uiuimus ut deprendi sit subito aspici.
quid autem prodest recondere se et oculos hominum
5 auresque uitare? bona conscientia turbam aduocat, 10
mala etiam in solitudine anxia atque sollicita est. si
honesta sunt quae facis, omnes sciant, si turpia, quid
refert neminem scire cum tu scias? o te miserum si
contemnis hunc testem! VALE.


XLIV                                          15

PHILOSOPHY NO PREROGATIVE OF THE
HIGHBORN.

SENECA LVCILIO SVO SALVTEM

1 ITERUM tu mihi te pusillum facis et dicis malignius
Philosophy does tecum egisse naturam prius, deinde fortu- 20
not    examine
pedigrees: nam, cum possis eximere te uulgo et ad
felicitatem hominum maximam emergere. si quid
est aliud in philosophia boni, hoc est, quod stemma
non inspicit. omnes, si ad originem primam reuo-
2 cantur, a dis sunt. eques Romanus es, et ad hunc 25
ordinem tua te perduxit industria: at mehercules

multis quattuordecim clausa sunt, non omnes curia
admittit, castra quoque quos ad laborem et periculum
recipiant fastidiose legunt : bona mens omnibus patet,
omnes ad hoc sumus nobiles.   nec reicit quemquam
philosophia nec eligit : omnibus lucet.   witness Socrates, 5
3 patricius Socrates non fuit.   Cleanthes   Cleanthes, Plato.
aquam traxit et rigando horto locauit manus.   Plato-
nem non accepit nobilem philosophia, sed fecit.   quid
est quare desperes his te posse fieri parem ?  omnes hi
maiores tui sunt, si te illis geris dignum : geres 10
autem, si hoc protinus tibi ipse persuaseris, a nullo
4 te nobilitate superari.   omnibus nobis   Who *is* noble, if
totidem ante nos sunt : nullius non origo   you go far back?
ultra memoriam iacet.   Platon ait neminem regem
non ex seruis esse oriundum, neminem seruum non 15
ex regibus.   omnia ista longa uarietas miscuit et
5 sursum deorsum fortuna uersauit.   quis es*t* generosus ?
ad uirtutem bene a natura compositus.   hoc unum
intuendum est : alioquin si ad uetera reuocas, nemo
non inde est ante quod nihil est.   a primo mundi 20
ortu usque in hoc tempus perduxit nos ex splendidis
sordidisque alternata series.   non facit   Nobility is of the
nobilem atrium plenum fumosis imagini-   mind.
bus.   nemo in nostram gloriam uixit nec quod ante
nos fuit nostrum est : animus facit nobilem, cui ex 25
quacumque condicione supra Fortunam licet surgere.
6 puta itaque te non equitem Romanum esse, sed

1. *clause* L, *clausi* s and edd.   Of course the substantive
understood is really *ordines*, but the seats were often called
*equestria* and colloquially at any rate *quattuordecim* may very
well have come to be regarded as a neuter.

libertinum : potes hoc consequi, ut solus sis liber inter
ingenuos. 'quomodo?' inquis. si mala bonaque non
populo auctore distinxeris. intuendum est non unde
ueniant, sed quo eant. si quid est quod uitam beatam
potest facere, id bonum est suo iure. deprauari enim 5
7 in malum non potest. quid est ergo in quo erratur,

Men mistake for cum omnes beatam uitam optent? quod
happiness its
mere accessories. instrumenta eius pro ipsa habent et illam,
dum petunt, fugiunt. nam cum summa uitae beatae
sit solida securitas et eius inconcussa fiducia, sollicitu- 10
dinis colligunt causas et per insidiosum iter uitae
non tantum ferunt sarcinas, sed trahunt : ita longius
ab effectu eius quod petunt semper abscedunt et quo
plus operae impenderunt, hoc se magis impediunt et
feruntur retro. quod euenit in labyrintho proper- 15
antibus : ipsa illos uelocitas implicat. VALE.


# XLVII

## THE TREATMENT OF SLAVES

### SENECA LVCILIO SVO SÁLVTEM

1 LIBENTER ex his qui a te ueniunt cognoui fami- 20

Glad you are liariter te cum seruis tuis uiuere. hoc
good to your
slaves. prudentiam tuam, hoc eruditionem decet.
'serui sunt.' immo homines. 'serui sunt.' immo
contubernales. 'serui sunt.' immo humiles amici.
'serui sunt.' immo conserui, si cogitaueris tantundem 25
2 in utrosque licere fortunae. itaque rideo istos qui

turpe existimant cum seruo suo cenare : quare, nisi
quia superbissima consuetudo cenanti domino stantium
seruorum turbam circumdedit ? est ille plus quam
capit, et ingenti auiditate onerat distentum uentrem
ac desuetum iam uentris officio, ut maiore opera 5
3 omnia egerat quam ingessit : at infelicibus seruis
mouere labra ne in hoc quidem, ut loquantur, licet.
uirga murmur omne compescitur, et ne fortuita
quidem uerberibus excepta sunt, tussis, sternumenta,
singultus.    magno  malo  ulla  uoce  interpellatum 10
silentium luitur.    nocte tota ieiuni mutique perstant.
4 sic fit ut isti de domino loquantur, quibus   'Tis ill-treatment
coram domino loqui non licet    at illi,   makes them foes.
quibus non tantum coram dominis, sed cum ipsis erat
sermo, quorum os non consuebatur, parati erant pro 15
domino porrigere ceruicem, periculum imminens in
caput suum auertere : in conuiuiis loquebantur, sed
5 in tormentis tacebant.    deinde eiusdem arrogantiae
prouerbium iactatur, totidem hostes esse quot seruos.
non habemus illos hostes, sed facimus.    alia interim 20
crudelia, inhumana praetereo, quod ne  tamquam
hominibus quidem, sed tamquam iumentis  Think of their
abutimur, quod . . . cum ad cenandum   tasks at a ban-
                                        quet.
discubuimus, alius sputa deterget, alius reliquias temu-

23. It is clear that several *quod* clauses corresponding to
the *quod—abutimur* clause, and each like that representing
one of the *alia crudelia* on which Sen. refuses to dwell, have
here fallen out, together with a phrase such as *illud uero
quam contumeliosum est* introducing the *quod cum ad
cenandum* clause (the point which Sen. has selected for
special treatment).    The omission would be due to the
copyist's eye passing from the second *quod* to the last.

6 lentorum subditus colligit, alius pretiosas aues scindit
(per pectus et clunes certis ductibus circumferens
eruditam manum frusta excutit : infelix, qui huic uni
rei uiuit, ut altilia decenter secet, nisi quod miserior
est qui hoc uoluptatis causa docet quam qui necessi- 5
7 tatis discit), alius uini minister in muliebrem modum
8 ornatus cum aetate luctatur, alius, cui conuiuarum
censura permissa est, perstat infelix et spectat quos
adulatio et intemperantia aut gulae aut linguae reuocet in crastinum.  adice obsonatores quibus dominici 10
palati notitia subtilis est, qui sciunt cuius illum rei
sapor excitet, cuius delectet aspectus, cuius nouitate

How the men nauseabundus erigi possit, quid iam ipsa
who treat them
most contemptu- satietate fastidiat, quid illo die esuriat.
ously cringe be-
fore a Callistus! cum his cenare non sustinet et maiestatis 15

suae deminutionem putat ad eandem mensam
cum seruo suo accedere.  di melius ! quot ex istis
9 dominos habet !  stare ante limen Callisti dominum
suum uidi et eum qui illi impegerat titulum, qui
inter ridicula mancipia produxerat, aliis intranti- 20
bus excludi.  rettulit illi gratiam seruus ille in primam
decuriam coniectus, in qua uocem praeco experitur :
et ipse illum inuicem apologauit, et ipse non iudicauit
domo sua dignum.  dominus Callistum uendidit : sed

10 Slaves are made domino quam multa Callistus ! uis tu 25
of flesh and
blood. cogitare istum quem seruum tuum uocas

ex isdem seminibus ortum eodem frui caelo, aeque
spirare, aeque uiuere, aeque mori ! tam tu illum
uidere  ingenuum  potes  quam  ille  te  seruum.

8. *spectat* is my conj., *exspectat* O

Variana clade multos splendidissime natos, senatorium
per militiam auspicantes gradum, fortuna *Any of us may*
depressit : alium ex illis pastorem, alium *become one.*
custodem casae fecit. contemne nunc eius fortunae
hominem in quam transire, dum contemnis, potes. 5
11 nolo in ingentem me locum immittere et de usu
seruorum disputare, in quos superbissimi, crudelissimi,
contumeliosissimi sumus. haec tamen praecepti mei
summa est : sic cum inferiore uiuas, quemadmodum
tecum superiorem uelis uiuere. quotiens in mentem 10
uenerit quantum tibi in seruum liceat, ueniat in
12 mentem tantundem in te domino tuo licere. 'at ego'
inquis 'nullum habeo dominum.' bona aetas est :
forsitan habebis. nescis qua aetate Hecuba seruire
coeperit, qua Croesus, qua Darei mater, qua Platon, 15
13 qua Diogenes? uiue cum seruo clementer, comiter
quoque, et in sermonem illum admitte et in consilium
et in conuictum. hoc loco acclamabit mihi tota manus
delicatorum 'nihil hac re humilius, nihil turpius.'
hos ego eosdem deprendam alienorum *Our forefathers* 20
14 seruorum osculantes manum. ne illud *shewed them*
quidem uidetis, quam omnem inuidiam *great considera-*
*tion.*
maiores nostri dominis, omnem contumeliam seruis
detraxerint? dominum patrem familiae appellauerunt,
seruos, quod etiam in mimis adhuc durat, familiares. 25
instituerunt diem festum, non quo solo cum seruis
domini uescerentur, sed quo utique ; honores illis in
domo gerere, ius dicere permiserunt et domum
15 pusillam rem publicam esse iudicauerunt. 'quid

1. *Variana* Lipsius, *Mariana* O.

ergo? omnes seruos admouebo mensae meae?' non
magis quam omnes liberos. erras si existimas me

I would seat at
my table any
slave who de-
served the posi-
tion.

quosdam quasi sordidioris operae reiec-
turum, ut puta illum mulionem et illum
bubulcum : non ministeriis illos aesti- 5
mabo, sed moribus. sibi quisque dat mores, ministeria
casus assignat. quidam cenent tecum, quia digni
sunt, quidam, ut sint. si quid enim in illis ex sordida
conuersatione seruile est, honestiorum conuictus
16 excutiet. non est, mi Lucili, quod amicum tantum 10
in foro et in curia quaeras : si diligenter attenderis,
et domi inuenies. saepe bona materia cessat sine
artifice : tempta et experire. quemadmodum stultus
est qui equum empturus non ipsum inspicit, sed
stratum eius ac frenos, sic stultissimus est qui 15

Many a slave is
free, many a free
man a slave, in
17 mind.

hominem aut ex ueste aut ex condicione,
quae uestis modo nobis circumdata est,
aestimat. 'seruus est.' sed fortasse
liber animo. 'seruus est.' hoc illi nocebit? ostende
quis non sit: alius libidini seruit, alius auaritiae, 20
alius ambitioni, *omnes spei*, omnes timori. dabo consularem aniculae seruientem, dabo ancillulae diuitem,
ostendam nobilissimos iuuenes mancipia pantomimorum : nulla seruitus turpior est quam uoluntaria.
quare non est quod fastidiosi isti te deterreant quo- 25
minus seruis tuis hilarem te praestes et non superbe
18 superiorem : colant potius te quam timeant. dicet
aliquis nunc me uocare ad pilleum seruos et dominos

21. *omnes spei* is due to the MSS. of Macrobius, Sen.'s
omitting it through homoeoteleuton.

de fastigio suo deicere, quod dixi 'colant potius
dominum quam timeant.' 'ita' inquit 'prorsus:
colant tamquam clientes, tamquam salu- God himself asks
tatores?' hoc qui dixerit, obliuiscetur id not fear.
dominis parum non esse quod deo sat est. qui colitur, 5
et amatur: non potest amor cum timore misceri.
19 rectissime ergo facere te iudico quod timeri a seruis
tuis non uis, quod uerborum castigatione uteris:
uerberibus muta admonentur. non quicquid nos
offendit, et laedit. sed ad rabiem cogunt We however are 10
peruenire deliciae, ut quicquid non ex tyrants.
20 uoluntate respondit iram euocet. regum nobis indui-
mus animos. nam illi quoque obliti et suarum
uirium et imbecillitatis alienae sic excandescunt, sic
saeuiunt, quasi iniuriam acceperint: a cuius rei periculo 15
illos fortunae suae magnitudo tutissimos praestat.
nec hoc ignorant, sed occasionem nocendi captant
21 querendo: acceperunt iniuriam ut facerent. diutius
te morari nolo; non est enim tibi exhortatione opus.
hoc habent inter cetera boni mores: placent sibi, 20
permanent. leuis est malitia, saepe mutatur, non in
melius, sed in aliud. VALE.

# LI

## BAIAE AND ITS MORAL

### SENECA LVCILIO SVO SALVTEM 25

1 QUOMODO quisque potest, mi Lucili: tu istic habes

Aetnam, eximium ac nobilissimum Siciliae montem
(quem quare dixerit Messala unicum, siue Valgius,
You can visit apud utrumque enim legi, non reperio,
Aetna, I only
Baiae, cum plurima loca euomant ignem, non
tantum edita—quod crebrius euenit, uidelicet quia 5
ignis in altissimum effertur—sed etiam iacentia), nos,
utcumque possumus, contenti sumus Bais.   quas
postero die quam attigeram reliqui, locum ob hoc deui-
which I left the tandum (cum habeat quasdam naturales
day I arrived:
some places are dotes) quia illum sibi celebrandum 10
2   best avoided, luxuria desumpsit. 'quid ergo? ulli loco
indicendum est odium?' minime ; sed quemadmodum
aliqua uestis sapienti ac probo uiro magis conuenit
quam aliqua, nec ullum colorem ille odit, sed aliquem
parum putat aptum esse frugalitatem professo : sic 15
regio quoque est quam sapiens uir aut ad sapientiam
tendens declinet tamquam alienam bonis moribus.
3 itaque de secessu cogitans numquam Canopum eliget,
and Baiae is one quamuis neminem Canopus esse frugi
of them. uetet, ne Baias quidem : deuersorium 20
uitiorum esse coeperunt.   illic sibi plurimum luxuria
permittit, illic, tamquam aliqua licentia debeatur loco,
4 magis soluitur.   non tantum corpori, sed etiam
moribus salubrem locum eligere debemus.   quemadmodum inter tortores habitare nolim, sic ne inter 25
popinas quidem.   uidere ebrios per litora errantes et
comissationes nauigantium et symphoniarum cantibus
strepentes lacus et alia, quae uelut soluta legibus

1. *eximium ac* is my conj. (based on Chatelain's *editum
ac* : see C.Q. 1909, p. 40), *et illuc* O.

luxuria non tantum peccat, sed publicat, quid necesse
5 est? id agere debemus ut irritamenta
uitiorum quam longissime profugiamus.
indurandus est animus et a blandimentis

We want harden-
ing. Remember
Hannibal and
Campania.

uoluptatum procul abstrahendus. una Hannibalem 5
hiberna soluerunt et indomitum illum niuibus atque
Alpibus uirum eneruauerunt fomenta Campaniae.
6 armis uicit. uitiis uictus est. nobis quoque militandum est, et quidem genere

We are soldiers
too.

militiae quo numquam quies, numquam otium datur. 10
debellandae sunt imprimis uoluptates, quae, ut uides,
saeua quoque ad se ingenia rapuerunt. si quis sibi
proposuerit quantum operis aggressus sit, sciet nihil
delicate, nihil molliter esse faciendum. quid mihi
cum istis calentibus stagnis? quid cum sudatoriis, in 15
quae siccus uapor corpora exhausturus includitur?
7 omnis sudor per laborem exeat. si faceremus quod
fecit Hannibal, ut interrupto cursu rerum omissoque
bello fouendis corporibus operam daremus, nemo
non intempestiuam desidiam, uictori quoque, nedum 20
uincenti, periculosam, merito reprenderet: minus
nobis quam illis Punica signa sequentibus licet, plus
periculi restat cedentibus, plus operis
8 etiam perseuerantibus. fortuna mecum

Fortune, pleas-
ure, ambition,
etc., are our foes.

bellum gerit: non sum imperata facturus. iugum 25
non recipio, immo, quod maiore uirtute faciendum est,
excutio. non est emolliendus animus: si uoluptati
cessero, cedendum est dolori, cedendum est labori,
cedendum est paupertati; idem sibi in me iuris esse
uolet et ambitio et ira: inter tot affectus distrahar, 30

9 immo discerpar.  iibertas proposita est; ad hoc
praemium laboratur.  quae sit libertas quaeris? nulli
rei seruire, nulli necessitati, nullis casibus, fortunam
in aequum deducere.  quo die illam intellexero plus

Climate, etc., posse, nil poterit; ego illam feram, cum 5
does affect the
10 character.     in manu mors sit?  his cogitationibus intentum loca seria sanctaque eligere oportet.  effeminat
animos amoenitas nimia nec dubie aliquid ad corrumpendum uigorem potest regio.  quamlibet uiam
iumenta patiuntur quorum durata in aspero ungula 10
est: in molli palustrique pascuo saginata cito sub-
teruntur.  et fortior miles ex confragoso uenit: segnis
est urbanus et uerna.  nullum laborem recusant manus
quae ad arma ab aratro transferuntur: in primo
11 deficit puluere ille unctus et nitidus.  seuerior loci dis- 15

Scipio avoided ciplina firmat ingenium aptumque magnis
Baiae: the villas
of Marius, etc., conatibus reddit.  Literni honestius
stand high, like
fortresses.    Scipio quam Bais exulabat: ruina eiusmodi non est tam molliter collocanda.  illi quoque,
ad quos primos fortuna populi Romani publicas opes 20
transtulit, C. Marius et Cn. Pompeius et Caesar
exstruxerunt quidem uillas in regione Baiana, sed illas
imposuerunt summis iugis montium.  uidebatur hoc
magis militare, ex edito speculari late longeque

Can you imagine subiecta.  aspice quam positionem ele- 25
Cato  stopping
down  by  the gerint, quibus aedificia excitauerint locis
lake?      et qualia: scies non uillas esse, sed
12 castra.  habitaturum tu putas umquam fuisse †inimica

19. I insert *modi* because the tense of the verb shews
that Sen. is speaking generally.   28. *in mica* Lipsius:

Catonem, ut praenauigantes adulteras dinumeraret et
tot genera cumbarum uariis coloribus picta et flui-
tantem toto lacu rosam, ut audiret canentium nocturna
conuicia? nonne ille manere intra uallum maluisset,
quod in unam noctem manu sua ipse duxisset? quidni 5
mallet, quisquis uir est, somnum suum classico quam
13 symphonia rumpi? sed satis diu cum Bais

But enough said against Baiae— against vice, never enough.

litigauimus, numquam satis cum uitiis,
quae, oro te, Lucili, persequere sine
modo, sine fine. nam illis quoque nec finis est nec 10
modus. proice quaecumque cor tuum laniant, quae si
aliter extrahi nequirent, cor ipsum cum illis reuellen-
dum erat. uoluptates praecipue exturba et inuisissi-
mas habe: latronum more, quos φιλήτας Aegyptii
uocant, in hoc nos amplectuntur ut strangulent. 15

VALE.

## LIII

### A SEA-TRIP AND ITS MORAL

#### SENECA LVCILIO SVO SALVTEM

1 QUID non potest mihi persuaderi, cui persuasum est ut 20
nauigarem? solui mari languido. erat sine dubio

in Mart. 2. 59. 1 a bijou dining room is called *mica*, and
here the word would mean something like a bungalow.
*In uilla* has also been suggested. I am not sure that *in
uico* may not be what Sen. wrote: Hor. *Ep.* 1. 15. 7 uses
*uicus* of Baiae: some part of the town may have had the
name ('The Promenade,' 'The Pan-Tiles'), or the word
might denote the *lower* town, on the shore, as opposed to
the villas above. 14. φιλήτας Muret, *stilistas* or *hostilistas* O.

caelum graue sordidis nubibus, quae fere aut in aquam
A calm sea lured me out, aut in uentum resoluuntur, sed putaui
tam pauca milia a Parthenope tua usque
Puteolos surripi posse, quamuis dubio et impendente
caelo. itaque quo celerius euaderem, protinus per 5
altum ad Nesida derexi praecisurus omnes sinus.
2 and then turned traitor. cum iam eo processissem ut mea nihil
interesset utrum irem an redirem, primum
aequalitas illa quae me corruperat periit. nondum
erat tempestas, sed iam inclinatio maris ac subinde 10
crebrior fluctus. coepi gubernatorem rogare ut me in
aliquo litore exponeret. aiebat ille aspera esse et im-
portuosa nec quicquam se aeque in tempestate timere
3 quam terram. peius autem uexabar quam ut mihi
periculum succurreret. nausea enim me segnis haec 15
et sine exitu torquebat, quae bilem mouet nec effundit.
I made them put in, and swam ashore. institi itaque gubernatori et illum, uellet
nollet, coegi peteret litus. cuius ut
uiciniam attigimus, non exspecto ut quicquam ex
praeceptis Vergilii fiat, 20

> ' obuertunt pelago proras '

aut

> ' ancora de prora iacitur ' :

memor artificii mei uetus frigidae cultor mitto me in
mare, quomodo psychrolutam decet, gausapatus. 25
4 quae putas me passum dum per aspera erepo, dum
uiam quaero, dum facio ? intellexi non immerito nautis
terram timeri. incredibilia sunt quae tulerim, cum
me ferre non possem : illud scito, Vlixem non
fuisse tam irato mari natum ut ubique naufragia 30

faceret : nauseator erat. et ego quocumque nauigare
5 debuero uicensimo anno perueniam. ut
primum stomachum, quem scis non cum
mari nauseam effugere, collegi, ut corpus
unctione recreaui, hoc coepi mecum
cogitare : quanta nos uitiorum nostrorum sequeretur
obliuio, etiam corporalium, quae subinde admonent
sui, nedum illorum quae eo magis latent quo maiora
6 sunt. leuis aliqua motiuncula decipi*tur*,
sed cum creuit et uera febris exarsit,
etiam duro et perpessicio confessionem exp*r*imit.
pedes dolent, articuli punctiunculas sentiunt : adhuc
dissimulamus et aut talum extorsisse dicimus nos aut
in exercitatione aliqua laborasse. dubio et incipiente
morbo quaeritur nomen, qui ubi † ut talaria coepit 15
intendere et utrosque dextros † pedes fecit, necesse
7 est podagram fateri. contra euenit in his morbis
quibus afficiuntur animi : quo quis peius se habet,
minus sentit. non est quod mireris, Lucili carissime.
nam qui leuiter dormit, et species secundum quietem 20
capit et aliquando dormire se dormiens cogitat : grauis
sopor etiam somnia extinguit animumque altius

With recovery
came the reflex-
ion: how soon
we forget our
failings, esp. the
less obvious ones, 5

which are the
worst. 10

9. *aliqua m. d.* is my conj., *aliquam* (*-quem*) *motiuncula*(*m*)
*decipit* O : C.Q. l.c. p. 40. 11. *exprimit* Agricola, *excipit*
O : C.Q. l.c. 15, 16. *ut talaria* etc.] In *Ira* 3. 19. 1
*talaria* denotes an instrument of torture, and Sen. is
fond of comparing gout with the pangs of the torture-
chamber (78. 19 n.). *Intendere* means 'to swell' in *Ira* 1.
20. 1. If *utrosque dextros pedes* is sound, the meaning
must be that the feet are so swollen that the shapes of
left and right are indistinguishable. Cp. the phrase *duae
dexterae* for *tibiae* in which the keys and notes of both pipes
were identical.

8 mergit quam ut in ullo intellectu sui sit. quare uitia
sua nemo confitetur? quia etiamnunc in illis est:
somnium narrare uigilantis est, et uitia sua confiteri
sanitatis indicium est. expergiscamur ergo, ut

*Philosophy alone can rouse us.* errores nostros coarguere possimus. sola 5
autem nos philosophia excitabit, sola
somnum excutiet grauem: illi te totum dedica.
dignus illa es, illa digna te est: ite in complexum

*Give her all your time: she is a sovereign,* alter alterius. omnibus aliis rebus te nega
fortiter, aperte. non est quod precario 10

9 philosopheris. si aeger esses, curam intermisisses rei
familiaris et forensia tibi negotia excidissent nec
quemquam tanti putares cui aduocatus in remissione
descenderes: toto animo id ageres ut quam primum
morbo liberareris. quid ergo? non et nunc idem 15
facies? omnia impedimenta dimitte et uaca bonae
menti: nemo ad illam peruenit occupatus. exercet
philosophia regnum suum; dat tempus, non accipit.
non est res subsiciua; ordinaria est, domina est; adest

10 *imperious as was Alexander in Asia.* et iubet. Alexander cuidam ciuitati 20
partem agrorum et dimidium rerum
omnium promittenti 'eo' inquit 'proposito in Asiam
ueni, ut non id acciperem quod dedissetis, sed ut id
haberetis quod reliquissem.' idem philosophia rebus
omnibus: 'non sum hoc tempus acceptura quod uobis 25

*She can make you all but God's equal.* superfuerit, sed id uos habebitis quod ipsa
11 reiecero.' totam huc conuerte mentem,
huic asside, hanc cole: ingens interuallum inter te

---

19, 20. Haase proposes *adesse iubet*, but the rhythm is against
him. ? *Adest ut libet.*     27. *reiecero* Lipsius, *re(a)egero* O.

et ceteros fiet. omnes mortales multo antecedes, non multo te di antecedent. quaeris quid inter te et illos interfuturum sit? diutius erunt. at mehercules magni artificis est clusisse totum in exiguo. tantum sapienti sua quantum deo omnis aetas patet. est 5 aliquid quo sapiens antecedat deum: ille naturae 12 beneficio non timet, suo sapiens. ecce res magna: habere imbecillitatem hominis, securitatem dei. incredibilis philosophiae uis est ad omnem fortuitam uim retundendam. nullum telum in corpore eius sedet: 10 munita est, solida: quaedam defatigat et uelut leuia tela laxo sinu eludit, quaedam discutit et in eum usque qui miserat respuit. VALE.

## LIV

## AN ATTACK OF ASTHMA 15

### SENECA LVCILIO SVO SALVTEM

1 LONGUM mihi commeatum dederat mala ualetudo; repente me inuasit. 'quo genere?' inquis. Another attack of my old complaint. prorsus merito interrogas: adeo nullum mihi ignotum est. uni tamen morbo quasi assignatus 20 sum, quem quare Graeco nomine appellem nescio: satis enim apte dici suspirium potest. breuis autem ualde et procellae similis est impetus: intra horam 2 fere desinit. quis enim diu exspirat? omnia corporis aut incommoda aut pericula per me transierunt: 25

12. ? decutit : cp. Verg. A. 10. 718.

nullum mihi uidetur molestius. quidni? aliud enim
quicquid est, aegrotare est; hoc animam eger*ere*.
itaque medici hanc meditationem mortis uocant.
facit enim aliquando spiritus ille quod saepe conatus
3 est. hilarem me putas haec tibi scribere quia effugi? 5
tam ridicule facio si hoc fine quasi bona ualetudine
delector, quam ille quisquis uicisse se putat cum
uadimonium distulit. ego uero et in

At the worst
moments I re-
flected 'Death is
4 but the state that
preceded birth.'

ipsa suffocatione non desii cogitationibus
laetis ac fortibus acquiescere. 'quid 10
hoc est?' inquam. 'tam saepe mors
experitur me? faciat: at ego illam diu expertus sum.'
'quando?' inquis. 'antequam nascerer. mors est
non esse. id quale sit iam scio. hoc erit post me
quod ante me fuit. si quid in hac re tormenti est, 15
necesse est et fuisse, antequam prodiremus in lucem;
5 atqui nullam sensimus tunc uexationem. rogo, non
stultissimum dicas, si quis existimet lucernae peius
esse cum extincta est quam antequam accenditur?
nos quoque et extinguimur et accendimur: medio 20
illo tempore aliquid patimur; utrimque uero alta
securitas est. in hoc enim, mi Lucili, nisi fallor,
erramus, quod mortem iudicamus sequi, cum illa et
praecesserit et secut*ura* sit. quicquid ante nos fuit,
mors est. quid enim refert, non incipias an desinas, 25
6 cum utriusque rei hic sit effectus, non esse?' his et
eiusmodi exhortationibus (tacitis scilicet: nam uerbis
locus non erat) alloqui me non desii. deinde
paulatim suspirium illud, quod esse iam anhelitus
coeperat, interualla maiora fecit et retardatum est ac 30

remisit.  nec adhuc, quamuis desierit, ex natura fluit
spiritus : sentio haesitationem quandam
eius et moram.  quomodo uolet, dum-      I am not quite
                                          well yet.  Death
                                          however has no
7 modo non ex animo suspirem.  hoc tibi  terrors for me.
de me recipe : non trepidabo ad extrema, iam prae- 5
paratus sum, nihil cogito de die toto.  illum tu lauda
et imitare quem non piget mori, cum iuuet uiuere.
quae est enim uirtus, cum eiciaris exire ?  tamen est
et hic uirtus : eicior quidem, sed tamquam exeam.  et
ideo numquam eicitur sapiens, quia eici est inde expelli 10
unde inuitus recedas : nihil inuitus facit sapiens.
necessitatem effugit, quia uult quod coactura est.

                                        VALE.


                        LV

VATIA'S VILLA AND ITS MORAL          15

            SENECA LVCILIO SVO SALVTEM

1 A GESTATIONE cum maxime uenio non minus fatigatus
quam si tantum ambulassem quantum    I have been out
sedi.  labor est enim et diu ferri, ac  in a litter.
nescio an eo maior quia contra naturam est, quae 20
pedes dedit ut per nos ambularemus, oculos ut per
nos uideremus.  debilitatem nobis indixere deliciae,
2 et quod diu noluimus, posse desimus.  mihi tamen
necessarium erat concutere corpus, ut siue bilis
insederat faucibus, discuteretur, siue ipse ex aliqua 25

        1. *remisit* is my conj., *remansit* O.

causa spiritus densior erat, extenuaret illum iactatio.

The sands were so pleasant, I went a long way, quam profuisse mihi sensi. ideo diutius uehi perseueraui inuitante ipso litore, quod inter Cumas et Seruili Vatiae uillam curuatur et hinc mari, illinc lacu uelut angustum iter cluditur. 5 erat enim a recenti tempestate spissum. fluctus autem illud, ut scis, frequens et concitatus exaequat, longior tranquillitas soluit, cum harenis, quae umore 3 alligantur, sucus abscessit. ex consuetudine tamen mea circumspicere coepi an aliquid illic inuenirem 10 quod mihi posset bono esse, et derexi passing Vatia's villa. His was but a caricature of peace. oculos in uillam quae aliquando Vatiae fuit. in hac ille praetorius dives, nulla alia re quam otio notus, consenuit et ob hoc unum felix habebatur. nam quotiens aliquos amicitiae 15 Asinii Galli, quotiens Seiani odium, deinde amor merserat (aeque enim offendisse illum quam amasse periculosum fuit), exclamabant homines 'o Vatia, 4 solus scis uiuere.' at ille latere sciebat, non uiuere multum autem interest utrum uita tua otiosa sit an 20 ignaua. numquam aliter hanc uillam Vatia uiuo praeteribam quam ut dicerem 'Vatia hic situs est' sed adeo, mi Lucili, philosophia sacrum quiddam est et uenerabile, ut etiam si quid illi simile est mendacio placeat. otiosum enim hominem seductum existimat 25 uulgus, et securum et se contentum, sibi uiuentem: quorum nihil ulli contingere nisi sapienti potest. ille sollicitus scit sibi uiuere? ille enim, quod est primum, 5 scit uiuere? nam qui res et homines fugit, quem cupiditatum suarum infelicitas relegauit, qui alios 30

feliciores uidere non potuit, qui uelut timidum atque
iners animal metu oblituit, ille sibi non uiuit, sed,
quod est turpissimum, uentri, somno, libidini. non
continuo sibi uiuit qui nemini. adeo tamen magna
res est constantia et in proposito suo perseuerantia, 5
6 ut habeat auctoritatem inertia quoque pertinax. de
ipsa uilla nihil tibi possum certi scribere. frontem
enim eius tantum noui et exposita, quae The house is
ostendit etiam transeuntibus. speluncae certainly charming,
sunt duae magni operis, quamuis laxo atrio pares, 10
manu factae, quarum altera solem non recipit, altera
usque in occidentem tenet. platanona medius riuus
et a mari et ab Acherusio lacu receptus euripi modo
diuidit, alendis piscibus, etiam si assidue exhauriatur,
sufficiens. sed illi, cum mare patet, parcitur: cum 15
tempestas piscatoribus dedit ferias, manus ad parata
7 porrigitur. hoc tamen est commodissimum in uilla,
quod Baias trans parietem habet: incommodis illarum
caret, uoluptatibus fruitur. has laudes eius ipse noui:
esse illam totius anni credo. occurrit enim Fauonio 20
et illum adeo excipit ut Bais neget. non stulte
uidetur elegisse hunc locum Vatia in quem otium
suum pigrum iam et senile conferret. but peace is of
8 sed non multum ad tranquillitatem locus the mind.
confert: animus est qui sibi commendet omnia. uidi 25
ego in uilla hilari et amoena maestos, uidi in media
solitudine occupatis similes. quare non est quod
existimes ideo parum bene compositum esse te, quod
in Campania non es. quare autem non es? huc

10. *quamuis* is my coni.. *cuius* Ω. *cuiuis* Lipsius.

9 usque cogitationes tuas mitte. conuersari cum amicis
absentibus licet, et quidem quotiens uelis,
quamdiu uelis. magis hac uoluptate,
quae maxima est, fruimur dum absumus. praesentia
enim nos delicatos facit, et, quia aliquando una 5
loquimur ambulamus considemus, cum diducti sumus
10 nihil de iis quos modo uidimus cogitamus. et ideo
aequo animo ferre debemus absentiam, quia nemo
non multum etiam praesentibus abest. pone hic
primum noctes separatas, deinde occupationes utrique 10
diuersas, deinde studia secreta, suburbanas profectiones : uidebis non multum esse quod nobis pere-
11 grinatio eripiat. amicus animo possidendus est : hic
autem numquam abest : quemcumque uult, cotidie
uidet. itaque mecum stude, mecum cena, mecum 15
ambula. in angusto uiuebamus, si quicquam esset
cogitationibus clusum. uideo te, mi Lucili ; cum
maxime audio. adeo tecum sum ut dubitem an
incipiam non epistulas, sed codicillos tibi scribere.

VALE. 20

*Power of im-agination.*

# LVI

## NOISY LODGINGS NO HINDRANCE
## TO STUDY.

### SENECA LVCILIO SVO SALVTEM

1 PEREAM si est tam necessarium quam uidetur si- 25
lentium in studia seposito. ecce undique me uarius

clamor circumsonat: supra ipsum balneum habito.
propone nunc tibi omnia genera uocum I lodge over a
                                      bath:    imagine
quae in odium possunt aures adducere. the din.
cum fortiores exercentur et manus plumbo graues
iactant, cum aut laborant aut laborantem imitantur, 5
gemitus audio, quotiens retentum spiritum remiserunt,
sibilos et acerbissimas respirationes.  cum in aliquem
inertem et hac plebeia unctione contentum incidi,
audio crepitum illisae manus umeris, quae prout
plana pervenit aut concaua, ita sonum mutat.  si 10
uero pilicrepus superuenit et numerare coepit pilas,
2 actum est.  adice nunc scordalum et furem deprensum
et illum cui uox sua in balineo placet, adice nunc eos
qui in piscinam cum ingenti impulsae aquae sono
saliunt.  praeter istos, quorum, si nihil aliud, rectae 15
uoces sunt, alipilum cogita tenuem et stridulam uocem,
quo sit notabilior, subinde exprimentem nec umquam
tacentem, nisi dum uellit alas et alium pro se clamare
cogit.  *piget* iam enumerare uarias exclamationes et
botularium et crustularium et omnes popinarum 20
institores mercem sua quadam et insignita modulatione
3 uendentis.  'o te' inquis 'ferreum aut Marvellous to
surdum, cui mens inter tot clamores tam say, I can bear it.
uarios, tam dissonos constat, cum Chrysippum nostrum
assidua salutatio perducat ad mortem.'  at mehercules 25
ego istum fremitum non magis curo quam Mere noise is not
fluctum aut deiectum aquae, quamuis distracting.
audiam cuidam genti hanc unam fuisse causam

19. *piget iam enumerare* is my conj., *iam biberari* O:
C.Q. l.c. p. 42.

urbem suam transferendi, quod fragorem Nili cadentis
4 ferre non potuit. magis mihi uidetur uox auocare
quam crepitus. illa enim animum adducit, hic tantum
aures implet ac uerberat. in his quae me sine
auocatione circumstrepunt essedas transcurrentes pono 5
et fabrum inquilinum et ferrarium uicinum, aut hunc
qui ad metam sudantem † tabulas experitur et tibias,

The intermittent nec cantat, sed exclamat. etiamnunc
sounds are the
worst, but I am molestior est mihi sonus qui intermittitur
hardened to any-
5 thing. subinde quam qui continuatur. sed iam 10
me sic ad omnia ista duraui ut audire uel pausarium
possim uoce acerbissima remigibus modos dantem.

Din without is animum enim cogo sibi intentum esse
nothing if we've
peace within. nec auocari ad externa : omnia licet foris
resonent, dum intus nihil tumultus sit, dum inter se 15
non rixentur cupiditas et timor, dum auaritia luxuria-
que non dissideant nec altera alteram uexet. nam
quid prodest totius regionis silentium, si affectus
fremunt ?

6      'omnia noctis erant tacita composta quiete.'      20

falsum est. nulla placida est quies nisi quam ratio

6. *ser(r)arium* pL : V.'s reading seems preferable, as it
presents a well attested word which corresponds fairly well
to the *fabrum* that has just preceded.     7. *tubulas*, Gruter's
conj., is generally read, but there seems no reason why Sen.
should have used this word (found nowhere else) instead of
*tubas*. Moreover I feel certain that the *meta sudans* has
some special point : why should a tuner of musical instruments
be found near one ? I propose *tubulos*, the regular word for
waterpipes, of which this kind of fountain must have had a
large number : the man in question is testing them to see
if they are clear. Whether *tibias* is right, I do not feel
certain : if it is, I would read *ut* for *et* and suppose that the

composuit : nox exhibet molestiam, non tollit, et solli-
citudines mutat. nam dormientium quoque insomnia
tam turbulenta sunt quam dies. illa tranquillitas
7 uera est in quam bona mens explicatur. aspice illum
cui somnus laxae domus silentio quaeritur, cuius 5
aures ne quis agitet sonus, omnis seruorum turba
conticuit et suspensum accedentium propius uestigium
ponitur : huc nempe uersatur atque illuc, somnum
8 inter aegritudines leuem captans. quae non audit,
audisse se queritur. quid in causa putas esse ? animus 10
illi obstrepit. hic placandus est, huius compescenda
seditio est, quem non est quod existimes placidum, si
iacet corpus : interdum quies inquieta The mind needs
est. et ideo ad rerum actus excitandi ac occupation.
tractatione bonarum artium occupandi sumus, quo- 15
9 tiens nos male habet inertia sui impatiens. magni
imperatores, cum male parere militem uident, aliquo
labore compescunt et expeditionibus detinent : numquam uacat lasciuire districtis, nihilque tam certum
est quam otii uitia negotio discuti. saepe uidemur 20
taedio rerum ciuilium et infelicis atque ingratae
stationis paenitentia secessisse : tamen in Vices abjured
illa latebra in quam nos timor ac lassitudo soon return.
coniecit interdum recrudescit ambitio. non enim
excisa desiit, sed fatigata aut etiam obirata rebus 25
10 parum sibi cedentibus. idem de luxuria dico, quae
uidetur aliquando cessisse, deinde frugalitatem pro-

inspector blows down the tubes 'like so many *tibiae*' and
this causes a horrible noise, so that Sen. says 'but he
isn't playing a tune on them—only making intermittent
bellowings.'

fessos sollicitat atque in media parsimonia uoluptates
non damnatas, sed relictas petit, et quidem eo uehementius, quo occultius. omnia enim uitia in aperto
leniora sunt: morbi quoque tunc ad sanitatem inclinant
cum ex abdito erumpunt ac uim suam proferunt. et 5
auaritiam itaque et ambitionem et cetera mala mentis
humanae tunc perniciosissima scias esse cum simulata
11 sanitate subsidunt. otiosi uidemur, et non sumus.
nam si bona fide sumus, si receptui cecinimus, si

*If we are in earnest, nothing will distract us.* speciosa contemnimus: ut paulo ante 10
dicebam, nulla res nos auocabit, nullus
hominum auiumque concentus interrumpet cogita-
12 tiones bonas solidasque iam et certas. leue illud
ingenium est nec sese adhuc reduxit introrsus, quod

*It was Aeneas' burden that made him timid.* ad uocem et accidentia erigitur. habet 15
intus aliquid sollicitudinis et habet aliquid
concepti pauoris quod illum curiosum facit, ut ait
Vergilius noster:

> 'et me, quem dudum non ulla iniecta mouebant
>   tela neque aduerso glomerati ex agmine Grai,          20
>   nunc omnes terrent aurae, sonus excitat omnis
>   suspensum et pariter comitique onerique timentem.

13 prior ille sapiens est, quem non tela uibrantia, non
arietata inter *se* arma agminis densi, non urbis
impulsae fragor territat: hic alter imperitus est, rebus 25
suis timet ad omnem crepitum expauescens, quem una
quaelibet uox pro fremitu accepta deicit, quem motus
leuissimi exanimant: timidum illum sarcinae faciunt.
14 quemcumque ex istis felicibus elegeris, multa trahentibus, multa portantibus, uidebis illum 'comitique 30

onerique timentem.' tunc ergo te scito esse compositum, cum ad te nullus clamor pertinebit, cum te nulla
uox tibi excutiet, non si blandietur, non si minabitur,
non si inani sono uana circumstrepet. All the same, I
15 'quid ergo? non aliquando commodius shall move. 5
est et carere conuicio?' fateor. itaque ego ex hoc
loco migrabo. experiri et exercere me uolui. quid
necesse est diutius torqueri, cum tam facile remedium
Vlixes sociis etiam aduersus Sirenas inuenerit?

VALE. 10

## LVII
## FEAR IN A TUNNEL UNREASONABLE
### SENECA LVCILIO SVO SALVTEM

1 Cum a Bais deberem Neapolim repetere, facile credidi
tempestatem esse, ne iterum nauem ex- I returned from 15
perirer: et tantum luti tota uia fuit ut Baiae by land,
possim uideri nihilominus nauigasse. totum athletarum fatum mihi illo die perpetiendum fuit: a
ceromate nos haphe excepit in crypta Neapolitana.
2 nihil illo carcere longius, nihil illis facibus obscurius, 20
quae nobis praestant non ut per tenebras suffering in the
uideamus, sed ut ipsas. ceterum etiam tunnel as much
as in my voyage
si locus haberet lucem, puluis auferret, in out.
aperto quoque res grauis et molesta—quid illic, ubi
in se uolutatur et, cum sine ullo spiramento sit 25
inclusus, in ipsos a quibus excitatus est recidit? duo
incommoda inter se contraria simul pertulimus: eadem

3 uia, eodem die et luto et puluere laborauimus.   aliquid

*Even the sage would be affected by such an ordeal.* tamen mihi illa obscuritas quod cogitarem dedit : sensi quendam ictum animi et sine metu mutationem, quam insolitae rei nouitas simul ac foeditas fecerat.   non de me nunc tecum loquor, qui 5 multum ab homine tolerabili, nedum a perfecto, absum, sed de illo in quem fortuna ius perdidit : huius quoque

4 ferietur animus, mutabitur color.   quaedam enim, mi Lucili, nulla effugere uirtus potest : admonet illam natura mortalitatis suae.   itaque et uultum adducet 10 ad tristia et inhorrescet ad subita et caligabit, si uastam altitudinem in crepidine eius constitutus despexerit : non est hoc timor, sed naturalis affectio

5 inexpugnabilis rationi.   itaque fortes quidam et paratissimi fundere suum sanguinem alienum uidere 15 non possunt.   quidam ad uulneris noui, quidam ad ueteris et purulenti tractationem inspectionemque succidunt ac linquuntur animo.   alii gladium facilius

6 recipiunt quam uident.   sensi ergo, ut dicebam, quandam non quidem perturbationem, sed mutationem. 20 rursus ad primum conspectum redditae lucis alacritas rediit incogitata et iniussa.   illud deinde

*Why dread being crushed by a mountain more than being crushed, say, by a watchtower?* mecum loqui coepi, quam inepte quaedam magis aut minus timeremus, cum omnium idem finis esset.   quid enim interest 25 utrum supra aliquem uigilarium ruat an mons ? nihil inuenies.   erunt tamen qui hanc ruinam magis timeant, quamuis utraque mortifera aeque sit : adeo non

7 effectus, sed efficientia timor spectat.   nunc me putas

---

11. *tristia* Gruter, *tristitiam* (*tristiam* V) O.

de Stoicis dicere, qui existimant animam hominis
magno pondere extriti permanere non Some indeed
posse et statim spargi, quia non fuerit illi believe that in
the first case the
soul cannot es-
exitus liber? ego vero non facio: qui hoc cape.
8 dicunt uidentur mihi errare. quemadmodum flamma 5
non potest opprimi (nam circa id effugit They are wrong:
finer than fire, it
quo urguetur), quemadmodum aer uerbere finds a way out.
atque ictu non laeditur, ne scinditur quidem, sed circa
id cui cessit refunditur: sic animus, qui ex tenuissimo
constat, deprendi non potest nec intra corpus effligi, 10
sed beneficio subtilitatis suae per ipsa quibus premitur
erumpit. quomodo fulmini, etiam cum latissime
percussit ac fulsit, per exiguum foramen est reditus,
sic animo, qui adhuc tenuior est igne, per omne
9 corpus fuga est. itaque de illo quaerendum est, an 15
possit immortalis esse. hoc quidem certum habe: si
superstes est corpori, proteri illum nullo genere posse,
quoniam nulla immortalitas cum exceptione est, nec
quicquam noxium aeterno est. VALE.


# LXIII          20

## HOW TO BEAR THE DEATH OF A FRIEND

### SENECA LVCILIO SVO SALVTEM

1 MOLESTE fero decessisse Flaccum amicum tuum, plus

17. *proteri* Haupt, *preter* or *propter* O. After *posse* the
MSS. have *propter quod non perit* or *p. q. poterit*, which seems
to me to make nonsense and may be a gloss on *si superstes
est corpori*: cp. 79. 6, 88. 4 for similar intrusions.

tamen aequo dolere te nolo.  illud, ut non doleas,

Grieve not too much for Flaccus. uix audebo exigere : et esse melius scio. sed cui ista firmitas animi continget nisi iam multum supra Fortunam elato? illum quoque ista res uellicabit, sed tantum uellicabit.  nobis autem 5 ignosci potest prolapsis ad lacrimas, si non nimiae decucurrerunt, si ipsi illas repressimus.  nec sicci sint oculi amisso amico nec fluant.  lacrimandum est,

2 non plorandum.  duram tibi legem uideor ponere, cum poetarum Graecorum maximus ius flendi dederit 10

Mourning is sometimes only ostentation. in unum dumtaxat diem, cum dixerit etiam Niobam de cibo cogitasse? quaeris unde sint lamentationes, unde immodici fletus? per lacrimas argumenta desiderii quaerimus et dolorem non sequimur, sed ostendimus.  nemo tristis sibi est : 15 o infelicem stultitiam!  est aliqua et doloris ambitio.

3 A friend's memory should have pleasant associations. 'quid ergo?' inquis 'obliuiscar amici?' breuem illi apud te memoriam promittis, si cum dolore mansura est : iam istam frontem ad risum quaelibet fortuita res transferet. 20 non differo in longius tempus quo desiderium omne mulcetur, quo etiam acerrimi luctus residunt : cum primum te obseruare desieris, imago ista tristitiae discedet : nunc ipse custodis dolorem tuum.  sed custodienti quoque elabitur, eoque citius quo est acrior 25

4 desinit.  id agamus ut iucunda nobis amissorum fiat recordatio : nemo libenter ad id redit quod non sine tormento cogitaturus est.  'scio : at illud fieri necesse est, ut cum aliquo nobis morsu amissorum quos

28. *scio : at* is my conj., *sicut* O : cp. Hor. A.P. 11 etc.

amauimus nomen occurrat.' sed hic quoque morsus

5 habet suam uoluptatem. nam, ut dicere *Attalus thinks it a mixed joy:* solebat Attalus noster, 'sic amicorum defunctorum memoria iucunda est, quomodo poma quaedam sunt suauiter aspera, quomodo in uino nimis 5 ueteri ipsa nos amaritudo delectat: cum uero inter-uenit spatium, omne quod angebat extinguitur et

6 pura ad nos uoluptas uenit.' si illi credimus, 'amicos incolumes cogitare melle ac placenta frui est: eorum qui fuerunt retractatio non sine acerbitate quadam 10 iuuat. quis autem negauerit haec acria *I reckon it wholly delightful.* quoque et habentia austeritatis aliquid

7 stomachum excitare?' ego non idem sentio: mihi amicorum defunctorum cogitatio dulcis ac blanda est. habui enim illos tamquam amissurus, amisi *Fortune, who gave him, has now taken him.* 15 tamquam habeam. fac ergo, mi Lucili, quod aequitatem tuam decet: desine beneficium fortu-

8 nae male interpretari. abstulit, sed dedit. ideo amicis auide fruamur, quia quamdiu contingere *The lesson is: enjoy our friends whilst they are here.* hoc possit incertum est. cogitemus 20 quam saepe illos reliquerimus in aliquam peregrinationem longinquam exituri, quam saepe eodem morantes loco non uiderimus: intellegemus

9 plus nos temporis in uiuis perdidisse. feras autem hos qui neglegentissime amicos habent, miserrime 25 lugent, nec amant quemquam, nisi perdiderunt? ideoque tunc effusius maerent, quia uerentur ne dubium sit an amauerint: sera indicia *You can find him a successor.*

10 affectus sui quaerunt. si habemus alios amicos, male de his et meremur et existimamus, qui 30

parum ualent in unius elati solacium. si non habemus, maiorem iniuriam ipsi nobis fecimus quam a
fortuna accepimus : illa unum abstulit, nos quemcum-
11 que non fecimus; deinde ne unum quidem nimis
amauit, qui plus quam unum amare non potuit. si 5
quis despoliatus amissa unica tunica complorare se
malit quam circumspicere quomodo frigus effugiat et
aliquid inueniat quo tegat scapulas, nonne tibi uideatur stultissimus? quem amabas, extulisti: quaere
quem ames. satius est amicum reparare 10

Time will end<br>12 your grief: better<br>reason should do<br>it.

quam flere. scio pertritum iam hoc esse
quod adiecturus sum : non ideo tamen
praetermittam quia ab omnibus dictum est : finem
dolendi etiam qui consilio non fecerat, tempore inuenit.
turpissimum autem est in homine prudente remedium 15
maeroris lassitudo maerendi. malo relinquas dolorem
quam ab illo relinquaris, et quam primum id facere
desiste, quod etiam si uoles, diu facere non poteris.

13 Women are<br>allowed a year<br>for mourning:<br>few grieve a full<br>mouth.

annum feminis ad lugendum constituere
maiores, non ut tam diu lugerent, sed ne 20
diutius : uiris nullum legitimum tempus
est, quia nullum honestum. quam tamen mihi ex
illis mulierculis dabis uix retractis a rogo, uix a
cadauere reuulsis, cui lacrimae in totum mensem
durauerint? nulla res citius in odium uenit quam 25
dolor, qui recens consolatorem inuenit et aliquos ad
se adducit, inueteratus uero deridetur, nec immerito :

14 Alas! I was very<br>weak when Sere-<br>nus died:

aut enim simulatus aut stultus est. haec
tibi scribo, is qui Annaeum Serenum
carissimum mihi tam immodice fleui, ut, quod minime 30

uelim, inter exempla sim eorum quos dolor uicit.
hodie autem factum meum damno et intellego maximam mihi causam sic lugendi fuisse quod I had never
realised that he
numquam cogitaueram mori eum ante me was mortal.
posse. hoc unum mihi occurrebat, minorem esse et 5
multo minorem—tamquam ordinem fata seruarent.
15 itaque assidue cogitemus tam de nostra quam omnium
quos diligimus mortalitate. tunc ego debui dicere:
'minor est Serenus meus: quid ad rem pertinet?
post me mori debet, sed ante me potest.' quia non 10
feci, imparatum subito fortuna percussit. nunc cogito
omnia et mortalia esse et incerta lege mortalia. hodie
16 fieri potest quicquid umquam potest. cogitemus ergo,
Lucili carissime, cito nos eo peruenturos quo illum
peruenisse maeremus. et fortasse, si modo uera 15
sapientium fama est recipitque nos locus aliquis,
quem putamus perisse praemissus est. VALE.

# LXXVI

## HOW FEW ARE INTERESTED IN PHILOSOPHY

20

### SENECA LVCILIO SVO SALVTEM

1 INIMICITIAS mihi denuntias, si quicquam ex iis quae
cotidie facio ignoraueris. uide quam I am going to
philosophy lec-
simpliciter tecum uiuam: hoc quoque tibi tures.
committam—philosophum audio et quidem quintum 25
iam diem habeo, ex quo in scholam eo et ab octaua

disputantem audio. 'bona' inquis 'aetate.' quidni

'At your age?' bona? quid autem stultius est quam,
One is never too
2 old for them. quia diu non didiceris, non discere? 'quid
ergo? idem faciam quod trossuli et iuuenes?' bene
mecum agitur si hoc unum senectutem meam *de*decet. 5
omnis aetatis homines haec schola admittit. 'in hoc
senescamus, ut iuuenes sequamur?' in theatrum
senex ibo et in circum deferar et nullum par sine me
3 depugnabit: ad philosophum ire erubescam? tamdiu
discendum est quamdiu nescias—si prouerbio credimus, 10
quamdiu uiuas. nec ulli hoc rei magis conuenit quam
huic: tamdiu discendum est quemadmodum uiuas
quamdiu uiuas. ego tamen illic aliquid et doceo.
quaeris quid doceam? etiam seni esse discendum.

4 How poorly at- pudet autem me generis humani, quotiens 15
tended they are,
compared with scholam intraui. praeter ipsum theatrum
the concerts! Neapolitanorum, ut scis, transeundum
est Metronactis petenti*bus* domum. illud quidem
fartum est, et ingenti studio quis sit pythaules bonus
iudicatur; habet tubicen quoque Graecus et praeco 20
concursum: at in illo loco in quo uir bonus quaeritur,
in quo uir bonus discitur, paucissimi sedent, et hi
plerisque uidentur nihil boni negotii habere quod

Work now, agant: inepti et inertes uocantur. mihi
Lucilius, and
you won't need contingat iste derisus: aequo animo audi- 25
schooling in old
age. enda sunt imperitorum conuicia, et ad
honesta uadenti contemnendus est ipse contemptus.
5 perge, Lucili, et propera, tibi ne *hoc* accidat quod

18. *petentibus* **s**, *petentes* (*-is*) O: cp. 94. 16 where they
read for *omnibus* o͞ms, *omnis, omnes.* 28. *ne hoc* is my

mihi, ut senex discas.   immo ideo magis propera, quoniam id *negoti*um aggressus es quod perdiscere uix
senex possis.   'quantum' inquis 'proficiam?' quantum
6 temptaueris.   quid expectas? nulli sapere casu obtigit.
pecunia ueniet ultro, honor offeretur, gratia ac dignitas 5
fortasse ingerentur tibi : uirtus in te non incidet.   ne
leui quidem opera aut paruo labore cognoscitur : sed
est tanti laborare omnia bona semel occupaturo.
unum est enim bonum quod honestum : in illis nihil
inuenies ueri nihil certi, quaecumque famae placent.   10

# LXXVII

## SUICIDE

### SENECA LVCILIO SVO SALVTEM

1 SUBITO nobis hodie Alexandrinae naues apparu-
erunt, quae praemitti solent et nuntiare The Alexandria 15
                                         mail boats have
secuturae classis aduentum : tabellarias just come in.
uocant.   gratus illarum Campaniae aspectus est :
omnis in pilis Puteolorum turba consistit et ex ipso
genere uelorum Alexandrinas quamuis in magna turba
nauium intellegit.   solis enim licet siparum intendere, 20
2 quod in alto omnes habent naues.   nulla enim res
aeque adiuuat cursum quam summa pars ueli : illinc
maxime nauis urguetur.   itaque quotiens uentus

conj., *nec* (or *ne*) *tibi* O : C.Q. l.c. p. 42.        2. *negotium*
is my conj., *non* O, *nunc* s (but would Sen. use this in the
sense '*only* now'?)

increbruit maiorque est quam expedit, antemna
summittitur : minus habet uirium flatus ex humili.
cum intrauere Capreas et promunturium, ex quo

'alta procelloso speculatur uertice Pallas,'

ceterae uelo iubentur esse contentae : siparum Alex- 5

**3** *I don't want my letters: I have done with busi-ness.*

andrinarum insigne *et* indicium est.   in
hoc omnium discursu properantium ad
litus magnam ex pigritia mea sensi
uoluptatem, quod epistulas meorum accepturus non
properaui scire quis illic esset rerum mearum status, 10

*I have enough for my journey, which need not be completed.*

quid afferrent : olim iam nec perit quicquam mihi nec acquiritur.   hoc, etiam
si senex non essem, fuerat sentiendum :
nunc uero multo magis.   quantulumcumque haberem,
tamen plus iam mihi superesset uiatici quam uiae, prae- 15
sertim cum eam uiam simus ingressi quam peragere non
**4** est necesse.   iter imperfectum erit si in media parte aut
citra petitum locum steteris : uita non est imperfecta,
si honesta est.   ubicumque desines, si bene desines,
tota est.   saepe autem et fortiter desinendum est, et 20

*Marcellinus has just put an end to himself.*

non ex maximis causis.   nam nec eae
maximae sunt quae nos tenent.   Tullius
Marcellinus, quem optime noueras, adulescens quietus
et cito senex, morbo et non insanabili correptus sed
longo et molesto et multa imperante, coepit deliberare 25
de morte.   conuocauit complures amicos.   unusquisque aut, quia timidus erat, id illi suadebat quod sibi

6. *indicium* is generally omitted as a gloss, but my insertion
of *et* is very easy and improves the rhythm.    **21.** *eae*
Rossbach, *et* O.    **23.** *uietus* Kronenberg.

suasisset, aut, quia adulator et blandus, id consilium
dabat quod deliberanti gratius fore suspicabatur:
6 amicus noster Stoicus, homo egregius et, A Stoic friend
ut uerbis illum quibus laudari dignus est gave him good
advice
laudem, uir fortis ac strenuus, uidetur mihi optime 5
illum cohortatus.   sic enim coepit: 'noli, mi Marcel-
line, torqueri tamquam de re magna deliberes.   non
est res magna uiuere: omnes serui tui uiuunt, omnia
animalia: magnum est honeste mori, prudenter,
fortiter.  cogita quamdiu iam idem facias.  cibus, 10
somnus, libido—per hunc circulum curritur: mori
uelle non tantum prudens aut fortis aut miser, etiam
7 fastidiosus potest.'  non opus erat suasore illi, sed
adiutore: serui parere nolebant.  primum and   practical
detraxit illis metum et indicauit tunc help.            15
familiam periculum adire cum incertum esset an mors
domini uoluntaria fuisset: alioqui tam mali exempli
8 esse occidere dominum quam prohibere.   deinde
ipsum Marcellinum admonuit non esse inhumanum,
quemadmodum cena peracta reliquiae circumstantibus 20
diuidantur, sic peracta uita aliquid porrigi iis qui
totius uitae ministri fuissent.   erat Marcellinus facilis
animi et liberalis, etiam cum de suo fieret.  minutas
itaque summulas distribuit flentibus seruis et illos
9 ultro consolatus est.   non fuit illi opus He starved him- 25
ferro, non sanguine: triduo abstinuit et self to death.
in ipso cubiculo poni tabernaculum iussit.  solium
deinde illatum est, in quo diu iacuit et calda subinde
suffusa paulatim defecit, ut aiebat, non sine quadam
uoluptate, quam afferre solet lenis dissolutio non 30

10 inexperta nobis, quos aliquando liquit animus. in
fabellam excessi non ingratam tibi. exitum enim
amici tui cognosces non difficilem nec miserum.
quamuis enim mortem sibi consciuerit, tamen mollis-
sime excessit et uita elapsus est. sed ne inutilis 5
No one should quidem haec fabella fuerit. saepe enim
shrink from
death,      talia exempla necessitas exigit. saepe
debemus mori nec uolumus, morimur nec uolumus.

11 nemo tam imperitus est ut nesciat quandoque moriendum: tamen cum prope accessit, tergiuersatur, 10
tremit, plorat. nonne tibi uidebitur stultissimus
omnium, qui flebit quod ante annos mille non uixerit?
aeque stultus est qui flet quod post annos mille non
uiuet. haec paria sunt: non eris, nec
the law under
which we live. fuisti. utrumque tempus alienum est. 15

12 in hoc punctum coniectus es, quod ut extendas, quo
usque extendes? quid fles? quid optas? perdis
operam.

       'desine fata deum flecti sperare precando.'

rata et fixa sunt et magna atque aeterna necessitate 20
ducuntur. eo ibis quo omnia eunt. quid tibi noui
est? ad hanc legem natus es. hoc patri tuo accidit,
hoc matri, hoc maioribus, hoc omnibus ante te, hoc
omnibus post te. series inuicta et nulla mutabilis

13 ope illigauit ac trahit cuncta. quantus te populus 25
moriturorum sequetur, quantus comitabitur! fortior,
ut opinor, esses, si multa milia tibi commorerentur:

---

8. I believe Sen. wrote immo *morimur*: cp. 120. 17 *mori-
turis, immo morientibus.*     12. *flebit—uixerit* Madvig, *fleuit
—uixerat* O.

atqui multa milia et hominum et animalium hoc ipso
momento quo tu mori dubitas animam uariis generibus
emittunt. tu autem non putabas te aliquando ad id
peruenturum ad quod semper ibas? nullum sine exitu
14 iter est. exempla nunc magnorum uirorum me tibi 5
iudicas relaturum? puerorum referam. Mere boys have
Lacon ille memoriae traditur impubis sought it to escape
from slavery,
adhuc, qui captus clamabat 'non seruiam' sua illa
Dorica lingua, et uerbis fidem imposuit: ut primum
iussus est seruili fungi et contumelioso ministerio, 10
15 illisum parieti caput rupit. tam prope libertas est,
et seruit aliquis? tu non sic perire filium tuum malles
quam per inertiam senem fieri? quid ergo est cur
perturberis, si mori fortiter etiam puerile est? puta
nolle te sequi: duceris. fac tui iuris quod alieni est. 15
non sumes pueri spiritum, ut dicas 'non seruio'?
infelix, seruis hominibus, seruis rebus, and you are a
seruis uitae. nam uita, si moriendi uirtus slave.
16 abest, seruitus est. ecquid habes propter quod
expectes? uoluptates ipsas, quae te morantur ac 20
retinent, consumpsisti. nulla tibi noua Life can give you
est, nulla non iam odiosa ipsa satietate: no novelty.
quis sit uini, quis mulsi sapor, scis; quid sapiat ostreum,
quid mullus, optime nosti: nihil tibi luxuria tua in
futuros annos intactum reseruauit. atqui haec sunt 25
17 a quibus inuitus diuelleris. quid est aliud quod tibi
eripi doleas? *amicos? et quis tibi potest* amicus esse?

12. *tu* Mueck, *ita* O (conversely p has *tam* for *ita* in 5. 5).
27. The words supplied are Madvig's, except that I read
*et quis* for his *quis enim* so as to give each reply a different
form. *Iam* before *potest* would be an improvement.

patriam? tanti enim illam putas ut tardius cenes?
solem? quem, si posses, extingueres. quid enim
umquam fecisti luce dignum? confitere non curiae te,
non fori, non ipsius rerum naturae desiderio tardiorem
ad moriendum fieri: inuitus relinquis macellum, in 5
18 quo nihil reliquisti.   mortem times: at quomodo illam

'Are you really media boletatione contemnis! uiuere
alive *now*?' said uis: scis enim? mori times: quid porro?
Caligula to the
convict. ista uita non mors est?   C. Caesar, cum

illum transeuntem per Latinam uiam unus ex custod- 10
iarum agmine demissa usque in pectus uetere barba
rogaret mortem, 'nunc enim' inquit 'uiuis?' hoc istis
respondendum est quibus succursura mors est: 'mori
19 times? nunc enim uiuis?' 'sed ego' inquit 'uiuere
uolo, qui multa honeste facio. inuitus relinquo 15
officia uitae, quibus fideliter et industrie fungor.'
quid? tu nescis unum esse ex uitae officiis et mori?

It is not *length* nullum officium relinquis. non enim
of life that is
essential. certus numerus, quem debeas explere,
20 finitur. nulla uita est non breuis. nam si ad 20
naturam rerum respexeris, etiam Nestoris et Sattiae
breuis est, quae inscribi monumento suo iussit annis
se nonaginta nouem uixisse. uides aliquem gloriari
senectute longa. quis illam ferre potuisset, si contigisset centesimum implere? quomodo fabula, sic 25
uita, non quam diu, sed quam bene acta sit, refert.
nihil ad rem pertinet quo loco desinas. quocumque
uoles desine: tantum bonam clausulam impone.

VALE.

7. *oblectatione* s.

## LXXVIII

## ILL HEALTH NO EVIL

### SENECA LVCILIO SVO SALVTEM

1 VEXARI te destillationibus crebris ac febriculis, quae
longas destillationes et in consuetudinem adductas 5
sequuntur, eo molestius mihi est quia I too have
expertus sum hoc genus ualetudinis. suffered from
catarrhs.
quod inter initia contempsi : poterat adhuc adulescentia iniurias ferre et se aduersus morbos contumaciter gerere.   deinde succubui et eo perductus sum 10
ut ipse destillarem, ad summam maciem deductus.

2 saepe impetum cepi abrumpendae uitae : Often I thought
patris me indulgentissimi senectus retin- of suicide; but it
is not always
uit.  cogitaui enim non quam fortiter lawful.
ego mori possem, sed quam ille fortiter desiderare 15
non posset.   itaque imperaui mihi ut uiuerem.

3 aliquando enim et uiuere fortiter facere est.   quae
mihi tunc fuerint solacio dicam, si prius hoc dixero :
haec ipsa quibus acquiescebam medicinae uim ha-
buisse : in remedium cedunt honesta solacia, et quic- 20
quid animum erexit etiam corpori prodest.   studia
mihi nostra saluti fuerunt : philosophiae My studies and
my friends pulled
acceptum fero quod surrexi, quod con- me through.
ualui : illi uitam debeo et nihil illi minus debeo.

4 multum mihi contulerunt ad bonam ualetudinem 25
amici, quorum adhortationibus, uigiliis, sermonibus
alleuabar.   nihil aeque, Lucili, uirorum optime,

aegrum reficit atque adiuuat quam ₽micorum affectus,
nihil aeque expectationem mortis ac metum surripit :
non iudicabam me, cum illos superstites relinquere*m*,
mori.   putabam, inquam, me uicturum non cum illis,
sed per illos.   non effundere mihi spiritum uidebar, sed 5
tradere.   haec mihi dederunt uoluntatem adiuuandi
me et patiendi omne tormentum : alioqui miserrimum
est, cum animum moriendi proieceris, non habere
5 uiuendi.   ad haec ergo remedia te confer.   medicus tibi
quantum ambules, quantum exercearis monstrabit— 10
ne indulgeas otio ad quod uergit iners ualetudo, ut
legas clarius et spiritum, cuius iter ac receptaculum
laborat, exerceas, ut nauiges et uiscera molli iactatione
concutias, quibus cibis utaris, uinum quando uirium
causa aduoces, quando intermittas ne irritet et 15
exasperet tussim.   ego tibi illud praecipio quod non
tantum huius morbi, sed totius uitae, remedium est :
contemne mortem.   nihil triste est cum huius metum
6 effugimus.   tria haec in omni morbo grauia sunt :
Sickness involves
three chief ills:
(a) *Fear of death*; metus mortis, dolor corporis, intermissio 20
uoluptatum.   de morte satis dictum est :
hoc unum dicam, non morbi hunc esse sed naturae
metum.   multorum mortem distulit morbus et saluti
illis fuit uideri perire.   morieris, non quia aegrotas,
sed quia uiuis.   ista te res et sanatum manet : cum 25
conualueris, non mortem, sed ualetudinem effugies.
7 (b) *Pain.* But
acute forms can-
not last long; ad illud nunc proprium incommodum
reuertamur :   magnos cruciatus habet
morbus.   sed hos tolerabiles interualla faciunt.   nam

6. *tradere* Muret, *trahere* O.

summi doloris intentio inuenit finem. nemo potest
ualde dolere et diu: sic nos amantissima nostri
natura disposuit ut dolorem aut tolerabilem aut
8 breuem faceret. maximi dolores consistunt in macer-
rimis corporis partibus, neruis articulisque et quicquid 5
aliud exile est. acerrime sentit cum in arto uitia
concepit. sed cito hae partes obstupescunt et ipso
dolore sensum doloris amittunt, siue quia spiritus
naturali prohibitus cursu et mutatus in peius uim
suam, qua urguet admonetque nos, perdit, siue quia 10
corruptus umor, cum desiit habere quo confluat, ipse
se elidit et iis quae nimis impleuit excutit sensum.
9 sic podagra et cheragra et omnis uertebrarum dolor
neruorumque interquiescit, cum illa quae torquebat
hebetauit: omnium istorum prima uerminatio uexat, 15
impetus mora extinguitur et finis dolendi est obtor-
puisse. dentium, oculorum, aurium dolor ob hoc
ipsum acutissimus est quod inter angusta corporis
nascitur, non minus, mehercule, quam capitis ipsius:
sed si incitatior est, in alienationem soporemque con- 20
10 uertitur. hoc itaque solacium uasti doloris est, quod
necesse est desinas illum sentire si nimis senseris.
illud autem est quod imperitos in uexatione corporis
male habet: non assueuerunt animo esse contenti:
multum illis cum corpore fuit. ideo uir magnus ac 25
prudens animum diducit a corpore et multum cum

---

5, 6. *neruis articulisque—sentit* is my conj. (involving the
removal of the long stop from after *partibus* to before
*acerrime*), *nerui articulique—saeuit* O: C.Q. l.c. p. 43.
10. *urget* is my conj., *uiget* O, which seems tautological
after *uim*.

meliore ac diuina parte uersatur, cum hac querula et
11 fragili quantum necesse est. 'sed molestum est'
inquit 'carere assuetis uoluptatibus, abstinere cibo,
sitire, esurire.' haec prima abstinentia
grauia sunt, deinde cupiditas relangues- 5
cit, ipsis per quae cupimus fatigatis ac
deficientibus. inde morosus est stomachus, inde
quibus fuit auiditas cibi, odium est: desideria ipsa
moriuntur. non est autem acerbum carere eo quod
12 cupere desieris. adice quod nullus non intermittitur 10
dolor aut certe remittitur. adice quod licet et cauere
uenturum et obsistere imminenti remediis. nullus
enim non signa praemittit, utique qui ex solito
reuertitur. tolerabilis est morbi patientia, si contem-
13 pseris id quod extremum minatur. noli 15
mala tua facere tibi ipse grauiora et te
querellis onerare. leuis est dolor, si nihil illi opinio
adiecerit: contra, si exhortari te coeperis ac dicere
'nihil est aut certe exiguum est; duremus: iam
desinet,' leuem illum, dum putas, facies. omnia ex 20
opinione suspensa sunt; non ambitio tantum ad illam
respicit et luxuria et auaritia: ad opinionem dolemus.
tam miser est quisque quam credidit.
14 detrahendas praeteritorum dolorum con-
questiones puto et illa uerba 'nulli umquam fuit 25
peius!' 'quos cruciatus, quanta mala pertuli!' 'nemo
me surrecturum putauit!' 'quotiens deploratus sum a
meis, quotiens a medicis relictus! in equuleum impositi

*(c) Loss of pleasures. But one comes not to miss them.*

*We add to our woes by imagination*

*and by brooding over those that are past.*

6. *per quae* Muret, *per se quae* O. One good MS. has
*capimus*, which may be right.

non sic distrahuntur.' etiam si sunt uera ista, transierunt: quid iuuat praeteritos dolores retractare et
miserum esse quia fueris? quid quod nemo non
multum malis suis adicit et sibi ipse mentitur? deinde,
quod acerbum fuit *fer*re, tulisse iucundum est: 5
naturale est mali sui fine gaudere. circumcidenda
ergo duo sunt, et futuri timor et ueteris incommodi
memoria: hoc ad me iam non pertinet, illud nondum.
15 in ipsis positus difficultatibus dicat

'forsan et haec olim meminisse iuuabit.'          10

toto contra illa pugnet animo: uincetur, si cesserit,
uincet, si se contra dolorem suum intenderit; nunc
hoc plerique faciunt: attrahunt in se  We must fight
ruinam cui obstandum est. istud quod  pain.
premit, quod impendet, quod urguet, si subducere te 15
coeperis, sequetur et grauius incumbet: si contra
16 steteris et obniti uolueris, repelletur. athletae quantum plagarum ore, quantum toto corpore See what blows
excipiunt? ferunt tamen omne tormen- gladiators en-
tum gloriae cupiditate nec tantum quia pugnant ista 20
patiuntur, sed ut pugnent: exercitatio ipsa tormentum
est. nos quoque euincamus omnia, quorum praemium
non corona nec palma est nec tubicen praedicationi
nominis nostri silentium faciens, sed uirtus et firmitas
animi et pax in ceterum parta, si semel in aliquo 25
17 certamine debellata fortuna est. 'dolorem grauem
sentio.' quid ergo? non sentis si illum muliebriter
tuleris? quemadmodum perniciosior est hostis fugien-

5. *ferre tulisse* Bartsch, *ret(t)ulisse* O.

tibus, sic omne fortuitum incommodum magis instat
cedenti et auerso. 'sed graue est.' quid? nos ad
hoc fortes sumus ut leuia portemus? utrum uis
longum esse morbum, an concitatum et breuem? si
longus est, habet intercapedinem, dat refectioni locum, 5
multum temporis donat: necesse est, ut exsurgat, et
desinat. breuis morbus ac praeceps alterutrum faciet:
aut extinguetur aut extinguet. quid autem interest,
non sit an non sim? in utroque finis dolendi est.

18 illud quoque proderit, ad alias cogitationes auertere 10
Reflect on famous animum et a dolore discedere. cogita
instances of en-<br>durance of pain, quid honeste, quid fortiter feceris: bonas
partes tecum ipse tracta, memoriam in ea quae
maxime miratus es sparge, tunc tibi fortissimus
quisque et uictor doloris occurrat: ille qui cum 15
uarices exsecandas praeberet legere librum perseuera-
uit, ille qui non desiit ridere, cum *ob* hoc ipsum irati
especially under tortores omnia instrumenta crudelitatis
torture. suae experirentur. non uincetur dolor

19 ratione, qui uictus est risu? quicquid uis nunc licet 20
dicas, destillationes et uim continuae tussis egerentem
uiscerum partes et febrem praecordia ipsa torrentem
et sitim et artus in diuersum articulis exeuntibus
tortos: plus est flamma et equuleus et lamina et
uulneribus ipsis intumescentibus quod illa renouaret 25
et altius urgueret impressum. inter haec tamen aliquis
non gemuit. parum est: non rogauit. parum est:

17. *ob hoc* **s**, *hoc* O. One of the best MSS. omits this prep.
before *hoc* in 94. 37: in 47. 6 another writes it by mistake
for *h*(*oc*).

non respondit. parum est: risit et quidem ex animo.

20 uis tu post hoc dolorem deridere? 'sed nihil' inquit
'agere sinit morbus, qui me omnibus
abduxit officiis.' corpus tuum ualetudo 'But work is impossible.' Not
tenet, non et animum. itaque cursoris if you are accustomed to using the mind. 5
moratur pedes, sutoris aut fabri manus
impediet: si animus tibi esse in usu solet, suadebis,
docebis, audies, disces, quaeres, recordaberis. quid
porro? nihil agere te credis si temperans aeger sis?
ostendes morbum posse superari uel certe sustineri. 10

21 est, mihi crede, uirtuti etiam in lectulo locus. non
tantum arma et acies dant argumenta alacris animi
indomitique terroribus: et in uestimentis uir fortis
apparet. habes quod agas: bene luctare cum morbo.
si nihil te coegerit, si nihil exorauerit, insigne prodis 15
exemplum. o quam magna erat gloriae materia, si
spectaremur aegri! ipse te specta, ipse te lauda.

22 praeterea duo genera sunt uoluptatum. No one forbids an invalid to do that.
corporales morbus inhibet, non tamen
tollit: immo, si uerum aestimes, incitat. magis iuuat 20
bibere sitientem, gratior est esurienti cibus; quicquid
ex abstinentia contigit, auidius excipitur. illas uero
animi uoluptates (quae maiores certioresque sunt)
nemo medicus aegro negat. has quisquis sequitur et
bene intellegit omnia sensuum blandimenta contemnit. 25

23 'o infelicem aegrum!' quare? quia non 'Tis the sensual pleasures that are checked: no ice, no oysters.
uino niuem diluit? quia non rigorem
potionis suae, quam capaci scypho miscuit,
renouat fracta insuper glacie? quia non ostrea illi
Lucrina in ipsa mensa aperiuntur? quia non circa 30

cenationem eius tumultus coquorum est ipsos cum
obsoniis focos transferentium? hoc enim iam luxuria
commenta est: ne quis intepescat cibus, ne quid
palato iam calloso parum ferueat cenam culina
24 prosequitur. 'o infelicem aegrum!' edet quantum 5
concoquat, non iacebit in conspectu aper ut uilis caro
a mensa relegatus, nec in repositorio eius pectora
auium (totas enim uidere fastidium est) congesta
ponentur. quid tibi mali factum est?

The main thing
is, not to fear
death nor yet be
25 weary of life.

cenabis tamquam aeger, immo aliquando 10
tamquam sanus. sed omnia ista facile
perferemus, sorbitionem, aquam calidam et quicquid
aliud intolerabile uidetur delicatis et luxu fluentibus
magisque animo quam corpore morbidis: tantum
mortem desinamus horrere. desinemus autem si 15
fines bonorum ac malorum cognouerimus: ita demum
26 nec uita taedio erit nec mors timori. uitam enim
occupare satietas sui non potest tot res uarias, magnas,
diuinas percensentem: in odium illam sui adducere
solet iners otium. rerum naturam peragranti num- 20
quam in fastidium ueritas ueniet: falsa satiabunt
27 rursus si mors accedit et uocat, licet immatura sit,
licet mediam praecidat aetatem, perceptus longissimae
fructus est. cognita est illi ex magna parte natura.
scit tempore honesta non crescere: iis necesse est 25
uideri omnem uitam breuem, qui illam uoluptatibus
28 uanis et ideo infinitis metiuntur. his te cogitationibus
recrea et interim epistulis nostris uacando. ueniet aliquod tempus quod nos iterum iungat ac misceat: quan-
tulumlibet sit illud, longum faciet scientia utendi. 30

nam, ut Posidonius ait, 'unus dies hominum erudi-
torum plus patet quam imperitis longissima aetas.'
29 interim hoc tene, hoc morde : aduersis non succum-
bere, laetis non credere, omnem fortunae licentiam in
oculis habere, tamquam quicquid potest facere factura 5
sit. quicquid exspectatum est diu, leuius accedit.
VALE.


## LXXIX

### AETNA AND ITS MORAL

#### SENECA LVCILIO SVO SALVTEM                            10

1 EXSPECTO epistulas tuas quibus mihi indices, circuitus
Siciliae totius quid tibi noui ostenderit, I want a full
et omnia de ipsa Charybdi certiora. account of Charybdis from you.
nam Scyllam saxum esse et quidem non terribile
nauigantibus optime scio : Charybdis an respondeat 15
fabulis perscribi mihi desidero et, si forte obser-
uaueris (dignum est autem quod obserues), fac nos
certiores utrum uno tantum uento agatur in uertices
an omnis tempestas aeque mare illud contorqueat, et
an uerum sit quicquid illo freti turbine abreptum est 20
per multa milia trahi conditum et circa Tauro-
2 menitanum litus emergere. si haec mihi You must climb
perscripseris, tunc tibi audebo mandare Aetna: they say
it is crumbling
ut in honorem meum Aetnam quoque away.
ascendas, quam consumi et sensim subsidere ex hoc 25
colligunt quidam, quod aliquanto longius nauigantibus

solebat ostendi.   potest hoc accidere non quia montis
altitudo descendit, sed quia ignis euanuit et minus
uehemens ac largus effertur, ob eandem causam fumo
quoque per diem segnior*e*.   neutrum autem incredibile est, nec montem, qui deuoretur cotidie, minui 5

Though may-be nec *ignem* manere eundem, quia non
the fuel for its
fires is in the ips*i*us Aet*n*ae est, sed in aliqua inferna
depths of the
earth: ualle conceptus exaestuat et aliis pascitur,

3 in ipso monte non alimentum habet sed uiam.   in

look at what Lycia regio notissima est (Hephaestion 10
takes place at
Hephaestion. incolae uocant), foratum pluribus locis
solum, quod sine ullo nascentium damno ignis in-
noxius circumit.   laeta itaque regio est et herbida,
nihil flammis adurentibus sed tantum ui remissa ac

4 languida refulgentibus.   sed reseruemus ista, tunc 15
quaesituri cum tu mihi scripseris quantum ab ipso
ore montis niues absint, quas ne aestas quidem
soluit : adeo tutae sunt ab igne uicino.   non est
autem quod istam curam imputes mihi.   morbo enim

You will wish tuo daturus eras. etiam si nemo mandaret. 20
to introduce the
5 mountain into a quid tibi do ne Aetnam describas in tuo
poem, as others
have done, carmine, ne hunc sollemnem omnibus
poetis locum attingas?   quem quominus Ouidius
tractaret, nihil obstitit quod iam Vergilius impleuerat :
ne Seuerum quidem Cornelium uterque deterruit. 25
omnibus praeterea feliciter hic locus se dedit, et qui
praecesserant non praeripuisse mihi uidentur quae

---

6. *ignem* **s**, omitted by O.    7. *ipsius Aetnae* is my conj.,
*ipsum exse est* or *i. exesse* O.    8. I am not sure that Sen.
may not have written *altius pascitur.*

6 dici poterant, sed aperuisse.  sed multum interest
utrum ad consumptam materiam an ad subactam
accedas : *haec* crescit in dies, et inuenturis inuenta
non obstant.  praeterea condicio optima est ultimi :
parata uerba inuenit, quae aliter instructa nouam 5
faciem habent.  nec illis manus inicit tamquam
7 alienis : sunt enim publica.  aut ego te non noui aut
Aetna tibi saliuam mouet.  iam cupis    whom you'll try
grande aliquid et par prioribus scribere.  and equal, too
                                          modest to try
plus enim sperare modestia tibi tua non  and excel.    10
permittit, quae tanta in te est ut uidearis mihi
retracturus ingenii tui uires, si uincendi periculum
sit : tanta tibi priorum reuerentia est.  There can be no
8 inter cetera hoc habet boni sapientia :  excelling, once
                                          wisdom is at-
nemo ab altero potest uinci, nisi dum    tained.       15
ascenditur.  cum ad summum perueneris, paria sunt :
non est incremento locus : statur.  numquid sol
magnitudini suae adicit ?  numquid ultra quam solet
luna procedit ?  maria non crescunt, mundus eundem
9 habitum ac modum seruat.  extollere se quae iustam 20
magnitudinem impleuere non possunt.  quicumque
fuerint sapientes, pares erunt et aequales.  habebit
unusquisque ex iis proprias dotes : alius erit affa-
bilior, alius expeditior, alius promptior in eloquendo,
alius facundior : illud de quo agitur, quod beatum 25
10 facit, aequale *est* in omnibus.  an Aetna tua possit

3. I insert *haec* because the subject of *crescit* is obviously
the *subacta materia*, not both kinds.     7. Before the words
*aut ego te* the MSS. have the sentence *negant—publicum* (88. 12),
which Wolters rightly ejects as a gloss : it has absolutely
no place here.

sublabi et in se ruere, an hoc excelsum cacumen et
conspicuum per uasti maris spatia detra- *Aetna may wane, virtue cannot.*
hat assidua uis ignium, nescio : uirtutem
non flamma, non ruina inferius adducet ; haec una
maiestas deprimi nescit. nec proferri ultra nec 5
referri potest. sic huius ut caelestium stata magnitudo est. ad hanc nos conemur educere.

## LXXX

## LESSONS FROM THE WRESTLING
SCHOOL                                    10

### SENECA LVCILIO SVO SALVTEM

1 HODIERNO die non tantum meo beneficio mihi uaco,
sed spectaculi, quod omnes molestos ad *I shall have peace, with everyone at the games.*
sphaeromachian auocauit. nemo irrum-
pet, nemo cogitationem meam impediet, 15
quae hac ipsa fiducia procedit audacius. non crep*a*bit
subinde ostium, non alleuabitur uelum : licebit uno
*actu* uadere, quod magis necessarium est per se eunti et
suam sequenti uiam. non ergo sequor priores ? facio,
sed permitto mihi et inuenire aliquid et mutare et 20
2 relinquere. non seruio illis sed assentior. magnum
tamen uerbum dixi, qui mihi silentium promittebam
et sine interpellatore secretum : ecce ingens clamor
ex stadio perfertur et me non excutit mihi, sed in
huius ipsius rei contem*pla*tionem transfert. cogito 25

18. For my conj. *actu* cp. 101. 4 *in ipso actu ... in ipso impetu.*
25. *contemplationem* s, *-tentionem* etc. O (but the word

mecum quam multi corpora exerceant, ingenia quam
pauci: quantus ad spectaculum non How few trouble
about exercising
fidele et lusorium fiat concursus, quanta the mind,
sit circa artes bonas solitudo : quam imbecilli animo
3 sint quorum lacertos umerosque miramur. illud 5
maxime reuoluo mecum : si corpus perduci exercitatione ad hanc patientiam potest, qua et pugnos
pariter et calces non unius hominis ferat, qua solem
ardentissimum in feruentissimo puluere sustinens
aliquis et sanguine suo madens diem though bodily 10
exercise is much
ducat, quanto facilius animus corroborari more trouble.
possit ut fortunae ictus inuictus excipiat, ut proiectus,
ut conculcatus exsurgat. corpus enim multis eget
rebus ut ualeat: animus ex se crescit, se ipse alit, se
exercet. illis multo cibo, multa potione opus est, 15
multo oleo, longa denique opera: tibi continget uirtus
sine apparatu, sine impensa. quicquid facere te
4 potest bonum, tecum est. quid tibi opus To be good, you
need but the will:
est ut sis bonus? uelle. quid autem who would not
have the will to
melius potes uelle quam eripere te huic become free? 20
seruituti, quae omnes premit, quam mancipia quoque
condicionis extremae et in his sordibus nata omni
modo exuere conantur? peculium suum, quod com-
parauerunt uentre fraudato, pro capite numerant: tu
non concupisces quanticumque ad libertatem per- 25
5 uenire, qui te in illa putas natum ? quid ad arcam
tuam respicis? emi non potest. itaque in tabulas

means 'rivalry' 'contest' 'strain' in Sen.). Gertz suggests
*intentionem* ('attention to...'), but the genitive is far easier
after *contemplatio*.

uanum conicitur nomen libertatis, quam nec qui
emerunt habent nec qui uendiderunt: tibi des oportet
istud bonum, a te petas. libera te
primum metu mortis (illa nobis iugum
imponit), deinde metu paupertatis. si 5
uis scire quam nihil in illa mali sit, compara inter se
pauperum et diuitum uultus. saepius pauper et
fidelius ridet ; nulla sollicitudo in alto est ; etiam si
qua incidit cura, uelut nubes leuis transit: horum qui
felices uocantur hilaritas ficta est, aut 10
grauis et suppurata tristitia, eo quidem
grauior quia interdum non licet palam esse miseros,
sed inter aerumnas cor ipsum exedentes
necesse est agere felicem. saepius hoc
exemplo mihi utendum est, nec enim ullo efficacius 15
exprimitur hic humanae uitae mimus, qui nobis partes
quas male agamus assignat. ille qui in scaena latus
incedit et haec resupinus dicit

Cease to fear
death and po-
verty, and you
6 are free.

Rich men's
happiness is but
on the surface.

They are like
swaggering kings
7 on the stage.

> 'en impero Argis : regna mihi liquit Pelops,
> qua ponto ab Helles atque ab Ionio mari          20
> urguetur Isthmos'

seruus est, quinque modios accipit et quinque
8 denarios. ille qui superbus atque impotens et fiducia
uirium tumidus ait

> 'quod nisi quieris, Menelae, hac dextra occides'      25

diurnum accipit, in centunculo dormit. idem de
istis licet omnibus dicas, quos supra capita hominum supraque turbam delicatos lectica
suspendit: omnium istorum personata
9 felicitas est : contemnes illos si despoliaueris. equum 30

Strip them, and
they are nought.

empturus solui iubes stratum; detrahis uestimenta
uenalibus, ne qua uitia corporis lateant: hominem
inuolutum aestimas? mangones quicquid est quod
displiceat aliquo lenocinio abscondunt: itaque ementi-
bus ornamenta ipsa suspecta sunt: siue crus alligatum 5
siue bracchium aspiceres, nudari iuberes et ipsum tibi
10 corpus ostendi. uides illum Scythiae Sarmatiaeue
regem insigni capitis decorum? si uis illum aestimare
totumque scire qualis sit, fasciam solue: multum mali
sub illa latet. quid de aliis loquor? si perpendere 10
te uoles, sepone pecuniam, domum, dignitatem,
intus te ipse considera: nunc qualis sis, aliis credis.
VALE.

## LXXXII

## SYLLOGISMS NO REMEDY FOR THE FEAR 15
## OF DEATH

### SENECA LVCILIO SVO SALVTEM

15 EST et horum, Lucili, quae appellamus media, grande
discrimen. non enim sic mors indifferens Death is natur-
est quomodo utrum capillos pares *an* ally feared, 20
*impares* habeas: mors inter illa est quae mala quidem
non sunt, tamen habent mali speciem. sui amor est
et permanendi conseruandique se insita uoluntas
atque aspernatio dissolutionis, quia uidetur multa
nobis bona eripere et nos ex hac cui assueuimus 25
rerum copia educere. illa quoque res morti nos
alienat, quod haec iam nouimus, illa ad quae transi-

turi sumus nescimus qualia sint, et horremus ignota.
naturalis praeterea tenebrarum metus est, in quas
16 adductura mors creditur.   itaque etiam si indifferens
mors est, non tamen ea est quae facile neglegi possit.
magna exercitatione durandus est animus, ut con- 5
spectum eius accessumque patiatur.   mors contemni
debet magis quam solet.   multa enim de illa credidimus, multorum ingeniis certatum est
ad augendam eius infamiam.   descriptus
est carcer infernus et perpetua nocte 10
oppressa regio, in qua

*especially after the poets' descriptions of Hell.*

       'ingens ianitor Orci
   ossa super recubans antro semesa cruento
   aeternum latrans exsangues terreat umbras.'

etiam cum persuaseris istas fabulas esse nec quicquam 15
defunctis superesse quod timeant, subit alius metus.
aeque enim timent ne apud inferos sint, quam ne
17 nusquam.   his aduersantibus, quae nobis offundit
longa persuasio, fortiter pati mortem quidni gloriosum
sit et inter maxima opera mentis 20
humanae?   quae numquam ad uirtutem
exsurget, si mortem malum esse credi-
derit: exsurget, si putabit indifferens esse.   non recipit
rerum natura ut aliquis magno animo accedat ad id
quod malum iudicat: pigre ueniet et cunctanter.   non 25
est autem gloriosum quod ab inuito et tergiuersante
18 fit: nihil facit uirtus quia necesse est.   adice nunc
quod nihil honeste fit, nisi cui totus animus incubuit
atque affuit, cui nulla parte sui repugnauit.   ubi

*Yet we can do nothing so long as we think it an evil.*

autem ad malum acceditur aut peiorum metu aut spe
bonorum ad quae peruenire tanti sit deuorata unius
mali patientia, dissident inter se iudicia facientis: hinc
est quod iubeat proposita perficere, illinc quod re-
trahat et a re suspecta ac periculosa fugiat. igitur 5
in diuersa distrahitur: si hoc est, perit gloria. uirtus
enim concordi animo decreta peragit, non timet quod
facit.

> 'tu ne cede malis, sed contra audentior ito
> quam tua te fortuna sinet.' 10

19 non ibis audentior si mala illa esse credideris. exi-
mendum hoc e pectore est: alioqui restabit impetum
moratura suspicio. trudetur in id quod *What can con-*
*vince us it is not?*
inuadendum est. nostri quidem uideri *Not syllogisms.*
uolunt Zenonis interrogationem ueram esse, fallacem 15
autem alteram et falsam quae illi opponitur. ego non
redigo ista ad legem dialecticam et ad illos artificii
ueternosissimi nodos: totum genus istuc exturbandum
iudico, quo circumscribi se qui interrogatur existimat
et ad confessionem perductus aliud respondet, aliud 20
putat. pro ueritate simplicius agendum est, contra
20 metum fortius. haec ipsa quae *in*uoluuntur ab illis
soluere malim et expedire, ut persuadeam, non ut
imponam. in aciem educturus exercitum pro con-
iugibus ac liberis mortem obiturum quomodo ex- 25

12. *restabit* is my conj., *haesitabit* O. 22, 23. *inuoluuntur*
—*expedire* is my conj., *uoluuntur*—*expendere* O, which would
mean 'are reeled off' and 'weigh, consider'. It is the
tangled knots of logic that Sen. rejects: cp. for *expedire*
17. 1 *si quid est quo teneris, expedi aut incide.*

hortabitur? do tibi Fabios totum rei publicae
bellum in unam transferentes domum.
Laconas tibi ostendo in ipsis Thermopy-
larum angustiis positos. nec uictoriam
sperant nec reditum, ille locus illis sepulchrum futurus 5
est: quemadmodum exhortaris ut totius gentis ruinam
obiectis corporibus excipiant et uita potius quam loco
cedant? dices 'quod malum est gloriosum non est;
mors gloriosa est; mors ergo non malum'? o
efficacem contionem! quis post hanc dubitet se 10
infestis ingerere mucronibus et stans mori! at ille
Leonidas quam fortiter illos allocutus
est! 'sic,' inquit 'commilitones, prandete tamquam
apud inferos cenaturi.' non in ore creuit cibus, non
haesit in faucibus, non elapsus est manibus: alacres 15
et ad prandium illi promiserunt et ad
cenam. quid? dux ille Romanus, qui
ad occupandum locum milites missos, cum per
ingentem hostium exercitum ituri essent, sic allocutus
est: 'ire, commilitones, illo necesse est unde redire 20
non est necesse.' uides quam simplex et imperiosa
uirtus sit: quem mortalium circumscriptiones uestrae
fortiorem facere, quem erectiorem pos-
sunt? frangunt animum, qui numquam
minus contrahendus est et in minuta ac spinosa 25
cogendus quam cum aliquid grande componitur.
non trecentis, sed omnibus mortalibus mortis timor
detrahi debet. quomodo illos doces malum non esse?
quomodo opiniones totius aeui, quibus protinus
infantia imbuitur, euincis? quod auxilium inuenis? 30

*Margin notes:*

21 — Fancy using them to the Spartans at Thermopylae!

Leonidas did not.

22 — Nor did his Roman counterpart.

Such subtleties contract the mind.

23

quid dicis imbecillitati humanae? quid dicis, quo
inflammati in media pericula irruant? qua oratione
hunc timendi consensum, quibus ingeni uiribus
obnixam contra te persuasionem humani generis
auertis? uerba mihi captiosa componis et interroga- 5
tiunculas nectis? magnis telis magna

Something great
24 portenta feriuntur. serpentem illam in
is needed. re-
member how the
Africa saeuam et Romanis legionibus
huge serpent in
Africa was
bello ipso terribiliorem frustra sagittis
killed.
fundisque petierunt. ne pythio quidem uulnerabilis 10
erat, cum ingens magnitudo pro uastitate corporis
solida ferrum et quicquid humanae torserant manus
reiceret: molaribus demum fracta saxis est. et
aduersus mortem tu tam minuta iacularis? subula
leonem excipis? acuta sunt ista quae dicis: nihil est 15
acutius arista: quaedam inutilia et inefficacia ipsa
subtilitas reddit. VALE.


# LXXXIV

## HOW TO ASSIMILATE OUR READING

### SENECA LVCILIO SVO SALVTEM 20

1 ITINERA ista quae segnitiam mihi excutiunt et
ualetudini meae prodesse iudico et studiis.

Travelling gives
me time to re-
quare ualetudinem adiuuent, uides: cum
sume my reading,
pigrum me et neglegentem corporis litterarum amor
faciat, aliena opera exerceor. studio quare prosint, 25

indicabo: a lectionibus recessi. sunt autem, ut
existimo, necessariae, primum ne sim me uno contentus, deinde ut, cum ab aliis quaesita cognouero,

<small>a most important part of study.</small> tum et de inuentis iudicem et cogitem de
inueniendis. alit lectio ingenium et 5

2 studio fatigatum, non sine studio tamen, reficit. nec
scribere tantum nec tantum legere debemus: altera
res contristabit uires et exhauriet (de stilo dico),
altera soluet ac diluet. inuicem huc et illo com-
meandum est et alterum altero temperandum, ut 10

<small>In dealing with what we read, we should copy the bees.</small> quicquid lectione collectum est stilus
3 redigat in corpus. apes, ut aiunt,
debemus imitari, quae uagantur et flores
ad mel faciendum idoneos carpunt, deinde quicquid
attulere disponunt ac per fauos digerunt et, ut 15
Vergilius noster ait,

> 'liquentia mella
> stipant et dulci distendunt nectare cellas.'

4 de illis non satis constat utrum sucum ex floribus

<small>How they make honey is a moot point,</small> ducant qui protinus mel sit, an quae 20
collegerunt in hunc saporem mixtura
quadam et proprietate spiritus sui mutent. quibusdam enim placet non faciendi mellis scientiam esse
illis, sed colligendi. aiunt inueniri apud Indos mel
in harundinum foliis, quod aut ros illius caeli aut ipsius 25
harundinis umor dulcis et pinguior gignat: in nostris

---

1. The edd. insert *non* or *nihil* before *recessi*, which they
take to refer to the doings of the journey. But (1) contrast
the tense of the other verbs, and (2) Sen. says the travelling
is good for his studies, which implies something more than
that it does not entirely interrupt them.

quoque herbis uim eandem sed minus manifestam et
notabilem poni, quam persequatur et contrahat
animal huic rei genitum. quidam existimant con-
ditura et dispositione in hanc qualitatem uerti quae
ex tenerrimis uirentium florentiumque decerpserint, 5
non sine quodam, ut ita dicam, fermento,

5 quo in unum diuersa coalescunt. sed ne
ad aliud quam de quo agitur abducar,
nos quoque has apes debemus imitari et

*but, anyhow, we must imitate them and give our production one definite flavour.*

quaecumque ex diuersa lectione congessimus separare 10
(melius enim distincta seruantur), deinde adhibita
ingenii nostri cura et facultate in unum saporem
uaria illa libamenta confundere, ut etiam si apparuerit unde sumptum sit, aliud tamen esse quam unde
sumptum est appareat. quod in corpore
nostro uidemus sine ulla opera nostra

*Food must be assimilated, if it is to profit us.* 15

6 facere naturam (alimenta, quae accepimus, quamdiu
in sua qualitate perdurant et solida innatant stomacho,
onera sunt; at cum ex eo quod erant mutata sunt,
tum demum in uires et in sanguinem transeunt), 20
idem in his quibus aluntur ingenia praestemus, ut
quaecumque hausimus non patiamur integra esse, ne

7 aliena sint. concoquamus illa : alioqui in memoriam
ibunt, non in ingenium. assentiamur illis fideliter et
nostra faciamus, ut unum quiddam fiat ex multis, 25
sicut unus numerus fit ex singulis,
cum minores summas et dissidentes com-
putatio una comprendit. hoc faciat
animus noster : omnia quibus est adiutus

*You may have a favourite model, but must weld your loans into a harmonious whole,*

8 abscondat, ipsum tantum ostendat quod effecit. etiam 30

si cuius in te comparebit similitudo, quem admiratio
tibi altius fixerit, similem esse te uolo quomodo
filium, non quomodo imaginem : imago res mortua
est. 'quid ergo? non intellegetur, cuius imiteris
orationem? cuius argumentationem? cuius senten- 5
tias?' puto aliquando ne intellegi quidem posse, si
magni uir ingenii omnibus, quae ex quo uoluit
like the unison exemplari traxit, formam suam impressit,
of a choir.
9         ut in unitatem illa competant. non uides
quam multorum uocibus chorus constet? unius tamen 10
ex omnibus redditur. aliqua illic acuta est, aliqua
grauis, aliqua media ; accedunt uiris feminae, inter-
ponuntur tibiae : singulorum illic latent uoces,
10 omnium apparent. de choro dico quem ueteres
philosophi nouerant : in commissionibus nostris plus 15
cantorum est quam in theatris olim spectatorum fuit.
cum omnes uias ordo canentium impleuit et cauea
aeneatoribus cincta est et ex pulpito omne tibiarum
genus organorumque consonuit, fit concentus ex
dissonis. talem animum esse nostrum uolo : multae 20
in illo artes, multa praecepta sint, multarum aetatum
exempla, sed in unum conspirata.

7. *uir ingenii* s, *uiri nec enii* O. *uoluit* is my conj., *uelut*
O (but *exemplar* needs no apology). 10. *unius* is my conj.,
*unus* O. That *uox* is subj. to *redditur* the next sentence
shews.

## LXXXVI

# THE MORAL OF SCIPIO'S VILLA; A LESSON IN TREE-PLANTING

### SENECA LVCILIO SVO SALVTEM

1 In ipsa Scipionis Africani uilla iacens haec tibi 5
scribo, adoratis manibus eius et ara, I am in Scipio's
quam sepulchrum esse tanti uiri suspicor.   villa.
animum quidem eius in caelum ex quo erat redisse
persuadeo mihi, non quia magnos exercitus duxit (hos
enim et Cambyses furiosus ac furore feliciter usus 10
habuit), sed ob egregiam moderationem pietatemque,
quam magis in illo admirabilem iudico cum reliquit
patriam, quam cum defendit.   aut Scipio How noble his
Romae esse debebat aut Roma in liber-exile was!

2 tate.   'nihil' inquit 'uolo derogare legibus, nihil 15
institutis: aequum inter omnes ciues ius sit.   utere
sine me beneficio meo, patria.   causa tibi libertatis
fui, ero et argumentum: exeo, si plus quam tibi

3 expedit creui.'   quidni ego admirer hanc magnitudinem animi, qua in exilium uoluntarium secessit 20
et ciuitatem exonerauit?   eo perducta res erat ut aut
libertas Scipioni aut Scipio libertati faceret iniuriam:
neutrum fas erat.   itaque locum dedit legibus et se
Liternum recepit, tam suum exilium rei publicae im-

4 putaturus quam Hannibalis.   uidi uillam How simple his 25
exstructam lapide quadrato, murum cir-   villa!
cumdatum siluae, turres quoque in propugnaculum

uillae utrimque subrectas, cisternam aedificiis ac
uiridibus subditam quae sufficere in usum uel
Especially the exercitus posset, balneolum angustum,
bath, tenebricosum ex consuetudine antiqua:
non uidebatur maioribus nostris caldum nisi ob- 5
5 scurum. magna ergo me uoluptas subiit contem-
plantem mores Scipionis ac nostros: in hoc angulo
ille Carthaginis horror, cui Roma debet quod tantum
semel capta est, abluebat corpus laboribus rusticis
fessum. exercebat enim opere se, terramque (ut mos 10
fuit priscis) ipse subigebat. sub hoc ille tecto tam
sordido stetit, hoc illum pauimentum tam uile susti-
when compared nuit. at nunc quis est qui sic lauari
with modern
6 ones. sustineat? pauper sibi uidetur ac sordidus nisi parietes magnis et pretiosis orbibus reful- 15
serunt, nisi Alexandrina marmora Numidicis crustis
distincta sunt, nisi illis undique operosa et in picturae
modum uariata circumlitio praetexitur, nisi uitro
absconditur camera, nisi Thasius lapis, quondam
rarum in aliquo spectaculum templo, piscinas nostras 20
circumdedit (in quas multa sudatione corpora exsaniata demittimus), nisi aquam argentea epitonia
7 fuderunt. et adhuc plebeias fistulas loquor: quid
cum ad balnea libertinorum peruenero? quantum
statuarum, quantum columnarum est nihil susti- 25
nentium sed in ornamentum positarum, impensae
causa! quantum aquarum per gradus cum fragore
labentium! eo deliciarum peruenimus, ut nisi
8 gemmas calcare nolimus. in hoc balneo Scipionis
minimae sunt rimae magis quam fenestrae muro 30

lapideo exsectae, ut sine iniuria munimenti lumen
admitterent : at nunc blattaria uocant balnea, si qua
non ita aptata sunt ut totius diei solem fenestris
amplissimis recipiant, nisi et lauantur simul et
colorantur, nisi ex solio agros ac maria prospiciunt. 5
itaque quae concursum et admirationem habuerant
cum dedicarentur, et in antiquorum numerum reici-
untur, cum aliquid noui luxuria commenta est quo
9 ipsa se obrueret.   at olim et pauca erant  Baths used to be
balnea nec ullo cultu exornata.   cur   rare, and plain.  10
enim exornaretur res quadrantaria et in usum, non in
oblectamentum, reperta ?   non suffundebatur aqua nec
recens semper uelut ex calido fonte currebat, nec
referre credebant in quam pellucida sordes deponerent.
10 sed, di boni, quam iuuat illa balinea intrare obscura et 15
gregali tectorio inducta, quae scires Catonem tibi
aedilem aut Fabium Maximum aut ex Corneliis aliquem manu sua temperasse !   nam hoc quoque
nobilissimi aediles fungebantur officio, intrandi ea
loca quae populum receptabant exigendique munditias 20
et utilem ac salubrem temperaturam—non hanc quae
nuper inuenta est similis incendio, adeo quidem ut
conuictum in aliquo scelere seruum uiuum lauari
oporteat.   nihil mihi uidetur iam interesse, ardeat
11 balineum an caleat.   quantae nunc aliqui rusticitatis 25
damnant Scipionem quod non in cal-  Little light, no
darium suum latis specularibus diem  filtered   water
                                                here!
admiserat, quod non in multa luce decoquebatur et
expectabat ut in balneo concoqueret.   o hominem
calamitosum ! nesciit uiuere.   non saccata aqua laua- 30

batur, sed saepe turbida et, cum plueret uehementius, paene lutulenta. nec multum eius intererat an sic lauaretur : ueniebat enim ut sudorem illic ablueret,
12 non ut unguentum. quas nunc quorundam uoces futuras credis ? 'non inuideo Scipioni : uere in exilio 5 uixit, qui sic lauabatur.' immo, si scias, non cotidie

*Our forefathers bathed thoroughly only once a week.* lauabatur. nam, ut aiunt qui priscos mores urbis tradiderunt, brachia et crura cotidie abluebant, quae scilicet sordes opere collegerant, ceterum toti nundinis laua- 10 bantur. hoc loco dicet aliquis 'hoc liquet mihi ! inmundissimos fuisse.' quid putas illos oluisse ? militiam, laborem, uirum. postquam munda balnea

13 *Horace's fop would be thought unsavoury now.* inuenta sunt, spurciores sunt. descripturus infamem et nimiis notabilem deliciis 15 Horatius Flaccus quid ait ? 'pastillos Buccillus olet.' dares nunc Buccillum : proinde esset ac si hircum oleret, Gargonii loco esset, quem idem Horatius Buccillo opposuit. parum est sumere unguentum, nisi bis die terque renouatur, ne euanescat in corpore. 20 quid quod hoc odore tamquam suo gloriantur ?

14 haec si tibi nimium tristia uidebuntur, uillae im putabis, in qua didici ab Aegialo diligen-

*But enough of moralising. I have learnt how to transplant quite old trees.* tissimo patre familiae (is enim nunc huius agri possessor est) quamuis uetus 25 arbustum posse transferri. hoc nobis senibus discere

*You can sow, and hope to enjoy the shade some day.* necessarium est. quorum nemo non oliuetum alteri ponit : † quod uidi illud

11. *aliquis hoc* is my conj., *aliquotis* (or worse) O, *aliquis* ς.
28. I believe Sen. wrote something like this : *tu uide illud,*

arborum trimum et quadrimum fastidiendi fructus
15 aut † deponere.   te quoque proteget illa quae

    'tarda uenit seris factura nepotibus umbram,'

ut ait Vergilius noster, qui non quid   Such things are
                                     possible,   *pace*
uerissime, sed quid decentissime diceretur  Vergil,     5
aspexit, nec agricolas docere uoluit, sed legentes
16 delectare.   nam, ut alia omnia transeam,   another of whose
                                     inaccuracies   I
hoc quod mihi hodie necesse fuit de-  noticed to-day.
prendere ascribam :

    'uere fabis satio : tunc te quoque, medica, putres,    10
    accipiunt sulci, et milio uenit annua cura.'

an uno tempore ista ponenda sint et an utriusque
uerna sit satio, hinc aestimes licet: Iunius mensis est
quo tibi scribo, iam procliuis in Iulium : eodem die
uidi fabam metentes, milium serentes.   First method of  15
17 ad oliuetum reuertar, quod uidi duobus  planting.
modis depositum : magnarum arborum truncos cir-
cumcisis ramis et ad unum redactis pedem cum rapo
suo transtulit, amputatis radicibus, relicto tantum
capite ipso ex quo illae pependerant.   hoc fimo 20
tinctum in scrobem demisit, deinde terram non
18 aggessit tantum, sed calcauit et pressit.   negat quicquam esse hac, ut ait, pinsatione efficacius.   uidelicet
frigus excludit et uentum ; minus praeterea mouetur
et ob hoc nascentes radices prodire patitur ac solum 25
apprendere, quas necesse est cereas adhuc et precario

⟨an⟩arborem *trimam et quadrimam, fastidiendi fructus aut*
⟨*exigui, sit tanti*⟩ *deponere*, 'you may consider if 'tis worth
your while to adopt transplanting, with its obvious drawbacks (rather than sow)'.     26. *cereas* **s**, *ceteras* O.

haerentes leuis quoque reuel*l*at agitatio. rapum
autem arboris antequam obruat radit. ex omni enim
materia quae nudata est, ut ait, radices exeunt nouae.
non plures autem super terram eminere debet truncus
quam tres aut quattuor pedes. statim enim ab imo 5
uestietur nec magna pars quemadmodum in oliuetis
19 Second method. ueteribus arida et retorrida erit. alter
ponendi modus hic fuit: ramos fortes nec corticis
duri, quales esse nouellarum arborum solent, eodem
genere deposuit. hi paulo tardius surgunt, sed cum 10
tamquam a planta processerint, nihil habent in se
20 I saw old vines, abhorridum aut triste. illud etiamnunc
too, shifted to
new elms. uidi, uitem ex arbusto suo annosam
transferri. huius capillamenta quoque, si fieri potest,
colligenda sunt, deinde liberalius sternenda uitis, ut 15
etiam ex corpore radicescat. et uidi non tantum
mense Februario positas, sed etiam Martio exacto:
21 tenent et complexae sunt non suas ulmos. omnes
autem istas arbores, quae, ut ita dicam, grandiscapiae
sunt, ait aqua adiuuandas cisternina. quae si prodest, 20
habemus pluuiam in nostra potestate. plura te
docere non cogito, ne quemadmodum Aegialus me
sibi aduersarium parauit, sic ego parem te mihi.
VALE.

1. *rapum* de Jan, *parum* O.

## LXXXVII

### FALSE SHAME AT THE MEANNESS OF ONE'S TRAVELLING EQUIPMENT

SENECA LVCILIO SVO SALVTEM

1 NAUFRAGIUM antequam nauem ascenderem feci. 5 quomodo acciderit, nunc adicio, ne et hoc putes inter Stoica paradoxa ponendum, quorum nullum esse falsum nec tam mirabile quam prima facie uidetur, cum uolueris, approbabo, immo etiam si nolueris. interim hoc me 10 iter docuit quam multa haberemus superuacua et quam facile iudicio possemus deponere quae, si quando necessitas abstulit, non sentimus 2 ablata. cum paucissimis seruis, quos unum capere uehiculum potuit, sine ullis rebus nisi 15 quae corpore nostro continebantur, ego et Maximus meus biduum iam beatissimum agimus. culcita in terra iacet, ego in culcita. ex duabus paenulis altera 3 stragulum, altera opertorium facta est. de prandio nihil detrahi potuit: paratum fuit, non agm*inis* cura, 20 nusquam sine caricis, numquam sine pugillaribus:

*My journey has shewn me we have many super-fluities.*

*My arrange-ments were of the simplest.*

6. *nunc* is my conj., *non* O. How can Sen. prevent L.'s reckoning this surprising statement a paradox unless he explains it? 20. *agminis cura* is my conj., *magis* (*h*)*ora* O: see C.Q. 1909, p. 181, and esp. *Tranq.* 1. 6 *cibus quem nec parent familiae nec spectent, ... parabilis facilisque.*

illae, si panem habeo, pro pulmentario sunt, si non
habeo, pro pane. cotidie mihi annum nouum faciunt,
quem ego faustum et felicem reddo bonis cogitationibus et animi magnitudine, qui numquam maior est
quam ubi aliena seposuit et fecit sibi pacem nihil 5
4 timendo, fecit sibi diuitias nihil concupiscendo. uehiculum in quod impositus sum rusticum est, mulae
uiuere se ambulando testantur, mulio excalceatus,

I felt ashamed
when we met
magnificent tra-
vellers.

non propter aestatem. uix a me obtineo
ut hoc uehiculum uelim uideri meum. 10
durat adhuc peruersa recti uerecundia, et
quotiens in aliquem comitatum lautiorem incidimus
inuitus erubesco. quod argumentum est ista quae
probo, quae laudo, nondum habere certam sedem et
immobilem. qui sordido uehiculo erubescit, pretioso 15
5 gloriabitur. parum adhuc profeci: nondum audeo
frugalitatem palam ferre, etiamnunc curo opiniones

And yet one
ought to lecture
them.

uiatorum. contra totius generis humani
opiniones mittenda uox erat. insanitis,
erratis, stupetis ad superuacua: neminem aestimatis 20
suo. cum ad patrimonium uentum est, diligentissimi
computatores sic rationem ponitis singulorum quibus
aut pecuniam credituri estis aut beneficia (nam haec
6 quoque iam expensa fertis): 'late possidet, sed multum
debet; habet domum formosam, sed alienis nummis 25
paratam; familiam nemo cito speciosiorem producet,
sed nominibus non respondet; si creditoribus soluerit,

They are really
debtors—to For-
tune.

nihil illi supererit.' idem in reliquis
quoque facere debebitis, et excutere quan-
7 tum proprii quisque habeat. diuitem illum putas, quia 30

aurea supellex etiam in uia sequitur, quia in omnibus
prouinciis arat, quia magnus kalendari liber uoluitur,
quia tantum suburbani agri possidet quantum inuidiose in desertis Apuliae possideret: cum omnia
dixeris, pauper est. quare? quia debet. 'quantum?' 5
inquis. omnia. nisi forte iudicas interesse utrum
aliquis ab homine an a fortuna mutuum sumpserit.
8 quid ad rem pertinent mulae saginatae unius omnes
coloris? quid ista uehicula caelata?

> 'instratos ostro alipedes pictisque tapetis.                    10
>   aurea pectoribus demissa monilia pendent:
>   tecti auro fuluum mandunt sub dentibus aurum.'

ista nec dominum meliorem possunt facere nec
9 mulam. M. Cato censorius, quem tam e
re publica fuit nasci quam Scipionem
(alter enim cum hostibus nostris bellum, alter cum
moribus gessit), cantherio uehebatur et hippoperis quidem impositis, ut secum utilia portaret. How he would
o quam cuperem illi nunc occurrere youth!
aliquem ex his trossulis, in uia diuitibus, cursores et 20
Numidas et multum ante se pulueris agentem! hic
sine dubio cultior comitatiorque quam M. Cato
uideretur, hic, qui inter illos apparatus delicatos
cum maxime dubitat utrum se ad gladium locet an
10 ad cultrum. o quantum erat saeculi decus, impera- 25
torem, triumphalem, censorium, quod super omnia
haec est Catonem, uno caballo esse contentum et ne
toto quidem: partem enim sarcinae ab utroque latere
dependentes occupabant. ita non omnibus obesis

Cato used to ride
a nag, with his
bags across it. 15

How he would
shock our gilded
youth!

mannis et asturconibus et tolutariis praeferres unicum
11 illum equum ab ipso Catone defrictum? uideo non
futurum finem in ista materia ullum, nisi quem ipse

'Hamper' is a
good name for
luggage.

mihi fecero. hic itaque conticescam,
quantum ad ista, quae sine dubio talia 5
diuinauit futura qualia nunc sunt qui primus appel-
lauit 'impedimenta.'


## LXXXVIII

## A GENERAL EDUCATION NOT NECESSARY
## FOR THE PHILOSOPHER     10

### SENECA LVCILIO SVO SALVTEM

1 DE liberalibus studiis quid sentiam scire desideras:

The 'liberal arts'
have only pro-
paideutic value.

nullum suspicio, nullum in bonis numero,
quod ad aes exit.  meritoria artificia
sunt, hactenus utilia si praeparant ingenium, non 15
detinent.  tamdiu enim istis immorandum est quamdiu nihil animus agere maius potest: rudimenta sunt
2 nostra, non opera.  quare liberalia studia dicta sint,
uides: quia homine libero digna sunt.  ceterum
unum studium uere liberale est quod liberum facit, 20
hoc est sapientiae, sublime, forte, magnanimum: cetera
pusilla et puerilia sunt.  an tu quicquam in istis esse
credis boni, quorum professores turpissimos omnium

They do not pro-
fess to teach mo-
rality.

ac flagitiosissimos cernis?  non discere
debemus ista, sed didicisse.  quidam illud 25
de liberalibus studiis quaerendum iudicauerunt, an

uirum bonum facerent: ne promittunt quidem nec
3 huius rei scientiam affectant. gram-  The *grammatici*
maticus circa curam sermonis uersatur  for instance:
et, si latius euagari uult, circa historias, iam ut
longissime fines suos proferat, circa carmina. quid 5
horum ad uirtutem uiam sternit? syllabarum enarratio et uerborum diligentia et fabularum memoria et
uersuum lex ac modificatio — quid ex his metum
4 demit, cupiditatem eximit, libidinem frenat? . . .
utrum doceant isti uirtutem an non. si non docent, 10
ne tradunt quidem. si docent, philosophi  see how they
sunt. uis scire quam non ad docendam  differ from each
other,
uirtutem consederint? aspice quam dissimilia inter
se omnium studia sint: atqui similitudo esset idem
5 docentium. nisi forte tibi Homerum philosophum 15
fuisse persuadent, cum his ipsis quibus colligunt
negent. nam modo Stoicum illum faciunt, uirtutem
solam probantem et uoluptates refugientem et ab
honesto ne immortalitatis quidem pretio recedentem,
modo Epicureum, laudantem statum quietae ciuitatis 20
et inter conuiuia cantusque uitam exigentis, modo
Peripateticum, tria bonorum genera inducentem,
modo Academicum, omnia incerta dicentem. apparet

9. Before *utrum* the MSS. read *ad geometriam transeamus
et ad musicen*: *nihil apud illas inuenies quod uetet timere, uetet
cupere. quisquis ignorat, alia frustra scit.* This certainly
reads like Seneca (provided we insert *quae* before *quisquis*),
but as certainly does not belong here, where we are
concerned solely with *grammatice*. It is not easy to see
whence the intruder can have come: unfortunately he has
ousted some words which are wanted to introduce the *utrum*
clause (such as e.g. *non est quod quaeras*).

nihil horum esse in illo, quia omnia sunt.   ista enim
inter se dissident.   demus illis Homerum philosophum
fuisse : nempe sapiens factus est antequam carmina
ulla cognosceret : ergo illa discamus quae Homerum
6 how futile their   fecere sapientem.   hoc quidem me quae- 5
problems are.   rere, uter maior aetate fuerit, Homerus
an Hesiodus, non magis ad rem pertinet quam scire,
cum minor Hecuba fuerit quam Helena, quare tam
male tulerit aetatem.   quid ? inquam, annos Patrocli
et Achillis inquirere ad rem existimas pertinere ? 10
7 quaeris Vlixes ubi errauerit, potius quam efficias ne
nos semper erremus ?   non uacat audire utrum inter
Italiam et Siciliam iactatus sit an extra notum nobis
orbem (neque enim potuit in tam angusto error esse
tam longus) : tempestates nos animi cotidie iactant 15
et nequitia in omnia Vlixis mala impellit.   non deest
forma quae sollicitet oculos, non   † hostis ; hinc
monstra effera et humano cruore gaudentia, hinc
insidiosa blandimenta aurium, hinc naufragia et tot
uarietates malorum.   hoc me doce, quomodo patriam 20
amem, quomodo uxorem, quomodo patrem, quomodo
8 ad haec tam honesta uel naufragus nauigem.   quid
inquiris an Penelopa impudica fuerit, an uerba
saeculo suo dederit, an Vlixem illum esse quem
uidebat, antequam sciret, suspicata sit ?   doce me 25
quid sit pudicitia et quantum in ea bonum, in corpore
9 an in animo posita sit.   ad musicum transeo.   doces

17. *hostis* seems vague, and one would expect either a noun
followed by a rel. clause to balance *quae—oculos* or a noun to
which that clause would apply as well as to *forma*.   The
omission of a verb for the *hinc* clauses is also suspicious.

me quomodo inter se acutae ac graues con-
sonent, quomodo neruorum disparem red-
dentium sonum fiat concordia: fac potius
quomodo animus secum meus consonet nec consilia
mea discrepent. monstras mihi qui sint modi flebiles: 5
monstra potius quomodo inter aduersa non emittam
10 flebilem uocem. metiri me geometres
docet latifundia potius quam doceat
quomodo metiar quantum homini satis
sit. numerare docet me et auaritiae commodat 1c
digitos potius quam doceat nihil ad rem pertinere
istas computationes, non esse feliciorem cuius patrimonium tabularios lassat, immo quam superuacua
possideat, qui infelicissimus futurus est si quantum
11 habeat per se computare cogetur. quid mihi prodest 15
scire agellum in partes diuidere, si nescio cum fratre
diuidere? quid prodest colligere subtiliter pedes
iugeri et comprendere etiam si quid decempedam
effugit, si tristem me facit uicinus impotens et aliquid
ex meo abradens? docet quomodo nihil perdam ex 20
finibus meis: at ego discere uolo quo-
12 modo totos hilaris amittam. 'paterno
agro et auito' inquit 'expellor.' quid? ante auum
tuum quis istum agrum tenuit? cuius, non dico
hominis, sed populi fuerit expedire potes? non 25
dominus isto, sed colonus intrasti. cuius colonus es?
si bene tecum agitur, heredis. negant iurisconsulti
quicquam usucapi *publicum: hoc quod tuum dicis*
13 publicum est et quidem generis humani. o egre-

*Music?* 'Tis har-
mony of the mind
we want.

*Geometry* does
not teach the
right kind of
measurement,

or how to bear
the loss of an
estate.

28. The words *publicum—dicis* are supplied by **s**.

giam artem: scis rotunda metiri, in quadratum
redigis quamcumque acceperis formam, interualla
siderum dicis, nihil est quod in mensuram tuam non
cadat. si artifex es, metire hominis animum. dic
quam magnus sit, dic quam pusillus sit. scis quae 5
recta sit linea: quid tibi prodest, si quid
in uita rectum sit ignoras? uenio nunc
ad illum qui caelestium notitia gloriatur:

*Astrology? Far better learn that fate is immutable.* [marginal note to line 14]

> ' frigida Saturni sese quo stella receptet,
>     quos ignis caeli Cyllenius erret in orbes.'    10

hoc scire quid proderit? ut sollicitus sim cum
Saturnus et Mars ex contrario stabunt aut cum
Mercurius uespertinum faciet occasum uidente
Saturno, potius quam hoc discam: ubicumque sunt
15 ista, propitia*nda non* esse, non posse mutari? agit 15
illa continuus ordo fatorum et ineuitabilis cursus.
per statas uices remeant et effectus rerum omnium
aut mouent aut notant. sed siue quicquid euenit
faciunt, quid immutabilis rei notitia proficiet? siue
significant, quid refert prouidere quod 20

*To-morrow cannot surprise me: I am ready for anything.* [marginal note]

effugere non possis? scias ista, nescias:
fient.

16    ' si uero solem ad rapidum stellasque sequentes
>     ordine respicies, numquam te crastina fallet
>     hora nec insidiis noctis capiere serenae.'    25

satis abundeque prouisum est ut ab insidiis tutus
17 essem. 'numquid me crastina non fallit hora? fallit
enim, quod nescienti euenit.' ego quid futurum

15. *propitianda non* is my conj., *propitia* O : C.Q. l.c. p. 182.
23. *lunasque* Vergil : Sen. cites from memory.

sit nescio, quid fieri possit scio.  ex hoc nihil
aspernabor, totum expecto : si quid remittitur, boni
consulo.  fallit me hora, si parcit : sed ne sic quidem
fallit.  nam quemadmodum scio omnia accidere posse,
sic scio et non utique casura.  utique secunda  5
18 expecto, malis paratus sum.  in illo feras  *Painting* and
me necesse est non per praescriptum  *wrestling* are no
more  'liberal'
euntem.  non enim adducor ut in nume-  arts than cookery
is.
rum liberalium artium pictores recipiam, non magis
quam statuarios aut marmorarios aut ceteros luxuriae  10
ministros.  aeque luctatores et totam oleo ac luto
constantem scientiam expello ex his studiis liberalibus : aut et unguentarios recipiam et coquos et ceteros
uoluptatibus nostris ingenia accommodantes sua.
19 quid enim, oro te, liberale habent isti ieiuni uomi-  15
tores, quorum corpora in sagina, animi in
macie et ueterno sunt ?  an liberale  Wrestling compares unfavour-
studium istuc esse iuuenti nostrae credi-  ably with the old
exercises.
mus ?  quam maiores nostri rectam exercuerunt :
hastilia iacere, sudem torquere, equum agitare, arma  20
tractare — nihil liberos suos docebant, quod discendum esset iacentibus.  sed nec hae nec illae docent
aluntue uirtutem.  quid enim prodest equum regere
et cursum eius freno temperare, affectibus effrenatis-
simis abstrahi ?  quid prodest multos uincere luctatione  25
20 uel caestu, ab iracundia uinci ?  'quid ergo ?  nihil

2. *adspernabor* is my conj., *desperabo* O.    5. *utique*
seems odd, and has just preceded : should it be *itaque* ?
19–21. The punctuation is mine : the ordinary one, with the
long stop at *tractare* instead of *exercuerunt*, involves con-
structing the latter verb with an infinitive.

nobis liberalia conferunt studia?' ad alia multum,

No: the 'liberal arts' are useful only as preparing us for philosophy.

ad uirtutem nihil. nam et hae uiles ex professo artes quae manu constant ad instrumenta uitae plurimum conferunt, tamen ad uirtutem non pertinent. 'quare ergo 5 liberalibus studiis filios erudimus?' non quia uirtutem dare possunt, sed quia animum ad accipiendam uirtutem praeparant. quemadmodum prima illa, ut antiqui uocabant, litteratura per quam pueris elementa traduntur non docet liberales artes, sed mox perci- 10 piendis locum parat, sic liberales artes non perducunt animum ad uirtutem, sed expediunt.

## XC

## PHILOSOPHY AND CIVILISATION

SENECA LVCILIO SVO SALVTEM                    15

1 Qvis dubitare, mi Lucili, potest quin deorum im-

We have to achieve wisdom: we do not receive it at birth.

mortalium munus sit quod uiuimus, philosophiae quod bene uiuimus? itaque tanto plus huic nos debere quam dis quanto maius beneficium est bona uita quam uita, 20 pro certo haberetur, nisi ipsam philosophiam di tribuissent. cuius scientiam nulli dederunt, facultatem

2 omnibus. nam si hanc quoque bonum uulgare fecissent et prudentes nasceremur, sapientia quod in se optimum habet perdidisset, inter fortuita non esse. 25

nunc enim hoc in illa pretiosum atque magnificum
est, quod non obuenit, quod illam sibi quisque debet,
quod non ab alio petitur. quid haberes quod in
3 philosophia suspiceres, si beneficiaria res esset? huius
opus unum est de diuinis humanisque *Function of* 5
uerum inuenire. ab hac numquam re- *philosophy.*
cedit religio, pietas, iustitia et omnis alius comitatus
uirtutum consertarum et inter se cohaerentium. haec
docuit colere diuina, humana diligere, et penes deos
imperium esse, inter homines consortium. quod ali- 10
quandiu inuiolatum mansit, antequam societatem
auaritia distraxit et paupertatis causa etiam iis quos
fecit locupletissimos fuit: desierunt enim omnia
4 possidere, dum uolunt propria. sed *Early man, fol-*
primi mortalium quique ex his geniti *lowing nature,*
*chose his leaders* 15
naturam incorrupti sequebantur eundem *for moral good-*
*ness.*
habebant et ducem et legem, commissi melioris
arbitrio. naturae est enim potioribus deteriora sum-
mittere. mutis quidem gregibus aut maxima corpora
praesunt aut uehementissima: non praecedit armenta 20
degener taurus, sed qui magnitudine ac toris ceteros
mares uicit; elephantorum gregem excelsi*ssi*mus
ducit. inter homines pro summo est optimum. animo
itaque rector eligebatur, ideoque summa felicitas erat
gentium, in quibus non poterat potentior esse nisi 25
melior. tuto enim quantum uult potest, qui se nisi
5 quod debet non putat *p*osse. illo ergo *Posidonius*
saeculo quod aureum perhibent penes *makes the sages*
*the kings of the*
sapientes fuisse regnum Posidonius iudi- *Golden Age.*
cat. hi continebant manus et infirmiorem a ualidiori- 30

bus tuebantur, suadebant dissuadebantque et utilia
atque inutilia monstrabant.　horum prudentia ne
quid deesset suis prouidebat, fortitudo pericula
arcebat, beneficentia augebat ornabatque subiectos.
officium erat imperare, non regnum.　nemo quantum 5
posset aduersus eos experiebatur per quos coeperat
posse, nec erat cuiquam aut animus in iniuriam aut
causa, cum bene imperanti bene pareretur, nihilque
rex maius minari male parentibus posset quam ut

6 Then tyrants arose, and laws were needed. abirent e regno.　sed postquam sur- 10
repentibus uitiis in tyrannidem regna
conuersa sunt, opus esse legibus coepit.　quas et

These again were first proposed by sages. ipsas inter initia tulere sapientes.　Solon
qui Athenas aequo iure fundauit, inter
septem fuit sapientia notos.　Lycurgum si eadem 15
aetas tulisset, sacro illi numero accessisset octauus.
Zaleuci leges Charondaeque laudantur: hi non in
foro nec in consultorum atrio, sed in Pythagorae
tacito illo sanctoque secessu didicerunt iura, quae

I cannot follow P. in making them invent everyday arts, such as house-building. florenti tunc Siciliae et per Italiam 20
7 Graeciae ponerent.　hactenus Posidonio
assentior: artes quidem a philosophia
inuentas quibus in cotidiano uita utitur
non concesserim, nec illi fabricae asseram gloriam:
'illa' inquit 'sparsos et aut casis tectos aut aliqua 25
rupe suffossa aut exesae arboris trunco docuit tecta

10. *abirent* s, *abiret* B (the only good MS. available in
§§ 1-18), which is perhaps indefensible, though Silver
prose greatly extends the use of *ut* for classical acc. and inf.:
cp. (apart from cases cited in L.S. where the *ut* clause comes
first) Sen. *Contr.* 9. 2. 18 *non speramus ut illum iudex probet.*

moliri.' ego uero philosophiam iudico non magis
excogitasse has machinationes tectorum supra tecta
surgentium et urbium urbes prementium quam
uiuaria piscium in hoc clausa ut tempestatum periculum non adiret gula et quamuis acerrime pelago 5
saeuiente haberet luxuria portus suos, in quibus dis-
8 tinctos piscium greges saginaret. quid ais? philosophia homines docuit habere clauem et seram? quo
quid aliud erat auaritiae signum dare? philosophia
haec cum tanto habitantium periculo imminentia tecta 10
suspendit? parum enim erat fortuitis tegi et sine arte
et sine difficultate naturale inuenire sibi aliquod
9 receptaculum. mihi crede, felix illud saeculum ante
architectos fuit, ante tectores. ista nata Square beams
and the saw—
sunt iam nascente luxuria, in quadratum that is luxury. 15
tigna decidere et serra per designata currente certa
manu trabem scindere ;

'nam primi cuneis scindebant fissile lignum.'

non enim tecta cenationi epulum recepturae para-
bantur, nec in hunc usum pinus aut abies deferebatur 20
longo uehiculorum ordine uicis intrementibus, ut ex
10 illa lacunaria auro grauia penderent. furcae utrimque
suspensae fulciebant casam. spissatis ramalibus ac
fronde congesta et in procliue disposita decursus
imbribus quamuis magnis erat. sub his tectis habita- 25
uere, sed securi. culmus liberos texit, sub marmore
11 atque auro seruitus habitat. in illo Wit, not wisdom,
invented carpen-
quoque dissentio a Posidonio quod ferra- ters' tools,

8, 9. *quo quid* is my conj., *quidquid* B.

menta fabrilia excogitata a sapientibus uiris iudicat. isto enim modo dicat licet sapientes fuisse per quos

'tunc laqueis captare feras et fallere uisco
inuentum et magnos canibus circumdare saltus.'

Chance discovered the precious metals.

omnia enim ista sagacitas hominum, non sapientia 12 inuenit. in hoc quoque dissentio, sapientes fuisse qui ferri metalla et aeris inuenerint, cum incendio siluarum adusta tellus in summo uenas iacentes liquefacta fudisset: ista tales 13 inueniunt quales colunt. ne illa quidem tam subtilis mihi quaestio uidetur quam Posidonio, utrum mal*l*eus in usu esse prius an forcipes coeperint. utraque inuenit aliquis excitati ingenii, acuti, non magni nec elati, et quicquid aliud corpore incuruato et animo humum spectante quaerendum est.

The sage does not need much: witness Diogenes.

sapiens facilis uictu fuit. quidni? cum hoc quoque saeculo esse quam expeditissimus 14 cupiat. quomodo, oro te, conuenit ut et Diogenen mireris et Daedalum? uter ex his sapiens tibi uidetur, qui ser*r*am commentus est, an ille qui cum uidisset puerum caua manu bibentem aquam fregit protinus exemptum e perula calicem *cum* hac obiurgatione sui: 'quamdiu homo stultus superuacuas sarcinas habui!', 15 qui se complicuit in dolio et in eo cubitauit? hodie

His teaching shews more wisdom than your modern inventions.

utrum tandem sapientiorem putas, qui inuenit quemadmodum in immensam altitudinem crocum latentibus fistulis exprimat, qui euripos subito aquarum impetu implet

14. *animo* s, *antimo* B, (but the *ti* is '*obscurius scriptum*').

aut siccat et uersatilia cenationum laquearia ita coag-
mentat ut subinde alia facies atque alia succedat et
totiens tecta quotiens fericula mutentur, an eum qui
et aliis et sibi hoc monstrat : quam nihil nobis natura
durum ac difficile imperauerit, posse nos habitare 5
sine marmorario ac fabro, posse nos uestitos esse sine
commercio sericorum, posse nos habere usibus nostris
necessaria, si contenti fuerimus iis quae terra posuit
in summo? quem si audire humanum genus uoluerit,
tam superuacuum sciet sibi coquum esse quam militem. 10
16 illi sapientes fuerunt aut certe sapientibus similes,
quibus expedita erat tutela corporis. Nature gives all
simplici cura constant necessaria : in we need: 'tis luxury that costs
delicias laboratur. non desiderabis arti- trouble.
fices? sequere naturam. illa noluit esse districtos ; 15
ad quaecumque nos cogebat, instruxit. 'frigus intolerabile est corpori nudo.' quid ergo? The skins of
beasts will keep
non pelles ferarum et aliorum animalium us warm,
a frigore satis abundeque defendere queunt? non
corticibus arborum pleraeque gentes tegunt corpora? 20
non auium plumae in usum uestis conseruntur? non
hodieque magna Scytharum pars tergis uulpium in-
duitur ac murum, quae tactu mollia et impenetrabilia
17 uentis sunt? 'opus est tamen calorem and caves protect
us from the sun's
solis aestiui umbra crassiore propellere.' rays. 25
quid ergo? non uetustas se in multa abdidit loca,
quae uel iniuria temporis uel alio quolibet casu ex-
cauata in specum recesserunt? quid ergo? non

26. I am responsible for the insertion of *se in* : C.Q.
l.c. p. 184.

qua lib*u*it uirgeam cratem texuerunt manu et uili
obliuerunt luto, deinde stipula aliisque siluestribus
operuere fastigium et pluuiis per deuexa labentibus
hiemem transi*e*re securi ? quid ergo ? non in defosso
latent Syrticae gentes quibusque propter nimios solis 5
ardores nullum tegimentum satis repellendis caloribus
18 solidum est nisi ipsa arens humus ? non fuit tam

Nature meant<br>our life to be as<br>easy as that of the<br>other creatures, inimica natura ut, cum omnibus aliis
animalibus facilem actum uitae daret,
homo solus non posset sine tot artibus 10

uiuere. nihil horum ab illa nobis imperatum est,
nihil aegre quaerendum ut possit uita produci. ad
parata nati sumus : nos omnia nobis difficilia facilium
fastidio fecimus. tecta tegimentaque et fomenta
corporum et cibi et quae nunc ingens negotium facta 15
sunt obuia erant et gratuita et opera leui parabilia :
modus enim omnium prout necessitas erat : nos ista
pretiosa, nos misera, nos magnis multisque conqui-
renda artibus fecimus. sufficit ad id natura quod
19 but Luxury re-<br>volted from her, poscit. a natura luxuria desciuit, quae 20
cotidie se ipsa incitat et tot saeculis
crescit et ingenio adiuuat uitia. primo superuacua
coepit concupiscere, inde contraria, nouissime animum
making the mind<br>slave to the body. corpori addixit et illius deseruire libidini
iussit. omnes istae artes quibus aut 25
circitatur ciuitas aut strepit corpori negotium gerunt,
cui omnia olim tamquam seruo praestabantur, nunc

---

1. *qua libuit* is my conj., *quaelibet* B, *quilibet* or *quamlibet* s.
18. *nos mira* Pincianus ; if any change is needed, *misere*
is the easiest.

tamquam domino parantur. itaque hinc textorum,
hinc fabrorum officinae sunt, hinc odores coquentium,
hinc molles corporis motus docentium mollesque
cantus et infractos. recessit enim ille naturalis
modus desideria ope necessaria finiens : iam rustici- 5
tatis et miseriae est uelle quantum sat
20 est. incredibile est, mi Lucili, quam
facile etiam magnos uiros dulcedo orationis abducat *a* uero. ecce Posidonius, ut mea fert
opinio, ex his qui plurimum philosophiae contulerunt, 10
dum uult describere primum quemadmodum alia
torqueantur fila, alia ex molli solutoque ducantur,
deinde quemadmodum tela suspensis ponderibus
rectum stamen extendat, quemadmodum subtemen
insertum (quod duritiam utrimque comprimentis 15
tramae remolliat) spatha coire cogatur et iungi,
textrini quoque artem a sapientibus dixit
inuentam, oblitus postea repertum hoc
subtilius genus, in quo

The wish to write a graceful description of Weaving

tempts P. to ascribe its invention to the sage.

'tela iugo uincta est, stamen secernit harundo,   20
inseritur medium radiis subtemen acutis,
quod lato pauiunt insecti pectine dentes.'

quid, si contigisset illi uidere has nostri temporis
telas, in quibus uestis nihil celatura conficitur, in qua
non dico nullum corpori auxilium, sed nullum pudori 25
21 est ? transit deinde ad agricolas, nec
minus facunde describit proscissum aratro
solum et iteratum quo solutior terra facilius pateat
radicibus, tunc sparsa semina et collectas manu herbas
ne quid fortuitum et agreste succrescat quod necet 30

He treats Agriculture similarly.

segetem. hoc quoque opus ait esse sapientium, tamquam non nunc quoque plurima cultores agrorum
22 noua inueniant per quae fertilitas augeatur. deinde
Then he makes the sage, still copying Nature, turn baker. non est contentus his artibus, sed in pistrinum sapientem summittit. narrat enim 5
quemadmodum rerum naturam imitatus
panem coeperit facere. 'receptas' inquit 'in os fruges
concurrens inter se duritia dentium frangit, et quicquid
excidit ad eosdem dentes lingua refertur ; saliuae remiscetur ut facilius per fauces lubricas transeat ; cum 10
peruenit in uentrem, aequali eius feruore concoquitur ;
23 tunc demum corpori accedit. hoc aliquis secutus
exemplar lapidem asperum aspero imposuit ad simili-
tudinem dentium quorum pars immobilis motum alterius exspectat : deinde utriusque attritu grana fran- 15
guntur et saepius regeruntur donec ad minutiam
frequenter trita redigantur. tum farinam aqua sparsit
et assidua tractatione perdomuit finxitque panem,
quem primo cinis calidus et feruens testa percoxit,
deinde furni paulatim reperti et alia genera, quorum 20
feruor seruiret arbitrio.' non multum afuit quin su-
trinum quoque inuentum a sapientibus
Inventions come from reason, but not perfect reason. diceret. omnia ista ratio quidem, sed
24 non recta ratio commenta est. hominis
enim, non sapientis inuenta sunt, tam mehercules 25
quam navigia, quibus amnes quibusque maria transimus aptatis ad excipiendum uentorum impetum
uelis et additis a tergo gubernaculis quae huc atque

9, 10. *salinae remiscetur* is my conj., *tunc uero miscetur* O
(*saliuae* was inserted before *miscetur* by s).

illuc cursum nauigii torqueant.   exemplum a piscibus
tractum est, qui cauda reguntur et leui eius iu utrum-
25 que momento uelocitatem suam flectunt.   'omnia' inquit 'haec sapiens quidem inuenit, sed minora quam
ut ipse tractaret sordidioribus ministris dedit.'   immo 5
non aliis excogitata ista sunt quam  quibus hodieque
curantur.   quaedam  nostra demum pro-   Many inventions
disse memoria scimus, ut speculariorum   are quite recent,
usum perlucente testa clarum transmittentium lumen,
ut  suspensuras balneorum et impressos  parietibus 10
tubos per quos circumfunderetur calor qui ima simul ac
summa foueret aequaliter.   quid loquar marmora quibus templa, quibus domus fulgent?   quid lapideas
moles in rotundum ac leue formatas quibus porticus
et capacia populorum tecta suscipimus?   quid uerbo- 15
rum notas, quibus quamuis citata excipitur oratio
et celeritatem linguae manus sequitur?   and made by the
uilissimorum mancipiorum ista commenta   meanest slaves.
sunt: sapientia altius sedet nec manus edocet: animo-
30 rum magistra est. . . . non abduxit, inquam, se (ut 20
Posidonio uidetur) ab istis artibus sapiens, sed ad illas
omnino non uenit.   nihil enim dignum inuentu iudi-
casset quod non erat dignum perpetuo usu iudicaturus:
31 ponenda non sumeret. 'Anacharsis' inquit   'Anacharsis in-
                                              vented the pot-
'inuenit rotam figuli cuius circuitu uasa   ter's wheel,' says
                                              P.   But it is in
formantur.'   deinde quia apud Homerum   Homer.
inuenitur figuli rota, mauult uideri uersus falsos esse
quam fabulam.   ego nec Anacharsim auctorem huius
rei fuisse contendo et, si fuit, sapiens quidem hoc
inuenit, sed non tamquam sapiens, sicut multa sapi- 30

entes faciunt qua homines sunt, non qua sapientes.
puta uelocissimum esse sapientem : cursu omnes antei-
bit qua uelox est, non qua sapiens.  cuperem Posidonio aliquem uitrearium ostendere qui spiritu uitrum
in habitus plurimos format qui uix diligenti manu 5
effingerentur.  haec inuenta sunt postquam sapientem
32  'Democritus in-  inuenire desimus.  'Democritus' inquit
vented the arch.'
And our modern   'inuenisse dicitur fornicem, ut lapidum
processes too?
curuatura paulatim inclinatorum medio
saxo alligaretur.'  hoc dicam falsum esse.  necesse est 10
enim ante Democritum et pontes et portas fuisse,
33 quarum fere summa curuantur.  excidit porro uobis
eundem Democritum inuenisse quemadmodum ebur
molliretur, quemadmodum decoctus calculus in zma-
ragdum conuerteretur, qua hodieque coctura inuenti 15
lapides *in* hoc utiles colorantur.  ista sapiens licet
inuenerit, non qua sapiens erat inuenit.  multa enim
facit quae ab imprudentissimis aut aeque fieri uidemus
34 Very different   aut peritius atque exercitatius.  quid sa-
are the philoso-
pher's discover-  piens inuestigauerit, quid in lucem pro- 20
ies.
traxerit, quaeris ?  primum uerum natu-
ramque, quam non ut cetera animalia oculis secutus est,
tardis ad diuina, deinde uitae legem, quam ad uniuersa derexit.  nec nosse tantum sed sequi deos
docuit et accidentia non aliter excipere quam im- 25
perata.  uetuit parere opinionibus falsis et quanti
quidque esset uera aestimatione perpendit.  damna-
uit mixtas paenitentia uoluptates et bona semper
placitura laudauit et palam fecit felicissimum esse cui
felicitate non opus est, potentissimum esse qui se 30

35 habet in potestate. non de ea philosophia loquor
quae ciuem extra patriam posuit, extra mundum deos,
quae uirtutem donauit uoluptati, sed *de* illa quae
nullum bonum putat nisi quod honestum est, quae nec
hominis nec fortunae muneribus dele*ni*ri potest, cuius 5
hoc pretium est: non posse pretio capi.
hanc philosophiam fuisse illo rudi sae-    In those early
   ages however
culo, quo adhuc artificia deerant et ipso    philosophy was
   not.
36 usu discebantur utilia, non credo. *erant illa* sicut
*aiunt* fortunata tempora, cum in medio iacerent bene- 10
ficia naturae promiscue utenda, antequam auaritia
atque luxuria dissociauere mortales et ad rapinam ex
consortio discurrere: non erant illi sapientes uiri,
37 etiam si faciebant facienda sapientibus. statum
quidem generis humani non alium quis-    They were hap- 15
quam suspexerit magis, nec, si cui per    py, indeed,
mittat deus terrena formare et dare gentibus mores,
aliud probauerit quam quod apud illos    with no private
fuisse memoratur, apud quos    property,

> ' nulli subigebant arua coloni,      20
> ne signare quidem aut partiri limite campum
> fas erat: in medium quaerebant, ipsaque tellus
> omnia liberius nullo poscente ferebat.'

38 quid hominum illo genere felicius? in commune rerum
natura fruebantur: sufficiebat illa ut parens in tute- 25
la*m* omnium. haec erat publicarum opum secura
possessio. quidni ego illud locupletissimum mortalium
genus dixerim, in quo pauperem inuenire non posses?
irrupit in res optime positas auaritia et, dum sedu-

       9. ⟨*erant illa*⟩ *sicut aiunt* is my conj., *sicutaut* O.

cere aliquid cupit atque in suum uertere, omnia
fecit aliena et in angustum se ex immenso redegit.
auaritia paupertatem intulit et multa concupiscendo
39 omnia amisit.   licet itaque nunc conetur reparare
quod perdidit, licet agros agris adiciat, uicinum uel 5
pretio pellens uel iniuria, licet in prouinciarum
spatium rura dilatet et possessionem uocet per sua
longam peregrinationem: nulla nos finium propagatio
eo reducet unde discessimus.   cum omnia fecerimus,
the earth more   multum habebimus: uniuersum habeba- 10
40 productive,    mus.   terra ipsa fertilior erat illaborata
et in usus populorum non diripientium larga.   quicquid natura protulerat, id non minus inuenisse quam
inuentum monstrare alteri uoluptas erat.   nec ulli
aut superesse poterat aut deesse: inter concordes 15
diuidebatur.   nondum ualentior imposuerat infirmiori
manum, nondum auarus abscondendo quod sibi iaceret
alium necessariis quoque excluserat: par erat alterius
41 and war, save   ac sui cura.   arma cessabant incruentae-
with wild beasts,
unknown.       que humano sanguine manus odium omne 20
in feras uerterant.   illi quos aliquod nemus densum
a sole protexerat, qui aduersus saeuitiam hiemis aut
How calm men   imbris uili receptaculo tuti sub fronde
slept!         uiuebant placidas transigebant sine suspirio noctes.   sollicitudo nos in nostra purpura uersat 25
et acerrimis excitat stimulis: at quam mollem som-
42 How magnificent   num illis dura tellus dabat!   non impen-
their ceiling, the
sky!          debant caelata laquearia, sed in aperto

20. *sanguine* seems an unusual use of the abl.  Did Sen.
write *incruentatae* (used by Ovid and Tacitus)?

iacentes sidera superlabebantur et, insigne spectaculum
noctium, mundus in praeceps agebatur silentio tantum
opus ducens.  tam interdiu illis quam nocte pate-
bant prospectus huius pulcherrimae domus.  libebat
intueri signa ex media caeli parte uergentia, rursus 5
43 ex occulto alia surgentia.  quidni iuuaret uagari inter
tam late sparsa miracula ? at uos ad omnem tectorum
pauetis sonum et inter picturas uestras, si quid increpuit, fugitis attoniti.  non habebant domos instar
urbium : spiritus ac liber inter aperta  How fresh and 10
perflatus et leuis umbra rupis aut arboris  healthy their way
                                            of life!
et pellucidi fontes riuique non opere nec fistula nec
ullo coacto itinere obsolefacti, sed sponte currentes et
prata sine arte formosa, inter haec agreste domicilium
rustica politum manu—haec erat secundum naturam 15
domus, in qua libebat habitare nec ipsam nec pro
ipsa timentem : nunc magna pars nostri metus tecta
44 sunt.  sed quamuis egregia illis uita fuerit et carens
fraude, non fuere sapientes, quando hoc  But wisdom, a
iam in opere maximo nomen est.  non   science, they can-
                                        not have had.   20
tamen negauerim fuisse alti spiritus uiros et, ut ita
dicam, a dis recentes.  neque enim dubium est quin
meliora mundus nondum effetus ediderit.  quemadmodum autem omnibus indoles fortior fuit et ad
labores paratior, ita non erant ingenia omnibus con- 25
summata.  non enim dat natura uirtutem : ars est
45 bonum fieri.  illi quidem non aurum nec argentum
nec pellucidos *lapides in* ima terrarum faece quaerebant parcebantque adhuc etiam mutis animalibus :
tantum aberat *ut* homo hominem non iratus, non 30

timens, tantum spectaturus occideret. nondum uestis
illis erat picta, nondum texebatur aurum, adhuc nec
**46** They were good,  eruebatur.  quid ergo *est*?  ignorantia
through ignor-
ance of evil.   rerum innocentes erant.  multum autem
interest utrum peccare aliquis nolit an nesciat. deerat 5
illis iustitia, deerat prudentia, deerat temperantia ac
fortitudo.  omnibus his uirtutibus habebat similia
quaedam rudis uita : uirtus non contingit animo nisi
instituto et edocto et ad summum assidua exercitatione perducto.  ad hoc quidem, sed sine hoc nasci- 10
mur, et in optimis quoque antequam erudias uirtutis
materia, non uirtus est.  VALE.


## CVII

## LIFE'S TEDIOUS ROAD

### SENECA LVCILIO SVO SALVTEM                    15

**1** VBI illa prudentia tua?  ubi in dispiciendis rebus
What if your  subtilitas?  ubi magnitudo?  tam pusilla
slaves have run
away?     tangu*n*t?  serui occupationes tuas occasionem fugae putauerunt.  si amici deciperent (habe-

---

17. *tam* s, *iam* O.      18. *tangunt* is my conj., *tangit* O, *te
angunt* some edd.     19 *sqq*. A lacuna is generally recognised
here : I take it that Sen. said '(If your friends had failed
you,) you might complain : as it is, you've everything save
*illi qui*,' etc.  Cp. esp. 99. 2 *molliter fers mortem filii*? *quid
faceres si amicum perdidisses*?  There are many ways of
filling the gap and it is hard to select one as particulariy
probable.  That *rebus* was governed by *ex* seems to me fairly
certain, and that *nunc* preceded, probable.

ant enim sane nomen quod illis noster error imposuit,
et uocentur, quo turpius non sint) . . . *ex* omnibus
rebus tuis desunt illi qui et operam tuam conterebant
2 et te aliis molestum esse credebant.    nihil horum
insolitum, nihil inexpectatum est.    offendi rebus istis 5
tam ridiculum est quam queri quod spargaris in
publico aut inquineris in luto.    eadem    Life is full of
uitae condicio est quae balnei, turbae,   trouble.
itineris : quaedam in te mittentur, quaedam incident.
non est delicata res uiuere.    longam uiam in- 10
gressus es : et labaris oportet et arietes et cadas
et lasseris et exclames 'o mors !', id est mentiaris.
alio loco comitem relinques, alio efferes, alio timebis :
per eiusmodi offensas emetiendum est confragosum
3 hoc iter.    mori uult ?    praeparetur animus contra 15
omnia : sciat se uenisse ubi tonat fulmen.    sciat se
uenisse ubi

   'luctus et ultrices posuere cubilia curae
     pallentesque habitant morbi tristisque senectus.'

in hoc contubernio uita degenda est.    effugere ista 20
non potes, contemnere potes.    contemnes autem, si
4 saepe cogitaueris et futura praesumpseris.    nemo non
fortius ad id cui se diu composuerat accessit et duris
quoque, si praemeditata erant, obstitit.    at contra
imparatus etiam leuissima expauit.    id agendum est 25
ne quid nobis inopinatum sit.    et quia omnia nouitate
grauiora sunt, hoc cogitatio assidua praestabit, ut
5 nulli sis malo tiro.    'serui me reliquerunt.' alium

16. *tonat* ϛ, *ponat* O.    I doubt if the passage is right even now.

compilauerunt, alium accusauerunt, alium occiderunt,
Think how other alium prodiderunt. alium calcauerunt,
masters have alium ueneno, alium criminatione petie-
fared.
runt : quicquid dixeris, multis accidit. . . ., *alia*
deinceps quae multa et uaria sunt, in nos deriguntur. 5
quaedam iam nos fixerunt, quaedam uibrant et cum
maxime ueniunt, quaedam in alios peruentura nos
6 stringunt. nihil miremur eorum ad quae nati sumus,
quae ideo nulli querenda, quia paria sunt omnibus.
ita dico, paria sunt. nam etiam quod effugit aliquis, 10
pati potuit. aequum autem ius est non quo omnes
usi sunt, sed quod omnibus latum est. imperetur
aequitas animo et sine querella mortalitatis tributa
7 We must pay toll pendamus. hiems frigora adducit: algen-
to our mortality. dum est. aestas calores refert : aestuan- 15
dum est. intemperies caeli ualetudinem temptat :
aegrotandum est. et fera nobis aliquo loco occurret
et homo perniciosior feris omnibus. aliud aqua,
aliud ignis eripiet. hanc rerum condicionem mutare
non possumus : illud possumus, magnum sumere 20
animum et uiro bono dignum, quo fortiter fortuita
8 patiamur et naturae consentiamus. natura autem
Nature is full of hoc quod uides regnum mutationibus
changes. temperat : nubilo serena succedunt, tur-
bantur maria cum quieuerunt, flant in uicem uenti, 25
noctem dies sequitur, pars caeli consurgit, pars mer-
9 gitur. contrariis rerum aeternitas constat. ad hanc

4 *sqq.* For my view of this passage see C.Q. l.c. p. 184 :
that *alia* preceded *deinceps* I feel pretty sure, and before
it may have stood some such series as *morbi, damna,
labores.*   6. *iam nos fixerunt* is my conj., *in nos fixa sunt* O.

legem animus noster aptandus est, hanc sequatur,
huic pareat.  et quaecumque fiunt debuisse fieri putet nec uelit obiurgare
naturam.  optimum est pati quod emen-

*We must obey the appointed law, and cheerfully.*

dare non possis, et deum quo auctore cuncta proueni- 5
unt sine murmuratione comitari : malus miles est
10 qui imperatorem gemens sequitur.  quare impigri
atque alacres excipiamus imperia nec des*e*ramus hunc
operis pulcherrimi cursum, cui quicquid patiemur
intextum est.  et sic alloquamur Iouem,

*Cleanthes' hymn to Jove.* 10

cuius gubernaculo moles ista derigitur,
quem*admodum* Cleanthes noster uersibus disertissi-
mis alloquitur, quos mihi in nostrum sermonem
mutare permittitur Ciceronis, disertissimi uiri, exemplo.  si placuerint, boni consules ; si displicuerint, 15
scies me in hoc secutum Ciceronis exemplum.

11       ' duc, o parens celsique dominator poli,
            quocumque placuit : nulla parendi mora est.
            adsum impiger.  fac nolle : comitabor gemens
            malusque patiar facere quod licuit bono.                20
            ducunt uolentem fata, nolentem trahunt.'

12 sic uiuamus, sic loquamur : paratos nos inueniat
atque impigros fatum.  hic est magnus animus qui
se ei tradidit ; at contra ille pusillus et degener qui
obluctatur et de ordine mundi male existimat et 25
emendare mauult deos quam se.  VALE.

            8. *deseramus* Erasmus, *desimus* O.

## CVIII

## VEGETARIANISM

### SENECA LVCILIO SVO SALVTEM

12 Veri simile non est quantum proficiat talis oratio

*Earnest exhorta-* remedio intenta et tota in bonum 5
*tion is very effec-*
*tive: I learned* audientium uersa. facillime enim tenera
*that under At-*
*talus,* conciliantur ingenia ad honesti rectique

amorem, et adhuc docibilibus leuiterque corruptis

inicit manum ueritas, si aduocatum idoneum nancta

13 est. ego certe cum Attalum audirem in uitia, in 10

errores, in mala uitae perorantem, saepe miseritus

sum generis humani et illum sublimem altioremque

humano fastigio credidi. ipse regem se esse dicebat,

sed plus quam regnare mihi uidebatur, cui liceret

14 censuram agere regnantium. cum uero commendare 15

paupertatem coeperat et ostendere quam quicquid

usum excederet pondus esset superuacuum et graue

ferenti, saepe exire e schola pauperi libuit. cum

coeperat uoluptates nostras traducere, laudare castum

corpus, sobriam mensam, puram mentem non tantum 20

ab illicitis uoluptatibus, sed etiam superuacuis, libe-

15 bat circumscribere gulam ac uentrem. inde mihi

*some of whose* quaedam permansere, Lucili. magno
*rules for diet I*
*still follow.* enim in omnia inceptu ueneram. deinde

ad ciuitatis uitam reductus ex bene coeptis pauca 25

seruaui. inde ostreis boletisque in omnem uitam

renuntiatum est. nec enim cibi, sed oblectamenta

sunt ad edendum saturos cogentia (quod gratissimum
est edacibus et se ultra quam capiunt farcientibus),
16 facile descensura, facile reditura.  inde in omnem
uitam unguento abstinemus, quoniam optimus odor
in corpore est nullus.  inde uino carens stomachus. 5
inde in omnem uitam balneum fugimus : decoquere
corpus atque exinanire sudoribus inutile simul delicatumque credidimus.  cetera proiecta redierunt, ita
tamen ut quorum abstinentiam interrupi, modum
seruem et quidem abstinentiae proximiorem, nescio 10
an difficiliorem, quoniam quidem absciduntur facilius
17 animo  quam  temperantur.    quoniam  I must confess to
coepi tibi exponere quanto maiore im-  having admired
                                       Pythagoras.
petu ad philosophiam iuuenis accesserim quam senex
pergam, non pudebit fateri quem mihi amorem 15
Pythagoras iniecerit.    Sotion dicebat quare ille
animalibus abstinuisset, quare postea Sextius.  dissimilis utrique causa erat, sed utrique  He and Sextius
18 magnifica.  hic homini satis alimentorum  opposed a meat
                                           diet, but on dif-
citra sanguinem esse credebat, et crudeli-  ferent grounds.  20
tatis consuetudinem fieri ubi in uoluptatem esset
adducta laceratio.  adiciebat contrahendam materiam
esse luxuriae.  colligebat bonae ualitudini contraria
19 esse alimenta uaria et nostris aliena corporibus.  at
Pythagoras omnium inter omnia cognationem esse 25
dicebat et animorum commercium in alias atque alias
formas transeuntium.  nulla, si illi credas, anima
interit, ne cessat quidem nisi tempore exiguo, dum in
aliud corpus transfunditur.  uidebimus per quas
temporum uices et quando pererratis pluribus domi- 30

ciliis in hominem reuertatur : interim sceleris hominibus ac parricidii metum fecit, cum possent in parentis
animam inscii incurrere et ferro morsuue uiolare, si in
20 quo cognatus aliqui spiritus hospitaretur.   haec cum

*Sotion's develop-*
*ment of Pytha-*
*goras' position.*
exposuisset Sotion et implesset argu- 5
mentis suis, 'non credis' inquit 'animas
in alia corpora atque alia discribi et migrationem esse
quod dicimus mortem ?  non credis in his pecudibus
ferisue aut aqua mersis illum quondam hominis
animum morari ?   non credis nihil perire in hoc 10
mundo, sed mutare regionem ?   nec tantum caelestia
per certos circuitus uerti, sed animalia quoque per
21 uices ire et animos per orbem agi ?  magni ista credi-
derunt uiri.   itaque iudicium quidem tuum sustine,
ceterum omnia tibi in integro serua.  si uera sunt 15
ista, abstinuisse animalibus innocentia est;  si
falsa, frugalitas est.   quod istic credulitatis tuae
damnum est ?  alimenta tibi leonum et uulturum

22 *I turned vege-*
*tarian for a*
*year.*
eripio.'  his ego instinctus abstinere
animalibus coepi, et anno peracto non 20
tantum facilis erat mihi consuetudo, sed dulcis.
agitatiorem mihi animum esse credebam nec tibi
hodie affirmauerim an fuerit.   quaeris quomodo
desierim ?  in primum Tiberii Caesaris principatum
iuuentae tempus inciderat.   alienigena tum sacra *re-* 25
mouebantur, sed inter argumenta superstitionis pone-
batur quorundam animalium abstinentia.    patre
itaque meo rogante, qui non calumniam timebat, sed

25, 26.  *remouebantur* is my conj., *mouebantur* O (which
would mean ' were being celebrated ').

philosophiam oderat, ad pristinam consuetudinem
redii.  nec difficulter mihi ut inciperem melius cenare
23 persuasit.    laudare solebat Attalus culcitam quae
resisteret corpori : tali utor etiam senex, in qua
uestigium apparere non possit.  haec    All this is to show   5
rettuli ut probarem tibi quam uehe-   you how young
men *can* be in-
mentes haberent tirunculi impetus primos   fluenced.
ad optima quaeque, si quis exhortaretur illos, si
quis *se* impenderet.   sed aliquid praecipientium uitio
peccatur, qui nos docent disputare, non uiuere, aliquid 10
discentium, qui propositum afferunt ad praeceptores
suos non animum excolendi, sed ingenium.


# CXIV

## STYLE THE MIRROR OF MORALS

### SENECA LVCILIO SVO SALVTEM                     15

1 QVARE quibusdam temporibus prouenerit corrupti
generis oratio quaeris et quomodo in   You ask why bad
style sometimes
quaedam uitia inclinatio ingeniorum facta   becomes general.
sit, ut aliquando inflata explicatio uigeret, aliquando
infracta et in morem cantici ducta : quare alias sensus 20
audaces et fidem egressi placuerint, alias abruptae
sententiae et suspiciosae, in quibus plus intellegendum
esset quam audiendum : quare aliqua aetas fuerit quae
translationis iure uteretur inuerecunde ?  hoc quod

8. *quis* s, *quisq*; O.  Is it not possible that Sen. wrote
*quisquam*?        9. I am responsible for the insertion of *se* :
C.Q. l.c. p. 185.

audire uulgo soles, quod apud Graecos in prouerbium

It is because our cessit : talis hominibus fuit oratio qualis
speech resembles
2 our mode of life. uita. quemadmodum autem uniuscuius-
que actio † dicendi similis est, sic genus dicendi
aliquando imitatur publicos mores, si disciplina ciui- 5
tatis laborauit et se in delicias dedit. argumentum
est luxuriae publicae orationis lasciuia, si modo non in
uno aut in altero fuit, sed approbata est et recepta.
3 non potest alius esse ingenio, alius animo color. si
ille sanus est, si compositus, grauis, temperans, in- 10
genium quoque siccum ac sobrium est: illo uitiato
hoc quoque afflatur. non uides, si animus elan-
guit, trahi membra et pigre moueri pedes? si
ille effeminatus est, in ipso incessu apparere mollitiam? si ille acer est et ferox, concitari gradum? 15
si furit aut, quod furori simile est, irascitur, turbatum
esse corporis motum nec ire, sed ferri? quanto hoc
magis accidere ingenio putas, quod totum animo

How closely the permixtum est; ab illo fingitur, illi paret,
4 two things are inde legem petit. quomodo Maecenas 20
connected we see
in Maecenas. uixerit notius est quam ut narrari nunc
debeat, quomodo ambulauerit, quam delicatus fuerit,
quam cupierit uideri, quam uitia sua latere noluerit.
quid ergo? non oratio eius aeque soluta est quam
ipse discinctus? non tam insignita illius uerba sunt 25

4. I do not care for either *dicenti* of ș or Madvig's *dicendis* :
Sen. regularly uses *actio* in its philosophical sense, not in its
rhetorical one of 'delivery,' and I believe he means that just
as a man's course of action reflects his nature, so fashionable
style represents the nature of the fashionable world. But
I cannot emend the passage.

quam cultus, quam comitatus, quam domus, quam
uxor? magni uir ingenii fuerat, si illud egisset uia
rectiore, si non uitasset intellegi, si non etiam in
oratione difflueret. uidebis itaque eloquentiam ebrii
hominis inuolutam et errantem et licentiae plenam. 5
6 . . . non statim cum haec legeris hoc tibi  Don't his writ-
occurret: hunc esse qui solutis tunicis in  ings suggest a
                                             fop?
urbe semper incesserit (nam etiam cum absentis
Caesaris partibus fungeretur, signum a discincto petebatur); hunc esse qui *in* tribunali, in rostris, in omni 10
publico coetu sic apparuerit ut pallio uelaretur caput,
exclusis utrimque auribus, non aliter quam in mimo
fugitiui diuitis solent; hunc esse cui tunc maxime
ciuilibus bellis strepentibus et sollicita urbe et armata
comitatus hic fuerit in publico: spadones duo, magis 15
tamen uiri quam ipse; hunc esse qui uxorem milliens
7 duxit, cum unam habuerit? haec uerba tam improbe
structa, tam neglegenter abiecta, tam contra consuetudinem omnium posita ostendunt mores quoque
non minus nouos et prauos et singulares fuisse. 20
maxima laus illi tribuitur mansuetudinis: pepercit
gladio, sanguine abstinuit, nec ulla alia re quid
posset quam licentia ostendit: hanc ipsam laudem
suam corrupit istis orationis portentosissimae
deliciis. apparet enim mollem fuisse, non  His failing is 25
8 mitem. hoc istae ambages compositionis,  sometimes that
                                            of a generation.
hoc uerba transuersa, hoc sensus magni quidem

6. The specimens of Maecenas' style cited by Sen. are
here omitted, as difficult and dull. I have tried to emend
them in C.Q. 1908, pp. 170 *sqq*.  13. *diuitis* Lips., *-tes* O.
27. The MS. insert *mihi* before *magni*: was the latter

saepe, sed eneruati dum exeunt, cuiuis manifestum
facient : motum illi felicitate nimia caput.　　quod

Luxury has regular stages of progress: dress, furniture, houses, banquets.

9

uitium hominis esse interdum, interdum
temporis solet.　ubi luxuriam late felicitas fudit, cultus primum corporum esse 5
diligentior incipit.　deinde supellectili laboratur.
deinde in ipsas domos impenditur cura, ut in laxitatem ruris excurrant, ut parietes aduectis trans maria
marmoribus fulgeant, ut tecta uarientur auro, ut
lacunaribus pauimentorum respondeat nitor.　deinde 10
ad cenas lautitia transfertur et illic commendatio ex
nouitate et soliti ordinis commutatione captatur, ut
ea quae includere solent cenam prima ponantur,
ut quae aduenientibus dabantur exeuntibus dentur.

10 Then contempt for the normal extends to style,

cum assueuit animus fastidire quae ex 15
more sunt, et illi pro sordidis solita sunt,
etiam in oratione quod nouum est quaerit et modo
antiqua uerba atque exoleta reuocat ac profert, modo
fingit et iungit ac deflectit, modo, id quod nuper increbruit, pro cultu habetur audax translatio ac fre- 20

11 and every kind of fault therein is admired.

quens.　sunt qui sensus praecidant, et *ex*
hoc gratiam sperent si sententia pepen-
derit et audienti suspicionem sui fecerit, sunt qui illos
detineant et porrigant, sunt qui non usque ad uitium
accedant (necesse est enim hoc facere aliquid grande 25
temptanti) sed qui ipsum uitium ament.　itaque

written $\overline{mi}$ and this abbreviation wrongly expanded into
*mihi*? The corrector would write *magni* over this, and subse-
quent copyists put both words in the text.　Buecheler's
*miri* is impossible in view of the *magni quidem* which follows.
19. *iungit* is my conj., *ignota* O : see C.Q. 1909, p. 185.

ubicumque uideris orationem corruptam placere, ibi
mores quoque a recto desciuisse non erit dubium.
quomodo conuiuiorum luxuria, quomodo uestium
aegrae ciuitatis indicia sunt, sic orationis licentia,
si modo frequens est, ostendit animos quoque, *a* 5
12 quibus uerba exeunt, procidisse. mirari quidem non
debes corrupta excipi non tantum *a* corona sordidiore,
sed ab hac quoque turba cultiore : togis
enim inter se isti, non iudiciis distant.
hoc magis mirari potes, quod non tantum 10
uitiosa, sed uitia laudentur. nam illud semper factum
est : nullum sine uenia placuit ingenium. da mihi
quemcumque uis magni nominis uirum : dicam quid
illi aetas sua ignouerit, quid in illo sciens dissimu-
lauerit. multos tibi dabo quibus uitia non nocuerint, 15
quosdam quibus profuerint. dabo, inquam, maximae
famae et inter admiranda propositos, quos si quis
corrigit, delet : sic enim uitia uirtutibus immixta
13 sunt ut illas secum tractura sint. adice
nunc quod oratio certam regulam non 20
habet : consuetudo illam ciuitatis, quae numquam in
eodem diu stetit, uersat. multi ex alieno saeculo
petunt uerba, duodecim tabulas loquun-
tur : Gracchus illis et Crassus et Curio nimis culti
et recentes sunt, ad Appium usque et Coruncanium 25
redeunt. quidam contra, dum nihil nisi tritum et
14 usitatum uolunt, in sordes incidunt. utrumque
diuerso genere corruptum est, tam mehercules quam
nolle nisi splendidis uti ac sonantibus et poeticis,

*That faulty work
should neverthe-
less be admired is
natural enough.*

*There is no fixed
canon for style,
either as regards*

*vocabulary,*

18. *immixta* s, *-missa* O.

necessaria atque in usu posita uitare. tam hunc
dicam peccare quam illum : alter se plus iusto colit,
alter plus iusto neglegit, ille et crura, hic ne alas
15 order of words,   quidem uellit. ad compositionem transeamus. quot genera tibi in hac dabo quibus pec- 5
cetur? quidam praefractam et asperam probant,
disturbant de industria si quid placidius effluxit,
nolunt sine salebra esse iuncturam, uirilem putant et
fortem quae aurem inaequalitate percutiat. quorundam non est compositio, modulatio est : adeo blandi- 10
16 tur et molliter labitur. quid de illa loquar in qua
uerba differuntur et diu exspectata uix ad clausulas
redeunt ? quid illa in exitu lenta, qualis Ciceronis est,
deuexa et molliter detinens nec aliter quam solet ad
or ideas.        morem suum pedemque respondens? †non 15
tantum in genere sententiarum uitium est, si aut
pusillae sunt et pueriles aut improbae et plus ausae
quam pudore saluo licet, si floridae sunt et nimis
dulces, si in uanum exeunt et sine effectu nihil
17                amplius quam sonant. haec uitia unus 20
The chief writer   aliquis inducit sub quo tunc eloquentia
of the day sets a
fashion and the    est, ceteri imitantur et alter alteri tra-
rest follow:
dunt. sic Sallustio uigente amputatae sententiae et
uerba ante exspectatum cadentia et obscura breuitas
see how Arrun-   fuere pro cultu. L. Arruntius, uir rarae 25
tius copied Sal-
lust.            frugalitatis, qui historias belli Punici

15, 16. *Non tantum* has escaped suspicion so far, but Sen.
would hardly, after giving a long list of faults, trouble to tell
us that the faults he is *now* going to name are not the only
ones possible. I propose *non unum*, although *iam tertium* is
also a possible reading : see note on § 8.

scripsit, fuit Sallustianus et in illud genus nitens.
est apud Sallustium 'exercitum argento fecit,' id est,
pecunia parauit.  hoc Arruntius amare coepit : posuit
illud omnibus paginis.   dicit quodam loco 'fugam
nostris fecere,' alio loco 'Hiero rex Syracusanorum 5
bellum fecit,' et alio loco 'quae audita Panhormitanos
18 dedere se Romanis fecere.'  gustum tibi dare uolui :
totus his contexitur liber.   quae apud Sallustium
rara fuerunt, apud hunc crebra sunt et paene con-
tinua, nec sine causa : ille enim in haec incidebat, at 10
hic illa quaerebat.  uides autem quid sequatur, ubi
19 alicui uitium pro exemplo est.   dixit Sallustius
'aquis hiemantibus.'   Arruntius in primo libro belli
Punici ait 'repente hiemauit tempestas,' et alio loco
cum dicere uellet frigidum annum fuisse ait 'totus 15
hiemauit annus,' et alio loco 'inde sexaginta onerarias
leues praeter militem et necessarios nautarum hie-
mante aquilone misit' : non desinit omnibus locis hoc
uerbum infulcire.   quodam loco dicit Sallustius
'inter arma ciuilia aequi bonique famas petit.' 20
Arruntius non temperauit quo minus primo statim
20 libro poneret ingentes esse famas de Regulo.  haec
ergo et eiusmodi uitia, quae alicui im-     Faults of imi-
pressit imitatio, non sunt indicia luxuriae  tation prove
                                            nothing of course
nec animi corrupti.  propria enim esse    as to morals.   25
debent et ex ipso nata, ex quibus tu aestimes alicuius
affectus : iracundi hominis iracunda oratio est, com-
moti nimis incitata, delicati tenera et fluxa.   quod
21 uides istos sequi qui aut uellunt barbam aut inter-

7. The insertion of *se* is due to s.

uellunt, qui labra pressius tondent et adradunt
seruata et summissa cetera parte, qui
lacernas coloris improbi sumunt, qui
perlucentem togam, qui nolunt facere
quicquam quod hominum oculis transire liceat (irri- 5
tant illos et in se auertunt, uolunt uel reprendi,
dum conspici): talis est oratio Maecenatis omniumque aliorum, qui non
22 casu errant sed scientes uolentesque.  hoc a magno
animi malo oritur.  quomodo in uino non 10
ante lingua titubat quam mens cessit
oneri et inclinata uel prodita est: ita ista orationis
quid aliud quam ebrietas nulli molesta est, nisi animus
labat.  ideo ille curetur: ab illo sensus, ab illo uerba
exeunt, ab illo nobis est habitus, uultus, 15
incessus.   illo sano ac ualente oratio
quoque robusta, fortis, uirilis est: si ille procubuit,
et cetera ruinam sequuntur.

*But, just as fops will do anything to attract notice,*

*so it is with the language of Maecenas and his class.*

*Their style is drunken,*

*and, if the mind goes, everything goes.*

23            'rege incolumi mens omnibus una est :
        amisso rupere fidem.'                                        20

rex noster est animus.  hoc incolumi cetera manent
in officio, parent, obtemperant: cum ille paulum
uaccillauit, simul dubitant.  cum uero cessit uoluptati,
artes quoque eius actusque marcent et omnis ex
languido fluidoque conatus est.                                25

## CXXII
# HUMAN ANTIPODES

### SENECA LVCILIO SVO SALVTEM

1 DETRIMENTVM iam dies sensit. resiluit aliquantum, ita tamen ut liberale adhuc spatium sit. si quis cum ipso, ut ita dicam, die surgat. *The days shorten: we must rise betimes.* officiosior meliorque, si quis illum *non* exspectat et lucem primam exci*t*at; turpis, qui alto sole semisomnus iacet, cuius uigilia medio die incipit: et adhuc 2 multis hoc antelucanum est. sunt qui *The folk who turn day into night and viceversa (Rome's Antipodes)* officia lucis noctisque peruerterint nec ante diducant oculos hesterna graues crapula quam appetere nox coepit. qualis illorum condicio dicitur quos natura, ut ait Vergilius, sedibus nostris subditos e contrario posuit,

'nosque ubi primus equis Oriens afflauit anhelis
illis sera rubens accendit lumina Vesper':

talis horum contraria omnibus non regio, sed uita est. sunt quidam in eadem urbe antipodes, qui, ut M. Cato ait, nec orientem umquam solem uiderunt nec occi- 3 dentem. hos tu existimas scire quemadmodum uiuendum sit, qui nesciunt quando? et hi mortem timent, in quam se uiui condiderunt? tam infausti quam nocturnae aues sunt. licet in uino *are really buried alive:* unguentoque tenebras suas exigant, licet

---

7, 8. *non exspectat—excitat* is my conj., *exspectat—exuit* O: C.Q. l.c. p. 186.

epulis et quidem in multa fericula discoctis totum
peruersae uigiliae tempus educant, non conuiuantur,
sed iusta sibi faciunt. mortuis certe interdiu parentatur. at mehercules nullus agenti dies longus est.
extendamus uitam : huius et officium et argumentum 5
actus est. circumscribatur nox, et aliquid ex illa in

**4** theyresemblethe
fowls that are
fattened in the
dark.

diem transferatur. aues quae conuiuiis
comparantur, ut immotae facile pingu-
escant, in obscuro continentur : ita sine
ulla exercitatione iacentibus tumor pigrum corpus 10
inuadit, et super membra iners sagi*na* succrescit. at
istorum corpora qui se tenebris dicauerunt foeda
uisuntur, quippe suspectior illis quam morbo pallenti-
bus color est : languidi et euanidi albent, et in uiuis
caro morticina est. hoc tamen minimum in illis 15

The darkness of
their minds is
still grosser.

malorum dixerim : quanto plus tenebrarum in animo est ! ille in se stupet,
ille caligat, inuidet caecis. quis umquam oculos
**5** tenebrarum causa habuit ? interrogas quomodo haec
animo prauitas fiat auersandi diem et totam uitam 20

Luxury always
affects the un-
natural : witness
wine-bibbing on
empty stomachs,

in noctem transferendi ? omnia uitia
contra naturam pugnant, omnia debitum
ordinem deserunt. hoc est luxuriae
propositum, gaudere peruersis nec tantum discedere a recto, sed quam longissime abire, deinde 25
**6** etiam e contrario stare. non uidentur tibi contra
naturam uiuere *qui* ieiuni bibunt, qui uinum recipiunt
inanibus uenis et ad cibum ebrii transeunt ? atqui

11. *super membra* s, *superba umbra* O. *Superba umbrae
inertis sagina* would be an improvement, I think.

frequens hoc adulescentium uitium est, qui uires
excolunt, *ut* in ipso paene balinei limine inter nudos
bibant, immo potent et sudorem quem mouerunt
potionibus crebris ac feruentibus subinde destringant.
post prandium aut cenam bibere uulgare est : hoc 5
patres familiae rustici faciunt et uerae uoluptatis
ignari. merum illud delectat, quod non innatat cibo,
quod libere penetrat ad neruos. illa ebrietas iuuat
7 quae in uacuum uenit. non uidentur   men dressing like
tibi contra naturam uiuere qui com-   women, flowers
  out of season,   10
mutant cum feminis uestem ? non uiuunt contra
naturam qui hieme concupiscunt rosam fomentoque
aquarum calentium et calorum apta mutatione bruma·
8 lium, florem uernum, praeci*p*iunt ? non uiuunt co*ntra*
naturam qui pomaria in summis turribus   roof-gardens and   15
serunt, quorum siluae in tectis *d*om*uu*m   hot sea-baths.
ac fastigiis nutant, inde ortis radicibus quo improbe
cacumina egissent ? non uiuunt contra naturam qui
fundamenta thermarum in mari iaciunt et delicate
natare ipsi sibi *non* uidentur, nisi calentia stagna 20
9 fluctu ac tempestate feriantur ? cum   They want a
instituerunt omnia contra naturae con-   special day of
  their own.
suetudinem uelle, nouissime in totum ab illa de-
sciscunt. 'lucet : somni tempus est. quies est :
nunc exerceamur, nunc gestemur, nunc prandeamus. 25
iam lux propius accedit : tempus est cenae. non

13, 14. *bruma lilium* Pincianus. The flower *brumalium* is
not mentioned elsewhere.   14. *praecipiun/* is my conj.,
*primunt* O, *exprimunt* **s** (cp. our 'force').   23, 24. The mss.
are divided between *descisc—, deseisc—* and *desuisc—*. Hense
and Buech. read *desuescunt*, but cp. 90. 19 *a natura luxuria
desciuit*, B. 4. 17. 3 *a naturae lege desciuit*.

oportet id facere quod populus. res sordida est trita
ac uulgari uia uiuere. dies publicus relinquatur:
10 proprium nobis ac peculiare mane fiat.' isti uero
mihi defunctorum loco sunt. quantulum enim a
funere absunt et quidem acerbo, qui ad faces et cereos 5
uiuunt? hanc uitam agere eodem tempore multos
meminimus, inter quos et Acilium Butam

At a *recitatio* praetorium, cui post patrimonium ingens
Varus made a
butt of one of consumptum Tiberius paupertatem con-
them.

11 fitenti 'sero' inquit 'experrectus es.' recitabat 10
Montanus Iulius carmen, tolerabilis poeta et amicitia
Tiberi notus et frigore. ortus et occasus libentissime
inserebat. itaque cum indignaretur quidam illum
toto die recitasse et negaret accedendum ad recita-
tiones eius, Natta Pinarius ait: 'numquid possum 15
liberalius agere? paratus sum illum audire ab ortu ad
12 occasum.' cum hos uersus recitasset:

> 'incipit ardentes Phoebus producere flammas,
>   spargere *se* rubicunda dies, iam tristis hirundo
>   argutis reditura cibos *im*mittere nidis        20
>   incipit et molli partitos ore ministrat,'

Varus eques Romanus, M. Vinicii comes, cenarum
bonarum assectator quas improbitate linguae mere-
13 batur, exclamauit: 'incipit Buta dormire.' deinde
cum subinde recitasset        25

> 'iam sua pastores stabulis armenta locarunt,
>   iam dare sopitis nox pigra silentia terris
>   incipit,'

idem Varus inquit 'quid dicis? iam nox est? ibo et

15. *numquid* s, *numquam* O.

Butam salutabo.' nihil erat notius hac eius uita in
contrarium circumacta. quam, ut dixi, multi eodem
14 tempore egerunt. causa autem est ita Their motives.
uiuendi quibusdam, non quia aliquid existiment
noctem ipsam habere iucundius, sed quia nihil iuuat 5
obuium, et grauis malae conscientiae lux est, et
omnia concupiscenti aut contemnenti, prout magno
aut paruo empta sunt, fastidio est lumen gratuitum.
praeterea luxuriosi uitam suam esse in sermonibus,
dum uiuunt, uolunt. nam si tacetur, perdere se 10
putant operam. itaque aliquotiens faciunt quod
excitet famam. multi bona comedunt, multi amicas
habent: ut inter istos nomen inuenias, opus est non
tantum luxuriosam rem, sed notabilem facere; in
tam occupata ciuitate fabulas uulgaris nequitia non 15
15 inuenit. Pedonem Albinouanum narran- Albinovanus'tale
tem audieramus (erat autem fabulator about Papinius.
elegantissimus) habitasse se supra domum Sex. Papini.
is erat ex hac turba lucifugarum. 'audio' inquit
'circa horam tertiam noctis flagellorum sonum. 20
quaero quid faciat: dicitur rationes accipere. audio
circa horam sextam noctis clamorem concitatum.
quaero quid sit: dicitur uocem exercere. quaero
circa horam octauam noctis quid sibi ille sonus
16 rotarum uelit: gestari dicitur. circa lucem dis- 25
curritur, pueri uocantur, cellarii, coqui tumultuantur.
quaero quid sit: dicitur mulsum et alicam poposcisse,
a balneo exisse.' 'excedebat' inquis 'huius diem

6. obuium Erasmus, oblitum O.   28. inquis is my conj.,
inquid O: see C.Q. l.c. p. 187.

cena.' minime: ualde enim frugaliter uiuebat. nihil
consumebat nisi noctem. itaque *egregie* Pedo dicentibus illum quibusdam auarum et sordidum 'uos'
17 inquit 'illum et lychnobium dicetis.' non debes

The forms of vice are innumerable: admirari si tantas inuenis uitiorum pro- 5
prietates : uaria sunt, innumerabiles
habent facies, comprendi eorum genera non possunt.
simplex recti cura est, multiplex praui, et quantumuis
nouas declinationes capit. idem moribus euenit:
naturam sequentium faciles sunt, soluti sunt, exiguas 10
differentias habent; his distorti plurimum et *cum*
18 omnibus et inter se dissident. causa tamen praecipua

this particular one is due to weariness of ordinary life. mihi uidetur huius morbi uitae communis
fastidium. quomodo cultu se a ceteris
distinguunt, quomodo elegantia cenarum, 15
munditiis uehiculorum, sic uolunt separari etiam
temporum dispositione. nolunt solita peccare, quibus
peccandi praemium infamia est. hanc petunt omnes
19 isti, qui, ut ita dicam, retro uiuunt. ideo, Lucili,
tenenda nobis uia est quam natura praescripsit, nec 20
ab illa declinandum : illam sequentibus omnia facilia,
expedita sunt, contra illam nitentibus non alia uita
est quam contra aquam remigantibus. VALE.

2. *egregie Pedo* is my conj., *credendo* O.    3. There is something wrong with Pedo's words.  The emphatic *uos* seems
to require a *quin* or a *uero* : the latter is palaeographically the
easier ; *quin* would require *dicitis*.    8. ⟨*in*⟩ *quantumuis* ?
11. I insert *cum* because Sen. does not construct *dissidere*
with the dative, and *inter* wants a prep. to balance it.
16. *separari* is my conj., *-are* O, *-are se* Bartsch.

# NOTES

## PAGE 3

LUCILIUS IUNIOR, the addressee of these Letters, the *De Prouidentia*, and the *Naturales Quaestiones*, was born at Pompeii
in humble circumstances, from which by sheer hard work,
according to Seneca, he raised himself to equestrian rank and
was at this time imperial procurator in Sicily. He was at
once a literary character and a keen student of philosophy :
in *Ep.* 8.10, 24.21, N.Q. 3.1.1 we have references to poetical
compositions (with quotations), in *Ep.* XLVI. to a philosophic
work. For the theory that he was the author of the Aetna
see on LXXIX. His personality would be even more shadowy
than it is but for the important passage N.Q. 4. pr. 14 *sqq.*

## V

*Philosophiae quidem praecepta noscenda, uiuendum autem
ciuiliter* is Cicero's advice to his son (Frag. E. 9. 4), and Sen.
often says much the same : cp. XVIII, 68. 3 *non est quod
inscribas tibi philosophiam aut quietem*, 103. 5 *licet sapere
sine pompa, sine inuidia.* Muson. 88 H. 'no need τρίβωνα
ἀμπέχεσθαι οὔτε ἀχίτωνα διατελεῖν, οὐδὲ κομᾶν, οὐδ' ἐκβαίνειν τὸ
κοινὸν τῶν πολλῶν ... οὐκ ἐν τούτοις τὸ φιλοσοφεῖν ἐστιν', Epict.
4. 8. 17, where Euphrates says he contrived λανθάνειν φιλο-
σοφῶν for a considerable time, Montaigne, 1. 22 (Florio's Tr.) :
'Mee seemeth that all severall strange and particular fashions
proceed rather of follie or *ambitious affectation* than of true
reason, and that a wise man ought *inwardly* to retire his
minde from the common presse ... but *for outward matters* he
ought absolutely to follow the fashions and forme customarily
received.'

§ **1**. l. 4. **studes**] absolutely, a Silver use. Cic. uses the
word in the same sense, but only when combined with datives

like *litteris, artibus, eloquentiae*. *Studia* and *studiosus* he uses analogously without any defining word.

l. 4. **omnibus**] For the use of the neuter adj. in the oblique case (i.e. where it may be confounded with the masculine) see Intr. p. lx.

l. 8. **proficere**] προκόπτειν, as *profectus* = προκοπή : both are common words in Sen. Cicero does not use the noun, preferring *progressio* (see Reid on *Acad.* 1. 20).

l. 9. **conspici**] 'be noticed': 114. 21 *uolunt uel reprendi, dum conspici*, 14. 14 *nec populum in se uitae nouitate conuertet* (*sapiens*).

§ 2. l. 10. **asperum cultum**] Antisthenes himself was too proud of the tattered condition of his cloak : ὁρῶ σου διὰ τοῦ τρίβωνος τὴν φιλοδοξίαν, said Socrates to him (D.L. 6. 8). For dress and long hair cp. Muson. in intr. above.

l. 11. **indictum argento odium**] a variation on expressions like Cicero's *bellum indicere philosophiae*.

l. 12. **cubile humi positum**] Epict. 1. 24. 7 cites from Diogenes τὸ ἐπ᾽ ἀστρώτῳ πέδῳ καθεύδειν : cp. *Hel.* 10. 7 (of the hardy old Romans) *terra cubile erat*. If there was a bed, it must be hard : cp. the cushion of 108. 23 below, and e.g. Muson. p. 25 H. τροφῆς λιτότητι, κοίτης σκληρότητι.

l. 13. **ambitionem**] objectively, 'parade' 'ostentation', not, as so often in Silver Latin, the *desire* for it : cp. *Ira* 3. 34. 1 *horumque* (=food and drink) *causa paratas in ambitionem munditias* 'refinements devised for the sole purpose of making a show', *Ep.* 52. 9 *ambitionis hoc causa exercent*.

**peruersa**] 'inverted' 'unnatural', almost 'paradoxical'. Cp. *Marc.* 5. 5 *ne concupieris peruersissimam gloriam, infelicissimam uideri*.

**sequitur**] 'aims at', as often in Sen. (e.g. 18. 6, 114. 21).

l. 15. **tractetur ... est**] For the moods see Intr. p. lxiii.

**hominum consuetudini ... excerpere**] Cp. 18. 4 below and Musonius l.c. in intr. above οὐδ᾽ ἐκβαίνειν τὸ κοινὸν τῶν πολλῶν.

l. 16. **intus**] Pers. 3. 30 *ad populum phaleras : ego te intus et in cute noui*.

l. 17. **frons**] 'exterior': Cic. *Att.* 4. 15. 7 *Pompeius Scauro studet, sed utrum fronte an mente dubitatur.* See on 33. 3.

§ 3. l. 18. **non splendeat**] Intr. p. lxiii.

**ne ... quidem**] 'not ... either', as often in Cic.

PAGE 4

**l. 1. descenderit]** 'has been sunk (let in)'. A gold medal-
lion (*emblema*) with a design chased upon it (*caelatura*) might
adorn the bottom of a cup. Cp. Mau's description of a
*patera* in his *Pompeii* (E.T. p. 381) and Mart. 3. 41 *inserta
phialae Mentoris manu ducta | lacerta uiuit.* I am told that
it was formerly not an uncommon practice to put guineas in
the bowls of punch ladles. **Solidi** means 'not a mere strip of
gold-leaf' : cp. *Prou.* 6. 4 *non est ista solida et sincera felicitas :
crusta est et quidem tenuis.*

**§ 4. l. 7. promittit]** 'undertakes to produce': cp. 11. 7 and
ἐπαγγέλλεσθαι in its use, e.g., by Plato in ref. to the Sophists :
Muson. 37 H. ἄλλη οὐδ' ὑπισχνεῖται τέχνη ... παράδοσιν ... ἀρετῆς.

**sensum communem]** 'the feelings natural to all men ',
expanded into *humanitatem et congr.* The phrase occurs
in Cic., Hor., Phaedr., Quint. and Juv. besides, and sometimes approximates to our 'tact'. Here it represents the
opposite of eccentricity : cp. Quint. 1. 2. 20 (the boy who is
to be an orator not to be educated at home) *sensum ipsum
qui communis dicitur ubi discet cum se a congressu ... segre-
garit ?*

**l. 8. congregationem]** 'sociableness '.

**l. 9. professione]** 'programme ' ' principles ', προαίρεσις :
*Pol.* 6. 3 *nihil indignum facere perfecti et eruditi uiri professione. Tranq.* 2. 5 *ad professionem speciosam alligati.*

**l. 12. secundum naturam uiuere]** ὁμολογουμένως (or ἀκολούθως)
τῇ φύσει ζῆν, the famous *summum bonum* of the Stoic philosophy. It was of course a Cynic principle : see Weber, *De
Dione Chrys.*, pp. 98 *sqq.* Sen. is particularly fond of contrasting the simplicity of Nature's requirements with the
refinements of modern luxury (so esp. 90. 16): for applications of the maxim cp. 30. 11 (death one of Nature's laws),
90. 4 (Nature's Royalty), V.B. 15. 5 (all trouble a *lex
Naturae*).

**l. 13. faciles]** 'that involve no trouble ' ' easily obtained '  ·
so of food already in Verg. G. 2. 460 *fundit (tellus) humo
facilem uictum.* Sen. rather affects this force of the word :
cp. *Phaedr.* 517.

**l. 14. odisse munditias, squalorem appetere]** Epict. 3. 22.
89 lays down that the Cynic's αὐχμός must be καθαρὸς καὶ
ἀγωγός.

154     SELECT LETTERS OF SENECA

**§ 5. l. 20. temperetur]** 'steered (on a middle course)': cp.
Vell. 2. 107 *id nauigii genus temperans.* I know no other ex. of
the use of *inter* with this verb ; it is not uncommon with the
(almost entirely Silver) noun *temperamentum* : cp. Sen. *Contr.*
2. 1. 33 *inter silentium et detectionem medio temperamento opus
erat,* Col. 3. 12. 3 *opus est inter has ... magno temperamento.*

l. 22. **agnoscant]** almost equivalent to *intellegant,* 'recognise'
as within the reach of human beings: cp. 29. 11 *similem
te illis facias oportet : non probabunt nisi agnouerint.* The
verb is one of the words which the Silver writers strain:
cp. 59. 11 *si inuenimus qui nos bonos uiros dicat, agnoscimus*
('recognise the truth of', practically 'believe') ; 108. 8 *dicta
publice agnoscimus* ('confess the truth of', 'approve').

**§ 6. l. 25. propius]** For the position of the adverb cp.
67. 12 *ab opinionibus uulgi secede paulisper,* 123. 5 *experimentum animi sumpsi subito,* etc.

l. 27. **fictilibus sic utitur quemadmodum argento ... sic
argento utitur quemadmodum fictilibus]** For the turn see
Intr. p. xc, for the thought 20. 10 *ingentis animi est qui illas*
( =*diuitias*)*ridet suasque audit magis esse quam sentit,* and Zeno
in Athen. 6. 23 τὴν μὲν αἵρεσιν αὐτῶν (*sc.* the precious metals)
καὶ φυγὴν ἀπειπὼν (as neither desirable nor undesirable, but
absolutely indifferent), **τὴν χρῆσιν** δὲ τῶν λιτῶν καὶ περισσῶν
προηγουμένως ποιεῖσθαι προστάττων (i.e. it was one of the
προηγμένα).

l. 29. **pati ... diuitias]** a sort of oxymoron, *diuitias* taking
the place of *paupertatem* : see Intr. p. lxxx.

PAGE 5

**§ 7. l. 1. huius diei lucellum]** At the end of II Sen.
advises Luc. to select each day from his reading something
that deserves to be 'thoroughly digested' (*concoquas*).   He
adds that this is his own practice, and therewith quotes the
passage he has chosen that day, thenceforward, at the end
of each letter, giving at least one quotation (drawn exclusively,
after XI, from Epicurus).   Seneca's ingenuity (Intr. p. lxxiv)
is well illustrated by the variety of the expressions which he
applies to this daily text : it is generally regarded as a
payment due to Luc. (6. 7 *diurna mercedula,* 14. 17 *cotidiana
stips*), sometimes as a *munusculum* (so in X, XVI, XXII), elsewhere as the *clausula* (XI), *signum* (XIII), *tributum* (XX),
*uiaticum* (XXVI) of the letter.   In XXIX, which ends the third
book of the letters, it is called the *ultima pensio* 'final

instalment': Sen. gives his reasons for dropping the
*Lesefrüchte* in XXXIII.

**lucellum**] 'find': cp. 119. 1 *quid sit quod inuenerim
quaeris? sinum laxa, merum lucrum est.*

l. 2. **Hecatonem**] a Rhodian philosopher, pupil of Panaetius.
Cicero refers to the sixth book of his work on moral duty
(*Off*. 3. 89), whence probably came the passages cited by Sen.
in the *De Beneficiis*. In 9. 6 he is cited for the doctrine *si
uis amari, ama.*

l. 4. **desines timere si sperare desieris**] The ancient
languages with their occasional use of ἐλπίς, ἐλπίζω, *spes*
and *spero* in reference to *evils* offer a natural commentary
on this Stoic maxim. Cp. Hor. *Ep*. 1. 6. 9 *sq. qui timet his
aduersa, fere miratur eodem | quo cupiens pacto,* and edd. on
Verg. A. 6. 733 ; Rochefoucauld, *l'espérance et la crainte sont
inséparables.*

l. 6. **ita est**] This, and *ita dico* (both followed by or. recta)
are favourite phrases of Seneca's ; see Intr. p. l. Whether
they were 'colloquial' or not, they were certainly admirably
adapted to the 'pulpit-thumping' tendency of his style.

l. 8. **custodiam**] 'prisoner', a post-Augustan use (Pliny the
younger and Suetonius). Observe the alliteration : Intr.
p. lxxxvii.

**copulat**] *Tranq*. 10. 3 *nisi forte tu leuiorem in sinistra
catenam putas* shews that the soldier walked on the right
hand side.

§ **8.** l. 10. **utrumque**] Cp. Hor. l.c. *pauor est utrobique
molestus.*

**pendentis animi**] ψυχῆς αἰωρηθείσης. So *animi pendeo* in
Comedy, *exspectatione pendere* in Cic. : cp. our 'in suspense'
and 'on tenterhooks'. The use is a favourite with Sen. : cp.
74. 9 *spectent bona pendentia* (gifts hung up in the theatre, to
be scrambled for in due course by the crowd) *et ipsi magis
pendeant.*

§ **9.** l. 18. **timoris tormentum memoria reducit**] the obverse
to the triteness of ἡδὺ μεμνῆσθαι πόνων and *haec olim meminisse
iuuabit*. Cp. Cic. *Fin*. 1. 57 *stulti malorum memoria torquen-
tur* and 78. 14 below.

l. 20. **praesentibus**] For grammar, see on § 1 above, for
sentiment 78. 13 *tam miser est quisque quam credidit*. Not
unlike is *Tro*. 1023 *est miser nemo nisi comparatus.*

## VII

With this letter should be compared the *De Otio* and the
letters in which Sen. urges Lucilius to retire (see on XXI).
That Lucilius interpreted ours as having the same object
appears from 8. 1, and Sen. does not contradict him.   The
picture in *Ot.* 1 is very similar to that drawn here : *in otio
nemo interuenit qui iudicium adhuc imbecillum populo adiutore
detorqueat.*   Cowley's Essay ' On the dangers of an honest
man in much company' handles the same theme, but does
not seem to owe anything to Sen.   In his references to
gladiatorial exhibitions, it is not surprising that the author
of XLVII should anticipate modern views.   Cicero had no
taste for these entertainments, but has also no very decided
censure for their cruelty : see *Tusc.* 2. 41 *crudele et inhumanum nonnullis uideri solet, et haud scio an ita sit ut nunc fit.
cum uero sontes ferro depugnabant* (the very point Sen. meets
at § 5) ... *nulla poterat esse fortior contra dolorem et mortem
disciplina* ; *Fam.* 7. 1 (a very interesting letter, written in
reference to the very shows of Pompey against which Sen. is
so bitter in B.V. 13. 7).   The chief argument urged in
defence of the institution was one which still does duty in
support of less objectionable exhibitions : the sight was one
*quod ad pulchra uulnera contemptumque mortis accenderet*
(Plin. P. 33).   Seneca's views are further expressed in some
of the passages quoted in the note on § 3.   Like Cicero he
often draws examples from the gladiators, but in LXX his
instances of the contempt they shewed for death all involve
suicide committed in order to escape the arena.   The influences
of these exhibitions is clearly seen in the ghastly battle-
scenes of Lucan.   Celsus tells us (1. pr.) that many of the
opponents of vivisection (i.e. the dissection of living *human
beings*) urged that the knowledge necessary could be gained
by watching the gladiatorial shows.   For the 'generous
boldness' of the monk Telemachus, which brought about the
abolition of an institution against which Constantine had
spoken in vain, see Gibbon, *Decline and Fall*, chap. xxx.

§ **1.** l. 24. **quaeris**] Seneca does his best to make the
*Epistulae* appear the outcome of a genuine correspondence :
the words *ita fac* with which they open imply that Sen. has
before him a letter from Lucilius, II begins ' *ex eis quae mihi
scribis* ', III '*epistulas ad me perferendas tradidisti* ', and
so on.

PAGE 6

l. 1. **refero**] 'bring back home': I^a 2. 7. 1 *desinet ille Socrates posse eundem uultum domum referre quem domo extulerat*, Epict. 3. 5. 16 τὸ αὐτὸ πρόσωπον ἀεὶ καὶ ἐκφέρειν καὶ εἰσφέρειν. For the absolute use of *referre* cp. Quint. 2. 2. 8 *multa cotidie dicat* (*sc.* the teacher) *quae secum auditores referant*. Gray, writing to Wharton, Dec. 11, 1746 : 'It is no wonder then ... if my spirits, when I returned to my cell, should sink for a time. ... Besides, Seneca says (and my pitch of philosophy does not pretend to be much above Seneca) *numquam* etc.'.

**ex eo quod composui**] 'the peace I have made for myself', *componere* being constantly used by Sen. to denote the effect of philosophic training in producing tranquillity and resignation (see on 11. 9, 55. 8). *Quod* is cognate acc.: cp. 110. 4 *quod gaudes, quod times contrahe*. For the sense cp. *Tranq.* 17. 3 *conuersatio dissimilium bene composita disturbat*.

l. 4. **offensa**] 'ill effects'; the word seems to belong to the colloquial sphere : this use seems to occur first in Celsus, and was probably technical : in *Tranq.* 2. 1, Petr. 131 the context is similar, and cp. *offensio* in Cic. *Fam.* 16. 10. 1. For the thought, cp. 28. 3 below.

l. 5. **morbo**] The conception of sin as a disease of the mind and of the philosopher as a physician was especially common with the Cynics : cp. Antisthenes in D.L. 6. 4 ἐρωτηθεὶς διὰ τί πικρῶς τοῖς μαθηταῖς ἐπιπλήττει, καὶ οἱ ἰατροί, φησί and 6 καὶ οἱ ἰατροί, φησί, μετὰ τῶν νοσούντων εἰσίν, ἀλλ' οὐ πυρέττουσιν. But the germ of it appears already in Plato (*Gorg.* 36 ὅπως μὴ ἐγχρονισθὲν τὸ νόσημα τῆς ἀδικίας ὕπουλον τὴν ψυχὴν ποιήσει) and even Epicurus adopts the illustration : Fr. 221 Us. ὥσπερ ἰατρικῆς οὐδὲν ὄφελος μὴ τὰς νόσους τῶν σωμάτων ἐκβαλλούσης, οὕτως οὐδὲ φιλοσοφίας, εἰ μὴ τὸ τῆς ψυχῆς ἐκβάλλει πάθος. Cp. Intr. p. lxxiii, and the passage from *de Ira* cited on *oderis* in § 8 below.

§ **2**. l. 6. **conuersatio**] 'intercourse', ὁμιλία. The word, like *conuersari* itself, is post-Augustan. Cic. uses *consuetudo* and *usus* with much the same force.

**nemo non**] a favourite expression of Seneca's ; similarly *numquam non* (11. 4).

l. 7. **commendat**] 'makes attractive', as often in Cicero : cp. 55. 8.

l. 8. **imprimit**] 'stamps on us': 114. 20 *uitia quae alicui impressit imitatio.*

**allinit**] 'befouls us with it'; cp. Epict. 3. 16, esp. § 3 ἀμήχανον τὸν συνανατριβόμενον τῷ ἠσβολωμένῳ μὴ καὶ αὐτὸν ἀπολαῦσαι τῆς ἀσβολῆς. The word is rare, but occurs in one of Cicero's speeches.

**utique**] seems to have been a colloquial particle: it is common before Sen. only in Cicero's letters and Livy. I have noted over 40 exx. in the *Epistulae* alone, where it generally denotes 'necessarily' (so here: cp. 85. 21 *utique enim quo prudentior est, hoc magis se ad id quod est optimum extendet*), but the meanings 'at any rate' and 'especially' are also very common.

l. 12. **surrepunt**] of stealthy, insidious attack, not really very different from *fallere*: cp. ὑπελθεῖν. The use may have been common in the spoken language, as Catullus uses it (77. 3): in literature it is uncommon outside the Senecas and Quintilian.

**§ 3. l. 14. inhumanior, quia inter homines fui**] Cp. Thomas à Kempis, *Imit. Christ.* 1. 20 *dixit quidam 'quoties inter homines fui, minor homo redii'.* Sen. never wearies of the paradox: cp. e.g. 90. 45 below, 95. 33 *homo, sacra res homini, per lusum occiditur,* 115. 3 *in homine rarum humanitas bonum* (90 l.c. and 95 l.c. in conn. with gladiators). His master Fabianus indulges in it in Sen. *Contr.* 2. 1. 10 *quae causa hominem aduersus hominem in facinus coegit?*

l. 15. **meridianum spectaculum**] The *matutinum spectaculum* consisted mainly of wild beast hunts and fights (Ou. M. 11. 26, Sen. *Ep.* 70. 20, *Ira* 3. 43. 2, Mart. 13. 95 and cp. § 4 *mane leonibus obiciuntur*). Then, most people went home to the midday meal, so that the luncheon interval of modern cricket has its ancient parallel (Dio 37. 46). Our passage shews that the performances did not come to a complete standstill; to tide over the interval, it was arranged that there should be an encounter between not regular gladiators but condemned criminals, who had no defensive armour and often had to be driven by force to face their opponents. This quite tallies with what Suetonius says of Claudius (*Vita* 34): he took such pleasure in *bestiarii* (i.e. the performers at the *matutinum*) and these *meridiani, ut et prima luce ad spectaculum descenderet* (i.e. to see the *bestiarii*) *et meridie, dimisso ad prandium populo, persederet* (to see the convicts).

l. 17. **ab ... cruore acquiescant**] I have found this constr. of the verb besides only in Vell. 2. 99.

l. 18. **ante**] at the morning show.

l. 19. **mera homicidia**] 'plain and simple murder'. This use of *merus* was doubtless quite common in colloquial Latin, being found in Plautus, Cicero (Dial. and Corr.), Petronius and the *Apocolocynthosis*. Examples with plural abstract nouns are *mera monstra* (Cic.), *merae fugae* or *tricae* (Petr.), *mera hilaria* (Petr.). In Petr. 37 we have *mero meridie*; here the whole phrase is probably a play on *meridiana* : see Intr. p. lxxxii.

l. 21. **expositi**] They are at the mercy of their adversary, and themselves inflict a wound at every thrust. An *ipsi* after *expositi* would make the sense clearer.

§ **4.**  l. 22. **ordinariis**] consisting of regular gladiators.

**postulaticiis**] These seem to have played in the arena much the same part as is played in modern farces by the 'encore' verses of the topical song: they were choice men kept in reserve for an audience that shewed itself appreciative. For similar prudence on the part of the 'management' cp. Sen. *Contr.* 4. pr. 1 *munerarii ad exspectationem populi detinendam* ('keep up the interest') *noua paria per omnes dies dispensant, ut sit quod populum delectet et reuocet* (i.e. make them attend each day).

l. 23. **quidni praeferant**] 'Of course they do.' Such phrases with *quidni* are very common in Sen.: they correspond to those with πῶς οὐ in Greek. The probability is that *ni* at one time existed side by side with *ne* as a negative particle. In 40. 8 and elsewhere the verb is not expressed: cp. τί μή; in e.g. Soph. *Aias* 668.

l. 24. **quo**] 'What is the use of', 'What do you want with': Intr. p. liv.

**munimenta**] 'defensive armour', as in 76. 14 and perhaps nowhere else in literature: it must however have been a technical term.

l. 27. **interfectores**] 'those who have slain their men'.

l. 29. **ferro et igne res geritur**] apparently means 'the whole business needs fire and steel to keep it going': these men are not regular gladiators, and have to be kept in the ring with brands, pikes and the lash (*uerbera* § 5). For the phrase *res geritur* 'it is a case of ...' cp. B. 1. 5. 2 'a benefit is not tangible: *animo res geritur*', Liv. 10. 39. 12 (where Papirius scoffs at the foe's gay armour, saying that white tunics grow red *ubi res ferro geritur*). **Vacat harena** means that the show is really at a standstill : see on § 3.

§ **5.  l. 30. quid ergo** etc.]  'What of that?  Did he kill a man?' (as you are doing in the amphitheatre).  To this Sen.'s interlocutor says ' Well, for the matter of that this particular malefactor is more than a mere robber : he is a murderer.'

### PAGE 7

l. 2. **tu quid meruisti** ... **ut]**  'What have *you* done to deserve having to ... '  A very rare use of the verb, for which I can only quote Sen. *Med.* 646 *meruere cuncti | morte quod crimen tener expiauit* 'ali committed the crime that the young Hylas atoned for with his life', Vell. 2. 130 *quid hic* (Tiberius) *meruit ut ... Libo iniret consilia* (*sc.* of assassinating him)?  and perhaps Verg. A. 7. 307.  In Plautus and Cic. we find the verb used with an acc. to denote the requiring *a price* in consideration of which one undertakes something (*quid merearis ut ... dicas?*) : in our passage the idea is extended to that of committing a crime, in consequence of which one must be prepared to suffer something.

l. 3. **occide** etc.] said to the attendants with the spears etc.

l. 6. **obuiis pectoribus]**  *Med.* 138 *debuit ferro obuium | offerre pectus.*

l. 9. **mala exempla in eos redundare qui faciunt]** a favourite Senecan thought : cp. *Thy.* 311 *saepe in magistrum scelera redierunt sua.*

l. 10. **eum]**  So far from being angry, the audience should be glad to find a man *qui parum audacter occidit* (§ 5) and is slow to learn the lesson they would teach him.  The contrast of *docere* and *discere* is a favourite of Sen.'s.

§ **6.  l. 11. subducendus]**  'saved from' : 119. 11 *quem populo et fortunae subduximus*, Sen. *Contr.* 2. pr. 3 *subduc fortunae magnam tui partem.*  The verb is rather a favourite with Sen. : this sense 'withdraw for protection', a very natural outcome of its use in reference to the drawing off of troops, seems mainly poetic or post-Augustan.

l. 12. **tener]**  'easily impressed', 'susceptible', as in 108. 12.

l. 14. **excutere]** a strong word, almost 'knock out of them': cp. Cic. *Fam.* 9. 10. 2 *adeo mihi excussam seueritatem ueterem putas?*  It is a favourite with Sen. : cp. 11. 2 and 47. 15.

l. 16. **cum maxime**] This combination is very common in
Sen. : I have noted more than 20 exx. It is used also by
Terence and most prose writers : e.g. the author of the *Ad
Herennium*, Cicero, Livy, Curtius and Tacitus. It lays stress
on the fact that the action of the verb takes (or took) place
when it does (did), representing such English phrases as
'just now', 'even as I write (speak)', and occasionally 'at
this of all times'. The use of *cum* seems very peculiar.
*Nunc maxime* and *tunc maxime* (with the same force) are
simple enough, and in cases like Cic. *Off.* 1. 41 *qui cum
maxime fallunt id agunt ut* etc. *cum* has its usual conjunctive
force. Sometimes the phrase is preceded by *nunc* or *tunc* (so
e.g. in N.Q. 3. pr. 9).

concinnamus] 'arrange', 'order' : cp. V.B. 24. 4 *cum
maxime facio me et formo.* For the colloquial word cp. Intr.
p. xliv.

l. 17. **uenientium]** of hostile approach, as often in Sen.

§ **7.** l. 19. **delicatus**] This word and the noun *deliciae*
are very common in Sen., being used in reference to luxu-
riousness, daintiness, squeamishness, affectedness, effeminacy
and so forth. Sometimes the adj. corresponds to our 'spoiled',
of children and the like : so 55. 9 and cp. B. 4. 5. 1 *usque
in delicias amamur.*

l. 20. **malignus**] 'spiteful', not 'miserly' (see on 18. 9) as the
contrasted *simplici* and the use of *robigo* shew : cp. 83. 20
where *malignitas* is the mark of a *liuidus.*

l. 21. **robiginem**] 'malice'. I can quote no other ex. of this
meaning : cp. however the use of *aerugo* in Horace and
Martial. For the tense of **affricuit** see Intr. p. lxvi.

l. 22. **his**] simply prepares the way for *in quos* : omit in
translation.

§ **8.** l. 24. **oderis**] Although in *Tranq.* 15. 1 Sen. confesses
that, when one reflects on man's wickedness, *occupat nonnumquam* odium *generis humani* (the very charge brought against
the Christians, Tac. A. 15. 44), he adds that we must resist the
tendency and look upon men's errors as *ridicula*, not *inuisa*.
More to this effect in *Ira* 1. 14 and 15 : note especially the
arguments (a) *non est prudentis errantes* odisse : *alioqui ipse
sibi odio erit* (as no one is wholly innocent); (b) no doctor
gets angry with his patient (cp. on *morbus* § 1). In *Ira* 2.
28. 8 he complains of people who wax wrathful, not with
*peccata*, but with *peccantes* : i.e. transfer to the sinner the
hatred due to the sin. When Plin. *Ep.* 1. 10. 7 praises

the Stoic Euphrates as one who *insectatur uitia, non homines*
he may be thinking of this passage, or he may be adapting
Thrasea's famous saying *qui uitia odit, homines odit*, which
he himself reports to us *Ep*. 8. 22. 3.

l. 25. **neue similis ... multi, neue ... multis ... dissimiles**]
See Intr. p. xc.

l. 27. **recede in te ipse**] 25. 6 (from Epicurus) *tum praecipue
in te ipse secede cum esse cogeris in turba* : cp. 56. 12 below,
and Montaigne cited in intr. to v.

## PAGE 8

§ **9**. l. 4. **publicandi**] 'making widely known', probably
a Silver use. We see the word well on the road to the
modern 'publish' in *Const*. 18. 5 (Socrates took in good
part) *comoediarum publicatos in se et spectatos sales* ; the
younger Pliny brings it to the end of its journey : cp. *Ep*.
5. 12. 1 *recitaturus oratiunculam quam publicare cogito*.

**in medium**] 'before the public' : cp. 19. 3 *in medium te
protulit ingenii uigor, scriptorum elegantia* etc. and 21. 6
below.

l. 5. **recitare**] 'read publicly'. For the *recitatio* see Intr.
p. xxxv, and for an incident of one, 122. 11 below.

**disputare**] 'lecture', 'deliver a philosophical diatribe' :
cp. Sen. *Contr*. 2. pr. 1 *tantae opinionis in declamando quantae
postea in disputando*.

l. 6. **nemo est**] Sen. generally inserts *nunc* ('as it is') in such
cases (see on 15. 11), but cp. Intr. p. xcii. For the whole
passage compare what looks like imitation in Pers. 1 *init.*,
where after P. has uttered a lamentation over the manners
of the day and somebody interposes '*Quis leget haec?*' he
replies cheerfully enough '*nemo hercule*'—afterwards modi-
fied to '*uel duo, uel nemo.*'

l. 9. **cui ergo didici**] For the dative see Intr. p. lvii, for the
context cp. Pers. l.c. 24 *sqq.*, where to his reader's protest
'*quo didicisse*, if my learning is not to come out ?' P. replies
*adeone | scire tuum* ('your knowledge') *nihil est nisi te scire
hoc sciat alter?*, Epict. *Ench*. 23 σαυτῷ (φιλόσοφος) φαίνου καὶ
ἱκανὸς ἔσει.

§ **10**. l. 14. **circa**] 'about', 'turning on', like περί : see Intr.
p. lxviii.

l. 15. **in debitum**] 'towards the discharge of my debt' :
see on 5. 7 *lucellum*.

l. 16. **in antecessum**] 'in advance'; a rare phrase, for which see Intr. p. lxi, note 1.

**§ 11.** l. 19. **quo ... spectaret**] 'what was the good of ...' The same objection in Quint. *Decl.* 268 (p. 92 R.) *sit philosophia res summa: ad paucos pertinet.*

l. 20. **satis sunt mihi pauci** etc.] Heraclitus said Εἷς ἐμοὶ μύριοι ἐὰν ἄριστος ᾖ, Cicero (*Brut.* 191) quotes from Antimachus *Plato mihi unus instar est omnium* (words which he adapts to Cato in *Att.* 2. 5. 1).

l. 24. **satis magnum alter alteri theatrum sumus**] Bacon, *Adv. of Learning*, p. 279 (Spedding): 'It is a speech for a lover and not for a wise man, *satis magnum* etc.'.

**§ 12.** l. 27. **multi te laudant** etc.] Cp. D.L. 6. 8 'Antisthenes said πρὸς τὸν εἰπόντα "πολλοί σε ἐπαινοῦσι" "Why, what have I done amiss?"' The same contempt for the 'people's voice' in 99. 17 *populo nullius rei bono auctori* and elsewhere in Sen. : cp. too on 80. 10.

**et**] used, as e.g. in Cicero, like καί in καὶ πῶς; καὶ τίς; in indignation : cp. 27. 8, 82. 24.

l. 28. **placeas tibi**] 'be pleased with (think much of) yourself', a colloquial phrase found in Cic. (Dial.), Petr. and Juv. and common in Sen. So in Gk. ἀρέσκειν ἑαυτόν : cp. too *suspicere se* (18. 8 n).

**introrsus spectant**] 119. 11 *istorum felicitas in publicum spectat, ille ... beatus introrsum est, Prov.* 6. 5 *non fulgetis extrinsecus, bona uestra introrsus obuersa sunt.* The metaphor may be taken from windows, which might look upon either the street or the retired peristylium.

### PAGE 9

### XI

Diogenes, seeing a youth blush, said Θάρρει· τοιοῦτόν ἐστι τῆς ἀρετῆς τὸ χρῶμα (D.L. 6. 54), and Plutarch (*Vitios. Pud.* 1) cites an apophthegm of Cato's : τῶν νέων μᾶλλον ἀγαπᾶν τοὺς ἐρυθριῶντας ἢ τοὺς ὠχριῶντας. In Latin the idea is seen in the use of *pudor* to represent about what we mean by the 'gentlemanly character' (cp. its frequent conjunction with *ingenuitas*) : so Cic. *Fin.* 5. 62 *quis in illa aetate pudorem non diligat?* Quint. 12. 5. 2 speaks of *uerecundia* as *uitium quidem sed amabile et quae uirtutes facillime generet.*

For the *clausula* cp. Petrarch, *De Reb. Fam.* 10. 3 ad fin., where he cites the passage and adds *nobis hac arte nil est opus, cum uiuum atque uerum praesentemque Christum habeamus.* The same maxim of Epicurus is handled in *Ep.* 25. 5, 6.

**§ 1.** l. 5. **amicus tuus bonae indolis**] For the omission of the appositional *uir* see Intr. p. lvi.

l. 6. **animi ... ingenii**] almost 'heart' and 'head', the first referring to morals, the other to intellect : see esp. 108. 23, 114. 3.

l. 8. **gustum**] 'foretaste', 'sample', a post-Aug. use.

l. 9. **respondebit**] 'will tally' 'will come up to', a meaning which arises naturally enough out of the common one of 'correspond to' : cp. especially 87. 25 *ad semen respondent* (opposed to *degenerant*). See further on 79. 1. Another metaphorical force in 47. 19 n.

**ex praeparato**] So Liv. 10. 41. 9. For these adverbial phrases with *ex* see Intr. p. lxi.

l. 10. **subito**] was hardly necessary as *deprendi* constantly means 'to be caught unawares' ; it is a technical term for having to speak extempore : Sen. *Contr.* 3. pr. 6 'it paid him better *deprendi quam praeparari.*'

l. 11. **bonum in adulescente signum**] Cp. passages in intr. above.

l. 12. **suffusus est**] 'welled up' ; the verb is a *uox propria* in conn. with blushing. For the use here cp. Verg. G. 1. 430 *suffuderit ore ruborem*, Liu. 30. 15. 1 *Masinissae suffusus rubor*, B. 2. 1. 3 *suffundatur rubor*, etc.

l. 15. **nulla enim sapientia** etc.] Cp. 57. 3 *sqq.* and esp. *Ira* 2. 2. 2 (where shuddering, blushing, and giddiness on a height are reckoned as involuntary *motus* which are *inuicti et ineuitabiles*, and *anger*, as a *uoluntarium animi uitium*, is contrasted with those which *condicione quadam humanae sortis eueniunt, ideoque etiam sapientissimis accidunt*, such as *primus ille ictus animi, qui nos post opinionem iniuriae mouet*). In Gell. 19. 1 a Stoic philosopher defends himself out of a passage of Epictetus for turning pale in a storm. But Epicurus held similar views : see Lucr. 3. 307 *sqq. quamuis doctrina politos | constituat pariter quosdam, tamen illa relinquit | naturae cuiusque animi uestigia prima.*

**§ 2.** l. 21. **dentes colliduntur**] Luc. *Iup. Trag.* 45 συγκροτεῖς τοὺς ὀδόντας ὑπὸ τοῦ τρόμου.

**labra concurrunt**] *Os concurrit* is used similarly elsewhere : B. 2. 1. 3 (shame), *Ira* 3. 15. 1 (anger), Quint. 10. 7. 8

(want of practice in speaking : cp. *concursus oris et cum uerbis suis colluctatio* in 11. 3. 56).

l. 22. **excutit**] 7. 6 n.

§ **3**. l. 1. **affunditur**] 'comes glowing', the blush being here looked upon as coming from *without*. Sen. uses the word of colour and light : it seems very rare before the Silver age.

**magis in iuuenibus**] *Ad Herenn*. 4. 14 *hic, qui id aetatis ab ignoto praeter consuetudinem appellatus esset, erubuit.*

l. 2. **quibus plus caloris est**] The belief that variety of character was due to variety of the proportions in which the four elements were mixed in the body (whence the word *temperament* itself : cp. *corporis temperatura* in § 6) seems to have been due to Empedocles. and was partly adopted by Epicurus (cp. Lucr. 3. 294 *sqq.* : lions have *plus calidi*, deer *gelidas auras* : hence their respective courage and timidity). It must have helped to win acceptance for the theory of 'humours' which Galen ascribed to Hippocrates. For its application in educational matters see *Ira* 2. 19 and Quint. 11. 3. 28 'don't strain the voice at the period when boyhood is becoming youth, *quia naturaliter impeditur, non ut arbitror propter calorem, sed propter umorem.*'

l. 3. **tenera**] 'sensitive' : so of *aures, animi* etc. ; of the *nares* of keen-scented hounds in Claud. 22. 215.

**frons**] the 'brow', as the mirror of the feelings, especially of shame.  Hence such phrases as this or *f. imbecilla* and *frontis infirmitas*, as contrasted with *f. dura*, or *firma* and *firmitas frontis* (all in Sen. except *f. imbecilla*, which is in Quint.), or *perfricare frontem* 'to grow hardened to shame' (Cic., Calvus, and 42. 13 below).  Terence and Cicero use *os* similarly : cp. § 4.

l. 4. **ueteranos**] Outside the use in ref. to soldiers the word is practically confined to the agricultural writers who apply it to cattle, poultry, plants etc.  No doubt it was almost as colloquial as 'old stager', 'old fogey', with us.  Sen. has it again in 25. 2 of a hardened sinner.

**quidam numquam magis** etc.] Tac., the younger Pliny and Suet. imply that this was the case with Domitian.

§ **4**. l. 8. **ore Pompeii**] Mommsen *Hist. of Rome*, vol. iv p. 10 (E.T.) 'His honest countenance became almost proverbial'.  Bacon *Nat. Hist*. Cent. 8. 718 quotes this passage.

l. 9. **contionibus**] i.e. in addressing the people, as opposed to the senate.

**Fabianum**] Seneca's master: Intr. p. xl. He was younger than Seneca's father (*Contr.* 2. pr. 5), and a pupil of the Sextii (see intr. to CVIII).

§ 5.  l. 12. **ab**] 'in consequence of', as often in Livy and occasionally before him (e.g. Cic. *Ac.* 2. 105). The meaning arises out of some ordinary uses of the word : cp. for instance Ou. M. 3. 571 *ab obice saeuior ibat* where the purely local force easily gives the other. See also 55. 2 n.

l. 13. **in hoc**] For the position of these words, which must go with *pronos* cp. 3. 1 *ne omnia cum eo ad te pertinentia communicem* : here, as *in hoc* suits *facilitate* as well, there is actual ambiguity.

l. 15. **boni**] 'healthy': cp. Quint. 8. pr. 19 *corpora sana et integri sanguinis*, 11. 3. 78 *sanguis … cum infirmam uerecundia cutem accepit effunditur in ruborem*.

l. 16. **incitati et mobilis**] *Ira* 2. 19. 5 (*flaui rubentesque* particularly subject to anger) *mobilis enim illis agitatusque sanguis est.*

§ 6.  l. 19. **condicio nascendi**] strictly 'the lot to which we are born' (cp. Cic. *Cat.* 3. 2), but here and *Ot.* 4. 1, 'the accident of our birth'.

**corporis temperatura**] 'the proportions in which the elements (see above) are mixed in the body', 'the temperament'. *Temperatura* seems to be found only in Varro and Vitruvius before Seneca's time.

§ 7.  l. 24. **repraesentant**] The transition from the common force '*praesentem facere*' (and so 'to bring vividly to mind past events, absent or deceased persons etc.') to the rare one in which Sen. uses it here is well seen in Hor. *Ep.* 1. 19. 12 *sqq.* : 'if a man dressed up like old Cato, *uirtutemne* (*-nĕ* here for *num*) *repraesentet moresque Catonis?*'

l. 27. **exprimere**] 'squeeze out', 'muster up': for the use of the verb in two senses within so short a space cp. Plin. *Ep.* 4. 7. 6, 7 *Regulum expressit—risum uossit exprimere* and 77. 10 below.

l. 30. **iniussa … iniussa**] Intr. p. lxxxi.

### PAGE 11

§ 8.  l. 1. **clausulam**] 5. 7 n.

§ 9.  l. 9. **si peccaturis testis assistit**] Muson. p. 61 H (bound to profit greatly) τῷ συνεῖναι τῷ διδασκάλῳ νύκτωρ καὶ μεθ' ἡμέραν, ... τῷ μὴ δύνασθαι λανθάνειν εὖ ἢ κακῶς τι ποιῶν, ὃ δὴ μέγιστον τοῖς παιδευομένοις ὄφελος.

l. 11. **secretum**] 'privacy', as often in Sen.: e.g. 80. 2 below. The meaning easily developed from that of ' retired place'; both seem to appear first in the Augustan poets. Cp. B. 3. 37. 4 where the word is used of young Manlius' private interview with the tribune, and Cic. and Livy in telling the story use the phrase *arbitris remotis*. Here the epithet *sanctius* shews that Seneca is thinking of the ἄδυτον or 'Holy of Holies' in a temple : cp. Verg. A. 6. 10 *secreta Sibyllae*.

l. 12. **emendat**] For the mood, see Intr. p. lxii.

l. 13. **ad memoriam ... se componat**] See on 7. 1 : *ad* is used, as it often is with this verb, to introduce the model or rule *by* which the training is regulated : cp. e.g. 27. 9 below.

l. 15. **uereri**)(**uerendus**] Intr. p. lxxxvi.

§ **10.** l. 17. **eum**] =*aliquem, not* Laelius.

l. 18. **et uita et oratio**] Sen. often lays stress on the import-ance of making our way of life tally with our views and preaching : cp. 40. 12, 107. 12 below. His adversaries in all ages have been quick to turn the point against him : cp. esp. V.B. 17 *sqq.*

**ante se ferens**] surely an unusual expression for *prae se ferens*, which he has several times. The use of *ante* rather than *prae* in compound verbs seems to belong to the older, possibly the popular, style : cp. e.g. the use of *antecapere, antecedere, antecellere, anteferre*. For the thought cp. *B. Afr.* 10 'no encouragement *nisi in ipsius imperatoris uultu ... animum enim altum et erectum prae se gerebat.*'

l. 20. **ad quem ... se exigant**] *Exigere ad ...* (perhaps first found in Cicero's correspondent Caelius and Livy) means first, to insist on a thing being done according to a standard, then, to weigh (measure) it by that standard : so e.g. V.B. 24. 4 *non est quod me ad formulam meam exigas.*

l. 21. **praua ... corriges**] in the literal forces ' crooked '... 'straighten'. *Curua corrigere* seems to have been prover-bially applied to the action of ardent reformers : cp. Sen. *Apoc.* 8, Plin. *Ep.* 5. 9 (21). 6. The image is the same in Pers. 5. 38 *intortos extendit regula mores* (cp. 3. 52) ; indeed it is as old as Plato : see *Prot.* 15 ὥσπερ ξύλον διαστρεφόμενον καὶ

καμπτόμενον εὐθύνουσιν ἀπειλαῖς καὶ πληγαῖς, and cp. Hor.
*Ep.* 2. 2. 44.

## XII

The subject of this letter has much in common with that
of Cicero's *Cato Maior* : see especially the notes on §§ 5 and
6. In §§ 8, 9 we are on ground with which Horace has made
us familiar.

**§ 1.** l. 27. **suburbanum**] the *Nomentanum* of 104. 1 ?

### PAGE 12

l. 2. **uitium**] 'fault', as we should say.    The use of the
abl. of *uitium* and *beneficium*, governing the gen. of a noun
denoting something without life, is especially common in
Sen. (see 53. 11 n.) : it is known to Cicero and Caesar, but
was probably a colloquial use.

l. 4. **quid mihi futurum est**] Cic. *Att.* 10. 12. 1 has the same
phrase :    cp. Ter. *Haut.* 404 *quid tibi est* ?    'what's come to
you ?'    They also said *quid me futurum est*, quite as if
*futurum* were the fut. ptc. of *fieri* : cp. Ter. *Phorm.* 137,
Caecil. 180 R.

l. 5. **aetatis meae**] gen. of description, 'of my own age'.

**saxa**] of buildings seems rare in prose : cp. however the
technical expr. *saxum quadratum*.

**§ 2.** l. 8. **retorridi**] See Intr. p. xlvi.    It is joined with
*aridus* in 86. 18, with *breuis, infelix* in *Ira* 3. 15. 4.

**tristes et squalidi**] technical again : the opposite would
be *laeti et nitidi* : cp. Lucr. 2. 594 *nitidas fruges arbustaque
laeta*.

l. 10. **iurat per genium meum**] The Genius or Juno was
appealed to in entreaty (Hor. *Ep.* 1. 7. 94, Tib. 4. 5. 8, Petr.
75) or strong assertion (Tib. 4. 13. 15, Petr. 62, Iuu. 2. 98).
In the second Petr. passage we have the actual words used :
*si mentior, genios uestros iratos habeam.*

l. 12. **quod intra nos sit**] 'it mustn't go beyond you and
me': cp. B. 3. 10. 2 *beneficia intra tacitam duorum conscientiam
latent,* Plin. *Ep.* 3. 10. 4 *cum affirmetis intra uos futura* (of a
composition which he is sending, but does not want to publish at present).    Our 'between you and me' is exactly
represented by Cicero's *quod inter nos liceat dicere* (*Att.*
2. 4. 1).

**posueram**] plupf., Sen. having gone back to the interview with the bailiff—'I knew *all the time* I had planted
them'.

**§ 3. 1. 14. decrepitus**] a colloquial, probably old-fashioned
word : see Intr. p. xliv.  Sen. has it twice again: his language
in 26. 1 shews that it implied more than *senex*.

**1. 15. foras spectat**] must refer to the ancient custom of
setting corpses with their feet turned towards the door,
symbolically of their coming departure.  So Homer *Il.* 19. 212
κεῖται ἀνὰ πρόθυρον τετραμμένος, Pers. 3. 105 *in portam rigidas
calces extendit*, Mart. 9. 86 *porrigere pedes*.  The phrase was
probably a colloquial one (like the modern slang 'turn up
one s toes' which the Persius passage suggests) : we might
perhaps say 'looking forward to leaving us'.

**istunc**] So often *istuc* for *istud* in Sen., though the
scribes have doubtless in many cases emended to the commoner
form : cp. e.g. 28. 4 p *istud*, L *istuc*, 48. 6 p *istuc*, L *istum*.
The deictic particle is conversational.

**1. 16. alienum mortuum tollere**] 'take up (for burial) a
dead stranger'.  Petr. 54 uses the phrase *alienum mortuum
plorare*, which was probably proverbial for wasting one's
time.

**1. 18. sigillaria**] small figures (generally of terra-cotta),
given to children as presents, especially during the Saturnalia
(Macrob. 1. 11. 1) : compare our little figures of Father
Christmas.  The forms were often fantastical, and Martial
(14. 182) mentions some that he thinks Prometheus must
have made when drunk.  It was with the gift of '*XL
aureos et sigillaria*' for the Saturnalia (Suet. *Claud.* 5)
that Tiberius snubbed Claudius' request to be allowed to
stand for office.

**1. 19. deliciolum**] 'playfellow', almost 'chum'.  *Deliciae*
is often used of a favourite slave.

**1. 20. pupulus ... factus**] 'become a boy again', **iam** 'not
content with that'.

**1. 21. cum maxime**] 7. 6 n.

**1. 22. cadunt**] See 83. 4. *hic* (a *puer*) *ait nos eandem
crisin* ('turning point' of age) *habere, quia utrique* (dative)
*dentes cadunt*.  The application in that passage of the phrase
*dentes cadunt* to the loss of the *second* teeth is of course part
of the joke : it naturally applies only to the milk (or *deciduous*)
teeth, and this is the case in all the exx. cited in L.S.  In the

present passage then we must take it in conn. with *pupulus*
and tr. 'He may be right in thinking himself a boy; he's
certainly dropping his teeth'.

**§ 4.  l. 24. aduerteram**] for *animum aduerteram* : so in the
Augustan poets and (with however another force, that of
'note', 'observe') the elder Pliny and Tac.  I feel by no
means sure that we ought not to read *animum* (or *me*)
*uerteram*.

**l. 25. est … scias**] Intr. p. lxiii.

**l. 26. gratissima sunt poma cum fugiunt** etc.] For the
euphuistic 'bead-roll' of examples see Intr. p. lxxiv, and cp.
Shakspere, *Rich. II*, 2. 1. 12 *The setting sun, and music at the
close, As the last taste of sweets is sweetest last.*  From another
point of view Martial 4. 29. 3 says *primis sic maior gratia
pomis.*

**l. 27. fugiunt**] our 'go' or 'go off': cp. Plin. N.H. 15. 40
*non aliud pomum fugacius.*  So *uinum fugiens*, Cic. *Off.* 3. 91
'beginning to turn'.

**l. 29. mergit**] *Tranq.* 17. 8 (we may have recourse to
*ebrietas*) *non ut mergat nos sed ut deprimat*, Liu. 41. 3. 10 *uino
somnoque mersi.*  The metaphorical uses seem confined in
prose to Livy and post-Augustans : see on 55. 3.

**summam manum**] 'the finishing touch'.  *Manus* is used
thus in Cicero and post-Ovidian prose ; the adjective varies,
Cic. using *extrema*, Vell. and Petr. *ultima*, Pliny the elder
and Quint. *summa*.  Ovid uses all three, as well as *suprema*.

## PAGE 13

**§ 5.  l. 2. deuexa … praeceps**] 'declining' (past middle
age) … 'sinking'.

**l. 4. regula**] In Stat. T. 6. 593 the word denotes the bolt,
the fall of which allows the race horses to start the course,
and all edd. seem to assume that in this passage the metaphor
is a racing one.  It is conceivable that as the race ended
where it began the word might be used for our 'tape' at the
*end* of the course (cp. γραμμή, *calx*, *linea*).  But *stantem* could
only be used of a person waiting to *begin* the race (cp. ἑστάναι
ἐφ' ὑσπληγγος).  I think the metaphor is astronomical.  In
Luc. 7. 381 *extremi cardinis annos* the word *cardo* denotes a
furthest West line drawn from North to South, a Western
boundary of the world, as it were (see Heitland, *Intr.* xci

*sqq.*) : Sen. himself in *Tro.* 52 has *aeui cardinem extremum
premens.* I think *extrema regula* denotes the same thing :
the use may have been common in mensuration, though no
trace of it seems to have been preserved in the writers on
that subject (*Gromatici*). The old man stands on the border-
line between life and death as the setting sun seems to stand
on the horizon before taking his final plunge. *Deuexus* and
*praeceps* are in harmony with this interpretation, being used
of the downward course of heavenly bodies.

l. 5. **succedit in locum uoluptatium, nullis egere**] The
thought is in Cic. *Cato* 47 : for the turn given it cp. Antisthenes in D.L. 6. 71 αὐτὴ τῆς ἡδονῆς ἡ καταφρόνησις ἡδυτάτη,
18. 10, 90. 34, *Prou.* 6. 5 *non egere felicitate felicitas uestra
est* ; and see Intr. p. lxxx.

l. 6. **cupiditates fatigasse ac reliquisse**] Cic. l.c. *satiatis et
expletis*, Plato *Rep.* 1. 3 ἀσμεναίτατα μέντοι αὐτὸ (love) ἀπέφυγον,
ὥσπερ λυττῶντά τινα καὶ ἄγριον δεσπότην ἀποφυγών (a remark of
Sophocles', which Cic. l.c. translates).

**§ 6.** l. 7. **molestum est mortem ante oculos habere**] Cic.
l.c. 66 *quarta restat causa quae maxime angere uidetur,
appropinquatio mortis.*

l. 8. **tam seni ... quam iuueni**] Cic. l.c. 67 *quis est tam
stultus, quamuis sit adulescens, cui sit exploratum se ad ues-
perum esse uicturum.* *Tam* and *quam* seem to us inverted
here and in several Senecan passages (e.g. 77. 7 below) : cp.
also 90. 40 n., 55. 1 n., and 82. 16 (*aeque ... quam*).

l. 9. **citamur ex censu**] ' summoned on the principle of the
levy ', where the censors assigned to each of the two classes of
citizens (*iuniores* and *seniores*) its own distinct function : cp.
93. 6 *quid me interrogas an inter iuniores adhuc censear?* For
the thought cp. 26. 7 *non dinumerantur anni* and esp. 63. 14
below.

l. 10. **nemo tam senex**] a (typically Silver) point against
Cicero, whose Cato (l.c. 68) accepts the view that an old man
cannot hope to live much longer.

l. 11. **improbe ... speret**] ' it would be greedy for him to
hope '.

**gradus**] ' stage on the road of ...', a common use in Sen.

l. 12. **aetas**] sc. *hominis.*

l. 13. **circumductos maiores minoribus**] ' concentric '.

l. 13. **aliquis**] sc. *orbis*, **omnis** (as often) meaning *ceteros*.

l. 14. **pertinet**] 'reaches'. The idea seems to be represented by the following diagram :

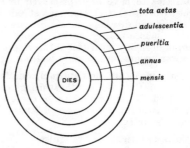

l. 15. **excludit**] 'shuts off', from the larger circle, so virtually 'includes'. Sen. is hard put to it here for synonyms of *continere* : *uita media* is omitted (cp. 121. 16).

l. 18. **quorum ... componitur**] 'the constant repetition of which makes up a man's life'.

§ **7.** l. 21. **Heraclitus**] of Ephesus : he flourished about 500 B.C. and held that all things came originally from fire and would ultimately be resolved again into this element. His obscurity (which won him the name ὁ σκοτεινός) is mentioned here because the maxim cited admitted of several interpretations.

l. 22. **unus dies par omni**bus **est**] Ep. 101. 9 *nihil interesse inter diem et saeculum*, Montaigne, 1. 19 'If you have lived one day, you have seene all : one day is equal to all other daies.'

l. 24. **excepit**] 'interpreted', 'understood'.

**horis**] abl. of respect, 'in the number of hours', like *similitudine* below.

### PAGE 14

l. 2. **nox habet quod dies perdidit**] H.F. 842 *redit hora nocti*, Luc. 10. 218 *nox aestiuas a sole receperit horas*, and cp. 122. 1 below.

l. 5. **in alternas mundi uices**] 'from the point of view of these divisions of the day'. *Vices* of day and night elsewhere in Sen.'s prose (cp. *Thy.* 813 *solitae mundi periere*

*uices: nihil occasus, nihil ortus erit*). For *in*, cp. V.B. **22. 3**
*quaedam ... in summam rei parua sunt* and Intr. p. lxix.

l. 6. **ista**] = *quae in uno die inuenias*. It makes the total of
days or nights a man has seen greater, but does not introduce
a *third* element into his life. The simplest way of saying
this would have been *mundi uices plures facit, non alias*, but
this would not have been very clear, and the double *alias*, in
the first case a pronoun, in the second an adverb, would have
been very inelegant.

§ **8.** l. 8. **cogat agmen**] 'close the series', an adaptation
of the regular military use for 'bring up the rear'. For the
general thought, almost a commonplace even in the time of
Sophocles (cp. e.g. Soph. O.C. 567), see (among many passages
of Seneca) 15. 11, 54. 7 below: cp. also Hor. O. 3. 29, 41–8
(partly cited on § 9), Muson. frag. 22 οὐκ ἔστι τὴν ἐνεστηκυῖαν
ἡμέραν καλῶς βιῶναι μὴ προθέμενον αὐτὴν ὡς ἐσχάτην; and in
more recent times Browne, *Christian Morals* 2. 30 'Think
every day the last and live always beyond the account. He
that so often surviveth his expectations lives many lives and
will scarcely complain of the shortness of his days.'

l. 9. **Pacuuius**] Tiberius appointed Aelius Lamia governor
of Syria, but did not allow him to go out to his province:
his duties were performed by his *legatus*, Pacuuius.

**usu**] See on 88. 12. Here P.'s *de facto* enjoyment of
the powers of a governor is contrasted with the *de iure*
governorship of Lamia, which Tac. calls *administrandae
Syriae imago* (A. 6. 27).

l. 10. **illis**] shews that the matter was notorious to Seneca's
contemporaries: we are not so favourably situated. Was
the funereal character confined to the closing scene, as
described in the next clause, or was the whole banquet on a
par with this?

l. 11. **sibi parentauerat**] 'celebrated the day of his own
death': cp. 122. 3 below. *Parentalia* were festivals held
during that part of the year which was specially devoted to
the memory of the dead (Febr. 13–21), and also on the
anniversaries of the days on which the deceased was born or
died.

The graphic picture reminds us of the close of the banquet
so well described by Petronius (§ 78), where the drunken
parvenu Trimalchio has his shroud inspected by the company
and gives them a taste of the wine which was to be poured
over his ashes: '*Putate uos ad parentalia mea inuitatos esse!*'

Somewhat similar is B.V. 20. 3 where an official put upon
the retired list by Caligula *componi se in lecto et uelut exani-
mem a circumstante familia plangi iussit.*

§ 9 l. 15. in somnum ituri laeti hilaresque dicamus]
Hor. O. l.c. *ille potens sui | laetusque deget, cui licet in diem |
dixisse,* uixi : cras *uel atra | nube polum pater occupato* etc.',
aptly cited by Petrarch *De Reb. Fam.* 2. 7 where he is
dealing with this passage of Seneca.

l. 17. uixi etc.] Verg. A. 4. 653, cited again in V.B. 19. 1.

l. 18. crastinum] Except in the phrase *in crastinum* the
word seems rare outside Sen. : see Intr. p. lxi. For the
thought cp. Hor. O. 1. 9. 13 *quid sit futurum cras, fuge
quaerere et | quem fors dierum cunque dabit, lucro | appone,
Ep.* 1. 4. 13, 14, 11. 22 and Browne in note to § 8.

l. 19. sui possessor] 98. 2 *se habet nec in rerum suarum
potestate est.* Sen. is fond of using the personal pronoun to
denote the bare personality, without the adjuncts : see on 56.
14. In *Tranq.* 11. 1 we get an almost meaningless hyperbole :
*non mancipia tantum possessionesque et dignitates, sed corpus
quoque suum et oculos et manum et quicquid cariorem uitam
facit uiro seque ipsum inter precaria numerat uiuitque ut
commodatus sibi.*

§ 10. l. 22. includere] 'seal up', like *complicare* in 18. 14
below. Hence, I imagine, the meaning 'close' (114. 9 below),
perhaps not found in prose before Sen.

l. 23. peculio] almost 'douceur'. It is used of an allowance
made to children, 'pocket-money'.

l. 27. uiuere necessitas ... est] I know no other instance of
the infinitive after this word : probably one of Seneca's Greek
sources had οὐδεμία ἀνάγκη ἐν ἀνάγκῃ ζῆν. For the general
sense cp. 51. 9 below.

## PAGE 15

l. 1. patent undique ad libertatem uiae] a favourite thought
of Sen.'s ; cp. e.g. *Ira* 3. 15. 4 'precipice, sea, tree ... *quaeris
quod sit ad libertatem iter? quaelibet in corpore tuo uena*',
*Phoen.* 153 *mille ad hanc aditus patent.* Ἡ θύρα ἤνοικται
says Epictetus (1. 24. 20). For the doctrine see on LXXVII.

l. 3. calcare] a favourite synonym for *contemnere* in Sen. ;
πατεῖν and καταπατεῖν in his originals.

§ 11. l. 4. quid tibi cum] a colloquial phrase, found e.g.
in Cic.'s speeches and letters and Horace's Satires : similarly
*nihil cum, multum cum* etc. : see on 78. 10 below.

**alieno**] 'a philosopher of another sect ': cp. 2. 5 *soleo in aliena castra transire*, 14. 17 *propositum est aliena laudare*, 22. 13 *alienas sarcinas*, all in ref. to borrowing from Epicurus. The opposite course in 26. 8 *de domo fiet numeratio*. In 8. 8 he says that these sayings are not specially Epicurus', but *publicae uoces*, to be found in the poets, even in the mimes of Syrus (similarly 21. 9, 33. 2).

l. 5. **quod uerum est, meum est**] 16. 7 *quicquid bene dictum est ab ullo, meum est*. Sen. had real respect for Epicurus : see 33. 2 below and above all V.B. 12. 4 where his view of *uoluptas* is defended against those who try to degrade it. ' *Nec aestimant* ', he says, ' *uoluptas illa Epicuri (ita enim mehercules sentio) quam sobria ac sicca sit* '.

l. 6. **ingerere**] used of forcing a thing upon any one (so both Cic. and Sen.) and then (? only after the Augustan period) of repeating *ad nauseam* : cp. Sen. *Contr*. 2. 1. 26 *saepius ingessit* ' *diuitias describere uolo* ', Petr. 36 *ingerebat* ' *Carpe, Carpe* ' (Trimalchio's carver being named Carpus, so that *Carpe* represented a vocative and an imperative at once).

**in uerba iurarunt**] like Horace's *addictus iurare in uerba magistri* (*Ep*. 1. 1. 14), ' swear absolute allegiance ' to their own teachers. Similar claims to independence in 45. 4, 80. 1, V.B. 3. 2.

**quid ... a quo**] Cp. B. 1. 15. 4 *cogitantem magis a quo quam quid acceperis*, Liu. 6. 40. 14 *numquamne uos res potius quam auctores spectabitis ?* ' Measures, not men.'

l. 8. **communia**] ' public property ' : cp. 8. 8 cited above.

## XV

That body and mind must both be exercised was an axiom of Greek education (γυμναστική and μουσική). Euripides and Plato protested against athleticism, the philosopher stigmatising the ἄσκησις of its votaries as ὑπνώδης (*Rep*. 3. 13). It is not until the fourth century B.C. that we find, in direct connexion with the growth of the philosophical schools, a real decline in the position of athleticism. Such passages as Luc. 7. 271 *sqq*., Quint. 1. 11. 15 (*palaestrici qui corporum cura mentem obruerunt*), 11. 3. 26 (cited on § 3 below) are probably only echoes of Greek originals of this date. Diogenes said that each of the two exercises was imperfect (ἀτελής) without the other (D.L. 6. 70). Muson. 24 H περὶ ἀσκήσεως says much the same as Seneca : ἀνάγκη ἀμφοῖν ἐπιμελεῖσθαι, τοῦ μὲν κρείττονος μᾶλλον.  Cp. on *ceruicem* below.

The *clausula* is really only another aspect of that of the fifth letter.

**§ 1.  l. 14.  si uales bene est** etc.]  So regularly in Cicero, except in the letters to Atticus.  Cp. Plin. *Ep.* 1. 11. 1 *illud unde incipere priores solebant, si uales* etc.  The custom died hard :  Pliny begins 5. 18 with a very similar phrase (*bene est mihi quia tibi bene est*) and xx begins with the words *si uales*. The custom of writing χαίρειν at the beginning of a Greek letter was almost extinct in the time of Procopius (cited by Norden A.K-P. p. 367).

**§ 2.  l. 19.  hanc]**  *sc.* ψυχικήν ;  *secundam* means 'which comes next in importance' :  cp. 10. 4 *roga bonam ualetudinem animi, deinde tunc corporis.*

**l. 21.  bene ualere]**  'simply to be in good health', and not to be a 'strong man'.  Cp. Isocr. *Demon.* 14 ἄσκει ... μὴ τὰ πρὸς τὴν ῥώμην ἀλλὰ τὰ πρὸς τὴν ὑγίειαν.  The particle 'only' has constantly to be supplied in translation from Latin :  cp. 25. 1 'this hardened sinner *non potest reformari : tenera finguntur*', and, to confine oneself to the letters in this selection, 18. 10, 56. 8, 63. 3, 78. 10, 86. 12 and 90. 46.  Cp. too 50. 21.

**l. 24.  ceruicem]**  'shoulders' as often.  For the use of the sg. in connexion with strength cp. Luc. 2. 604 (a bull returns after a defeat) *cum ceruice recepta | excussi placuere tori*.  For the contempt for physical strength cp. Sen. *Contr.* 3. pr. 16 *scholastici intueri me quis essem qui tam crassas ceruices haberem* (broad shoulders a sign of Philistinism !), Pers. 3. 86 *torosa iuuentus*, and on 88. 19 below.

**latera]**  'the lungs', as often :  cp. esp. *reparare latus, confirmare latus* and *firmitas lateris* in the elder Sen. and Quint., all in connexion with the *voice*.

**feliciter cesserit]**  Cic. does not use *cedere* in the sense 'turn out' ;  Sallust and Sen. have many exx.:  cp. 28. 2 n., 56. 9.

**l. 25.  nec uires ... bouis** etc.]  This line of argument seems to have been common in the diatribes.  It occurs again in Sen. (e.g. 76. 9 *Valet ? Et leones.  Formosus est ? et pauones* etc.) : cp. Plut. *De Educ.* 8 πόστον γάρ ἐστιν ἰσχὺς ἀνθρωπίνη τῆς τῶν ἄλλων ζώων δυνάμεως ;  Dio. Chrys. 9 p. 155 D 'I am the swiftest of men.'  'But not of hares or deer', Sidon. Apoll. 7. 14. 5 'What do you admire in man ?  Height ?  *Quasi non haec saepe congruentius trabibus aptetur.*  Strength ?  *Quae*

*ualentior in leoninae ceruicis toris regnat*' etc., Boeth. *Cons.*
3. 8. 4 *num elephantas mole, tauros robore, tigres uelocitate
praeibitis*?

1 27. **corporis sarcina animus eliditur**] Cp. Democritus in
Stob. 3. 6. 31 γαστριμαργίη σῶμα πιαίνει, ψυχῆς δὲ τὸ κάλλιστον
λογισμὸν κοιμίζει, the proverb γαστὴρ παχεῖα λεπτὸν οὐ τίκτει
νόον, Isocr. *Demon.* 6 ῥώμη (ἄνευ φρονήσεως) ταῖς τῆς ψυχῆς
ἐπιμελείαις ἐπεσκότησεν, Quint. l. 11. 15 cited in intr. above,
Peter of Blois *Ep.* 85 (Intr. p. c) and Shakspere cited below.
For *sarcina* cp. 65. 16 and *Hel.* 11. 6.

## PAGE 16

§ 3. l. 2. **sequuntur**] 'attend on': often in Sen. of good or
bad things that are part and parcel of certain characters:
cp. 53. 5 below.

l. 4. **spiritum**] 'life', 'energy': 95. 71 *quantum in illo
uigoris ac spiritus* and see on 78. 8.

l. 5. **copia ciborum**] Cp. Theopompus (F.H.G. 1. p. 286=
Athen. 4. 46) τὸ γὰρ ἐσθίειν πολλὰ καὶ κρεαφαγεῖν τοὺς μὲν λογισ-
μοὺς ἐξαιρεῖ καὶ τὰς ψυχὰς ποιεῖται βραδυτέρας, Muson. 95 H εἶναι δὲ
ταύτην (τροφὴν κρεώδη) καὶ βαρυτέραν καὶ τῷ νοεῖν τι καὶ φρονεῖν
ἐμπόδιον, Athen. 4. 45 αἱ βαρεῖαι αὗται τροφαὶ φράττουσι τὸ
ἡγεμονικὸν καὶ οὐκ ἐῶσι τὴν φρόνησιν ἐν αὐτῇ εἶναι, 108. 22 below,
and Shakspere. *Love's Labour's Lost* l. 1. 26 *Fat paunches
have lean pates and dainty bits | Make rich the ribs, but bank-
rupt quite the wits.*

l. 6. **accedunt**] 'Then again, there are ... '.

**notae**] just like our 'stamp', primarily used of a brand
of wine. The metaphorical use was probably colloquial:
Catullus and one of Cicero's correspondents have it, and it is
common in Seneca.

**in magisterium**] 'as our teachers'.

l. 7. **oleum et uinum**] Cp. 80. 3 below, and Quint. l.c.
*palaestrici quibus pars uitae in oleo, pars in uino consumitur.*
For the use of oil by wrestlers see on 57. 1.

l. 8. **quibus**] For Sen.'s use of the agent dative see Intr.
p. lvii: of course we could translate here, 'who *consider* they
have ... '.

l. 9. **desudauerunt**] Cp. 122. 6 below, and Quint. 11. 3. 26
'your athletes, if they had to do a forced march, would cry
out for *unctores suos nudumque sudorem*'.

l. 10. **altius in ieiunio iturae**] 'which will sink deeper (be more potent) owing to the fasting condition in which they are': cp. 122. 6 *qui ieiuni bibunt*. For the causal force of *in* cp. e.g. 66. 12 *illis in tam incerta sorte inaequalitas est*.

l. 11. **uita cardiaci**] 19. 10 *sine amicis uisceratio leonis ac lupi uita est*, Plato *Philebus* 10 οὐκ ἀνθρώπου βίον, ἀλλά τινος πλεύμονος (a mollusc), of drinkers. Celsus 3. 19 defines the disease as '*imbecillitas corporis quod stomacho languente immodico* sudore *digeritur*' and mentions the use of wine in the treatment (cp. Iuu. 5. 32).

§ **4.** l. 15. **pondere**] to serve as a dumb-bell: cp. 56. 1 below and see *Dict. Ant.* s.v. *halter*. They figure in the outfit of the woman athlete of Martial and Juvenal.

**saltus**] Socrates ὠρχεῖτο συνεχές, τῇ τοῦ σώματος εὐεξίᾳ λυσιτελεῖν ἡγούμενος τὴν τοιαύτην γυμνασίαν D.L. 2. 32.

l. 17. **saliaris**] 'like that of the priests of Mars'. Their festival occupied most of the month of March, various days being distinguished by processions in which the Salii advanced from one quarter of the city to another, beating the sacred *ancilia* of which they were guardians and executing the famous dance, described by Lucian (*Salt.* 20) as σεμνοτάτην τε ἅμα καὶ ἱερωτάτην ὄρχησιν.

**contumeliosius dicam**] 'give it a less dignified name'.

l. 18. **fullonius**] The *fullo* was the Roman laundress. Titinius 28 R (from a play called *Fullonia*) *aqua ubi tu solitu' es argutarier | pedibus, cretam dum compescis, uestimenta qui laues* implies that the leaping was done to pound down the fuller's earth: the treading of the clothes in the tub may however be meant.

l. 19. **rudem**] 'simple', 'not elaborate'.

§ **5.** l. 20. **illum**] =*animum*.

**noctibus ac diebus**] Intr. p. lviii.

l. 21. **labore modico alitur ille**] 'it takes little exertion to keep the mind in condition': cp. esp. 80. 3 below.

**hanc**] such as I am prescribing.

l. 23. **quod uetustate fit melius**] Plut. *De Educ.* 8 μόνος γὰρ ὁ νοῦς παλαιούμενος ἀνηβᾷ.

§ **6.** l. 26. **resoluatur**] 'unstrung', *remittatur* 'rested': cp. *Tranq.* 17. 6 *multum interest remittas aliquid an soluas*.

**gestatio**] Cels. 2. 15 *gestatio longis morbis aptissima est ... genera plura sunt: lenissima est naui uel in portu uel*

*in flumine, uehementior uel in alto, uel lectica, etiamnum
acrior uehiculo.* For Sen.'s use of it see 55. 1 below. The
word is post-Augustan : the rare *uectatio* is used in *Tranq.*
17. 8.

l. 27. **studio non officit**] 72. 2 *quaedam sunt quae possis et in
cisio* ('chaise') *scribere,* Plin. *Ep.* 9. 36. 3 *uehiculum ascendo ;
ibi quoque idem quod ambulans aut iacens.* Pliny indeed took
his tablets with him when he went hunting : see the notorious
sixth letter of his first book.

## PAGE 17

§§ **7, 8. nec tu** etc.] The sequence of thought in these two
sections is not very clear, but seems to be this. Sen. says :
'voice-production is good, but don't imagine you need
elaborate rules for it : there *are* professors who will give you
instructions how to move your feet or ply the jaws, if you're
fool enough to listen to them. On the other hand, you needn't
start at the highest pitch : that is against nature. Keep the
voice under control and don't raise or lower it *suddenly.*'

§ **7.** l. 1. **intentionem uocis**] For reading aloud for the
health's sake cp. 78. 5 below, Plin. *Ep.* 9. 36. 3 (*non tam uocis
causa quam stomachi*), for the kind of practice censured cp. Sen.
*Contr.* 1. pr. 16 *uocem per gradus paulatim ab imo ad summum
perducere, rursus a* summa contentione *paribus interuallis
descendere,* Quint. 11. 3. 22 *praeparare ab imis sonis uocem ad
summos,* and 122. 15 below.

l. 5. **admitte ... erit**] Intr. p. lxiv.

**quos artificia docuit fames**] Theocr. 21. 1 'Poverty μόνα
τὰς τέχνας ἐγείρει· αὕτα τῶ μόχθοιο διδάσκαλος' (cp. Plaut.
*Stich.* 178): closer to our passage are Pers. *prol.* 8 *sq. magister
artis ingenique largitor | uenter ... artifex sequi uoces,* Quint.
2. 20. 2 (untrained pleaders) *qua uel impudentia uel fames
duxit ruentes.*

l. 6. **gradus tuos ... obseruet**] Cp. Quint. 11. 3. 19 'voice
trainers (*phonasci*) aim at *firmitas corporis,* which is ensured
by *ambulatio ... facilis ciborum digestio*'. Suet. *Ner.* 20 tells
us that the emperor took all the precautions recommended by
the *artifices.*

l. 11. **litigantes**] 'two men who have a quarrel'. This is
the regular force of the verb in Seneca : cp. e.g. 51. 13 below.

l. 13. **Quiritium fidem implorat**] 'appeals (for help) to the
passers-by'; *quiritat,* he might have said : cp. Quint. 3. 8. 59

*cur initio furioso sit exclamandum non intellego cum ... rogatus sententiam, si modo sanus est, non quiritet.* The formula used seems to have been *porro, Quirites!* (Momms. St.R. 3. 5[1]).

**§ 8. l. 15. uicinis**] Cp. Mart. 9. 68. 9 (to a schoolmaster who began school too early, *inuisum pueris uirginibusque caput) uicini somnum non tota* ( = 'for at least part of ') *nocte rogamus,* Cic. *Att.* 4. 3. 5 *Marcellus ita stertebat ut ego uicinus audirem.*

**conuicium**] 'annoying noise ', as in 56. 15 and elsewhere : cp. esp. the *cicada* of Phaedr. 3. 16. 3 which *acerbum noctuae conuicium | faciebat.*

**prout uox** etc.] For the difficulties of this, I fear, hopeless passage see Apparatus. **Modesta** must mean ' under control ', **hoc** ' so common nowadays with *phonasci'.* Thoroughly Senecan are the points **descendat, non decidat** (cp. 83. 4 *iam aetas non descendit, sed cadat* and see Intr. p. lxxxix) and **exerceatur uox** contrasted with *exerceat* (Intr. p. lxxxvi).

PAGE 18

**§ 9. l. 4. in futurum fertur**] ' hurries on to what is to come ': cp. *futuro imminere* in B. 3. 3. 4 (context very similar) and *Tranq.* 9. 2. *in futura eminere.*

**l. 7. Babae**] In *Apocol.* 3 he is one of the three great fools of the day, the others being Augustinus—and Claudius. Ision does not seem to be named elsewhere.

**l. 9. fuisset**] *sc.* ' by this time ': see § 11 below.

**§ 10. l. 12. subinde**] ' continually ', as often in Sen. From this force of the word (unknown to Cic.) comes Fr. *souvent.*

**l. 13. cum aspexeris quot antecedant** etc.] whereas to the ambitious man *non tam·iucundum est multos post se uidere, quam graue aliquem ante se* (73. 3).

**l. 16. quid tibi cum**] 12. 11 n.

**te ipse antecessisti**] ' you have outstripped your former self '. Cp. expressions like ἐγένοντο ἀμείνονες αὐτοὶ ἑωυτῶν and the note on 56. 14.

**§ 11. l. 20. nunc**] 'as it is', a common use of the word, much affected by Sen., who sometimes adds *uero.* For the thought cp. 19. 7 *si te ad priuata rettuleris, minora erunt omnia, sed affatim implebunt: at nunc plurima et undique ingesta non satiant.*

l. 22. **apparatus**] The word denotes an array of things, often (as here) with the connotation of their making a fine show rather than being really useful. It is most commonly used in ref. to magnificence of the table (cp. Horace's *Persici apparatus*), and *haurientium sitim* shews that this is the case here : ' the fine array at a banquet.'

l. 25. **congeram**] absolutely, as in Mart. 8. 44. 9 *rape, congere, aufer, posside.* Cp. the modern expr. ' to make one's pile.'

l. 26. **ut**] ' even if,' as in Cic. and often in Sen.

## PAGE 19

## XVIII

For the *Saturnalia* one can only refer to the *Dict. of Antiquities* and lay stress on the points which illustrate Sen.'s remarks in this and other letters : (1) The liberty given to slaves (Hor. S. 2. 7. 5), and in particular their privilege of dining with, or even being waited on at dinner by, their masters (47. 14) ; (2) the wearing of the *pilleus*, the fez cap of liberty, which served as a model to the French revolutionists (§ 3), with, in the case of the upper class, the gaudy dinner-dress known as *synthesis* (§ 2 note) ; (3) interchange of gifts (see on *sigillaria* 12. 3) ; (4) general feasting (see esp. § 4).

In literature we have an account of a day of the Saturnalia in the sixth poem of the first book of Statius' *Siluae*, and Martial's fourteenth book consists of short epigrams intended to be attached to *apophoreta*, gifts presented to the guests at Saturnalia dinners.

This letter and one of Pliny's (2. 17. 24) shew that there were not wanting even in ancient times those to whom carnivals are a nuisance. Pliny describes with satisfaction a sound-proof room in his villa, where, he says *abesse mihi a uilla mea uideor, magnamque eius uoluptatem* praecipue Saturnalibus *capio, cum reliqua pars tecti licentia dierum festisque clamoribus personat. nam nec ipse meorum lusibus, nec illi studiis meis obstrepunt.*

§ 1. l. 4. **cum maxime**] lays stress on the phenomenon of *sudor* in December. There is the same play on the literal and metaphorical uses of *sudare* in Cic. *De Or.* 2. 223 : somewhat analogous is the point in Ou. A.A. 2. 301 : ' if your mistress be coolly clad, say *moues incendia* (you make *me* glow with love)'.

**sudat]** lit. 'is busy', a colloquial use of the word (cp. Cic. l.c.). 'Aglow with business' will keep the play involved.

**l. 5. ius ... datum est]** 'licence is given': Luc. 1. 2 *iusque datum sceleri.* Public gambling was now legal.

**l. 6. apparatu]** must refer to the preparations for the exhibitions and *conuiuium publicum* etc.

**l. 9. olim mensem ... nunc annum]** i.e. 'we used to have a month of holidays, now it is holiday all the year round': cp. *Apoc.* 8 (Claudius) *mensem (Saturni) toto anno celebrauit. Mensem* is interesting: the festival lasted only 5 days, but we see that, as in the case of its modern counterparts, the effects were far-reaching.

**§ 2. l. 10. tecum conferrem]** here 'ask you' rather than 'discuss with you', the usual meaning of the phrase.

**l. 14. exuendam togam]** in favour of the *synthesis*: see intr. above.

**nisi in tumultu** etc.] For the sake of the point Sen. makes *uestem mutare* ('go into mourning') include *saga sumere*, a phrase regularly used in conn. with *tumultus* (disturbances in Italy or Gaul) to denote the donning of military dress which was commanded at such crises. Cp. esp. Cic. *Phil.* 5. 31.

**§ 3. l. 17. si te bene noui]** a colloquial phrase used several times by Sen. with or without *bene*: cp. H.F. 642 *si noui Herculem.* A variation of it in Cic. *Att.* 5. 21. 13: 'you'll have done the sum by this time, *si tuos digitos* ('powers of reckoning') *noui.*'

**l. 19. pilleatae]** See intr. above.

**l. 22. procubuit]** 'abandoned itself to', stronger than *prolapsa est,* as implying set purpose: cp. B. 4. 26. 3 *in hanc partem p. animo.*

**§ 4. l. 25. siccum ac sobrium]** Hor. S. 2. 3. 4 *ab ipsis | Saturnalibus huc fugisti sobrius.*

**l. 26. excerpere se]** 5. 2 n.

**l. 27. insigniri]** 'make oneself noticeable': cp. 114. 4.

PAGE 20

l. 1. **eodem modo**] Cp. one of the fragments (20 H):
'Everything that the vicious do, *faciet et sapiens, sed non
eodem modo eodemque proposito.*'

§ **6**. l. 8. **in ipsa securitate ad difficilia se praeparet**] one
of Sen.'s most favourite tenets : see 78. 29, 107. 4 below
(with notes), 91. 7, 113. 27 *omnes casus antequam exciperet
meditando praedomuit.* Preparation for death is particularly
important : see on 63. 15.

l. 10. **decurrit**] 'performs manœuvres', a technical term :
cp. esp. Liu. 23. 35. 6 *crebro decurrere milites cogebat ut
tirones assuescerent signa sequi et in acie agnoscere ordines
suos.*

**uallum iacit**] 'throws up a rampart.' *Vallum* and a ditch
constituted the fortification of a camp or indeed any entrenched
position : cp. Liu. 3. 28. 3. *iubet ... ducere fossam et iacere
uallum.*

l. 12. **necessario**] sc. *labori.*

l. 13. **secuti sunt**] 5. 2 n.

§ **7**. l. 17. **Timoneas**] must connote *plainness*, such as
would characterise the meals of Timon after he bade farewell
to the society of his fellow men. Was *cena Timonea* the
name for a meal taken in the open air, 'a pic-nic'? Cp. *Hel.*
cited in the next note.

l. 18. **pauperum cellas**] a room furnished in a comparatively
simple style, whither the jaded *diues* would sometimes resort
for a 'rest-cure'. From 100. 6 it appears that no fine house
was complete without one. Cp. Hor. O. 3. 29. 13 *sqq. plerum-
que gratae diuitibus uices, | mundaeque paruo sub lare paupe-
rum | cenae sine aulaeis et ostro | sollicitam explicuere frontem,
Hel.* 12. 3 (the rich) *sumunt quosdam dies cum iam illos diuitiarum taedium cepit, quibus humi cenent et fictilibus utantur.*
Petrarch has our passage in mind in *De Reb. Fam.* 8. 4.

l. 19. **grabatus**] is contrasted with *lectus* in Cic. *Diu.* 2.
129 and is elsewhere mentioned in conn. with beggars.

l. 20. **sagum**] a *coarse* cloak. the *dura atque horrida uestis* of
§ 5. The thrifty Cato (*Agr.* 59) says 'when you give a slave
a new *tunica* or *sagum*, see he gives you back the old one, for
use in patching'.

l. 22. **mihi crede**] This colloquial phrase occurs at least 11
times in the letters : *crede mihi* I have noted only in *Ira*
3. 34. 1.

l. 23. **dupondio**] proverbial for a trifling sum.   So in Cic. *Quint.* 53, and cp. the expressions *dupondii aliquem facere, dominus dupondiarius, nemo dupondii euadit* (all from Petr. 58).

l. 25. **debet**] 'is bound to provide': cp. 96. 1 *solet fieri. hoc parum est : debuit fieri : decernuntur ista, non accidunt,* 123. 6 *utebamur illis non quia debebamus* ('could not do otherwise'), *sed quia habebamus.*

**§ 8.** l. 25. **non est quare multum tibi facere uidearis**] 110. 12 *non magnam rem facis quod ...*, *Ira* 3. 32. 1 *magnam rem sine dubio fecerimus si ...* (ironically).   Cp. Diogenes in D.L. 6. 44 'οὐδὲν μέγα : a beetle or a spider could do the same'.

l. 28. **nomine**] a book-keeping metaphor, like our 'account'. So already in Cicero.

**te suspice**] 'think well of yourself', rather a favourite phrase of Seneca's : cp. *sibi placere* 7. 12 n.

l. 30. **exerceamur ad palum**] § 6 above.

## PAGE 21

l. 2. **familiaris**] here equivalent to *solita*, as in § 12 to *assuetus.*   Both usages are, I think, Silver : Velleius has the first, V.M. the second.

**§ 9.** l. 4. **ille magister**] '*even* he who inculcated.'   In 21. 10 it is implied that this frugality was not merely occasional, but was one of Epicurus' tenets : cp. Epicurus himself 181 Us. : 'I am replete with τῷ κατὰ τὸ σωμάτιον ἡδεῖ, ὕδατι καὶ ἄρτῳ χρώμενος'.

l. 5. **maligne**] )( *benigne* : 'with a pittance', like *anguste* in § 11.

l. 6. **uisurus**] Intr. p. lxvii.

l. 8. **pensaret**] 'buy', a Silver use, admitted by Tac. to the *Dialogus* : the word itself is hardly found at all before the Augustan period.

l. 9. **epistulis**] It seems likely that we have here the Silver use of *epistulae* for a *single* letter (on the analogy of *litterae*) : cp. 79. 1 below.   Epicurus was the first to make extensive use of the letter for the purpose of disseminating philosophical views.   Three of these manifestos are preserved to us by Diogenes Laertius.

**Charino magistratu**] The letters of Epicurus are often dated by the name of the archon of the year : see Usener's

*Epicurea*, pp. 132 *sq.* : the fragments contain more datings by Charinus, archon of 308/7, than by any other. *Magistratu* stands presumably for *archonte* : so Plin. N.H. 3. 58 *Nicodoro Atheniensium magistratu.*

l. 11. **Metrodorum**] M. of Lampsacus ranked next to Epicurus in the school (cp. 52. 3 below), though, as he died before his master, it was Hermarchus who succeeded to the presidency (see on 33. 4). The will of Epicurus (preserved to us in D.L. 10. 16 *sqq.*) provides for the education of the favourite disciple's children.

§ 10. l. 12 **saturitatem**] '*merely* satiety' : see on 15. 2.

l. 14. **subinde**] 'constantly', 15. 10 n.

l. 16. **aqua et polenta**] = μᾶζα καὶ ὕδωρ. The two together in 21. 10, 110. 18 again : in 45. 10 *pani et polentae.* The latter forms part of the diet of the young student in Pers. 3. 55.

l. 17. **uoluptas posse capere uoluptatem**] 12. 5 n.

§ 11. l. 19. **alimenta carceris**] Sall. *Or. Macri* 19 *quinis modiis libertatem omnium aestumauere, qui profecto non amplius possunt alimentis carceris*, Antiphanes (in Athen. 4. 52) A. ἄρτος καθαρὸς εἷς ἑκατέρῳ, ποτήριον | ὕδατος· τοσαῦτα ταῦτα. B. δεσμωτηρίου | λέγεις δίαιταν.

§ 12. l. 28. **aude, hospes** etc.] Verg. A. 8. 364, 365 : 'bring thyself to reck nought of wealth and shew thyself too worthy of the god (thy ancestor)'. Evander says this to Aeneas, after telling how Hercules had not scorned to enter his humble palace.

## PAGE 22

§ 13. l. 5. **exituras**] = *fugituras* : cp. 101. 5 *id quod tenetur per manus exit.*

§ 14. l. 7. **epistulam complicare**] Cicero and Sidonius use the same phrase.

l. 8. **quod debes**] 5. 7 n.

**delegabo**] *Delegatio* is a technical business term for the process by which A pays his creditor B through a third party C. Two forms are possible : (1) A may be C's creditor and so tells B that he may regard himself as C's creditor. This is really what is involved in payment by cheque : A is the bank's creditor (to the amount of his deposit), and the cheque which he sends to B makes the latter the bank's creditor. (2) C may be B's creditor and B therefore directs A

to pay C and not himself.  In either case the verb *delegare*
may be used with the direct accusative to denote the naming
of C as the person who is to make, or receive, the actual
payment, or it may be used with *ad* and the accusative to
denote the transference of the obligation, or claim, to C.
Here of course (1) is involved, Sen. regarding Epicurus as his
banker (26. 8 *scis cuius arca utar*).

l. 10.  **ira gignit insaniam**] Philemon 184 N μαινόμεθα πάντες
ὁπόταν ὀργιζώμεθα, Hor. *Ep.* 1. 2. 62 *ira furor breuis est*, and
elsewhere in Sen.

§ 15.  l. 12.  **personas**] From the lit. meaning ‘mask
representing a character’ (so ‘character’ often in Cic.)
comes that of ‘individual representing a class’: ‘ the typical
lover ... enemy’ etc.  The rhetorical schools with their classification of *personae* and *res* (*negotia*) help the word a long
way towards the meaning ‘person’.


## XXI

In XIX Sen. urges Lucilius to claim his rest : ‘ you will never
have a real friend *nisi secesseris*’, he says in § 11.  In XX he
recommends him to cut down his ‘establishment’, but says
nothing about retirement.  In the letter which follows ours
he warns his friend against excessive precipitation in following his advice : ‘ *leni eundum est uia* : for the present *contentus esto negotiis in quae descendisti* and do not seek advance ’.
Lucilius is still an official in Sicily in XLIII, still in Sicily in
LXXIX, and we never hear of his retirement.

A letter from Epicurus to Idomeneus, mentioned by Seneca
in 22. 5, dealt with the same subject (*rogat ut fugiat et
properet, antequam aliqua uis maior interueniat et auferat
libertatem recedendi*).

§ 1.  l. 26.  **negotium**] ‘trouble, difficulty’, as often in
Com. (e.g. *exhibere n.* = πράγματα παρέχειν) and Cicero’s letters.

**de quibus scripseras**] people who tempted Lucilius to
continue on fame’s ladder : cp. 19. 5 *prouincia et procuratio
et quicquid ab istis promittitur*.


### PAGE 23

l. 1.  **melius probas quam sequeris**]  Ou. M. 7. 20 *uideo
meliora proboque :* | *deteriora sequor*, Epict. 4. 1. 147 ὁρῶντα
τὸ ἄμεινον, ἅμα δ’ οὐκ ἐξευτονοῦντα ἀκολουθῆσαι αὐτῷ.

**§ 2.** l. 10. **ascenditur**] "'tis promotion, not degradation':
cp. 79. 8.

l. 12. **alieno**] 'with borrowed light': cp. *ex alieno largiri*
(Cic.), *de alieno liberalis sum* (Sen.) and the opposite
expression *de suo* § 7 below.

l. 14. **illi**] refers to *haec*, though the following *illa* is of
course contrasted with that word. The section contains ten
examples of various forms of the two pronouns !

l. 15. **obstiterit**] 'stands in front of it': a rare use, but cp.
V.M. 4. 3 E. 4 *uelim a sole mihi non obstes.* In 27. 3 below
the meaning ' hinder' is more clearly involved.

l. 16. **studia tua**] See the account of Lucilius at the
beginning of the Notes.

**§ 3.** l. 17. **Idomeneo**] According to D.L. 10. 22 it was to
Idomeneus (not Hermarchus, as Cicero says, *Fin.* 2. 96) that
Epicurus wrote his famous death-bed letter, in which he
claimed that the 'pleasure of the memory τῶν γεγονότων ἡμῖν
διαλογισμῶν' quite outweighed the pain he was suffering.   A
fragment from one of his letters in Spengel R.G. 2. 71. 9 : cp.
too Sen. *Ep.* 22 cited in intr. above.

l. 20. **regiae potentiae ministrum**] 'possessed of (almost)
royal powers', a gen. of quality.   Id. was a viceroy.

l. 21. **notiorem**] The elegiac poets urge similar claims upon
the gratitude of their mistresses : so e.g. Ou. *Am.* 1. 10. 59.
Augustus wrote to Horace : ' *irasci me tibi scito, quod non in
plerisque eiusmodi scriptis mecum potissimum loquaris.   An
uereris ne apud posteros infame tibi sit quod uidearis familiaris
nobis esse?*' (Suet. *Hor.*).   Pliny's hopes of fame were encouraged by the fact of his being Tacitus' friend : cp. esp. *Ep.* 7.
20. 5.

**§ 4.** l. 24. **incidisset**] 'engraved' his name in his literary
works.

l. 25. **ex quo Idomenei titulus petebatur**] 'from whom I.'s
claim to glory was being (at the time Epicurus wrote)
derived', 'on whom it was based'.   It is possible that *Idomenei*
is dative, but if so *Idomeneo* in § 3 must be wrong.

l. 27. **Attici**] T. Pomponius Atticus : 16 books of Cicero's
letters to him are still extant.   For an account of the man
see Tyrrell's *Correspondence of Cicero*, vol. 1. pp. 44 *sqq.*
The best comment on Seneca's statement lies in the words
of Suet. *Tib.* 7 : ' Tiberius married the daughter of Agrippa,
granddaughter of Atticus *ad quem sunt Ciceronis epistulae*'.

l. 28. **gener Agrippa**] 'the fact that A. was his son-in-law',
having married his daughter Pomponia: their daughter
Vipsania Agrippina was married to Tiberius, who had by her
the Drusus who fell a victim to the intrigues of Seianus.

### PAGE 24

l. 2. sibi **applicuisset**] 'attached him to himself': cp. 112.
2 (*uitis*) *si uetus et exesa est non recipiet surculum aut non alet
nec applicabit sibi*, and *adhaesit* of § 6 below.

§ **5**. l. 2. **super nos ... ueniet**] suggests a flood: cp. *educere*
just below.

l. 11. **fortunati ambo** etc.] A. 9. 446 *sqq.*, apostrophising
Nisus and Euryalus, who went out by night from Aeneas'
camp and slaughtered many of the besieging force, but
ultimately fell into the hands of the enemy and so perished.

§ **6**. l. 15. **in medium**] 7. 9 n.

l. 16. **membra ac partes** etc.] Cp. Suet. *Aug.* 48 *membra
partesque imperii* (of subject-kings). Both words are used
of persons by the Augustan poets and Sen. elsewhere.

l. 18. **post ipsos**] For this conciseness cp. 54. 4, 79. 14 and
Intr. p. lxix.

l. 20. **adhaesit**] Cp. *applicuisset* above, and V.F. 1. 178
*fraternae si des accrescere laudi*.

**excipitur**] 'finds acceptance', 'becomes popular': cp.
114. 12 below.   The elder Sen. often uses it to mean 'hail
with applause' in reference to the reception of a 'point' by
a declamation audience: it may have been a technical term
in that sphere.

§ **7**. l. 21. **ne gratis ... in epistulam uenerit**] 'that he may
not have nothing to pay for being introduced into my letter',
and thus gaining the privileges implied in §4.

l. 22. **eam ... redimet**] 'discharge its obligations', 'pay its
dues': cp. B. 4. 36. 1 *uerba mea redimam*, and the analogous
use of *redemptio* and *redemptor* in the Digest.   For the letter
as a debtor, cp. 23. 9 *possum ... uocem Epicuri ... reddere et
hanc epistulam liberare*.

**de suo**] 'out of his own pocket', as e.g. in Plautus and
Cicero: Sen. is rather fond of the phrase (cp. 77. 8 below).
For the opposite, *de alieno*, see on § 2 above.

l. 25. **publica**] 'ordinary'.

PAGE 25

§ **8**. l. 4. **esse in uoluptate**] V.B. 11. 4 *esse in uoluptatibus*: for *in* of the state in which one is see Intr. p. lxix.

l. 7. **implere**] 93. 2 *longa est uita, si plena est: impletur autem cum animus sibi bonum suum reddidit et ad se potestatem sui transtulit.* Notice that *Pythocles* is the subject of this verb: for the change cp. *Prou.* 2. 5 *liberos matres ...fouere in sinu,* continere *in umbra uolunt, numquam* contristari, *numquam* flere.

§ **9**. l. 9. **publicae**] See on 12. 11.

l. 12. **diuidere sententiam**] a term from the standing orders of the Senate: cp. Cic. *Fam.* 1. 2. 1 *postulatum est ut Bibuli sententia diuideretur: quatenus de religione dicebat ... Bibulo assensum est, de tribus legatis* (the other part of his proposal) *frequentes ierunt in alia omnia* (' voted against', lit. 'were for anything rather than it ').

l. 15. **ipsos**] post-Augustan for *se*: cp. Intr. p. lviii.

§ **10**. l. 18. **hortulos**] The school of Epicurus was often called after the famous κῆπος which he left it by his will.

**erit inscriptum**] 'you will find written up', a common use of the tense.

l. 21. **polenta ... aquam**] 18. 10 n.

l. 22. **ecquid**]=*nonne,* as often in Sen.

**irritant**] A fashionable *chef* prided himself on the preparing of dishes that would whet the appetite: cp. 108. 15 below, one out of many Senecan passages referring to this art (ἀναστόμωσις).

PAGE 26

§ **11**. l. 1. **consolationem recipiunt**] 'can be talked over' 'are amenable to arguments'. For the somewhat peculiar use of *consolatio* cp. *Bell. Alex.* 8 *suorum timorem consolatione et ratione minuebat.*

l. 6. **uenter praecepta non audit**] Plutarch gives us an apophthegm of Cato's χαλεπόν ἐστι λέγειν πρὸς γαστέρα ὦτα μὴ ἔχουσαν.

l. 7. **appellat**] 'duns', a technical word for pressing a debtor: cp. *uentre fraudato* in 80. 4 below.

l. 8. **dimittitur**] 'is satisfied', another term from the same
sphere : cp. 60. 3 *paruo dimittitur* (*sc.* Nature), and ἀφίεσθαι
καὶ ἀπαλλάττεσθαι, used however of a *debtor* who has got his
discharge.

## XXVII

That *gaudium* was for the *sapiens alone* is a Stoic dogma :
a typical passage is 59. 2 *scio uoluptatem si ad nostrum album
uerba derigimus* ('use conformably') *rem infamem esse et
gaudium nisi sapienti non contingere : est enim animi elatio suis
bonis uerisque fidentis*. But the warning against *uoluptates
magno luendas* is older than Stoicism : cp. e.g. Solon in Stob.
3. 6. 25 ἡδονὴν φεῦγ' ἥτις ὕστερον λύπην τίκτει, and Antisthenes
when he called ἡδονή good προσέθηκε τὴν ἀμεταμέλητον (Athen.
12. 6). Epicurus himself would not seek pleasure that
entailed greater pain afterwards (D.L. 10. 129).

As for Caluisius, he reminds us of the Trimalchio of
Seneca's contemporary Petronius, and a reference to the
notes will shew how closely the two writers agree in their
delineation of the *parvenu.* Horace's Nasidienus can hardly
have been a freedman, but he had the *ingenium libertini*
of § 5.

§ **1.** l. 13. **enim**] ironical, as e.g. in 55. 4, 77. 17, 18 (three
exx.) : 'Why, have you schooled yourself yet?' For the
thought cp. Sulpicius in Cic. *Fam.* 4. 5. 5 : 'Remember you
are Cicero, in the habit of giving advice to other men. Don't
act like bad doctors, *qui in alienis morbis profitentur tenere se
medicinae scientiam, ipsi se curare non possunt* etc.', Phaedr.
1. 9. 1 *sibi non cauere et aliis consilium dare* and a line
quoted by Plut. *De Inim. Vt.* 4 ἄλλων ἰατρὸς αὐτὸς ἕλκεσι
βρύων.

l. 16. **ualetudinario**] 'ward' 'hospital'. Tac. *Dial.* 21 (of
anaemic orators, Furnius and Toranius) *quique alii in eodem
ualetudinario haec ossa et hanc maciem produnt.*

l. 20. **secretum**] 11. 9 n.

**adhibito**] 'called in to advise', as often.

l. 21. **mecum exigo**] 'commune with myself', a natural outcome of the meaning explained on 11. 10.

§ **2.** l. 22. **eadem uelle quae uolueras puer**] Sen. is fond
of this thought, which at once reminds us of St. Paul, but
see Teles. p. 6 Η γέρων γέγονας· μὴ ζήτει τὰ τοῦ νέου, Hor. S.

2. 3. 247 *sqq.*, Epict. 3. 24. 53 ὁ τὰ παιδίου ποιῶν ὅσῳ πρεσβύτερος
τοσούτῳ γελοιότερος. In *Const.* 12. 1, 2 the parallel between
the pursuits of boys and unregenerate men is worked out
with several interesting details.

l. 25. **turbidas**] as opposed to *liquidas, sinceras*.

l. 26. **quemadmodum scelera ... abiit**] Sen. has this thought
several times: cp. *Phaedr.* 164 *scelus aliqua tutum, nulla
securum tulit*. His words in 97. 13 suggest that he got it
from Epicurus, from whom Diogenes Laertius quotes it (10.
151) in the form οὐκ ἔστι τὸν λάθρα τι ποιοῦντα πιστεύειν ὅτι
λήσει (cp. also Lucr. 5. 1157).

## PAGE 27

l. 2. **paenitentia**] 'dissatisfaction' rather than 'repent-
ance': so in 56. 9 below. *Paenitet* is used analogously (e.g.
by Cicero).

l. 3. **fideles**] 'reliable': cp. Cic. *Planc.* 97 *naui tuta ac
fideli*.

§ **3**. l. 5. **sola uirtus** etc.] See intr. above.

l. 7. **obstat**] of shutting out light: cp. 92. 17 *quaedam soli
obstant*, and 21. 2 above.

l. 8. **diem**] The Augustan poets use this word for 'day-
light', 'sky', 'sun', and Sen. adopts the extension: cp.
N.Q. 2. 30. 1 *inuolutus est dies puluere, Phaedr.* 675 *nubibus
condat diem*.

§ **4**. l. 9. **non quidem ... sed festinetur**] 'True, you're not
idling even at present, but let us have the pace improved':
in Cicero we should have had *ne nunc quidem cessatur.
Adhuc* is here practically equivalent to *interim*.

§ **5**. l. 13. **aliud litterarum genus**] i.e. ordinary, 'profane', literature, as opposed to philosophy, to which the
term *litterae* is applied in 14. 11, 82. 3 below, and V.B. 26. 7.

l. 14. **adiutorium**] rare outside Sen., who has at least ten
exx.

**admittit**] 'admits of'. The nearest parallels I know to
this use of the word are both in Seneca: 71. 27 *rupe nullum
sensum admittente* and V.B. 7. 2 *uirtus malam uitam non
admittit*. In the latter passage however the original idea
('open one's doors to') is still present.

l. 15. **patrimonium ... ingenium**] Note the homoioteleuton,
and cp. 108. 11 *in animo, non in patrimonio putent esse
diuitias*.

l. 16. **beatum**] 'rich' as e.g. in Cicero and Horace (in S. 2. 8. 1 of Nasidienus). So εὐδαίμων.

**indecentius**] Sen. *Contr.* 2. 1. 28 *nihil est indecentius nouicio diuite.*

l. 17. **nomen modo Vlixis** etc.] For mythological *causerie* at the table see Petr. 39 where Trimalchio says *oportet etiam inter cenandum philologiam nosse*, and 48 *rogo, numquid duodecim aerumnas Herculis tenes?* The designs on the cups often set it going : so in Petr. 52, where Trimalchio invites his guests to note the reliefs, which shew *quemadmodum Cassandra occidit filios suos ..., ubi Daedalus Niobam in equum Troianum includit*, his memory being evidently as bad as that of Caluisius.

l. 18. **excideret**] 'slipped his memory' : the same use in Cicero (Dial. and Corr.) and often in Sen. Conversely; *tenere* 'to remember', in e.g. Plaut., § 6 below, and Petronius just cited.

l. 20. **nomenclator**] not the Republican official, whose services after the transference of the elections to the Senate had become unnecessary, but the major-domo of a great house, who kept the visitors' list and called their names at a reception. Sen. mentions these men several times : see esp. B. 1. 3. 10 *nomenclatori memoriae loco audacia est et cuicumque nomen non potest reddere imponit.* Lucian too (*Merc. Cond.* 10) speaks of the callers at a great man's house being marshalled by the θυρωρός and the ὀνομακλήτωρ, and having to pay μισθὸν τῆς μνήμης τοῦ ὀνόματος.

l. 21. **tribus**] 'humble dependants'. Martial calls them *tribules*, using the word *tribus* (plur.) in 8. 15. 4 as the equivalent of *plebs.*

§ 6. l. 23. **compendiariam**] Cic. *Off.* 2. 43 speaks of a *uia ad gloriam proxima et quasi compendiaria.* The noun (in the forms *compendiarium, -diaria, -dium*) occurs in Varro's *Menippea*, the poets, Quintilian and Tacitus : the verb is *compensare* (Sen.'s Tragg. and Lucan). A good example in Quint. 1. 1. 30 *syllabis nullum compendium est*, 'no royal road to learning the syllables' : cp. σύντομος.

l. 24. **seruos**] Athen. 9. 28 mentions a man who ὑπὸ πλούτου καὶ τρυφῆς made his servants learn Plato : as they brought in the first course they recited the opening words of the *Timaeus* and went on with the dialogue throughout the meal, ὡς ἄχθεσθαι τοὺς εὐωχουμένους (quite like *inquietare* below).

PAGE 28

**l. 1. noʌem**] Alcaeus, Sappho, Stesichorus, Ibycus, Bacchylides, Simonides, Alcman, Anacreon, Pindar.

**l. 2. inuenerat**] i.e. ready to hand. Sen. often contrasts *facere* with this or similar verbs : see 44. 3, 53. 4, 63. 12, 70. 5, N.Q. 5. 18. 15, and cp. Macaulay, *Hist. of England* ch. 15 ' He who bribes them does not *make* them wicked : he *finds* them so '.

**l. 4. inquietare**] perhaps occurs first in Sen. and Petronius. The former has at least ten examples.

**l. 5. ad pedes**] ' behind his chair ', as we should say. It is the regular phrase : cp. B. 3. 27. 1, where a man who has spoken treasonably in his cups at dinner is reminded of it next morning by the slave *qui cenanti ad pedes steterat*.

**l. 6. excidebat**] ' broke down ' : cp. ἐκπίπτειν and Quint. 11. 2. 19 *excidentes unius admonitione uerbi in memoriam reponuntur*.

**§ 7. l. 8. arrosor … arrisor**]   The words occur nowhere else.   For the word-play and the sense of *arrosor* cp. Antisthenes in D.L. 6. 4 (κόλακες worse than κόρακες) οἱ μὲν γὰρ νεκροὺς, οἱ δὲ ζῶντας ἐσθίουσιν.

**l. 10. grammaticos**] See on 88. 3 where we learn that *syllabarum enarratio et uerborum diligentia* were their province. Here they are to pick up the words or names which C. drops (as if *excidit* of § 5 had the force it has in the *cum forte paropsis excidisset* of the Petronius passage quoted below). The joke might be adapted to ' h ' dropping parvenus of the present day.

**analectas**] slaves who swept up the pieces after the meal.  At Trimalchio's banquet (Petr. 34), *cum forte paropsis* (a plate) *excidisset*, the boy who tries to pick it up gets his ears boxed, and in comes an attendant to sweep it up *inter reliqua purgamenta*.

**l. 13. in ea opinione erat ut putaret**] the same redundancy in Quint. 3. 3. 11, 4. 1. 28 : cp. 59. 2 *sic loquimur ut dicamus*.

**se scire quod quisquam in domo sua sciret**] much as the lady in Martial (6. 12 : cp. 2. 20) claimed that the hair she had bought was surely her own : cp. 86. 13 below.

**§ 8. l. 15. coepit**] ' set himself to … ' : cp. 53. 5, 114. 17 below.  In colloquial Latin indeed the verb seems to have been used with infinitives as a mere periphrasis for the perfect : cp. e.g. Petr. 29 *interrogare coepi* and examples ot *coepi uelle* from Cic., Sen. and Petr. cited by Friedlaender, *Cena Trim.*[2] p. 338.

**luctaretur**] Wrestling was sometimes recommended by doctors : see Plin. N.H. 29. 26.

l. 16. **et**] 7. 12 n.

l. 19. **bona mens**] a common phrase of Seneca's (see e.g. below, 28. 6, 44. 2, 53. 9), the *mens sana* of the hackneyed quotation : cp. esp. 10. 4 (ask the gods for) *bonam mentem, bonam ualetudinem animi, deinde tunc corporis. Mala mens* 'folly', 'madness' in Catull. 40. 1.

l. 20. **nec emitur**] 'cannot be bought' : Mart. 12. 23. 2 *non emitur.* But 80. 5 *emi non potest.*

**§ 9.** l. 23. **ad legem naturae composita**] 'adjusted according to the rule of Nature', which, as he tells us in 4. 10 (where he preaches on the same 'text' from Epicurus), fixes as the bounds of human needs *non esurire, non sitire, non algere.* For *ad* see on 11. 9, for the general thought cp. 108. 11 (he is rich) *qui paupertati suae aptatus est et paruo se diuitem fecit.*

l. 26. **monstranda**] 'should be *prescribed* ', the regular technical term, as in Hor. *Ep.* 2. 2. 149 and often in Sen.

l. 27. **inculcanda**] 'driven (lit. *trodden*) in' : Cic. *De. Or.* 1. 127 *id quod tradatur uel etiam inculcetur, si qui forte sit tardior.*

## PAGE 29

## XXVIII

That the mind was independent of place was one of the commonplaces of the περὶ φυγῆς literature, and Sen. introduces it in his *Consolatio ad Heluiam* (cc. 6 *sqq.*) : it is the subject of LV and the first part of CIV; cp. too Musonius 41 H *sqq.* ὅτι οὐ κακὸν ἡ φυγή (cited on § 4 below). With it, in our letter, as often in the περὶ φυγῆς diatribes, is combined the *locus* of the 'Citizenship of the World' : cp. Cic. *Tusc.* 5. 108 etc., Plut. *De Exil.* 5 and Muson. l.c. In LI he admits that in view of human weakness a place like Baiae is best avoided : cp. § 6 below. A close parallel to the letter is offered by *Tranq.* 2. 13 *sqq.*, where he quotes from the celebrated Lucretius passage (3. 1053 *sqq.*) which seems to be

echoed in several Horatian passages cited in the notes below.
In the *Consolatio*, however, Sen. finds love of travel natural
and indeed intimately connected with the divine origin of
the soul.

§ **1**.  l. 6. **discussisti**] 'threw off', a medical term : B. 6.
8. 1 *quartana discussa est*, 55. 2 and 56. 9 below.

l. 7. **grauitatem mentis**] Lucr. l.c. *sentire uidentur | pondus
inesse animo quod se grauitate fatiget.*

**animum, non caelum**] Cic. *Quint.* 12 *mutatio loci, non
ingenii*, Hor. *Ep.* 1. 11. 27 *caelum non animum mutant qui
trans mare currunt*, 55. 8 below.

l. 9. **terraeque urbesque recedant**] A. 3. 72 (but the indicative).

§ **2**.  l. 12. **te circumferas**] Lucr. l.c. *hoc se quisque modo
fugit (at quem scilicet, ut fit, | effugere haud potis est, ingratis
haeret)*, Hor. O. 2. 16. 19 *sq. patriae quis exul | se quoque fugit*,
Sen. again in 104. 8 'lucky for some people *si a se aberrarent* :
as it is, *se premunt*'.

l. 13. **premit**] 'dogs your steps' : cp. 104 l.c.

l. 15. **in irritum cedit**] The preposition and substantival
adj. represent the adverb which regularly accompanies *cedere*
when used thus (15. 2 n.). Cp. *Phaedr.* 182 *cedit in uanum
labor.*

§ **3**.  l. 20. **Vergilius**] In A. 6. The prophetess is the
Sibyl, whom Aeneas consults as to his future and the means
by which he can gain admittance to the realm below. The
words **qualem non ... sui** correspond to ll. 49 *sqq. rabie fera
corda tument ... afflata est numine quando | iam propiore dei.*
The lines quoted are 78, 9.

## PAGE 30

l. 2. **aegrum concutis**] 7. 1 n.

§ **4**.  l. 6. **angulo**] Sen. much affects this word, though
he also translates μυχός by *sinus*.

l. 7. **quis ... quo**] For the contrast, see Intr. p. lxxxviii, and
cp. Liu. 2. 7. 10 *ubi sim quam qui sim magis referat. Quis
of course = qualis* here.

l. 8. **addicere**] 'make dependent upon', cp. Muson. 42 H
ὁ τοιοῦτος χωρίον μὲν οὐδὲν οὔτε τιμᾷ οὔτ' ἀτιμάζει.

l. 10.  **patria mea totus hic mundus est**] Lines like those of
Euripides fr. 1047 N² (ἅπας μὲν ἀὴρ ἀετῷ περάσιμος | ἅπασα δὲ
χθὼν ἀνδρὶ γενναίῳ πατρίς) really have little connexion with
this doctrine, although they were generally introduced by
writers on the *locus* (cp. the tragic poet cited by Cic. *Tusc.*
5. 108, Ou. F. 1. 493).    Stobaeus (3. 40. 7) cites ψυχῆς ἀγαθῆς
πατρὶς ὁ ξύμπας κόσμος from Democritus, and Cic. l.c. represents
Socrates as replying to a question as to his nationality
' *Mundanus (sum)* '.    Diogenes Laertius however tells this
story of the Cynic Diogenes (6. 63), and ascribes the view
εἶναι πατρίδα τὸν κόσμον to the Cynic Theodorus (2. 99): the
tenet is in such accordance with the Cynic standpoint and
with the wider views that prevailed in Greece about the
time of Alexander that it seems safe to assume that it is one
of several which the Cynics preached and the Stoics afterwards elaborated.    The Senecan passages are interesting, but
too numerous to quote.

§ **5**.  l. 13.  **prima quaeque**] ' each as it came ', lit. ' each as
it came *to the front*'.  Lucr., the author of the *ad Herennium*,
Cicero, Livy, and the younger Pliny all have the use, and
Sen. has at least five other examples.    But in *Pol.* 4. 1.
*primo quoque tempore* has its ordinary force ' at the earliest
opportunity '.

l. 14.  **non peregrinaris, sed erras**] the same contrast 104. 16.

§ **6**.  l. 18.  **sit**]  Intr. p. lxiii.

l. 19.  **disponere**] ' station ', τάσσειν.

**se**] ' oneself ', in spite of the person of *fugiam*.  So, at
least as regards *suus*, even in Cic. (e.g. N.D. 1. 122): Sen.
has several exx. with *se* referring to the second person : e.g.
*Tranq.* 15. 5 *in suis malis ita gerere* se *oportet ut dolori tantum*
des *etc.*

§ **8**.  l. 29.  **inquit**] *sc.* one of the *hi qui* of the preceding
section.    In Greek diatribes φησί introducing an objection
has often no definite subject (see Hirzel *Der Dialog* 371²).
In Latin we find *inquit* used thus in Cicero (Reid on *Acad.*
2. 79), in Hor. S. 1. 4. 79, in the diatribe-like speech of Cato
in Liu. 34. 3. 9, 4. 14, in the elder Seneca's *Controuersiae*, and
often in Seneca : cp. 77. 19, 78. 20, 88. 11 below.  So in proverbs too : Quint. 5. 11. 20 *non nostrum, inquit, onus.*  Compare
e.g. Burton's way of introducing quotations in the *Anatomy
of Melancholy* : 1. 2. 3. 13 '*perdendae pecuniae genitos* (as
*he taxed* Antony)', where the citation is from Sallust who has

not been mentioned, and just below '*irati pecuniis* (*as he saith*)', where he means Seneca.

## PAGE 31

§ **9.** l. 4. **si**] 'not before', virtually = *cum*. Cp. *Ad Herenn.* 1. 1 where edd. wrongly eject the *sed* which precedes, as here), Cic. *Rep.* 1. 62 and several other passages of Seneca : e.g. 78. 3. below.

l. 5. **initium salutis notitia peccati**] 6. 1 *hoc ipsum argumentum est in melius translati animi quod uitia sua quae adhuc ignorabat uidet*, 53. 8 below, Epict. p. 463 Sch. εἰ βούλει ἀγαθὸς εἶναι, πρῶτον πίστευσον ὅτι κακὸς εἶ.

§ **10.** l. 9. **uitiis gloriantur**] So *mala* (or *uitia*) *sua amare* in 39. 6, 112. 4, 116. 8.

l. 12. **inquire in te**] like *Tranq.* 6. 2 *se ipsum aestimare*, a variant for γνῶθι σεαυτόν (*te nosce* 94. 28).

l. 14. **offende**] 'wound your feelings, your vanity': cp. 25. 1 (*illius*) *uitia frangenda sunt : utar libertate tota. non amo illum, nisi offendo.*

### XXXIII

For the stress laid on productiveness and the infinite field still open to research see a fine passage in 64. 7, 8 : *ueneror inuenta sapientiae ... adire tamquam multorum hereditatem iuuat ... sed agamus bonum patrem familiae : faciamus ampliora quae accepimus ... multum adhuc restat operis ... nec ulli nato post mille saecula praecludetur occasio aliquid adhuc adiciendi ... multum egerunt qui ante nos fuerunt, sed non peregerunt*, and cp. 45. 4 quoted on § 10, 79. 6, 80. 1 and 84. 1 below, N.Q. 6. 5. 3 *etiam cum multum acti erit, omnis tamen aetas quod agat inueniet*, Quint. 10. 2. 4–8 (an interesting passage). Seneca undoubtedly inspires Petrarch *De Reb. Fam.* 1. 8, where he censures those who urge that all one can want exists, *iam ante M. annos tam multis uoluminibus stilo prorsus mirabili et diuinis ingeniis scripta.*

§ **1.** l. 19. **nostrorum**] i.e. 'Stoic': hitherto Sen. had drawn mainly on Epicurus : see 5. 7 n.

l. 20. **flosculos**] practically 'purple patches', as opposed to *contextus*, 'the general tone (or tenour)' of their work.

l. 21. **uirilis**] in contrast to Epicurean *mollitia* : see below.

l. 22. **scias**] Intr. p. lxii.

l. 22. **eminent, notabilia sunt**] For the asyndeton cp. exx. in Intr. p. xcii.

§ **2.** l. 26. **Epicuri ... publicae**] See on 12. 11.

### PAGE 32

l. 5. **apud me**] 'in my judgment'. For this view of Epic. see on 12. 11. In *Const.* 15. 4 Sen. adopts the current one, noting a good saying of E.'s with contemptuous surprise: *quam paene emisit uiri uocem.*

**et**] 'actually', as in § 8 below and 86. 8.

**manuleatus**] Long sleeves were regarded as effeminate (Suet. *Calig.* 52 *uestitu ne uirili quidem ... manuleatus et armillatus*), probably because they were mainly worn for warmth (Plin. *Ep.* 3. 5. 15 *manus hieme manicis muniebantur*). Cp. the schoolboy expression 'muff'.

l. 7. **alte cinctos**] Tunic-girdles were laid aside for ease and comfort: hence, such phrases as *distincti ludere* in Hor. Habitual négligé was very incorrect, and even if the girdle was retained offence might be given by wearing it so as to let the tunic fall too low. Irregularities of this kind marked a man as idle, effeminate, or fast—it is often hard to distinguish the various shades: cp. 114. 4 n. Here, the *alte cinctus* is the serious traveller on life's path, the Persian in his loose trousers (θύλακοι) represents the easy-going *discinctus* (cp. Hor. S. 1. 5. 5 : 'we made two stages of a journey of which *altius ac nos praecincti* would make but one').

**cadit in**] 'can fall to the share of', as often in Cic. and Sen.

§ **3.** l. 8. **repetita**] 'oft-quoted'.

l. 10. **ocliferia**] only occurs here; was it a technical commercial expression? Cp. 'eye-opener' in modern advertisements.

l. 12. **fronte**] For this aspect of commercial morality cp. for the same century Phaedrus 4. 2. 5 *sqq.*, for the Middle Ages Petrarch *De Reb. Fam.* 4. 15 *quasi mercimonium ante fores explicant cum interim uacua domus sit*, for the eighteenth century Goldsmith *Good-natured Man* Act 4 'poor tradesmen that put all their best goods to be seen at the windows'.

**ipsis**] *our* customers, our followers.

§ **4.** l. 15. **Zenoni ... Cleanthi ... Chrysippo**] the older, as Panaetius and Posidonius are the younger, Stoics. To Posidonius, the pupil of Panaetius and the most famous Stoic

philosopher of the day, Cicero makes frequent references.
Seneca was greatly influenced by him : see esp. LXXXVIII and
XC below, and the *Nat. Quaest.*

l. 18. **Hermarchus**] succeeded on the death of Epicurus to
the presidency of his school.   From Seneca's words in 52. 4
it is clear that the master did not estimate him as highly
as he did Metrodorus, for whom see on 18. 9.

l. 19. **unum**] Epicurus, whose followers are often reproached
with servility towards their master : cp. e.g. Cic. N.D. 1. 72 :
*ista a uobis quasi dictata redduntur.*

l. 20. **contubernio**] Here and 6. 6 (*Metrodorum et Hermar-
chum et Polyaenum magnos uiros ... Epicuri ... contubernium
fecit*) Sen. implies what I think is not stated elsewhere,
that Epicurus and his chief followers lived together.   In the
famous will he leaves a house Ἑρμάρχῳ καὶ τοῖς μετ᾽ αὐτοῦ
φιλοσοφοῦσιν (D.L. 10. 17).

l. 23. **pauperis est numerare pecus**]   Ou. M. 13. 824.

§ **5**.   l. 27. **summatim degustare**]  ' get the flavour of ... by
an abridgment ' : cp. 46. 1 *tantum degustare uolui,* ' intended
to just dip into the book '.

PAGE 33

l. 2. **lineamenta**] the lines of which the complete drawing
or figure consists, so practically ' parts '.

l. 4. **dummodo**] without a verb, like *dumtaxat.*   So *Phoen.*
653 *regna, d. inuisus tuis,* and *dum* occasionally in Cicero and
in *Ira* 3. 41. 1.

l. 5. **non est**]  An adversative particle like ' still ' is necessary in English.   For the sense, cp. Catull. 86. 1–3 *Quintia
formosa est multis, mihi candida, longa,* | *recta est.   haec ego
sic singula confiteor.* | *totum illud 'formosa'* nego.

§ **6**.   l. 8. **mendice tecum agam**]  This use of *agere* is a
great favourite with Sen. :  he has at least a dozen exx. in
the Letters : see 76. 2 below.

　　**plena manu**]  Sen. *Contr.* 4. pr. 2 *liberaliter et p.m.
faciam.*

l. 9. **sumenda ... colligenda**]  ' taken (used) '...' hunted **up** ' :
cp. 24. 3 *non quaerendi sed eligendi.*

l. 10. **excidunt**] ' drip ' : cp. 100. 1, cited on 40. 3.

l. 12. **multum conferant**] 'are a great help', a post-Aug. use, very common however in the Ciceronian Quintilian. In 55. 8, 78. 4 etc. the direction in which the help tends is expressed by *ad* and a noun. Cp. συμφέρειν.

l. 13. **extrinsecus auscultantibus**] i.e. not yet admitted to the mysteries (or inner shrine: cp. 11. 9 n.). Aristotle's ἐξωτερικοὶ λόγοι seem to have been *popular* lectures.

**facilius enim** etc.] 'each thought sinks in more easily when it is fenced round and closed in like a line of poetry'. For *inclusa* cp. συνεστραμμένος and Cic. *De Or.* 3. 184 *uerba uersu includere*, for the thought 94. 27 (rules more effective *si aut carmini intexta sunt aut prosa oratione in sententiam coartata*), 108. 10 (Cleanthes compared the effect of the *carminis arta necessitas* upon a thought to that of the narrow body of a trumpet upon the breath).

**§ 7.** l. 16. **chrias**] apophthegms, or anecdotes about some great man: Quint. 1. 9. 3 mentions them as among the elements of oratory to which the schoolmaster may introduce *aetates nondum rhetorem capientes*.

l. 18. **capit**] lit. 'has not room for', so 'is not capable of', 'is not ripe for', as in Quint. l.c.

l. 20. **stare**] 'depend on': cp. 88. 24 (in physical questions) *geometriae testimonio statur*'.

l. 21. **dicat**]=*dictet*, 'enunciate as a teacher': cp. below, *impera et dic* etc.

l. 22. **prospicienti**] 'one who is in sight of' ..., probably a nautical metaphor: cp. Verg. A. 6. 357 where it renders σχεδὸν εἴσιδε in Hom. *Od.* 5. 392.

**ex commentario sapere**] 'have only note-book wisdom'. Cp. esp. Cic. *Fin.* 4. 10 *quasi dictata decantare neque a commentariolis suis discedere*.

l. 23. **hoc Zenon dixit: tu quid?**] So in Epict. 2. 19. 5: 'Cleanthes and Chrysippus hold such and such a view. σὺ οὖν τί;'.

l. 24. **sub alio moueris**] N.Q. 2. 21. 1 *dimissis praeceptoribus incipimus per nos moueri*.

l. 25. **aliquid de tuo profer**] Epict. l.c. 11 ἴδιον δόγμα ποιεῖσθαι.

**§ 8.** l. 26. **istos numquam auctores**] For the brevity of expression cp. 77. 12 *hoc (accidit) omnibus-ante-te*, *Prov.* 2. 2 *ad officia-cum-periculo promptus*. Even in phrases like 9. 22

*ille-turpiter-diues*, 91. 11 *quondam-altissimos uertices* the effect
is that of Greek rather than Latin.   Cp. too 87. 9 n.

**semper interpretes**] Epict. 2. 9. 14 οὐδὲν ἀλλὸ ἢ ἐξηγηταί
ἐσόμεθα ἀλλοτρίων δογμάτων.

l. 27. **sub ... umbra latentes**] Liu. 32. 21. 31 *sub umbra uestri
auxili latere.*

PAGE 34

l. 3. **meminisse ... scire**]   Cp. 84. 7 below, and Selden *Table
Talk* (*on Learning*): 'Most men's learning is but History
duly taken up.... If I quote Thomas Aquinas for some
tenet and believe it because the Schoolmen say so, that is
but History'.

l. 5. **et**] for *etiam*, and almost equivalent to *ultro* : ' to go
further and'.   Cp. § 2 n. and *et praecipe* § 9.

**ad**] 'over', 'before': N.Q. 1. 17. 5 *ad speculum barbam
comere.*

**§ 9.**   l. 8. **quid est enim** etc.]   If you've only other people's
views to retail, I'll read their works instead of listening to
you.   'Yes, but reading is dull'.   Cp. Quint. 2. 2. 8 *licet satis
exemplorum ex lectione suppeditet, tamen uiua illa, ut dicitur,
uox alit plenius*, Plin. *Ep.* 2. 3. 9 (you can *read* any time)
*multo magis, ut uulgo dicitur, uiua uox afficit.*   Cic. and the
elder Sen. use the phrase *uiua uox* without any qualifying
phrase.

**§ 10.**   l. 12. **tutelae suae**] an uncommon expression, based
of course on phrases like *iuris sui* etc.   *In suam tutelam uenire*
was the regular phrase for attaining one's majority.

l. 15. **quaeritur**] 'is being investigated', a rare meaning:
but cp. 76. 4 below, 45. 4 *non inuenta sed quaerenda nobis
reliquerunt* (*sc.* our predecessors), Ter. *Ad.* 482 *quaere rem,*
Cic. *Verr.* 2. 2. 72 *rem illam quaesiturus.*

l. 17. **nec**] for *ne–quidem* as in Ovid and Livy : I have
noted some fifteen exx. in the Letters alone : cp. 77. 4 n.

**§ 11.**   l. 19. **uero**]   'Yes', with a reservation, as often in
Sen. (always, I think, with a personal pronoun).

l. 21. **domini ... duces**] For the alliteration see Intr. p. lxxxiv,
for the sense, cp. 80. 1 *non seruio* (*prioribus*) *sed assentior.*

l. 23. **futuris relictum**]   See passages in intr. above.

PAGE 35

XL

For Seneca's views as to the proper style for philosophical *writing* see Intr. p. lxx ; here he deals with another matter, the *delivery*, but does not keep the two things quite distinct: the general treatment closely resembles that of the wider theme.　Cp. also LXXXVIII below.

**§ 1.　l. 12. uestigia ... notas]** both denote 'traces': if there is any real distinction intended here, *notae* is the stronger : in *Tro.* 1113 it means 'features' and so here perhaps the characteristics which distinguish your friend's writing from someone else's, his 'handwriting' in the narrower sense.　For the reflexion in general cp. Turpilius 213 R (of letter writing) *sola res quae homines absentes ⟨nobis⟩ praesentes facit.*

**§ 2.　l. 16. istuc]** to Sicily.

　　**applicuisset]** 'put in', intransitively, as in Liv. but not Cic.

　　**l. 17. conuellere]** as a torrent tears up rocks and whirls them away : Quint. 12. 10. 61 (of a similar speaker) *ille qui saxa deuoluat ... multus et torrens.*

　　**effundit]** 'carry off', keeping the metaphor of a torrent, where the rocks, logs etc. get caught.

　　**l. 18. premit et urguet]** 'grinds and pounds'.　Quint. 11. 3. 56 says 'some orators purposely adopt a delivery which will give the impression *tamquam inuentionis copia urgueantur maiorque uis eloquentiae ingruat quam quae emitti faucibus possit*'.

　　**l. 22. apud Homerum]** *Il.* 3. 222 ἔπεα νιφάδεσσιν ἐοικότα χειμερίῃσιν, of Odysseus, l. 249 τοῦ καὶ ἀπὸ γλώσσης μέλιτος γλυκίων ῥέεν αὐδή, of Nestor.　The passages were familiar to the rhetoricians : in *Ad Herenn.* 4. 44 *cuius ore sermo melle dulcior profluebat* serves as an example of a simile.

　　**l. 24. seni]** One might expect *sapienti*, but cp. 77. 5 n.

PAGE 36

**§ 3.　l. 1. sic habe]** Cic has *sic habeto* similarly : cp. Cato *Agr.* pr. *maiores nostri sic habuerunt* (w. acc. and inf.).　The phrase (sometimes in the form *ita habe*) is not uncommon in Sen.: cp on 5. 7.

l. 2. **circulanti**] The cheap-jacks (*circulatores*) of antiquity had the ready tongue of their modern descendants: cp. 52. 8 (of fluent speakers) *in priuato circulantur*; Quintilian speaks of *circulatoria iactatio* and *uolubilitas*. A passage in B. 6. 11. 2 shews that they had the same irresistible attraction as now for errand-boys.

l. 3. **docentique**] as the position shews must be emphatic and absolute, 'a teacher'.

l. 4. **stillare**] Calpurn. 6. 23 *qui uix stillantis, aride, uoces | rumpis*: in 100. 1, where *excidere* is used of diction and contrasted with *fluere*, the meaning must be the same.

**extendat aures**] 'keep on stretch': cp. the literal use in 90. 20 below, and Claud. 1. 65 *anxia mentem | spes agit et longo tendit praecordia uoto*.

l. 5. **illa**] 'the other extreme'. *Hic* and *ille* are often used in this rather redundant way: cp. 42. 1 (*uirum bonum*) *huius secundae notae. nam ille alter* etc., 56. 1 *hac plebeia unctione*, 114. 12 *non tantum a corona sordidiore sed ab hac quoque turba cultiore*.

§ **4.** l. 10. **quae ueritati operam dat** etc.] Cp. Eur. *Phoen.* 469 ἁπλοῦς ὁ μῦθος τῆς ἀληθείας ἔφυ, rendered in 49. 12 by *ueritatis simplex oratio est*. Seneca attacks the use of syllogisms on the same grounds (82. 19, 83. 11).

l. 13. **mouere uult turbam**] Luc. *Rhet. Praec.* 22 τὸ ταχὺ τοῦτο οὐ μικρὰν ἔχει τὴν ἀπολογίαν καὶ θαῦμα παρὰ τοῖς πολλοῖς.

l. 14. **tractandam se … praebet**] 'allows itself to be handled', 'submits to close inspection': cp. § 11 below and 100. 3 'if you had heard him, instead of reading him, you would have had no time to look at the details, *adeo te summa rapuisset*: generally too things that *impetu placent* have less effect when *ad manum relata*'.

**aufertur**] by its own torrent.

l. 17. **descendere**] The Greeks use καθικνεῖσθαι similarly (so already in Homer).

**remedia non prosunt nisi immorantur**] 2. 3 'Nothing delays recovery so much as *remediorum crebra mutatio*'.

§ **5.** l. 19. **lenienda sunt** etc.] Here again is an argument which Sen. wields against syllogisms: cp. 48. 9: 'I'll believe in them when you tell me what portion of our misfortunes they can relieve', 49. 9 *sqq*. Indeed it is a weapon of wide application: in B.V. 13. 9, B. 1. 4. 4 *sqq*. it does duty against mythological and antiquarian studies, in 88. 29 *sqq*.

(see intr. to that letter, towards the end) against the whole of the liberal arts.

l. 21. **discutienda**] like a mist or fog.

l. 23. **in transitu**] like ἐν τῇ παρόδῳ, is used (perhaps first by the elder Sen., then by the son, Quint. and Tac.) of acts regarded as mere episodes in the course of an enterprize: so e.g. Tac. *capta in transitu urbs Ninos*. Sen. rather affects the phrase: in *Tro.* 229 *sqq.* he has the same thought but varies the expression: 'the capture of these towns would be glorious for anyone else: *iter est Achillis*, with A. they are but episodes of his march to Troy'.

§ **6**. l. 26. **cognouisse**] sc. *ea fieri posse*; one thinks of Dr. Johnson's remark upon the woman preacher.

<h2 style="text-align:center">PAGE 37.</h2>

§ **7**. l. 1. **uisum est**] 'they desire'. He praises Lucilius as one who controls his eloquence: *non effert te oratio nec longius quam destinasti trahit* (59. 4).

l. 5. **ponere ... proicere**] 'lay out' ... 'squander', as if the words were sums of money: cp. B. l. 1. 2 *beneficia sine ullo dilectu* (cp. § 5) *magis proicimus quam damus*.

§ **8**. l. 7. **insurget**] 'strike a higher pitch': cp. Quint. 10. 1. 96 *Horatius insurgit aliquando*.

l. 12. **iudex imperitus et rudis**] a difficulty of which Quintilian often takes cognisance: cp. esp. 4. 2. 45.

l. 14. **tum quoque** etc.] i.e. when he 'lets himself go'—from a desire to show off or because his emotion is uncontrollable.

l. 15. **tantum**] is here used zeugmatically, being adverbial acc. with *festinet*, ordinary obj. with *ingerat*: cp. 51. 4. But I would suggest *ingruat* for *ingerat*: cp. Quint. 11. 3. 56 cited on § 2.

§ **9**. l. 17. **quantum ... quemadmodum**] cp. 115. 1 *quaere quid scribas, non quemadmodum*. and Intr. p. lxxxviii. So already the father, *Contr.* 7. pr. 3 *numquam se torsit quomodo diceret, sed quid diceret*.

l. 19. **P. Vinicium**] Nipperdey on Tac. A. 3. 11 identifies this man with the Vinicius from whom several *sententiae* are cited by the elder Seneca. He was consul in 2 A.D.

l. 21. **tractim**] 'in the long-drawn style'. One would expect there to be some play on one of the regular technical terms denoting style, but I cannot recall an adverb that suits.

The ptc. *tractus* is used by Cicero of an easy, flowing style, just the opposite of V.'s.

**nam]** elliptic, as if he had said 'I could quote many jests about this man'.

l. 22. **tria uerba ... iungere]** *Apoc.* 11 *tria uerba cito dicat, et seruum me ducat,* said in ref. to Claudius, of whom Augustus wrote to Liuia 'the puzzle is how he makes his points clear in a declamation, *qui tam ἀσαφῶς loquatur*' (Suet. *Claud.* 4).

**§ 10.** l. 26. **dic numquam dicas]** may possibly mean 'I say, are you never going to begin speaking' but see Apparatus.

<h2 style="text-align:center">PAGE 38.</h2>

l. 1. **Hateri cursum]** Sen. *Contr.* 4. pr. 7 quotes Augustus' jest upon it : *H. noster sufflaminandus est* ('needs a brake'), Tac. A. 4. 61 noting his death speaks of *Haterii canorum illud et profluens.*

**§ 11.** l. 4. **et]** i.e. as well as individuals.

l. 6. **Graecis]** Cp. Sen. l.c. (Hat. had *Graecam facultatem*), and Pln. *Ep.* 5. 20. 4 *plerisque Graecorum pro copia uolubilitas.*

l. 7. **interpungere]** This passage and Cic. *De Or.* 3. 173 are probably the earliest references in Latin to punctuation in our sense of the word. The words *comma* and *colon* originally denoted the *clause*, not the mark at the end of it.

l. 9. **exsiluit]** The metaphor is from a spring : cp. Vell. 1. 17. 3 *oratio ac uis forensis perfectumque prosae eloquentiae decus ... sub ... Tullio erupit,* Front. 63 N. *Cicero caput atque fons Romanae facundiae.*

**gradarius]** 'ambler', 'steady goer' : Nonius p. 25 (ed. Lindsay) tells us that it denotes a horse *molli gradu et sine succussatura nitens.* For a stylistic illustration drawn from the same sphere cp. Nouius 38 R, where volubility is called *tolutiloquentia* in allusion to *tolutim* 'quick-trotting' (for which see on 87. 10).

l. 10. **circumspicit]** 'examines all over' ; in *Ira* 3. 4. 5 it is parallel to *diligentior esse,* as here to *aestimare.* It seems a rare force, but occurs in Cic. *Par.* 4. 30.

**§ 12.** l. 11. **Fabianus]** Sen. the father agrees : *Contr.* 2. pr. 2 *uocis nulla contentio ... cum uerba uelut iniussa fluerent ... nemo descripsit abundantius; numquam inopia uerbi substitit sed uelocissimo ac facillimo cursu omnes res beata circumfluebat oratio.*

l. 13. **expedite**] 'easily'.

l. 15. **recipio, non exigo**] Johnson, *Rambler* No. 94 'Milton seems only to have regarded this species of embellishment so far as not to reject it when it came unsought'.

l. 17. **profluat**] which he nevertheless used in a good sense in § 2.

§ **13.**   l. 20. **perfrices**] 11. 4 n.

l. 21. **inobseruatus**] 'unguarded'.

PAGE 39.

§ **14.**   l. l. **a rebus ... ad uerba**] Cp. Intr. p. lxxi and Bacon cited in note 2 there.

l. 3. **decurrere**] 'be reeled off': cp. Sen. *Contr.* 4. pr. 7 (of the rapid Haterius) *non currere, sed decurrere uidebatur*, Quint. 11. 1. 6 *decurrentes circuitus* ('periods').

l. 5 **incessus**] For such inferences from a man's gait cp. the well known passage of the *De Officiis* (1. 129 *sqq.*), the note on 114. 3 below, and *ib.* 22 *ab illo* (the mind) *nobis est incessus.*

l. 6. **pressa**] 'restrained', generally of *style*, but cp. Quint. 11. 3. 111 *aliis locis citata, aliis pressa conueniet pronuntiatio.*

   **summa summarum**] Plaut. *Truc.* 25 of the grand total of various accounts.

l. 7. **tardiloquum**] occurs elsewhere only in the Vulgate: it suggests *tardigradus*, one of Pacuvius' inventions. Had Sen.'s original a play on βραχύλογος and βραδύλογος?

XLIII

Similar topics in Cic. Q.F. 1. 1. 9 (*quid tam eximium ... quam istam uirtutem non latere in tenebris sed in luce Asiae, in oculis clarissimae prouinciae atque in auribus omnium gentium esse positam*), *Off.* 2. 44 (A man who has a claim to reputation—*in hunc oculi omnium coniciuntur, atque in eum quid agat, quemadmodum uiuat inquiritur ... nullum obscurum potest nec dictum eius esse nec factum*), Sall. *Cat.* 51. 12 (*qui magno imperio praediti in excelso aetatem agunt eorum facta cuncti mortales nouere*, where Caesar is speaking: cp. Marius in *Iug.* 85. 23 against the degenerate nobles), Iuu. 8. 138, Plin. P. 83 *habet hoc magna fortuna, quod nihil tectum, nihil occultum esse patitur* and Claud. 8. 269 *sqq.* (esp. 273 *sq. lux altissima fati | occultum nihil esse sinit*). Sen. uses the thought several times elsewhere : it inspires one of the finest passages of his *De Clementia* (1. 8. 1).

§ **1.** l. 16. **hunc locum**] Rome.

§ **2.** l. 19. **comparatio**] Sen. is fond of the idea of 'relative value' : cp. e.g. 84. 13 'hard work necessary to reach *quae-cumque uidentur eminere, quamuis pusilla sint et comparatione humillimorum exstent*' and *Tro.* 1023 *est miser nemo nisi comparatus. In plano tumet* seems to have been almost proverbial (see Quint. 8. 3. 18).

PAGE 40.

§ **3.** l. 1. **uiuere in publico**] Cp. 83. 1, *Marc.* 26. 4 : Epict. 3. 22. 15 says that the Cynic's walls consist of αἰδώς.

§ **4.** l. 8. **deprendi**] is the predicate.

§ **5.** l. 13. **o te miserum** etc.] 25. 6 *te efficis eum cum quo peccare non audes*, (? Auson.) *VII Sap. Sentent.* 43 *turpe quid ausurus te sine teste time.*

XLIV

The τόπος on birth was common to philosophy and rhetoric. For the latter cp. Sall. *Iug.* 85, where Marius defends himself against the aristocracy, declamation-themes like that of Sen. *Contr.* 1. 6 (son disinherited for refusing to abandon his wife, a pirate's daughter who has saved his life) in which the subject was regularly handled, V.M. III where chap. 4 has for title '*De his qui humili loco nati clari euaserunt*' and ch. 5 deals with degenerate aristocrats. As for the philosophers, though Aristotle had given the idea of εὐγένεια a deeper meaning, it was the Cynics who crystallised the tenet. Antisthenes identified the εὐγενεῖς with the ἐνάρετοι (D.L. 6. 10) ; for Bion's sayings in this connexion see Hense's *Teles* pp. lxx *sqq.* The parallelisms between Sen. and Juvenal in Satire eight are no doubt partly due to common use of Greek originals, but some of the resemblances are so verbal (*stemma* § 1 = *stemmata* Iuu. 1 and see on § 5) that one may fairly assume direct connexion. In Minucius Felix *Oct.* 16. 6 there are few *verbal* resemblances to Sen., and I doubt if we ought to assume direct borrowing, as does Burger, *M.F. und Sen.* pp. 13, 14.

**§ 1. l. 19. pusillum]** 'small-minded': *Ira* 2. 34. 1 *pusilli hominis est repetere mordentem.*

**facis]** 'make yourself out': so (with *uerbis*) in Cic. *Flacc.* 46.

**malignius tecum egisse]** 'treated you scurvily': see on 33. 6.

**l. 21. cum]** 'though in reality', part of Seneca's statement.

**l. 22. emergere]** For the figure cp. e.g. 22. 12 *nemo cum sarcinis enatet: emerge ad meliorem uitam,* 52. 2 *nemo per se satis ualet ut emergat: oportet manum aliquis porrigat, aliquis educat,* and 79. 10 below.

**l. 23. stemma]** 'the family tree'. What exactly the *stemmata* were is anything but clear, but the comparison of Plin. N.H. 35. 6 *stemmata lineis discurrebant ad imagines* with B. 3. 28. 2 *imagines in atrio exponunt et nomina familiae suae longo ordine ac multis stemmatum illigata flexuris in parte prima aedium collocant* certainly suggests that they were threads connecting each man's *imago* with that of his father and corresponded to the lines of a modern genealogical table.

**l. 24. reuocantur]** 'traced back': cp. *Marc.* l. 8 (of wounds) *uruntur et in altum reuocantur et digitos scrutantium recipiunt,* Sen. *Contr.* l.c. 4 *quemcumque uolueris reuolue nobilem: aa humilitatem peruenies.*

**l. 25. a]** denotes here origin: the phrase *recens a* helps (cp. esp. 90. 44 *a dis recentes*), but even Cicero has *esse ab Aristotele, ab Zenone.*

## PAGE 41

**§ 2. l. 1. quattuordecim]** the rows reserved for the equites in the theatre by the law of Otho: see *Dict. Ant.* s.v. *equites.*

**l. 2. castra...legunt]** Slaves were excluded, freedmen could serve only in the *Vigiles* and fleet. For *castra* = 'army' cp. 4. 10 *non est necesse maria temptare nec sequi castra,* for the whole passage B. 3. 18. 2 (*uirtus*) *omnibus patet, omnes admittit ... non eligit domum nec censum: nudo homine contenta est.*

**l. 5. omnibus lucet]** Enn. 368 R *nilo minus ipsi lucet cum illi accenderit.* The saying *sol omnibus lucet* was perhaps proverbial: cp. Petr. 100.

**§ 3. l. 6. Cleanthes aquam traxit]** D.L. 7. 168 νύκτωρ μὲν ἐν τοῖς κήποις ἤντλει· ὅθεν καὶ Φρεάντλης ἐκλήθη (from φρέαρ a well).

l. 8. **non accepit nobilem, sed fecit**] For the contrast see 27. 6 and cp. Sall. *Iug.* l.c. 25 *nobilitas quam certe peperisse melius est quam acceptam corrupisse.*

§ **4.** l. 14. **Platon**] *Theaet.* 24 'The philosopher reflects that among every man's ancestors have been πλούσιοι καὶ πτωχοὶ καὶ βασιλεῖς καὶ δοῦλοι.'

§ **5.** l. 18. **ad uirtutem bene a natura compositus**] Epi-charmus or Menander in Stobaeus fl. 86. 6 ὃς ἂν εὖ γεγονὼς ᾖ τῇ φύσει πρὸς τἀγαθὰ | ... ἐστὶν εὐγενής, Iuu. 8. 20 cited below.

l. 20. **inde est** etc.] i.e. we all date back to—the beginning of the world. A little differently Iuu. l.c. 274, 275 : 'The first of your ancestors *aut pastor fuit aut illud quod dicere nolo*'.

l. 22. **non facit nobilem atrium** etc.] Iuu. l.c. 19 *tota licet ueteres exornent undique cerae | atria, nobilitas sola est atque unica uirtus.*

l. 23. **fumosis**] 'The blackened chamber (*atrium*)... pre-cisely similar is the Homeric *megaron* with its... smoke begrimed roof', Mommsen R.H. Bk. 1, ch. 2 (E.T.). Iuu. l.c. 8 *fumosos equitum magistros.*

l. 24. **nec quod ante nos fuit nostrum est**] Ou. M. 13. 140 *quae non fecimus ipsi | uix ea nostra uoco.*

l. 26. **quacumque**]=*quauis* : Intr. p. lviii.

**supra Fortunam**] Intr. p. lxviii.

## PAGE 42

§ **6.** l. 1. **liber**] in the sense of the Stoic paradox μόνος ὁ σοφὸς ἐλεύθερος, *ingenuus* 'freeborn' in the legal sense.

l. 3. **populo auctore**] 7. 12 n.

l. 5. **suo iure**] 'absolutely', 'independently of its surround-ings' : cp. 88. 27 'mathematics requires the granting of certain axioms : *non est autem ars sui iuris cui precarium* (dependent on something else : cp. 53. 9 n.) *fundamentum est*'.

§ **7.** l. 8. **instrumenta**] 'accessories' : cp. 45. 12 *transisse uitam dum uitae i. conquirunt* and 88. 20 below.

l. 9. **summa**] τὸ τέλος, 'highest degree' : cp. Pers. 4. 17 *summa boni.*

l. 11. **insidiosum iter uitae**] The image is that of a military convoy.

l. 12. **ferunt ... trahunt**] In 56. 14 *portare* and *trahere* are
similarly distinguished.

l. 16. **ipsa uelocitas implicat**] Epict. 4. 4. 15 ὅπιυ ἡ σπουδή,
ἔνθα καὶ ὁ ἐμποδισμός: cp. Augustus' maxim σπεῦδε βραδέως.


## XLVII

The Athenian slave fared better than his brother at Rome,
but the language of Plato and Aristotle (esp. *Leg.* 776 c and
*Polit.* 1. 5 ὁ δοῦλος κτῆμά τι ἔμψυχον καὶ ὥσπερ ὄργανον πρὸ
ὀργάνων πᾶς ὑπηρέτης) is not encouraging. The Cynics with
their new definitions of freedom and slavery (cp. Bion in note
on § 15) and their pride in the Διογενοῦς πρᾶσις (see on § 12)
did much towards securing a more humane view, but the
early Stoics do not seem to have continued their work. The
opinion cited by Cic. *Off.* 1. 41 and generally ascribed to
Chrysippus is only a recognition of the barest rights : *operam
exigendam, iusta praebenda*. As for the old Romans, Cato's
way of treating his slaves as ὑποζύγια was doubtless less exceptional than Plutarch (*Cat. Mai.* 5) seems to think, though
his system of promoting στάσις among them may well have
been a special refinement of his crafty brain. Cicero accepts
with approval the moderate view mentioned above. The
position which Seneca here adopts, to his everlasting glory,
is that of *Clem.* 1. 18, *Ira* 3 35 and B. 3. 18 *sqq.*

Admission of slaves to the table was not uncommon at
certain Greek festivals, and something similar is mentioned
in connexion with Archytas by Athenodorus (in Athen. 12. 16).
In the old Roman farm too there may have been no distinctions : cp. what Plut. l.c. 3 says of Cato himself when he
was living at his country house. But, except for what took
place at the Saturnalia, I know no example in ordinary
fashionable life of any attempt to do what Seneca here pre-
scribes. Trimalchio indeed, growing generous as his banquet
progresses, says ' *Permitto, Philargyre et Cario, dic et Meno-
philae contubernali tuae, discumbat* ' : whereupon, as his guest
Encolpius ruefully relates, ' *paene de lectis deiecti sumus: adeo
totum triclinium familia occupauerat* '. Petrarch, who tried
to put Seneca's advice into practice, found that the experi-
ment only made his slaves *procaciores:* ' *ut familiaritas inso-
lentes, sic fiducia fures esse docuit.*' The explanation is, he adds :
' *ego bonum seruum numquam uidi* (*De Reb. Fam.* 10. 3).

Macrobius (*Sat.* 1. 11. 7 *sqq.*) reproduces large portions of
this letter without dropping a hint as to his indebtedness :

to him, not our MSS., we owe the words *omnes spei* in § 17.
The letter was one of the favourites of later times:
Chaucer quotes from it in Parsone's Tale § 65, and cp. the
notes on §§ 5 and 14.

§ **2.** l. 4. **capit**] 'can hold'.

§ **3.** l. 7. **ne in hoc quidem**] let alone for eating ! For *in
hoc ut* cp. Intr. p. lxix.

l. 10. **singultus**] 'hiccup', as *singultire* in Celsus. In the
poets and *Marc.* 11. 4 it is used of the death-rattle.

   **malo**] 'punishment', as often in Plautus.

l. 11. **nocte tota**] Intr. p. lviii.

§ **4.** l. 12. **de domino loquantur**] a common complaint
against slaves. Cp. Ar. *Ran.* 750 *sqq.* where Xanthias, finding
that Aeacus too enjoys himself eavesdropping and τοῖς θύραζε
ταῦτα καταλαλῶν, hails him with enthusiasm as a kindred
spirit ; Iuu. 9. 102 'the rich man has no secrets : *serui ut*
('if') *taceant, iumenta loquentur*'. It was one of the rules of
Cato's household that any slave who was asked τί πράττοι
Κάτων must answer nothing πλὴν ἀγνοεῖν (Plut. l.c. 21).

l. 14. **ipsis**] *dominis* : I suppose *illis* was not used because
of *illi* just before. Anyhow, the emphatic pronoun has some
force : they could speak not only to each other, but even to
the masters.

l. 16. **porrigere ceruicem**] This or *praebere ceruicem* is the
technical expr. for offering the neck to the headsman. For
the statement cp. B. 3. 23–7, and esp. 25, where a slave hides
his proscribed master, puts on his clothes and goes to meet
the soldiers : *et deinde ceruicem porrexit*, V.M. 6. 8 DE FIDE
SERVORVM, Mart. 3. 21, Macrob. l.c. 16 *sqq.*

§ **5.** l. 19. **totidem hostes quot seruos**] cited by Nashe,
*Summers' Last Will.*

l. 22. **iumentis**] Cato in Plut. cited above. For the description that follows cp. B.V. 12. 5 *quanta arte scindantur aues ...
infelices pueri ebriorum sputa detergeant.*

l. 1. **subditus**] sc. *mensae*, I suppose : cp. *Const.* 15. 1
*recumbere infra mensam uescique cum seruis ignominiosa
officia sortitis.*

§ 6. l. 3. excutit] 'slices off', implying decisiveness and rapidity. Music accompanied the carver in Trimalchio's banquet (Petr. 36). For *eruditam manum* cp. V.B. 17. 2 *obsonii scindendi magister* and Mayor on Iuu. 5. 121.

l. 5. uoluptatis … necessitatis] homoioteleuton : Intr. p. lxxxiv.

§ 7. l. 6. in muliebrem modum ornatus] The girlish beauty of Jove's cup-bearer Ganymede was the model for all such slaves : cp. Mart. 10. 98.

l. 7. cum aetate luctatur] tries to hide the fact that he is growing up to manhood, when less agreeable tasks await him.

§ 8. l. 8. censura] He is to classify them (cp. on 12. 6) and see which of them earn by their greed etc. a second invitation : cp. 19. 11 *errat qui … amicum in conuiuio probat*, and esp. 122. 12 below.

l. 9. linguae] So in 122. 12 a man 'earns his dinners' *improbitate linguae*. Jests upon the other guests in the manner of the *scurra* are included in the idea.

l. 10. obsonatores … dominici palati notitia] Cp. Montaigne, *Essais* 1. 51 (of an old *maître d'hotel* of Cardinal Caraffe's) : 'He hath very methodically decifred and distinguished sundrie differences of appetites : first of that which a man hath fasting, then of that men have after the first, the second and third service ; the severall meanes how sometimes to please it simply, and other times to sharpen and provoke the same' etc. For *obsonator* see on 78. 23.

l. 13. erigi] The word was the technical one for rousing a jaded appetite : e.g. *Prou.* 3. 6 *conchyliis pigritiam stomachi nauseantis erigere*.

l. 17. istis] 'this class', the slaves. The *ianitor* could be very obnoxious : see e.g. 84. 12 below and cp. 27. 5 n.

§ 9. l. 18. Callisti] one of the favourites of Claudius. He had been a slave, and one of his masters had sold him as perfectly worthless. Now that he is a man of influence, his old master comes to seek audience of him, but is refused admission to his house. The whole story is curiously like Epict. l. 19. 19 *sqq.* Here Epaphroditus, one of Nero's freedmen, gets rid of a slave as ἄχρηστος. But this slave ultimately becomes the emperor's shoemaker. ᾿ Εἶδες ἂν πῶς αὐτὸν ἐτίμα ὁ ᾿Επαφρόδιτος. ῾῾ Τί πράσσει Φηλικίων ὁ ἀγαθός ; ᾿᾿᾿ etc.

l. 19. impegerat] is used with *compedes* or *fustem*, and so perhaps carried with it the general idea of 'inflicting' a punishment. Cp. 95. 3 *ego me uindicabo et tibi ingentem epistulam impingam.*

**titulum**] a ticket, stating his qualifications.

l. 20. **ridicula**] seems to mean 'worthless': they were a job lot. This force is not found elsewhere, but cp. the modern advertiser's 'ridiculous reductions.' It is possible that *reicula*, a word used by Cato and Varro in their agricultural works (cp. Intr. p. xlvi), should be read. In B.V. 7. 7, where MSS. read *ridicul-*, there seems no doubt that *reicul-* is right.

**produxerat**] 'put up for sale', as in Ter. *Eun.* 134, 87. 6 below.

l. 21. **gratiam**] in a bad sense, as occasionally elsewhere (e.g. in Cicero). In 81. 7 *mala* is added.

l. 22. **decuriam**] 'lot'.

l. 23. **apologauit**] a hybrid word, half Latin, half the Gk. ἀπολέγω (similar in force to ἀποδοκιμάζω).

§ **10**. l. 25. **uis tu**] not a real question, but a colloquial phrase, used to give advice in an emphatic way. 'Just you be good enough to ... '. I have noticed twelve examples in Sen., only one of which is negative (82. 9 *non uis seuerius loqui*). Sulpicius in Cic. *Fam.* 4. 5. 4 writes *uisne*, but this seems quite exceptional: cp. Hor. S. 2. 6. 92, and passages cited by Mayor on Iuu. 5. 74.

l. 27. **ex isdem seminibus ortum** etc.] Mayor on Iuu. 14. 16 (itself a striking parallel) cites several similar expressions: from Philemon, σάρκα τὴν αὐτὴν ἔχει and ἄνθρωπος οὗτός ἐστιν, from Petr. 71 *serui homines sunt* (cp. § 1 above) *et aeque unum lactem* (Trimalchio's grammar) *biberunt.* The cruel woman in Iuu. 6. 222 is horrified at such suggestions: '*ita seruus homo est?*'

l. 29. **ingenuum**] Under the republic a man who had been a slave might become *liber*, but could not claim the title *ingenuus*, 'free-born.' Under the emperors however it was possible for such person to receive *ingenuitas*: see Mommsen, St-R³. 2. 892.

## PAGE 45

l. 1. **Variana**] In A.D. 9 Q. Varus was lured into the heart of Germany and there attacked and defeated by Arminius and vast forces of the natives. Three legions perished with him: we do not, I think, hear elsewhere of any of the prisoners having been spared.

**l. 1. senatorium auspicantes gradum**] Under the empire
only the sons of senators and men of equestrian rank to
whom the emperor had granted the *latus clauus* could aspire
to a seat in the senate.  It was usual, probably compulsory
in most cases, for them before entering to serve in the army
as officers (generally, as tribunes of a legion).  Cp. Suet.
*Aug.* 38 *liberis senatorum militiam auspicantibus*, Dio Cass.
67. 11. 4 νεανίσκος κεχιλιαρχηκὼς ( = ' having been tribune of a
legion ') ἐς βουλείας ἐλπίδα.

**l. 4. nunc**] the common rhetorical use, ' after you've heard
this, go and do it if you will: *I* have done '.  Most often
*i nunc* (so in Hor., Vergil, Ovid and both Senecas), but cp.
e.g. Verg. E. 1. 73 *insere nunc, Meliboee, piros*, Sen. *Contr.*
1. 7. 2 *quaerite n. quomodo tyranni fiant.*

**§ 11.   l. 6. locum**] ' common-place ', ' topic ': cp. 79. 5 and
esp. Sen. *Contr.* 1. 8. 16 *cum de fortunae uarietate locum
diceret.*

**§ 12.   l. 13. bona aetas est**] ' you're young yet '.  So in
Cic. *Cato* 48 *bona aetas* is opposed to *senectus*: cp. 76. 1.

**l. 14. habebis**] indicative after *forsitan*, as sometimes in
Livy.

**l. 15. Darei mater**] Sisigambis: Curt. 3. 11. 24 describes
her capture, and calls her *aetate uenerabilis.*

**Platon**] The elder Dionysius took offence at his views
and handed him over to the Spartan ambassador, who had
him sold at Aegina.  He was soon ransomed however (D.L.
3. 19, 20).

**l. 16. Diogenes**] The Διογένους πρᾶσις was a favourite subject
for Cynic writers, notably Menippus.  According to them
the philosopher was captured by pirates, when sailing to
Aegina, and sold in Crete.  When asked what he could do
he replied ἀνθρώπων ἄρχειν, and pointed out a richly dressed
passer-by as the man to whom he should be sold : such a one,
he said, δεσπότου χρῄζει.  To this man, Xeniades of Corinth,
he was sold and became tutor to his sons, refusing to be
ransomed (D.L. 6. 74).

**§ 13.   l. 20. alienorum seruorum osculantes manum**] i.e.
fawning on some rich man's slave in the hope of getting his
good offices with his master : cp. Epict. 4. 1. 148 ὅταν τὰς
χεῖρας τῶν ἀλλοτρίων δούλων καταφιλῇς (for the sake of office).

**§ 14.   l. 22. inuidiam**] ' odium ': B. 5. 16. 4 *potentiae suae
detracturus inuidiam.*

l. 24. **dominum patrem familiae**] *Ira* 3. 35. 2 'Let a slave talk and laugh. *"Coram domino?"* Immo, coram patre familiae.' Our passage must have been in Massinger's mind, *The Bondman* 4. 2. 53 *sqq. Happy those times When lords were styled fathers of families And not imperious masters.*

l. 25. **in mimis**] One or two instances occur in Plautus, none so far as I know in the mime-fragments.

l. 26. **diem festum**] See intr. to XVIII.

**non quo solo** etc.] ' not as the *only* day, but as one day on which at any rate ... '. Cp. 63. 13.

l. 28. **domum pusillam rem publicam esse**] Massinger l.c. ' *From each well governed private house derived The perfect model of a commonwealth.* '

## PAGE 46

§ **15**. l. 4. **ut puta**] ' as for example ', doubtless a colloquial phrase : it occurs in Celsus and Quintilian, and elsewhere in Sen.

**illum**] ' such and such ', ' this particular ', τὸν δεῖνα. So Cic. *Rosc. Am.* 59 *quaesisse num ille aut ille defensurus esset*, Suet. *Iul.* 41 (Caesar's recommendations of candidates couched in these terms :) ' *Caesar dictator illi tribui. Commendo uobis illum et illum.* '

l. 5. **ministeriis ... moribus**] Cp. Athen. 5. 3 ' Homer's rules for a feast better than Hesiod's : the former says "he summoned the best", the latter "summon your nearest neighbour" : πῶς γὰρ οὐκ ἄλογον **τόπῳ** τὴν φιλίαν καὶ οὐ **τρόπῳ** κρίνεσθαι ;', Bion (acc. to Hense's emendation) in Stob. 3. 2. 38 οἱ ἀγαθοὶ οἰκέται ἐλεύθεροι, οἱ δὲ πονηροὶ ἐλεύθεροι δοῦλοι.

§ **16**. l. 12. **cessat**] ' lies idle '.

l. 14. **equum** etc.] Hor. S. 1. 2. 86 *sqq.*, below 80. 9 ; John of Salisbury (*Polycraticus* 8. 11) and More (*Utopia* 2. 7) apply the thought to marriage, the latter's language closely resembling Seneca's (' They wondered at the *folly* of the men of all other nations who, *if they are but to buy a horse* ... will see every part of him and take off both his *saddle and all his other tackle* ').

§ **17**. l. 21. **dabo**] So often in Sen., of *quoting* examples or *showing* specimens : δίδωμι analogously in Epictetus. Cp. 63. 13, 82. 20, and 86. 13 below.

l. 23. **pantomimorum**] ' ballet-dancers.'

l. 27. **colant ... timeant**] Cato's praise of Appius in Cic. *Cato* § 37 *metuebant serui, uerebantur liberi* is very characteristic.

**§ 18.** l. 28. **pilleum**] 18. 3 n. The whole phrase is technical and occurs in Liv. and Suet.

PAGE 47

l. 1. **fastigio**] 'lofty position': so often in Sen. Not quite 'pedestal', for which cp. 76. 31 *cum basi illum sua metiris*.

l. 5. **dominis parum non esse quod deo satis est**] Cp. 95. 50 *satis (deos) coluit quisquis imitatus est, Prou.* l. 5 *inter bonos uiros ac deos amicitia est,* and many other passages.

**§ 19.** l. 8. **uerborum ... uerberibus**] For the play see Intr. p. lxxxiv.

l. 10. **offendit**] 'grates on the feelings', 'annoys': *Const.* 5. 1 (*contumelia* a thing) *qua non laeduntur homines, sed offenduntur.*

l. 12. **respondit**] From the meaning noted on 11. 1 this verb readily acquires that of 'give adequate reward for exertion': so e.g. Ou. F. 4. 641 *fructu non respondente labori.* When used absolutely, or with advbs. like *male, plene* etc., it often corresponds closely to our own colloquial 'answer' in the sense of 'succeed'. Here *ex. uol.* represents an advb.

**§ 20.** l. 12. **regum animos**] *Ira* 2. 31. 3 *regis quisque intra se animum habet ut licentiam sibi dari uelit,* Muson. 119 H 'Why abuse tyrants? τὰς γὰρ ὁμοίας αὐτοῖς ἔχομεν ὁρμὰς ἐν ταῖς οὐκ ὁμοίαις τύχαις.'

l. 14. **excandescunt**] of anger several times in Sen., perhaps a colloquial use (once in Cicero, once in Caelius in the declamation extracts of the elder Sen., in Columella, Petronius and Suetonius).

l. 17. **occasionem nocendi captant**] seems almost prophetic, in view of Seneca's own fate: cp. *Ag.* 280 *ubi dominus odit, fit nocens, non quaeritur.*

**§ 21.** l. 20. **hoc habent**] a colloquial phrase: cp. *Pacuu.* 179 R *habet hoc senectus in se,* Cic. *Phil.* 2. 78 *habebat hoc Caesar.* Sen. rather affects it, generally combining with *hoc* an adj. or partitive genitive and often adding the illogical *inter cetera (reliqua)*: cp. e.g. 79. 8 below.

l. 21. **leuis**] 'fickle': cp. *Ot.* 1. 2 *uitia ipsa mutamus : ... iudicia nostra non tantum praua sed etiam leuia sunt.*

l. 22. **aliud**] '*simply* something different'.    Cp. 5. 3 above *meliorem ... non contrariam.*

## LI.

For an account of Rome's fashionable watering-place, see Beloch, *Campanien* p. 180 *sqq.* It is not known who 'discovered' it, though we do know (from Hor. *Ep.* 1. 15. 2 *sqq.*) that Augustus' doctor Antonius Musa disputed its claims as a health-resort. These were based mainly on its possession of sulphur springs and vapour-baths (cp. § 5 below, and Prop. 4. 18. 2, Hor. l.c., Ou. A.A. 1. 256, Vitr. 2. 6. 2, Stat. *Silu.* 3. 5. 96, Martial *passim*), but other attractions were not wanting, such as boating on the Lucrine lake (§ 12 below, Prop. 1. 11. 9, Mart. 3. 20. 20) and night concerts in the modern Venetian style (§ 12 and Cicero cited just below). The moral atmosphere of the place was bad : Varro in one of his Menippean satires (44 Buech[4].) hints at its effeminacy, Cicero was taunted by Clodius with having been there (*Frag.* A. 13. 20) and his client Caelius was charged with *amores*, Baias, *conuiuia, comessationes, cantus, symphonias, nauigia* (*Cael.* 35). Things evidently did not improve under the Empire.

In XLIX Seneca is in Campania, and the letters from this one onwards to LVII (with the exception of LII) represent him as moving about from one spot to another in the vicinity of the bay of Naples. After LVII we get no further references to Campania until LXX, when he is at Pompeii (*post longum intervallum Pompeios tuos uidi,* though in 49. 1 he mentions *conspectus Pompeiorum tuorum*). LXXVI and LXXVII profess to be written at Naples and Puteoli respectively : that LXXX came from Naples is shewn by *stadium* in § 2. In LXXXIV Sen. is still on tour, and LXXXVI dates from Scipio's villa at Liternum. No doubt his doctors had recommended him to visit Campania for the sake of his health : cp. Marx, intr. to his ed. of Lucilius p. xxviii.

In A.D. 1343 Petrarch made an excursion from Naples (*Re Reb. Fam.* 5. 4), visiting '*cryptam quae Neapolitana dicitur, cuius meminit Annaeus Seneca*' and noting, with obvious recollection of § 11 below, the contrast between the soft scenery of the coast and *Romana seueritas.*

**§ 1.  l. 26. Quomodo quisque potest**] sc. *faciat* (cp. 54. 6),
evidently proverbial : cp. Propertius' *qua pote quisque in ea
conterat arte diem* ('Shoemaker stick to your last ').

### PAGE 48

**l. 2. Messala**] M. Valerius Messala fought on the republican side at Philippi, but made his peace with Augustus and
became one of his chief ministers.  He was Tibullus' chief
patron.

**Valgius**] C. V. Rufus, friend of Horace (addressee of
O. 2. 9), writer of elegies and epigrams.

**l. 6. iacentia**] Sen. was quite close to the *campi Phlegraei*
which afforded a good example of the phenomenon, *sulphure
et igni | semper anhelantes* (Sil. 12. 133).

**l. 10. dotes**] metaphorically, as often in Ovid ; in prose
first perhaps in Vell. 1. 12. 3 : cp. 79. 9.

**celebrandum**] 'as its resort' : cp. § 3 *deuersorium
uitiorum*, and for the thought, Plin. *Ep.* 9. 33. 10 (Hippo
crowded by tourists come to see the tame dolphin) *locus ipse
quietem secretumque perdebat* (so the fish had to be killed).

**§ 2.  l. 12. indicendum**] 5. 2 n.

**l. 13. aliqua ... aliqua**] Here, as in 84. 9 below, one would
expect *alia ... alia*, but Sen. frequently uses *aliquis* for *quidam*
(see e.g. 63. 2 below).  Very instructive is 66. 43 (*alius ...
alterius ... aliquem*).

**uestis sapienti ... conuenit**] Cp. D.L. 2. 8. 78 : Plato
refuses to dance in purple at Dionysios' bidding, and quotes
οὐκ ἂν δυναίμην θῆλυν ἐνδῦναι στόλον.

**l. 16. regio**] sc. *aliqua.*

**l. 17. ad ... tendens**] 'striving after', a common phrase in
Sen., who uses similarly *ire* and *uadere*.  Cp. 17. 1 *ad bonam
mentem ... tende* and 41. 1 *ire ad bonam mentem*, 76. 4 *ad
honesta uadenti.*

**§ 3.  l. 18. Canopum**] Canopus and Alexandria were regarded as the worst towns of a province which had a bad
name in matters of morality and good order.  For the
former cp. Mayor on Iuu. 15. 46, esp. the quotation from
Strabo 17. 1. 17, where the canal is described as a place
where 'day and night πληθύει τῶν ἐν τοῖς πλοιαρίοις καταυλο-
μένων καὶ κατορχουμένων ἀνέδην μετὰ τῆς ἐσχάτης ἀκολασίας' (cp.
§ 4 below.  This kind of thing was called 'Canopism' : see

Strabo l.c. 16, and cp. the modern word 'Mafficking'). To his quotations add Iuu. 6. 84 *mores Vrbis damnante Canopo* (Rome bad enough to shock C.).

l. 20. **deuersorium**] 'resort': so 89. 21 (of fashionable spas) *deuersoria luxuriae.* Cp. Plaut. *Trin.* 553 *hospitium calamitatis*, Cic. *Rosc. Am.* 134 *d. flagitiorum omnium* (with *officina nequitiae*), *Phil.* 2. 104 *studiorum, libidinum.*

l. 23. **soluitur**] ἀνίεται, 'flings all restraint aside', 'lets itself go'.

§ 4. l. 25. **inter tortores habitare**] 104. 20 *numquam saeuitiam in tortoris contubernio pones.*

l. 26. **ebrios per litora errantes** etc.] The ancient world was familiar with the habits which we associate with the word 'tripper': cp. esp. Tac. H. 3. 76, where certain officers at Tarracina make a picnic of garrison duties, *noctu dieque fluxi et amoena litorum personantes.*

l. 28. **quae**] is first cognate and then ordinary acc.: cp. 40. 8. Note the alliteration and assonance of the two verbs: Intr. p. lxxxiv.

## PAGE 49

§ 5. l. 6. **soluerunt**] 'demoralised', a late use of the word. Cp. 95. 18 *nondum se deliciis soluerunt.* The reference is of course to Hannibal's stay at Capua in the winter of 216/215 B.C. The theme was doubtless a favourite with the declamation-schools: cp. for the language here Liu. 23. 18. 11 *sq. quos nulla mali uicerat uis, perdidere nimia bona ... somnus et uinum et epulae ... balineaque ... eneruauerunt corpora animosque*, Sil. 12. 15 *sqq. sed non ille uigor qui ruptis Alpibus arma | intulerat* (with the same contrast between their former indifference to cold and their present fear of it in ll. 20 *sqq.*), Flor. 1. 22. 22 *inuictum Alpibus, indomitum armis Campani soles et tepentes fontibus Baiae subegerunt.*

l. 7. **fomenta**] generally refers to warm water applications, and as Liu. l.c., Sil. l.c. 418, Flor. l.c. specially mention hot baths and Baiae was famed for these I think they must be meant here. The word however sometimes bears a more general sense, approximating to what we mean by 'coddling' (see on 90. 18), and this may be the force here.

§ 6. l. 8. **nobis militandum est**] 96. 5. *uiuere, Lucili, militare est* ; Epict. 3. 24. 34 στρατεία τίς ἐστιν ὁ βίος ἐκάστου. Metaphors based on this view are common in Cynic and Stoic writers (see Intr. p. lxxiii), but they occur earlier: cp. e.g.

Democritus' ὀχύρωσον σαυτὸν τῃ αὐταρκείᾳ· τοῦτο γὰρ δυσάλωτόν ἐστι χωρίον.

l. 9. **et quidem genere militiae** etc.] i.e. a πόλεμος ἄσπονδος or ἀκήρυκτος.

l. 15. **calentibus stagnis … sudatoriis**] See intr. above.

§ 7.  l. 18. **cursu rerum**] 'career (of victory)': Luc. 5. 335 *Caesaris cursus*, Tac. H. 4. 34: (a general delaying when he ought to do his best to strike a blow) *cursumque rerum sequi.*

l. 20. **nedum**] 'much more' (not, as usually, 'much less'): so several times in the Letters: cp. 53. 5, 57. 3 below. The use is mainly Silver, but L.S. cite a very similar passage from Liu. 9. 18. 4 *uictis graues, n. uictoribus.* **Vincenti** is conative present, 'one who is still *striving* for victory.'

l. 22. **illis**] Intr. p. lx.

§ 8.  l. 27. **excutio**] admits that he has submitted to it. To shake it off is more difficult than to reject it at the start.

## PAGE 50

§ 9.  l. 1. **libertas proposita est**] That wisdom means liberty is a favourite thought of Seneca's : cp. e.g. 80. 4, 88. 2 below.   It is involved in the lines of Crates fr. 9 ἡδονῇ ἀνδρα-ποδώδει ἀδούλωτοι καὶ ἄκαμπτοι | ἀθάνατον βασίλειαν ἐλευθερίαν ἀγαπῶσιν and embodied in the Stoic paradox μόνος ἐλεύθερος ὁ σοφός.

l. 4. **in aequum deducere**] 'put on equal terms', 'deprive of her superiority'; cp. N.Q. 4. 13. 4 *unum hoc erat quod diuites in aequum turbae deduceret.*   Another phrase of the same kind is *priuatam facere Fortunam* (118. 4): cp. too 57. 3 below.

l. 6. **in manu**] Cp. *Oed.* 865 *parata uindicta in manu est. Ad manum* seems commoner.

§ 10.  l. 7. **seria sanctaque**] 'where life is earnest and pure', we might say.   For the application of the adjectives to a *place*, cp. 90. 6 *Pythagorae tacito sanctoque secessu*, for their combination, 92. 10 *astruitur (rei) seuerissimae (sc.* 'virtue') *parum seria (sc.* 'pleasure'), *sanctissimae intemperans usque ad incesta.*

**effeminat animos amoenitas nimia**] In Tac. H. 3. 2 Antonius argues that the once invincible Germans of Vitellius are not what they were : *circo ac theatris et amoenitate Vrbis emollitos.*

**l. 8. aliquid ad corrumpendum uigorem potest regio]** Hdt.
**9.** 122 φιλέειν ἐκ τῶν μαλακῶν χωρῶν μαλακους γίνεσθαι.   Hippocrates too had noted the influence of natural surroundings on
the character.   Of later writers, two whose works were much
read by the Romans, Polybius (4. 21) and Posidonius (in
Strabo 2. 3. 7), had handled the subject.   It evidently became a rhetorical commonplace: as an example of a point
drawn from it I may instance Seneca's quotation in *Ira* 2.
15. 5 *suoque simillima caelo* (of the *immansueta ingenia* of
the Northern peoples), imitated by him in *Hel.* 7. 1, Flor.
1. 20. 2 *Alpina corpora habent quiddam simile niuibus suis,*
Sidon. Apoll. *Ep.* 8. 11. 9 *quorum* (Africans) *ut est regio sic
animus ardentior.*

**l. 11. subteruntur]** 'get footsore', 'go lame', a technical
term, used with comic exaggeration in Plaut. *Asin.* 340 *quibus
subtritae ad femina iam erant ungulae.*

**l. 12. confragoso]** Intr. p. lxi.

**segnis est urbanus]** Cat. *Agr.* pr. 4 *ex agricolis ... milites
strenuissimi gignuntur,* Quint. 11. 3. 26 cited on 15. 3, Veget.
E.R.M. 1. 3 *numquam credo potuisse dubitari aptiorem armis
rusticam plebem, quae sub diuo et in labore nutritur ...* (If we
must enrol *urbani*) *primum laborare ... et solem pulueremque
ferre condiscant.*

**l. 13. uerna]** much the same as *urbanus* : we may translate
the two by 'city born and bred'.   For this force of *uerna* see
Festus s.v. *Romanos uernas appellabant, id est, ibidem natos.*
In Iuu. 9. 10, Mart. 10. 76. 4 it clearly has something of
the force of our 'cockney'.   Tac. uses *uernaculus* similarly
in A. 1. 31 (of soldiers), *Dial.* 28 (where the *uernacula uitia*
are contrasted with those of the provinces).

**l. 14. ad arma ab aratro transferuntur]** Sil. 1. 614 *dextera-
que a curuis capulo non segnis aratris.*

**l. 15. puluere]** For the bearing of dust and heat as a test
of endurance see Thompson on Plato's *Phaedrus* 239 c; the
*locus classicus* is Hor. O. 1. 8. 4, but cp. 80. 3 below and the
passages cited from Quint. and Veget. above.   It was a
regular C⁻ ⁻ exercise (D.L. 6. 23, Luc. *Cyn.* 17).

**unctus et nitidus]** 'spruce and well groomed': cp. 66.
25 (*nitidus et unctus* contrasted with *puluerulentus et horrens*)
and Varr. *Men.* 479, 480 B⁴ (*Trossuli nardo nitidi* contrasted
with *acer miles* of olden times), Hor. *Ep.* 1. 7. 83, Tac. A.
13. 35.

**§ 11.** l. 15. **disciplina**] almost 'moral atmosphere', 'tone':
cp. Cic. *Verr.* 3. 161 *erudire ad maiorum instituta, ad ciuitatis
disciplinam*, below 114. 2 *disciplina ciuitatis laborauit et se
in delicias dedit.*

l. 17. **Literni**] 86. 3 below.

l. 18. **quam**] sc. *exulasset.*

l. 19. **molliter collocanda**] 'receive a luxurious resting
place', practically 'fall softly': cp. 13. 11 *quosdam molliter
ruina deposuit*, 74. 18 *paucis deponere felicitatem molliter licuit.*

l. 22. **uillas**] Those of Marius (afterwards bought by Lucullus) and Julius Caesar were on the promontory of Misenum.

l. 24. **edito**] Intr. p. lxi. The lofty position of these villas
seems to have impressed the Romans: cp. Phaedr. 2. 5. 9
*monte summo posita Luculli manu | prospectat Siculum et
respicit Tuscum mare*, Tac. A. 14. 9 *uillam Caesaris dicta-
toris quae subiectos sinus editissima prospectat.*

l. 27. **uillas ... castra**] Cp. 86. 4 below. Plut. however
(*Mar.* 34) speaks of M.'s villa as τρυφὰς ἔχουσα καὶ διαίτας
θηλυτέρας ἢ κατ᾽ ἄνδρα πολέμων τοσούτων καὶ στρατειῶν αὐτουργόν.

### PAGE 51

**§ 12.** l. 3. **rosam**] suggests a 'battle of flowers': for
flower-pelting etc. at processions cp. Lucr. 2. 627, Ou. *Pont.*
2. 1. 36, Tac. H. 2. 70. The roses might however come
from the garlands of the revellers of § 4.

**§ 13.** l. 11. **cor**] for *animum* is probably popular: cp. the
use of it where we should use 'head' or 'brain', the word
*uecors* and 80. 6 below.

**laniant**] Homer has θυμὸν ἀμύξεις (of anger), Aeschylus
καρδίαν ἀμύσσει (of care): cp. passage of *Axiochus* cited on
82. 15. I cannot quote another ex. of the use of this verb in
conn. with emotion, pain etc.: cp. however that of *carpere*
and *lacerare.*

l. 14. **φιλήτας**] A pun on φηλήτης 'thief', as if it came from
φιλῶ. The spelling φιλήτης appears to have become regular
in late Greek.

### LIII

Seneca comes from Naples, to which presumably he had
gone from Baiae (51. 1). Yet he is now sailing to Puteoli,
which is on the way to Baiae, and in LV he is near Cumae.
That the lodging of LVI was at Baiae is not certain, but

in LVII we have a journey which is evidently the return one to that of our present letter, and there we read *cum a Bais deberem repetere Neapolim.* Did the philosopher give Baiae (or himself : see 56. 15) two trials?

The lesson which Sen. so nobly evolves from his experience of sea sickness, the paramount claims of philosophy on our attention, is of course the regular theme of that kind of philosophic composition which the Greeks called Προτρεπτικός and the Romans *Exhortatio.* Other passages in which it is handled are : 72. 3, 111. 5, *Ot.* 5. 7 and esp. N.Q. 3. pr. 1–4.

§ 1. l. 21. **sine dubio**] concessively, with the force of *sane.*

## PAGE 52

l. 1. **sordidis**] N.Q. 1. 12. 2 *sordidae turpesue (nubes).* 'Dirty weather' is however 'foeda *tempestas*'.

l. 2. **in uentum resoluuntur**] For the connexion between clouds and wind see N.Q. 5. 12, esp. § 2. The scientific term for wind thus generated was ἐκνεφίας.

l. 3. **Parthenope tua**] As Lucilius was a native of Pompeii (49. 1, 70. 1 cited in intr. to LI), *tua* must refer to some treatment of Naples in his poetry : hence the poetical name *Parthenope*, not used elsewhere by Sen. Cp. *Aetna tua* in 79. 10.

l. 4. **Puteolos**] See intr. to LXXVII.

**surripi**] 'be stolen'. I cannot find another ex. of the verb with a word denoting distance : cp. however the poetical use of *corripio* with nouns like *uiam, aequora, interualla campi* (Sil. 12. 383).

**quamuis**] with an ablatival phrase (like καίπερ with a gen. abs.), as in 77. 1, 90. 7 below.

l. 5. **per altum ad Nesida derexi**] But Nisida is on the other side of the promontory of Posilipo, so that Seneca's boat could not make a straight course for it.

l. 6. **praecisurus**] 'to cut off', 'save'—a force for which I can find no exact parallel, though in Quint. *Decl. Mai.* 12. 22 *praecidis medium mare* the idea is similar. Lucan perhaps imitates with *magnosque sinus ... compensat* (see on 27. 6 above) *medio pelago* 8. 248.

§ 2. l. 9. **corruperat**] 'seduced'.

l. 10. **subinde**] 'continually', 'steadily'.

**l. 11. crebrior fluctus]** Cat. 64. 274 (*undae*) *uento crescente magis magis increbrescunt,* where Ellis cites Hom. *Il.* 4. 422 κῦμα θαλάσσης | ὄρνυτ᾽ ἐπασσύτερον Ζεφύρου ὕπο κινήσαντος and *crebritas fluctuum* from Sallust. Cp. too 55. 2 *fluctus frequens et concitatus* and Pliny cited there.

**l. 14. terram]** 'a lee shore'.

**§ 3. l. 15. succurreret]** 'occurred'.

**nausea ... sine exitu]** The λύγξ κενή of Thuc. 2. 49. 4.

**l. 16. nec effundit]** 'without throwing it off'.

**l. 17. uellet nollet]** The juxtaposition of the two verbs in the subjunctive without any particles, in the sense of our *nill-he, will-he,* is common enough, but this is the only ex. I know of any tense but the present. *Nolens uolens* is probably not Latin at all : certainly Otto (*Sprichw.* s.v. *uelle*) has no right to cite 107. 11 for it.

**l. 18. coegi peteret]** For the constr. (? unique after this verb) see Intr. p. lxiii.

**l. 20. Vergilii]** At the beginning of the 6th *Aeneid.* The ships were moored with their bows pointing seaward, so as to be quite ready to put out again.

**l. 24. artificii mei]** 83. 5 *ille tantus psychrolutes, qui ... anno nouo, quemadmodum legere, scribere, dicere aliquid, sic auspicabar in Virginem* (the aqueduct with the coldest water in Rome) *desilire* etc. Cp. 108. 16 for his avoidance of the *balnea.*

**l. 25. gausapatus]** Apparently Sen. jumped in with his clothes on, and so jokingly compares himself to the *psychrolutes* who evidently wore some kind of bathing gown.

**§ 4. l. 27. facio]** i.e. where there was not one naturally. See on 27. 6. Cp. Manil. 4. 424 (*amnis*) *aut faciens iter aut quaerens.*

**nautis]** Intr. p. lvii.

**l. 28. incredibilia sunt quae tulerim]** seems to combine (1) *incredibilia sunt quae tuli* and (2) *incredibile est quae tulerim* (for which cp. Cic. *Att.* 15. 1. 1). Somewhat similar is Tac. *H.* 1. 84 *muta ista intercidere et reparari promisca sunt* where *promiscuum est* might be expected.

**l. 29. me ferre]** Cp. Cic. N.D. 1. 84 *nauseare atque ipsum sibi displicere* : *me* here means 'my bodily weakness'.

**l. 30. irato mari natum]** a proverbial form of expression, like *deis inimicis* (or *iratis*) *natus* : Persius indeed ventures to

use *dis iratis genioque sinistro* as an abl. of description
(4. 27).

Sen. means : ' It wasn't that Neptune was angry and so
Ulysses was for ever getting wrecked : no, he was a bad
sailor and as soon as the sea got rough swam ashore, as I
have just done. Of course voyages on these lines take some
time adoing, and if I have to sail anywhere I'll take as long
as he did '.   Cp. 57. 1 *facile credidi tempestatem esse.*

## PAGE 53

1. 2. **uicensimo**] Ulysses was 20 years from home, only 10
on his *journey*.

§ **5**.   1. 5. **unctione**] Hom. *Od.* 6. 218 *sqq.* ὄφρ' ἐγὼ αὐτὸς |
ἄλμην ὤμοιιν ἀπολούσομαι, ἀμφὶ δ' ἐλαίῳ | χρίσομαι.

**coepi cogitare**] Cp. 57. 6. Such formulae doubtless
regularly introduced the moralising of the popular philosopher. So in the diatribe-like letter of Sulpicius (Cic.
*Fam.* 4. 5. 4): ' As we sailed along and I saw all these towns
in ruins, *coepi egomet mecum sic cogitare* ' etc.

1. 8. **nedum**] 51. 7 n.

§ **6**.   1. 9. **motiuncula**] 'ailment', a medical term : cp.
Suet. *Vesp.* 24 *temptatus leuibus motiunculis.* Cic. has *com-
motiuncula* in the same sense (*Att.* 12. 11).

1. 11. **perpessicio**] a word peculiar to Sen. who uses it
again in 104. 27.

1. 14. **laborasse**] 'over-tired', 'strained ourselves': cp.
Cic. *Phil.* 5. 18 *ne familiares, si scuta ipsi ferrent, laborarent.*

1. 15. **qui ubi ... pedes fecit**] See Apparatus.

§ **7**.   1. 20. **secundum quietem**] 'in his sleep': the phrase
is found also in Cic. *de Divin.* (twice), Petr. and Suetonius
(always in conn. with visions).

## PAGE 54

§ **8**.   1. 2. **est**] sc. *quisque* from *nemo*, as often (see edd. on
Hor. S. 1. 1. 3).

1. 3. **uitia sua confiteri** etc.] Cp. Ambr. *De Inst. Virg.* 4.
27 *erroris medicina confessio,* and 28. 9 n.

1. 10. **precario**] Adj. and advb. pass from the simple
meaning '(obtained) by entreaty' into that of '(held) on
sufferance', sometimes 'insecure(ly)'. Here the meaning is
'so far as the other matters (*omnes aliae res*) allow', ' in

your spare moments': cp. Plin. *Ep.* 7. 30. 4. *precario studeo.*
The regular Latin for 'spare time' is *tempus subseciuum*
(cp. *res subs.* below).    Cp. too 72. 3 *non cum uacaueris, philo-*
*sophandum est.*

§ 9.  l. 11.  aeger]  For the thought cp. Epicurus 220 Us.
οὐ προσποιεῖσθαι δεῖ φιλοσοφεῖν ... οὐ γὰρ προσδεόμεθα τοῦ δοκεῖν
ὑγιαίνειν, ἀλλὰ τοῦ κατ᾿ ἀλήθειαν ὑγιαίνειν.

l. 12.  excidissent]  27. 5 n.

l. 13.  tanti ... cui]  I do not know any other example of a
*qui* clause after Seneca's favourite *tanti est*, except in one of
Brutus' letters (Cic. *Ad Brut.* 1. 16. 4, cited by Madvig *Op.*
*Ac.* 2 p. 194).  But he has other variations of this phrase:
cp. 76. 6 *est tanti laborare* ... consecuturo (=*ut consequaris*),
82. 18 *ad quae peruenire tanti sit*, deuorata *unius mali*
*patientia* (=*ut uelis deuorare*), N.Q. 5. 18. 7 *non erat tanti,*
si *ad pacem per ista* ueheretur.

remissione]  a technical term for a 'favourable turn' in
illness : cp. § 6 of the next letter.

l. 14.  descenderes]  sc. *in forum.*

l. 16.  bonae menti]  See 27. 8 n.

l. 19.  ordinaria]  I am not at all clear as to the force of
the word here, but apparently the meaning is 'one of the
regular, permanent authorities,' as opposed to one that
officiates only occasionally.  Somewhat the same force must
be present in 110. 1 *deum, non quidem ordinarium, sed hunc*
*inferioris notae, ex eorum numero quos Ouidius ait 'de plebe*
*deos'*, B. 3. 28. 5 *ad ostium alicuius ostiarii, ad hortos alicuius*
*ne ordinarium quidem habentis officium.*

adest et iubet]  'comes (without a summons) and *issues*
orders', the other things are to come when bidden and *receive*
orders.  But see Apparatus.

§ 10.  l. 24.  rebus omnibus]  sc. *aliis*, as often : e.g. 5. 1
above.

§ 11.  l. 28.  asside]  'devote yourself to', a metaphorical
use found elsewhere in Sen. and in the younger Pliny (e.g.
*Ep.* 3. 5. 19, where Mayor's exx. are hardly to the point).

PAGE 55

l. 2.  non multo te di antecedent]  Cic. N.D. 2. 153 (a Stoic
says) *uita* ... *par et similis deorum, nulla alia re nisi immor-*
*talitate* ... *cedens caelestibus*, and so often in Sen. (73. 13,

*Prou.* 1. 5, *Const.* 8. 2). Epicurus used similar language :
see Munro on Lucr. 3. 322.

**1. 4. magni artificis** etc.] presumably means that it requires
great skill to get e.g. from a miniature the effect of the life
size statue or portrait.  Cp. Plin. N.H. 7. 85 for such works.
A somewhat similar thought in 93. 4 *quemadmodum pretiosa
rerum sic uita nostra non multum pateat.*

   **tantum ... patet**] 'is as long': cp. *Ep.* 78. 28 below and
93. 4 cited in previous note.

**1. 6. antecedat deum**] *Prou.* 6. 6 *hoc est quo deum antecedatis:
ille extra patientiam malorum est, uos supra patientiam.*

**1. 7. beneficio**] used quite like our colloquial 'thanks to'
of both persons and things.   The use is common in Sen. see
e.g. 57. 8, 80. 1 below, and was probably colloquial : it occurs
in Caesar and Cicero's letters etc.

**§ 12.** 1. 7. **ecce res magna** etc.] a very Senecan clause,
translated by Bacon in the *Essay on Adversity* : for *ecce*
'there is ...' cp. 9. 19 *e. uir fortis ac strenuus, Prou.* 2. 9 *e.
spectaculum dignum ad quod respiciat ... deus,* for the common-
ness of an infinitive predicate to expressions like *res magna,*
Intr. p. lxv.

**1. 11. defatigat**] 'breaks the force of ', an unusual meaning.

**1. 12. laxo sinu eludit**] 'parries with the loose folds of the
gown '.   When a shield was not available, soldiers wrapped
their left hands in their cloaks : cp. Pacuu. 186 R, Caes. B.C.
1. 75, Petr. 63.   Here the thought is that the missiles are
not dangerous enough to justify the use of anything more
substantial : so Cat. 116. 7 *tela ista tua euitamus amictu.*

**1. 13. respuit**] 'repels', as in *Const.* 3. 4 (*incursus*), a rare
use for which the elder Pliny seems the only other prose
authority : it occurs also in Lucr. 5. 352 and, characteristically enough, *Agam.* 390, Luc. 3. 484.


## LIV

Dio Cassius tells us (59. 19) that Caligula would have made
an end of Seneca, but was informed that he was asthmatical
and practically a dying man.   Although this was untrue,
Seneca's own utterances shew how weak his health really
was.   Cp. e.g. *Hel.* 19. 2 *illius* (Seneca's aunt) *manibus in
urbem perlatus sum, illius ... nutricio per longum tempus aeger
conualui,* § 2 of the next letter, 65. 1 *hesternum diem diuis*

*cum mala ualetudine*, 104. 1 *in Nomentanum meum fugi ... febrem et quidem surrepentem*, and above all LXXVIII below, to say nothing of the personal note that seems to run through many of the illustrations he draws from medicine (74. 33 for instance).

That death means only a state similar to that in which we were before birth is a doctrine familiar to us from Lucretius' version (3. 832 *sqq.* : cp. 972, 3) of the Epicurean doctrine τὸ φρικωδέστατον οὖν τῶν κακῶν, ὁ θάνατος, οὐδὲν πρὸς ἡμᾶς, ἐπειδήπερ ὅταν μὲν ἡμεῖς ὦμεν, ὁ θάνατος οὐ πάρεστιν ὅταν δ' ὁ θάνατος παρῇ, τόθ' ἡμεῖς οὐκ ἐσμέν. Bion is credited with the saying δύο διδασκαλίας θανάτου εἶναι, τόν τε πρὸ τοῦ γενέσθαι χρόνον καὶ τὸν ὕπνον ; from him perhaps comes Teles 47 H ' You say *Ah, but our friend* οὐκέτι ἔσται. οὐδὲ γὰρ ἦν μυριοστὸν ἔτος ... σὺ δὲ ἐπὶ μὲν τούτῳ οὐκ ἄχθῃ.' Sen. often expresses the thought : cp. 77. 11 below and *Tro.* 407 *quaeris quo iaceas post obitum loco ?* | *quo non nata iacent.* From him Montaigne 1. 19 'Therefore is it as great follie to weepe, we shall not live a hundred yeeres hence, as to waile we lived not a hundred yeeres agoe '.

**§ 1.** l. 18. **genere**] ' way ', as sometimes in Cic. (*in omni g.*, *in aliquo g.*) : cp. 57. 9, 77. 13 below.

l. 20. **assignatus**] ' consigned to the care (mercy) of '.

l. 21. **Graeco nomine**] ἄσθμα : cp. for the purism *Tranq.* 2. 3. *Graeci euthymian uocant ... ego tranquillitatem uoco : nec enim imitari et transferre uerba ad illorum formam necesse est* etc.

l. 24. **diu exspirat**] ' can go on breathing his last for long '. S. feels as if he were dying, and such a feeling if prolonged must mean death : cp. the end of §2. For the phrase, cp. 93. 3 *nec sero mortuus est sed diu* ' has been long a-dying ', 101. 13 ' what sort of a life is it, *diu mori ?* '

## PAGE 56

**§ 2.** l. 3. **meditationem**] μελετήν, ' rehearsal ', ' practice for '.

l. 4. **aliquando ... saepe**] Intr. p. lxxxviii.

**§ 3.** l. 8. **uadimonium distulit**] ' has got the day of trial postponed '.

l. 9. **suffocatione**] a medical term, used also by the elder Pliny.

l. 10. **acquiescere**] 'find consolation in': so 78. 3 and cp. Cic. *Tusc.* 5. 74 *recordatione acquiescere praeteritarum uoluptatum*, itself a version of Epicurus' famous death-bed words (D.L. 10. 22 ἀντιπαρετάττετο δὲ πᾶσι τούτοις [his pain] τὸ κατὰ ψυχὴν χαίρειν ἐπὶ τῇ τῶν γεγονότων ἡμῖν διαλογισμῶν μνήμῃ).

§ **4.**  l. 12. **faciat**] 'let it do *so*': Sen. has the use several times. For other writers see Munro on Lucr. 4. 1112 (and add to his exx. Cic. *Tusc.* 5. 90).

**diu**] 'long ago', a colloquial use found e.g. in Comedy and Varro: I have not observed it elsewhere in Sen.

l. 13. **inquis**] It is most amusing to find Sen. using the language of dialogue (cp. *mi Lucili* in § 5) in these meditations, which as he says in § 6 were unspoken.

**nascerer**] Intr. p. lxiii.

l. 17. **atqui nullam sensimus tunc uexationem**] Lucr. 3. 832 *anteacto nil tempore sensimus aegri*.

§ **5.**  l. 18. **lucernae**] We naturally think of *Put out the light, and then—put out the light* (*Othello* 5. 2. 7): cp. in Latin the metaphorical use of *extinguere*.

l. 20. **medio**] between birth and death, *utrimque* on each side of this interval.

§ **6.**  l. 1. **remisit**] 'abated': 53. 9 n.

l. 3. **dummodo...non**] Cp. 56. 5 below and see Intr. p. lxiii.

l. 4. **ex animo**] 'really', as in 78. 19. Real *suspiria* would argue unphilosophic *sollicitudo*; cp. 55. 4 n. and Cic. *Tusc.* 4. 72 'can the *sapiens* love? Yes, if there can be love ... *sine sollicitudine, sine desiderio, sine cura, sine suspirio*'. The play on the two meanings of *suspirium* is quite Senecan: cp. e.g. 56. 5 below, and esp. 115. 18 *eant* (*uerba*) *ut uolent, dum animo compositio sua constet*, where *compositio* = (1) order of words (2) sedateness.

§ **7.**  l. 4. **tibi de me recipe**] 'promise yourself so far as I am concerned': the same constr. in Cic. *Fam.* 1. 9. 9.

l. 6. **nihil cogito de die toto**] 'form no plan that assumes my living the whole day': *Marc.* 10. 4 *nihil de hodierna nocte promittitur*, and 12. 9 n. above.

**illum**] 'one', not Sen., who is tired of life.

l. 8. **quae est ... uirtus, cum eiciaris exire**] Cp. 78. 2 below and esp. *Phoen.* 191 *non est uirtus timere uitam*.

l. 9. **hic**] 'in my case'.

l. 11. **recedas**] For the mood see Intr. p. lxiii.

l. 12. **necessitatem effugit quia uult quod coactura est**]
So 61. 3 *quicquid necesse futurum est repugnanti, uolenti necessitas non est.* That a burden could be lightened by bearing it
*cheerfully* was proverbial with the Romans : see Plaut. *Capt.*
202, Ter. *Haut.* 805, Publ. Syr. 564, Ou. M. 8. 634, *Am.* 1. 2.
10, 'Varronis sententiae' 5 R. See also on 107. 9.

## LV

Description of villas was a favourite theme with the writers
of the Empire. Two of Pliny's letters (2. 17, 5. 6) deal
exclusively with it, Martial and Statius (in the *Siluae*) several
times sing their patron's praises in this way, and Sen. deals
with the subject in LXXXVI. His way of treating it, though
less remunerative to the archaeologist than Pliny's, is, I
think, more interesting to the general reader.

The *morals* drawn are, 'Mere idleness is not *otium*' and
'The comparative unimportance of one's locality'. For the
latter see intr. to XXVIII, for the former, which is really that
of Scipio's saying *numquam se minus otiosum esse quam cum
otiosus esset* (Cic. *Off.* 3. 1), cp. the lively account of the
*otium occupatum* of curio-collectors, sportsmen, fops and
amateur singers in B.V. 12 and the note on § 4 below.

§ **1.** l. 17. **gestatione**] 15. 6 n.

**cum maxime**] 7. 6 n.

l. 21. **pedes ... oculos**] We should transpose these clauses,
the meaning being that *as* she gave us eyes for one purpose,
*so* etc. But cp. 12. 6 n.

l. 22. **debilitatem**] The word generally denotes 'crippled
condition' rather than simple weakness. So *debilis, debilitare.*

**indixere**] 'have imposed on', an un-Ciceronian meaning
by no means uncommon in Sen.

l. 23. **posse desimus**] an anticipation of the theories of
modern science : cp. Plin. P. 24. 5 : 'before you came to the
throne *principes ... usum pedum amiserant,* always going
about in litters', Luc. *Cyn.* 17 βαδίζειν οὐκ ἐθέλετε, φέρεσθαι δὲ
(cp. *ferri* above) ὥσπερ τὰ φορτία.

§ **2.** l. 23. **tamen**] i.e. with *me* it was medicine, not luxury.

l. 24. **bilis**] apparently 'phlegm', *pituita.*

**l. 1. densior ... extenuaret]** ' difficult '...' make easy ' is all we can say.

**l. 5. lacu]** § 6.

**l. 6. a]** as in Hor. S. 2. 2. 10 *lassus ab equo*, Liu. 2. 14. 3 *inops ab longinqua obsidione* and many passages of Ovid : see 11. 5 n.

**spissum]** Cp. Ou. M. 2. 576 *fugio*, densumque *relinquo* | litus *et in* molli *nequiquam lassor* harena.

**fluctus]** Plin. *Ep.* 2. 17. 27 ' a pleasant excursion by sea or by the *litus, quod nonnumquam longa tranquillitas mollit, saepius frequens et contrarius fluctus indurat* ', Mart. 10. 51. 7 *solidum madentis harenae litus.* For *frequens* see 53. 2 n.

**§ 3. l. 16. Asinii Galli]** The son of Virgil's Pollio. He married Vipsania whom Tiberius had had for state-reasons to divorce : Augustus had observed that he was ambitious of the imperial power. In 30 A.D. Tiberius had him thrown into prison, where he lingered until his death three years later (Tac. A. 1. 12 and 13, 6. 23, Dio. 58. 3). Seneca's words show that many of his friends were involved in his fall.

**Seiani]** Tiberius' famous minister, the subject of Jonson's play of that name and compared with Wolsey by Johnson. During Tiberius' absence at Capreae he held the substance of that imperial power for which he was plotting, but the emperor's suspicions were aroused and S. was arrested in the Senate and summarily executed, 31 A.D.

**odium, deinde amor]** He had no doubt represented many of his own personal enemies as friends of Asinius. His own fall, next year, brought a merciless persecution on his family and friends, for which see Tac. A. 6 *init.* Tac. A. 4. 74 (28 B.C.) describes the foolish joy of those whom S. treated as friends : *quibus infaustae amicitiae grauis exitus imminebat*, he adds.

**deinde]** without previous *primum* as in *Ira* 3. 28. 1, N.Q. 2. 30. 2 and *dein* in Sall. *Iug.* 59. 3.

**l. 17. merserat]** ' ruined ' : cp. Luc. 1. 158 *belli* | *semina quae populos semper mersere potentes*, Iuu. 10. 56 *quosdam ... mergit longa atque insignis honorum* | *pagina* and 12. 4 n.

**§ 4. l. 19. latere]** Cp. the Epicurean motto λάθε βιώσας and the edd. on Hor. *Ep.* 1. 17. 10.

l. 19. **non uiuere**] 60. 4 *uiuit is qui multis usui est*, B.V. 14. 1 *soli omnium otiosi sunt qui sapientiae uacant, soli uiuunt* : see too 77. 18.

l. 20. **otiosa ... ignaua**] Cp. 3. 5 *non est quies quae motum omnem molestiam iudicat, sed dissolutio et languor* and Scipio in intr.

l. 21. **aliter ... quam ut**] unusual for *quin* : L.S. cite Curt. 9. 5. 23, Suet. *Tib.* 15.

l. 22. **hic situs est** H.S.E. of the sepulchral inscriptions. In literature we have it in Tib. 3. 2. 29, Luc. 8. 793, Plin. *Ep.* 6. 10. 4. For the thought, cp. 60. 4 (after the words cited above) *qui uero latitant et torpent, sic in domo sunt quomodo in conditiuo. horum licet in limine ipso nomen inscribas: mortem suam antecesserunt* ; 82. 2 *interest inter otium et conditiuum, 3 otium sine litteris mors est et hominis uiui sepultura* ; 77. 18 and 122. 3. below.

l. 25. **hominem seductum**] is the subject, the other adjectives predicates : ' if a man retires, they call him *otiosus* etc.'

l. 28. **sollicitus**] troubled as he is by fear, gluttony, sloth and lust (§ 5).

  **enim**] indignant, ' why ' : see on 27. 1.

  **primum**] ' the first stage ', ' easier '.

§ **5**. l. 30. **cupiditatum suarum infelicitas relegauit**] Cp. 56. 9 below, *Tranq.* 2. 9 and 11.

l. 1. **non potuit**] οὐκ ἔτλη, ' could not bear '.

  **uelut timidum atque iners animal** etc.] Tac. H. 3. 36 (Vitellius) *non in ore uulgi agere ... umbraculis hortorum abditus, ut ignaua animalia* etc.

l. 4. **continuo**] ' necessarily ', of logical sequence, as often in Cicero : in Silver prose *utique* seems much commoner. *Protinus* and *statim* are also used.

l. 6. **inertia pertinax**] almost a paradox : see on 56. 8.

§ **6**. l. 11. **solem non recipit ... usque in occidentem tenet**] a great point with architects : cp. Plin. *Ep.* 2. 17. 6 *alterā fenestrā admittit orientem, occidentem alterā* retinet.

l. 12. **platanona ... euripi**] No Roman villa was complete without these : cp. Plin. *Ep.* 1. 3. 1 πλατανῶν opacissimus ... *Euripus uiridis et gemmeus*, 90. 15 below and Cic. *Leg.* 2. 2 (*Nili* and *Euripi* ridiculous compared to the charms of

Nature). The real Euripus, the narrow channel between
Euboea and Boeotia, was proverbial for the changing of its
tides : these 'Euripi' had a similar ebb and flow, obtained
usually by mechanical contrivances, in Vatia's villa apparently
by natural causes, the water flowing seaward from the lake
being driven back by the incoming tide.

**receptus**] 'admitted into, running into, it': cp. Hor.
A.P. 63 *receptus terra Neptunus*

l. 14. **assidue**] 'always', not only in bad weather.

l. 16. **tempestas**] 90. 7 (fish enclosed) *ut tempestatum periculum non adiret gula*, Mart. 10. 30. 20 *ridet procellas tuta de
suo mensa : | piscina rhombum pascit* etc.

§ **7**. l. 18. **trans parietem**] 'next door': so Sen. *Contr.*
7. 5. lemma.

l. 19. **noui**] as opposed to *credo.*

l. 20. **totius anni**] Quint. 6. 3. 110 quotes a saying about
Pollio (a man *seriis iocisque pariter accommodatus*), *esse eum
omnium horarum.*

§ **8**. l. 25. **confert**] 33. 6 n.

**commendet**] 7. 2 n.

l. 26. **in media solitudine occupatis similes**] 82. 4 (retirement useless :) *multa intus (sunt) quae in media solitudine
exaestuant*, B.V. 12. 1 *in med. sol., quamuis ab omnibus reces-
serint, sibi ipsi molesti sunt.*

l. 27. **occupatis**] regularly used by Sen. in ref. to our being
prevented from applying ourselves wholly to philosophy. So
*occupatio.*

l. 28. **compositum**] See on 7. 1, and for the addition of *bene*
cp. *Tranq.* 17. 3 cited there and *Ira* 3. 39. 1.

l. 29. **quare ... non es** etc.] Ou. H. 18. 30 *et quo non possum
corpore, mente feror*, *Ep.* 62. 2 *cum optimo quoque sum : ad
illos in quocumque loco, in quocumque saeculo fuerunt, animum
meum mitto*, 64. 1 '*fuisti here nobiscum.* I say *nobis*, because we were a party : *mecum semper es*'.

## Page 60

§ **9**. l. 4. **praesentia**] 'possibility of seeing each other', a
curious use.

l. 5. **delicatos facit**] 'spoils us'. For the idea cp. 63. 8
below, Mart. 1. 86 ('Novius lives quite close to me, but I

never see him ') and Plin. *Ep.* 8. 20. 1 'We travel over sea
to see marvels, *ea sub oculis posita neglegimus*'.

**§ 10.** l. 8. **nemo non … abest**] A commonplace from the
*Consolationes*; see on 63. 8. Musonius in ὅτι οὐ κακὸν ἡ φυγή
(41 H) says similarly : 'What is there so dreadful in being
debarred from a certain part of the earth, from certain
company ? οὐδὲ γὰρ οἴκοι ὄντες ἁπάσῃ τῃ γῃ ἐχρώμεθα, οὐδὲ
ἀνθρώποις ἅπασι συνῆμεν'.

l. 11. **studia secreta**] 'study requiring privacy', where we
say 'privacy of our study'. Cp. 56. 1 *in studia seposito*, Plin.
*Ep.* 2. 8. 1 *studia altissimus iste secessus* (*suggerit*).

**suburbanas profectiones**] i.e. visits to country houses
(here near Rome), such as are so often mentioned in Cicero's
letters : cp. 104. 1. In Tac. A. 3. 47 Tiberius calls an expedition into Gaul a mere *peregrinatio suburbana*.

**§ 11.** l. 16. **in angusto uiuebamus**] ' our life would indeed
be confined within narrow limits' : cp. 65. 24 *nusquam tam
anguste ero* and, for the mood, Intr. p. lxii.

l. 17. **cogitationibus clusum**] Lucr. 1. 69 *acrem | irritat
animi uirtutem, effringat ut arta | Naturae primus portarum
claustra cupiret* etc.

l. 19. **codicillos**] For the use of writing tablets for short
communications cp. Cic. *Fam.* 4. 12. 2, 6. 18. 1, Suet. *Oth.* 10.


## LVI

Although Seneca himself welcomes a day when he will not
be disturbed (see LXXX below), and Pliny the younger enjoys
the silence of the city at similar times (intr. to LXXX) and
the sound-proof room where he can work in the thick of the
Saturnalia (see intr. to XVIII), in severer moments such
sensitiveness was felt to be a weakness. It was only the
Sybarites who could banish noisy trades (τὰς ποιούσας ψόφους
τέχνας, Athen. 12. 15) and cocks from their city : the philosopher must rise superior to mere externals. The philosopher
Timon is particularly mentioned as enduring the ordinary
noises of an ancient household with patience (D.L. 9. 113
θορυβούμενος ὑπὸ τῶν θεραπαινῶν καὶ κυνῶν ἐποίει μηδέν, σπουδάζων
περὶ τὸ ἠρέμα ζῆν). Cp. esp. *Ira* 2. 25, where one *cuius aures
tracti subsellii stridor offendit* is classed with Sybarites who
got stiff and sore at the mere sight of a man digging. So the
practical Quintilian (10. 3. 28) : (silence and privacy desir-

able, but not always available) *non statim, si quid obstrepet, abiciendi codices erunt et deplorandus dies, uerum incommodis repugnandum et hic faciendus usus ut omnia ... uincat intentio.* The theme from § 5 onwards is practically that of LV: cp. *quid prodest totius regionis silentium si affectus fremunt* and *saepe uidemur* etc. of § 9 with §§ 8 and 5 respectively of that letter, and the idea that banished vices easily regain their hold (§§ 9, 10) is only a development of *sollicitus* in § 4 there.

§ 1.   l. 25.   **peream si**] a colloquial phrase : so, negatively, *peream ni* ; sometimes the compound *dispeream* is used. Examples in a letter to Cicero, a letter of Augustus, Catullus, Hor. (*Sat.*), the elegiac writers, a pasquinade cited by Suet. *Tib.* 59.   Cicero prefers *moriar* and *ita uiuam.*

l. 26.   **seposito**] equivalent to an *active* pf. ptc. of *secedere.*

**ecce**] of sound, as elsewhere in Sen. (e.g. 80. 2 and the Tragedies).

### PAGE 61

l. 3.   **in odium ... adducere**] 'sicken' 'weary': cp. 63. 13 and 78. 26 below.

l. 4.   **manus plumbo graues**] 15. 4 n.

l. 7.   **acerbissimas**] 'jarring'. The word is used by Lucr. of the sound of a saw, by the Auct. ad Herenn. of the voice, by Phaedrus (3. 16. 3) of the chirping of a grasshopper.

l. 8.   **hac**] 40. 3 n.

**incidi**] 'have to do with': it must be remembered that Sen. is not himself one of the crowd.

l. 9.   **crepitum illisae manus**] Cp. Iuu. 6. 423, where the massageur *summum femur exclamare coegit.*

l. 11.   **pilicrepus**] probably a man who kept the score, somewhat like our billiard-markers.   Exercise was regularly taken just before the bath : in *Anth. Lat.* 2. 29 is an inscription in verse to the memory of a *pilicrepus* who was evidently a professional ball player and the delight of the spectators ' *Thermis Agrippae et Titi.*'   Trimalchio plays ball before his bath (Petr. 27) and a slave 'counts the balls'—though what exactly this means is quite uncertain.   Had *pila* a technical sense, equivalent to our 'rally'?

l. 12.   **actum est**] 'I am done for', not unlike the expression *deplorandus dies* in the Quintilian passage given in intr. : Sen. forgets that he has risen superior to all these noises (§ 3).

**§ 2.** l. 12. **scordalum** 'quarrelsome', a vulgar word, found elsewhere in literature only in the elder Sen. and Petronius (who has also *scordaliae*).

**furem**] For bath-thieves cp. Petr. 30.

l. 13. **cui uox sua in balineo placet**] a character to be met with in most ancient baths : cp. Hor. S. 1. 4. 75, 76. 'many spout their writings in the bath : *suaue locus uoci resonat conclusus*', Petr. 73 *inuitatus balnei sono ... coepit Menecratis cantica lacerare* ('murder'), 91 *in balneo carmen recitabat*.

l. 14. **piscinam**] of a bath is post-Augustan.

l. 15. **si nihil aliud**] L.S. cite only Livy for this elliptical phrase, but it occurs in the elder Sen. and is common in the philosopher. *Nihil* (or *quid*) *aliud quam* is used with similar brevity from Livy onwards, perhaps in imitation of the corresponding use of οὐδὲν ἄλλο ἤ : cp. 114. 22 below.

**rectae**] 'natural', as contrasted with the 'forced' note of the *alipilus*. Cp. B.V. 12. 4 *uocem cuius* rectum *cursum natura et optimum et simplicissimum fecit in flexus modulationis* torquent.

l. 16. **alipilum**] For this man's duties see 114. 14 n.

l. 17. **quo sit notabilior**] and so attract customers.

l. 18. **pro**] 'instead of'.

l. 21. **sua**] 'peculiar to themselves', really repeated in *insignita*. Cp. Addison's *Spectator* No. 251 on '*The cries of London*'.

**§ 3.** l. 24. **constat**] 'is undisturbed': so *animus* in 22. 16 (with *color*) and the father's *Contr.* 1. 1. 16, *lingua non constat* (in drunkenness) 83. 27. Cic. writes *mente, lingua, ore constare*. For the mood, cp. Intr. p. lxii.

**Chrysippum**] I know no other authority for this story. The *salutatio* is of course simply the greeting of acquaintances in the street, the ἀσπασμός, the interjection χαῖρε : the sound of this going on about him was too much apparently for C. *Mortem* is clearly metaphorical, as we speak of 'boring a person to death'. I do not know another instance of such a use of the word, but Greek uses ἀποκτείνω and colloquial Latin (Plautus and Hor.) *occidere* analogously : cp. too *enecare* (with or without *odio*) in Comedy.

l. 26. **fremitum**] In 83. 7 he compares it to *fluctus* or *uentus siluam uerberans* or *cetera sine intellectu sonantia*.

l. 27. **deiectum aquae**] Ou. M. l. 571 (of the Peneus) *deiec-tuque graui tenues agitantia fumos | nubila conducit.*

l. 28. **audiam**] The story is found first in Cic. *Rep.* 6. 19 and Sen. recurs to it in N.Q. 4. 2. 5. It is referred to by Sidney, *Apologie for Poetrie* (sub fin.) and Bacon, *Nat. Hist.* Cent. 3. 276 (who adds 'but we find no such effect in cannoniers nor millers' etc.).

## PAGE 62

§ **4**. l. 2. **auocare**] 'distract'; in Cic. it always takes an explanatory phrase such as *a philosophia.*

l. 3. **animum adducit**] 'attracts the mind', as contrasted with the *sine intellectu sonantia* of 83. 7 cited above. One would expect *ad se* to be added (as in 63. 13), but cp. 87. 34 *uirtus adducit inuidiam.*

l. 5. **auocatione**] elsewhere perhaps only once in Cic., where it takes a defining phrase (*a cogitanda molestia*).

**essedas**] Hor. *Ep.* 1. 17. 7 *strepitus rotarum,* Iuu. 3. 236 *redarum transitus* (both in ref. to the drawbacks of town-life).

l. 6. **inquilinum**] in the same block or *insula.*

**hunc qui ... exclamat**] For my view of this very obscure passage see the Apparatus. The *meta sudans* would be a fountain shaped like a cone, with water issuing from the summit and various points below. The core of such a structure still exists near the Colosseum : one might well stand near this bath.

l. 8. **nec cantat, sed exclamat**] If he played a *tune,* it might distract (*animum adducere* above) Seneca a little more: cp. 123. 9 'After a concert a tune haunts people : it *cogita-tiones impedit nec ad seria patitur intendi'.*

**etiamnunc**] 'again', 'further', a Silver use: cp. 86. 20 below. Here it introduces a fresh distinction between the sounds.

§ **5**. l. 11. **pausarium**] A word found only here: it denotes the κελευστής or boatswain who gave the rowers their time and gave them the order to 'easy' (whence the Latin name): cp. Ou. M. 3. 618 *qui* requiemque *modumque | uoce dabat remis.*

l. 15. **dum ... non**] 54. 6 n.

**§ 6.** l. 20. **omnia noctis erant** etc.] from Varro Atacinus who translated the *Argonautica* of Apollonius, in whom the passage runs (3. 748, 749) οὐ θρόος ἦεν | ἠχήεις· σιγὴ δὲ μελαινομένην ἔχεν ὀρφνην. The elder Sen. *Contr.* 7. 1. 27 tells us that Ovid passed on the line the very characteristic criticism that it should have ended at *erant* ('All was the night's', 'Night reigned supreme').

**tacita**] In *Contr.* l.c. *placida*, no doubt rightly.

Page 63

l. 1. **exhibet**] 'causes': so in colloquial phrases like *exhibere negotium* in Plaut., Cic. (Corr. and *De Off.*), and Tibullus.

l. 2. **mutat**] *sc* 'only'.

l. 4. **explicatur**] 'expands' when freed from cramping cares: cp. 65. 16 (*animus*) *graui sarcina pressus explicari cupit.*

**§ 7.** l. 7. **suspensum**] 'on tip-toe'.

**§ 8.** l. 13. **quies inquieta**] Phrases like this correspond to such Greek ones as ἄδωρα δῶρα. This particular oxymoron is rather common in Latin : cp. Hor. *Ep.* 1. 11. 28 *strenua inertia*, Sidon Apoll. 1. 5. 11 *occupatissima uacatio*. Seneca's variations of it will be found in B.V. 12. 2 and 4, 13. 1 and *Tranq.* 12. 3 : cp. also 55. 5 above.

l. 16. **male habet**] a colloquial phrase: cp. Ter. Lucil. Tibull. cited by Munro on Lucr. 3. 826 (*macerat inque metu male habet curisque fatigat*) and add Pacuu. 277 R, Caes. B.C. 1. 63. 2. Sen. has it at least six times in the letters. Cp. the (doubtless colloquial) use of *habere* with adverbs in the sense 'treat' : 63. 9 n.

**§ 9.** l. 18. **expeditionibus detinent**] For a historical example, see Tac. A. 1. 16 *sqq.*

l. 20. **discuti**] a medical term : cp. 28. 1 above.

l. 22. **paenitentia**] 'disgust': cp. 27. 2 n.

**secessisse**] 'retire into private life', a meaning not found before the Silver period, perhaps not before Seneca, who often has it.

l. 25. **obirata**] a rare verb, used once by Livy and five times by Sen.

l. 26. **cedentibus**] 15. 2 n.

PAGE 64

§ **10**. l. 2. **damnatas**] 'definitely rejected'. As so often
in Sen., nothing but the context shews that the word is
emphatic : contrast the force in N.Q. 3. pr. 18 *quae damnamus,
nec ponimus.*

§ **11**. l. 8. **et**] 'and yet', as occasionally in earlier writers
and often in Sen., with or without a negative : cp. 57. 1, 63. 1,
78. 3 below. A curious instance in 9. 17 *se contentus est,*
et *ducit uxorem* ; *s. c. e.,* et *liberos tollit* ; *s. c. e.,* et tamen *non
uiueret* etc.

l. 9. **bona fide**] Sen. uses this phrase at least ten times.
In Comedy, it either means 'on your word of honour' or
corresponds to the Greek ἄληθες asking an indignant question.

**receptui cecinimus**] the same metaphor in Quint. 12. 11. 4
(orator) and Plin. *Ep.* 3. 1. 11 (statesman).

l. 10. **paulo ante**] in § 5.

§ **12**. l. 14. **sese reduxit introrsus**] 7. 8 n.

l. 15. **accidentia**] must here = *ad aures accidentia,* not, as
generally in Sen., 'that which befalls one'.

**erigitur**] 'is excited': cp. 108. 39 *auribus erectis
curiosisque.*

l. 18. **Vergilius**] A. 2. 726 *sqq.*, describing the passage of
Aeneas through the streets of Troy when the Greeks were
sacking it. The *onus* is of course Anchises whom he carried
on his shoulders, the *comes* Ascanius whose hand he held :
hence *portantibus, trahentibus* below.

§ **13**. l. 23. **prior ille**] i.e. *quem dudum ... Grai.*

**uibrantia**] 'hurtling'.

l. 24. **arietata**] The word, which does not occur in Cic., is a
favourite of Seneca's (who alone has the noun *arietatio*). He
uses it transitively and intransitively, with a general meaning
'strike violently', which sometimes developes into 'stumble'.
The intransitive use occurs in Accius, Vergil, and Vergil's
imitators, the transitive in Plautus and Curtius. In Sen. the
transitive force is never found in the active voice.

**urbis impulsae fragor**] The rhythm suggests the
author of the Tragedies : *impulsae* means that its walls have
fallen.

l. 25. **imperitus**] 'the fool', as often in Sen., who uses
similarly *imprudens* and *rudis.*

l. 27. **fremitu**] *sc.* ' of the enemy '.

**deicit**] apparently used with the sense of καταπλήττειν. It may be a shortened (perhaps popular) form for *de gradu deicit*, ' to disconcert ' (a gladiatorial phrase used by Cicero and Seneca : see e.g. *Off.* 1. 80) : Caelius (Cic. *Fam* 8. 4. 3) uses *deicere* for *spe deicere*.

l. 28. **sarcinae**] i.e. externals, as in 44. 7.

§ **14.**   l. 29. **trahentibus ... portantibus**] see on § 12 above.

### PAGE 65

l. 2. **pertinebit**] ' reaches ' or ' interests ' : cp. 66. 18 ' the *sapiens*, if placed in Phalaris' bull, will say *dulce est et ad me nihil pertinet.*'

**te ... tibi excutiet**] This emphatic use of the personal pronouns is very characteristic of the Silver age.   The pronoun may denote the person's character as opposed to his environment (cp. 12. 9, 28. 2 above), the full development of his faculties as opposed to immaturity or decay (e.g. 30. 5 *superstes sibi*, 35. 4 *propera ad te*), the power to use those faculties without interference from outside (so here and 80. 2 below, *Pol.* 7. 2 *se sibi eripuit*, B.V. 7. 7 *te tibi abducunt*).   In 83. 7 he uses the direct expression *cogitationem meam excutiunt*.

§ **15.**   l. 6. **conuicio**] ' noise ' : 15. 8 n.

l. 9. **Vlixes**] Hom. *Od.* 12. 177 *sqq.*, from which many of the ancient moralists have deduced similar lessons.

## LVII

Of the two themes, the first, the limitations of the power of philosophy, has already been handled in XI.   The question as to whether one form of death be better than another is raised in N.Q. 6. 1. 8 *sqq. nec desunt qui hoc genus mortis* (being swallowed up by an earthquake) *magis timeant ... tamquam non omne fatum ad eundem terminum ueniat ... nihil itaque interest utrum me lapis unus elidat an monte toto premar, utrum supra me domus unius onus ueniat ... an totus caput meum terrarum orbis abscondat, ... solus in illud profundum an cum magno comitatu populorum concidentium ferar.*   In 64. 43 he allows that *aliquorum melior dici, aliquorum peior potest exitus*, but adds *per quae ueniunt diuersa sunt, in quod desinunt unum est* : cp. 70. 27 *fati uarios esse accessus, finem eundem ; nihil interesse unde incipiat quod uenit.*

For the *crypta Neapolitana* see Beloch, *Campanien* p. 84, Baedeker's Italy p. 85. Petronius *Frag.* 16 refers to tall persons having to stoop when going through it. For Petrarch's visit to it cp. intr. to LI. It is now closed, its place being taken by the new Grotta, a tunnel bored in 1882-85 farther north in the same hill and traversed by the tramway to Pozzuoli.

§ 1.  l. 15. **iterum**] after the experience detailed in LIII.

l. 16. **et**] 56. 11 n.

l. 17. **athletarum fatum**] The body was anointed (*ceroma*) to make the joints supple etc., then sprinkled with sand (*haphe*) to render the grips possible. Cp. Luc. *Anach.* 1 and 2, Stat. T. 6. 847 *sqq.*, Ou. M. 9. 35 *sqq.* With Sen. the mud does for oil, the dust for sand. Cp. with the whole passage 88. 18 below.

§ 2.  l. 20. **longius**] a  point ' : a prison is generally *small*.

l. 22. **ipsas**] sc. *tenebras* : cp. Milton's ' Darkness visible '.

l. 25. **spiramento**] Strabo expressly says it had shafts, but there are no traces of any now, and Beloch thinks he con-fused the Posilipo tunnel with another near Cumae.

## PAGE 66

§ 3.  l. 3. **ictum animi**] Cp. *Ira* 2. 2. 2 (cited on 11. 1) : almost ' thrill ', as in 94. 43 : ' We hear maxims of obvious truth and value *cum ictu quodam* '.  **Mutationem** = ἀλλοίωσιν.

l. 6. **multum… a perfecto absum**] It was a stock jest against the Stoics that they could point to no human example of the *sapiens* : Chrysippus himself did not claim to be σπουδαῖος (Plut. *Sto. Rep.* 31). Sen. however accepts Cato as a type (*Const.* 2. 1) and says that such men are only rare, not impossible (*ib.* 7. 1, *Ep.* 42. 1). For the disclaimer, cp. 116. 5 *mihi et tibi qui adhuc a sapiente longe absumus*, V.B. 17. 3 (to a scoffer) *non sum sapiens, et* (*ut maleuolentiam tuam pascam*) *nec ero.*

**nedum**] 51. 7 n.

l. 7. **fortuna ius perdidit**] 51. 9 n.

§ 4.  l. 11. **inhorrescet**] *Agam.* 418 *mens inhorrescit malis,* *Ira* 2. 2. 1 (at bad news) *subriguntur pili.*

l. 11. **subita**] 'news of unexpected misfortunes': cp. 76. 23 *parere dis nec excandescere* (47. 20 n.) *ad subita*.

**caligabit**] 'turn giddy' (*Ira* l.c. *sequitur uertigo*).

l. 12. **crepidine**] L.S. treat this word very inadequately. Its original force is that of the Greek κρηπίς, 'a base, foundation, pedestal'. Thence it passes to the meanings 'ledge' and 'edge' and denotes (*a*) a quay, or river bank (Cic. *Verr.* 2. 5. 97, Verg. A. 10. 653 etc.), (*b*) the edge of a causeway, curb-stone, gutter (Sen. *Contr.* 1. 1. 3, Petr. 9), (*c*) a slope between two terraces (Liu. 27. 18. 6), (*d*) a ledge, edge of precipice (as here): cp. Val. Fl. 4. 44 and Stat. T. 2. 504 (the Sphinx's).

l. 13. **timor**] which would be a πάθος, or *perturbatio*, and from these, as distinct from the mental affections which ordinarily produce them, the *sapiens* is exempt: cp. § 6 below and 59. 1, where in strict Stoic parlance *uoluptas* is a *uitium* and Sen. can approve only of an *animi hilaris affectio*.

§ **5.**  l. 18. **linquuntur animo**] the same phrase in *Ira* l. 12. 1 : in 77. 9 *quos liquit animus*, the more usual form (so Lucr. 3. 582 [*anima*], Caes. B.G. 6. 38 [*relinquit*], Sen. *Oed.* 595).

l. 19. **recipiunt**] *sc.* 'in their bodies': a technical term for the resignation of the doomed gladiator (Cic. *Sest.* 80, *Tusc.* 2. 41, Sen. *Tranq.* 11. 5).

§ **6.**  l. 23. **loqui coepi**] 53. 5 n.

l. 26. **uigilarium**] The word seems found only in inscriptions. It was evidently a substantial structure, and might stand e.g. in a vineyard or orchard.

**nihil inuenies**] *sc.* 'in either case': cp. Iuu. 3. 257 *sqq.* (if the cart lets its load of stones (*montem*) fall on the passers by, what is left of them?) *quis membra, quis ossa | inuenit?*

§ **7.** There seems to me something wrong with this section. For (1) It is not easy to see why the sentence *erunt ... spectat* should suggest to Lucilius that Sen. is referring to people who believe that the soul of a man crushed under an enormous weight is utterly destroyed. On the contrary, the last seven words of that sentence imply that he has in mind those who fear the one form of death more than the other *without* supposing that the result is different. (2) There is no other authority for the belief here assigned to the Stoics: it certainly was not, as the text here implies, the regular Stoic dogma. (3) *Non facio* must mean *non dico de* (*Stoicis*): for the constr. see 54. 4 n. The clause *qui hoc dicunt uidentur*

*mihi errare* is therefore entirely pointless, as the fact that
Sen. does not *agree* with them is no reason why he should
not have been *referring* to them.

l. 3. **spargi**] ' be broken up ', *parallel* to *non posse* : cp. Cic.
*Tusc.* 1. 18 *alii (credunt animum) statim dissipari, alii diu
permanere.*

§ **8**. l. 6. **opprimi**] ' crushed '.

l. 9. **refunditur**] ' flows out ' : so often of rivers overflowing
because some obstacle holds the water *back* from its natural
channel.

l. 10. **deprendi**] Cp. 11. 1 n.

l. 11. **beneficio**] 53. 11 n.

l. 13. **per exiguum foramen est reditus**] For the belief that
the bolt returned to the sky cp. Xen. *Mem.* 4. 3. 14 κεραυνὸς
ὁρᾶται οὔτ' ἐπιών, οὔτ' ἀπιών, Sen. N.Q. 2. 40. 2 (where, by the
way, it is implied that of the three kinds of *fulmina*, one
*quod terebrat*, one which *discutit*, and one which *urit*, only
the first has the power of returning *per id foramen quod
ingressum est*. Now the thunderbolt here is the second kind :
cp. l.c. *huius late sparsa uis est* with *latissime percussit* here).

l. 14. **adhuc**] with comparatives, like ἔτι, is Silver for
Ciceronian *etiam*.

§ **9**. l. 15. **illo**] neuter, pointing to the clause *an ... esse*.

l. 17. **genere**] 54. 1 n.

l. 18. **exceptione**] ' reservation '.

## LXIII.

This is a παραμυθητικὸς (λόγος) or *Consolatio.* Such works
were addressed to οἱ ἀλλοτριοῦντες ἀπό τινων πραγμάτων,
handling, as Cicero puts it (*Tusc.* 3. 81), *omnis casus in quo
nomen poni solet calamitatis.* Seneca's *C. ad Heluiam* was
intended to reconcile his mother to the loss of her son on
his banishment to Corsica, and many of the Greek philosophical fragments dealing with exile may belong to similar
works. In CVII Sen. tries to convince Lucilius that there is
no evil in his slaves having run away, in LXXXI he shews
that ingratitude is to be expected. The thirteenth Satire
of Juvenal, addressed to a man who has been cheated, is a

*Consolatio.* But the commonest theme was the death of a relative or friend. The περὶ πένθους of the Academic Crantor (b. about 344 B.C.) was intended to console one Hippocles for the death of his son : Cicero speaks of it in terms of high praise (*Acad.* 2. 135) and used it in the *Tusculans* and his own *Consolatio* (Plin. N.H. pr. 22). Crantor's work has not reached us : with it have doubtless vanished many other similar compositions (e.g. that of the Epicurean Metrodorus to his sister, of which Sen. preserves brief fragments in 98. 9, 99. 54). The earliest specimens we have of the genus are preserved in the collection of Cicero's Correspondence— one a brief letter of Cicero's to a man who has lost his children (*Fam.* 5. 16), the other from Sulpicius to Cicero, on the occasion of Tullia's death (*Fam.* 4. 5). Of Cicero's own attempt to comfort himself in this hour of grief we have but a few fragments. Seneca has left us, besides this letter, the *C. ad Marciam* (who had lost a son), the *C. ad Polybium* (who had lost a brother), and XCIX (to a bereaved father). Plutarch's λόγος παραμυθητικὸς πρὸς 'Απολλώνιον is extant. Lucian's περὶ πένθους is not addressed to any particular mourner, but naturally shares some of the arguments of the *Consolatio.* Many of the thoughts of these compositions appear in the sepulchral inscriptions : see e.g. § 14 n. In verse we have the *C. ad Liuiam* (of doubtful date and authorship) and Stat. *Silu.* 2. 1 and 6.

The λόγος παραμυθητικός was one of the regular parts of the λόγος ἐπιτάφιος of the rhetoricians, and the philosophical compositions seem to have followed closely their rules. In *Marc.* 2. 1 Sen. mentions that the custom was to begin with precepts and end with examples of persons who had borne affliction bravely. The stock arguments were :

(1) All men must die (Sulp. l.c. 4, Cic. l.c. 2, Sen. *Marc.* 10. 3 *sqq.*, *Pol.* 14 *sqq.*, *Ep.* 99. 8, below §§ 14 *sqq.*).[1]

(2) No need to grieve on deceased's or one's own account (Sulp. l.c. 5, Cic. l.c. 3, 4, Sen. *Marc.* 19. 1-4, *Pol.* 9. 1 *sqq.* *Ep.* 99 handles only the first part—in § 12—,our letter only the second : cp. § 16 with *Marc.* 19. 1).

(3) Time will ease the blow : let reason do this. (Sulp. l.c. 6, Cic. l.c. 5, Sen. *Marc.* 8. 3, below §§ 3 and 12. In the *Ad Pol.*, 8. 4 implies the first part, whilst the second part is given a less common turn in 4. 2).

---

[1] For variations of this theme outside the *Consolationes* see notes on 77. 12 and 13, 78. 6.

Arguments (1) and (3) are recognised as inherent in the
theme by Cicero (in *Fam.* l.c. 2 he calls the former
*consolatio peruulgata maxime*, in *Att.* 12. 10 he says *con-
solationum multae uiae, sed illa rectissima : impetret ratio quod
dies impetratura est*), Sen. too in § 12 uses *pertritus* in ref.
to (3).

Of the remaining points made in this letter most recur in
the other *Consolationes* of Seneca. Some, as the notes on
§§ 1, 7 and 8 shew, were certainly not of his own devising.
Others are so Senecan that it seems probable that they are
original : so e.g. the conception of mourning as a form of
ostentation (§ 2), and the advice to make the memory of the
departed one a source of pleasure (§ 4).

Parts of this letter were used by Albert of Brescia in his
*Liber Consolationis et Consilii* (written in 1246 A.D.), whence
they passed, through a French translation, into Chaucer's
prose tale of Meliboeus. See e.g. § 6 of that work : '"When
that thy friend is dede", quod he (Senek), "let not thyne
eyen to moyste been of teres, nor to much drye : althogh the
teres come to thyne eyen, let hem not falle "', and he goes on
to paraphrase §§ 11 and 12 of Seneca. Petrarch's *Consolatio*
to Philip of Cavaillon for the loss of a brother (*De Reb. Fam.*
2. 1) uses Seneca and introduces most of the regular points.

§ **1.** l. 23. **plus aequo**] We know, from Cicero, that Crantor
recommended moderation in grief : he was a Peripatetic,
and the 'golden mean' was a favourite motto with his
school. The Stoics were prone to take up a more heroic
position : cp. the implication here and in *Pol.* 18. 5 'I
can't ask you not to mourn *at all* : *et scio inueniri quosdam
... qui negent doliturum sapientem*'. Chrysippus however is
quoted for the view ἀλγεῖν μὲν τὸν σόφον, μὴ βασανίζεσθαι δὲ·
μὴ γὰρ ἐνδιδόναι τῇ ψυχῇ (Stob. 3. 7. 20), and Sen. deprecates
the idea of claiming for the sage *lapidis duritiam ferriue*
(*Const.* 10. 4).

PAGE 68

l. 2. **et**] 56. 11 n., *Pol.* l.c.

l. 4. **supra Fortunam elato**] Intr. p. lxix.

l. 5. **uellicabit**] 'will prick' : used in B.V. 10. 1 in conn.
with *minuta uulnera*.

§ **2.** l. 10. **poetarum Graecorum maximus**] In *Il.* 19. 228,
229 Odysseus says χρὴ τὸν μὲν καταθάπτειν ὅς κε θάνῃσιν | νηλέα
θυμὸν ἔχοντας, ἐπ᾽ ἤματι δακρύσαντας, and in 24. 601

*sqq.* Achilles invites Priam to take food, adding καὶ γάρ τ'
ἠύκομος Νιόβη ἐμνήσατο σίτου. Both passages are referred to
by Luc. l.c. 24. Indeed the argument from Niobe is as old
as the fourth century, when the comic poet Timocles, dilating
on the benefits which the audience derives from drama, says
τέθνηκέ τῳ παῖς; ἡ Νιόβη κεκούφικε (Athen. 6. 2).

l. 11. **dumtaxat**] 'only', as almost always in Sen.

l. 14. **dolorem ... ostendimus**] See 99. 16 *plus ostentatio
doloris exigit quam dolor: quotusquisque sibi tristis est?* (which
is then developed in five lines of description), *Tranq.* 15. 6
*plerique lacrimas fundunt ut ostendant.* Martial has an epigram on this theme (1. 33): another aspect of it is the thought
that we wish to imitate others (so 99 l.c.), or trouble ourselves
about what they will think (*ex opinione aliena pendere Tranq.*
l.c.): cp. Luc. l.c. 1 νόμῳ καὶ συνηθείᾳ τὴν λύπην ἐπιτρέποντες.

l. 15. **sequimur**] 'follow the impulse of'.

l. 16. **ambitio**] 'desire for shew'. Cp. 5. 2, and for the
thought Stat. T. 6. 68 *gloria mixta malis afflictaeque ambitus
aulae.* The form of expression is rather a favourite with Sen. :
cp. *Marc.* 3. 4 *est quaedam et dolendi modestia, Ep.* 52. 12
*est aliqua et laudandi decentia, Thyest.* 1051 *sceleris est aliquis
modus.*

§ **3.** l. 19. **cum dolore**] *sc.* 'only'.

l. 21. **longius tempus**] See intr. above; Otto *Sprichw.*
s.v. *dies* notes the expression ἰατρὸς τῶν ἀναγκαίων κακῶν, ὁ
κοινὸς ἰατρός, applied to χρόνος by comic poets.

l. 25. **eoque citius**] not said cynically, but on the principle
of 78. 7 below (though *dolere* there refers to *pain*).

§ **4.** l. 27. **nemo libenter** etc.] Sen. introduces this thought
into all the *Consolationes* except that to Helvia : see 99. 23,
*Marc.* 3. 2, *Pol.* 18. 7.

l. 29. **morsu**] 99. 14 *non est dolor iste, sed morsus.* Cp. Plut.
*Ad Apoll.* 3 τὸ μὲν ἀλγεῖν καὶ δάκνεσθαι (at the death of a
son) φυσικὴν ἔχει τὴν ἀρχὴν τῆς λύπης, καὶ οὐκ ἐφ' ἡμῖν.

## PAGE 69

§ **5.** l. 3 **Attalus**] Seneca mentions him several times in
the Letters (see esp. cviii below), elsewhere only in N.Q.
2. 48. 2, 50. 1. Seneca's father calls him *longe subtilissimus et
facundissimus* of the philosophers of the day, and mentions
that he was banished at the instance of Seianus.

l. 5. in uino…amaritudo delectat] Montaigne, quoting
Attalus' saying in *Essais* 2. 20, illustrates with Catull. 27.
1, 2 *minister ueteris puer Falerni | inger mi calices amariores.*

nimis] This is the only passage I know, outside Plautus
and Terence, where it is used *positively* to mean 'very' (or
'very much'). With a negative it is fairly common in good
writers.

l. 7. quod angebat extinguitur et pura ad nos uoluptas
uenit] Cp. Lucr. 4. 1075 *pura uoluptas* (of philosophic love),
1133 *medio de fonte leporum | surgit amari aliquid quod in
ipsis floribus angit* (of ordinary love).

§ 6. l. 9. melle ac placenta frui] Lucil. 585 M *iucundas
placentas*, Hor. *Ep.* 1. 10. 11 *mellitis placentis.* The context
in the last mentioned passage and Iuu. 11. 59 shews that
the *placenta* was almost proverbial for luxurious living.
'Cakes and ale.'

l. 10. retractatio] I know no other instance of this meaning of the word, but *retractare* is used analogously : see on
78. 14.

l. 11. haec acria … stomachum excitare] the technical language of gastronomy : see Hor. S. 2. 8. 7 *acria rapula …
qualia lassum | peruellunt stomachum* and Plin. N.H. 20. 34
*siser … stomachum excitat.*

§ 7. l. 14. dulcis ac blanda est] In 99. 25 *sqq.* he fiercely
attacks the Epicureans in the person of Metrodorus, who
said in his *Consolatio* (intr. above) ἔστιν γάρ τις ἡδονὴ λύπῃ
συγγενὴς ἣν χρὴ θηρεύειν κατὰ τοῦτον τὸν καιρόν (e.g. § 27 : *ne
illo quidem tempore … cessare pateris uoluptatem sed ipsum
uis titillare maerorem?*) His words in the present passage
correspond closely to those of Epicurus 213 Us. ἡδὺ ἡ φίλου
μνήμη τεθνηκότος.

l. 15. habui illos tamquam amissurus] That life and its
accompaniments had been given us only on loan was a stock
commonplace in this kind of literature: cp. ps.-Plat. *Axioch.*
5 'if we don't pay back our life in due course, Nature comes
like an ὀβολοστάτις and levies as a pledge eyes or ears or
both', Cic. *Tusc.* 1. 93, and *Marc.* 10 (esp. § 3 *amet ut
recessura*). For *abstulit, sed dedit* cp. Job 1. 21 'The Lord
gave, and the Lord hath taken away' and a line of Lucilius
cited by Sen. in 8. 10 (*dari bonum quod potuit auferri potest*) ;
Sen. repeats the thought in *Pol.* 18. 3.

l. 17. beneficium … male interpretari] 'look a gift horse in
the mouth': cp. B. 2. 29. 1 *iniqui aestimatores*, *Ep.* 74. 11

*ingrati interpretes* (*sc.* of gifts), B. 2. 28. 4 *beneficia a deteriore parte spectaueris* and esp. *Pol.* 10. 1 *iniquus est qui muneris sui arbitrium danti non relinquit.* The English expression is from Jerome (*noli, ut uulgare prouerbium est, equi dentes inspicere donati*).

§ **8.** l. 18. **amicis auide fruamur**] *Marc.* 10. 4 *sine dilatione omne gaudium* (sc. *ex liberis*) *haurite.*

l. 21. **quam saepe ... reliquerimus**] The same argument in *Marc.* 19. 1 : cp. 55. 10 n.

§ **9.** l. 25. **habent**] 'treat', as often in Sallust : cp. 56. 8 n.

§ **10.** l. 29. **si habemus alios amicos**] *Marc.* 2. 5 (Octavia mourns for Marcellus) *non sine contumelia omnium suorum, quibus saluis* ('in spite of their being alive') *orba sibi uidebatur* : cp. *Hel.* 18. 1.

l. 30. **male de ... existimamus**] 'think lightly of', 'disapprove of', 'censure', as at least once in Cic. and several times in Sen. (e.g. 107. 12 below): cp. Tac. *Dial.* 1.

## PAGE 70

l. 3. **nos ... fecimus**] 'we have robbed ourselves of every person whom we have neglected to make our friend'.

§ **11.** l. 6 **despoliatus**] absolutely, 'one who has been stripped by thieves': cp. Cic. *Att.* 7. 9. 1 (L. Quintius, whilst carrying my letter, *ad bustum Basili uulneratus et despoliatus est.*)

l. 8. **scapulas**] in connexion with *clothing* 17. 9, V.B. 25. 2, Iuu. 9. 68.

l. 9. **quaere quem ames**] 9. 5 (The sage) *faciendarum amicitiarum artifex substituet alium in locum amissi*, with the recipe : *si uis amari, ama.*

l. 10. **satius est amicum reparare**] Attalus indeed found more pleasure in making one than in having one, *quomodo artifici iucundius pingere est quam pinxisse* (9. 7).

§ **12.** l. 13. **finem dolendi** etc.] Another application in *Ira* 3. 27. 5 'no good cherishing wrath : time will weaken it ; *quanto satius est a te illam uinci quam a se*'.

§ **13.** l. 19. **feminis**] Cic. *Fam.* l.c. 6 notes that even women eventually master their grief. In writing to Marcia Sen. adapts himself to the sex of his correspondent and asserts the power of woman to be as brave as man : see ch. 16 (an interesting passage), esp. § 1 *quis dixit Naturam*

*maligne cum mulierum ingeniis egisse? ... par illis uigor, par
ad honesta facultas est.*

**ad lugendum**] more explicitly in *Hel.* 16. 1 *decem
mensum spatium lugentibus* uiros *dederunt,* and so Ou. F. 1. 35,
3. 134.

l. 20. **non ut tam diu** etc.] 'not to ensure its lasting as
long': cp. 47. 14 n.

l. 23. **uix retractis a rogo**] Sen. *Contr.* 4. pr. 6 mentions as a
declamation theme the case of a man who *a sepulchris trium
liberorum abstractus* brings an action for assault. Seneca's
words here are best illustrated by Petronius' famous story of
the Ephesian wife (111 *sq.*) : *in conditorium prosecuta est
defunctum ... corpus custodire ac* flere totis noctibus diebusque
*coepit ... non parentes potuerunt* abducere (her mourning lasted
five days).

l. 25. **in odium uenit**] 56. 1 n.

**§ 14.** l. 29. **Annaeum Serenum**] mentioned by Tac. A.
13. 13 as Seneca's henchman in the support given by the
philosopher to Nero's amour with Acte. He became *praefectus uigilum* and died in consequence of eating *suilli* (a
kind of mushroom): see Plin. N.H. 22. 96. Mart. 7. 45
singing the praise of Seneca's friend Maximus, a second
Pylades, calls him *caro proximus aut prior Sereno.* To him
are dedicated the essays on *Constantia, Otium* and *Tranquillitas.*

## PAGE 71

l. 1. **exempla**] 'the stock instances': the same phrase in
98. 13.

l. 4. **numquam cogitaueram mori eum ante me posse**]
*Marc.* 9. 2 '*tot acerba* ("untimely") *funera* pass our doors,
and yet we make plans for our children's future.' The
unnaturalness of the death of *children* before their parents
is a frequent theme of Roman epitaphs : cp. *Anth. Lat.* 2.
1479 *si non. fatorum praepostera iura fuissent | mater in hoc
titulo debuit ante legi.* One of Seneca's lost works was entitled
*De immatura morte.*

l. 6. **ordinem ... seruarent**] See 12. 6 n. : *praepostera* in the
epitaph just cited implies this thought.

**§ 15.** l. 7. **assidue cogitemus** etc.] We have seen (18. 6 n.)
what importance Sen. attaches to preparation for difficult or
disagreeable tasks : of preparation for death he says (70. 18)

*nullius rei meditatio tam necessaria est. alia enim fortasse
exercentur in superuacuum* (for instance, you may prepare for
poverty and never lose your money) ... *huius unius rei usum
qui exigat dies ueniet.* Hence the frequent reference to it :
see esp. a fine passage in 82. 7. The idea is at least as old as
Plato : see *Phaedo* 12 τὸ μελέτημα αὐτὸ τοῦτό ἐστιν τῶν
φιλοσόφων, λύσις καὶ χωρισμὸς ψυχῆς ἀπὸ σώματος, translated by
Cic. *Tusc.* 1. 74 *tota philosophorum uita commentatio mortis
est* and brought up to date characteristically enough by Sen.
B. V. 7. 3 *uiuere tota uita discendum est, et, quod magis fortasse
miraberis, tota uita discendum est mori.* Cp. the title of the
nineteenth chapter of Montaigne's first book, ' That to philo-
sophise is to learne how to die '.

l. 11. feci] 54. 4 n.

l. 12. incerta lege] *nulla praestituta die* as Cic. says (*Tusc.*
1. 93).

hodie fieri potest quicquid umquam potest] Montaigne,
1. 19 ' Whatsoever may be done another day, may be effected
this day '. It is a typical Silver point : cp. 101. 7 *quid stultius
quam mirari id ullo die factum quod omni potest fieri ?*, Publ.
Syr. (cited in *Tranq.* 11. 8) *cuiuis potest accidere quod
cuiquam potest.*

§ 16. l. 16. fama] almost = *opinio* : cp. 76. 6 below, 94. 12
' you can't help the man who has not correct *opiniones* : *aures
eius contraria monitionibus tuis fama possedit* '. The two
words are coupled together several times in Caesar.

l. 17. quem putamus perisse praemissus est] Sen. omits the
thought only in the *Consolatio* to Helvia, where it had no
bearing : 99. 7 *flere eum qui antecessit, Marc.* 19. 1 *consecuturi
praemisimus,* Pol. 9. 9 *non reliquit nos sed antecessit.* Petrarch duly reproduces it. ' Not dead, but gone before '.


LXXVI

For the theme ' Never too late to learn ' cp. Solon's
γηράσκω δ' αἰεὶ πολλὰ διδασκόμενος and Aeschylus (fr. 396 N.)
καλὸν δὲ καὶ γέροντα μανθάνειν σοφά. The example of Cato
would occur to every Roman : in Cic. *Cato* 26 he is made to
quote the Solon passage and his own example. Cp. Sen.
himself in 36. 4 *omnibus annis studere honestum est, non omnibus institui* ( = ' be grounded ').

That philosophy could not claim to rival many other
pursuits in popularity was one of Diogenes' points : he

once gathered a crowd around him by means of an exhibition
of the art of whistling, and then improved the occasion by
pointing out how ready they were to see tomfoolery
(φληνάφους) and how slow to approach τὰ σπουδαῖα (D.L.
6. 27). Cp. too Cic. *De. Or.* 2. 21 *cum omnia gymnasia philosophi teneant, tamen eorum auditores discum audire quam
philosophum malunt.* With Seneca the thought is common :
cp. 80. 2 below, 95. 2 'rhetorical and philosophic schools
empty : *celebres culinae sunt*', and esp. the last chapter of the
*Nat. Quaest.* (liberal arts v. *pantomimi*).

Sen. is evidently at Naples (see intr. to LI), the nearest
Greek city to Rome. Mart. 5. 78. 14 gives it the epithet of
*docta* and we know that rhetoric, poetry and music throve
there. It was here that Nero made his first public appearance as a harper (Suet. *Ner.* 20).

§ **1**. l. 22. **inimicitias denuntias**] The same expr. in Cic.
*Phil.* 5. 19 for publicly avowing a feud : cp. the phrase *amicitiam alicui renuntiare* and Mart. 5. 50. 1 *ceno domi quotiens,
nisi te Charopine uocaui, | protinus ingentes sunt inimicitiae.*

l. 24. **simpliciter**] 'frankly', as often in Pliny's letters : for
Cic. see Reid on *Ac.* 1. 6. For the thought, cp. 83. 1 *singulos
dies tibi et quidem totos indicari iubes.*

**hoc**] *sc.* what follows.

l. 25. **audio**] the regular term for attending lectures : e.g.
Cic. *Off.* 1. 1.

l. 26. **in scholam eo**] Plin. *Ep.* 2. 18. 1 *beneficio tuo in
scholam redeo* (his correspondent has asked him to find a
teacher for his sons, and Pliny has been 'sampling' lectures).

l. 1. **bona aetate**] 47. 12 n. Here *bonus* is ironical as in
Petr. 66 *tam bonae memoriae sum ut frequenter nomen meum
obliuiscar.*

§ **2**. l. 4. **trossuli**] very like our 'young bloods', used with
some degree of contempt in Varro *Men.* 480 B[4] (apparently of
the Roman knights), below 87. 9 (of young fops), and Pers. 1.
82 (of the fashionable audience at a recitation).

**bene mecum agitur**] 33. 6 n.

l. 6. **haec**] *sc. sapientiae.*

l. 8. **par**] of gladiators. *Depugnare* is a technical term in
the Ciceronian period, see L.S. s.v.

§ **3**. l. 10. **nescias**] Intr. p. lxiii.

l. 10. **prouerbio**] Cp. B.V. 7. 3 *uiuere tota uita discendum est.*

§ **4.** l. 16. **theatrum**] Its remains still exist. It was an open one : of the closed-in one mentioned by Stat. (*Silu.* 3. 5. 91), but presumably not built when Sen. wrote, nothing has been found.

l. 19. **fartum**] may have been a technical term : Apul. *Flor.* 16 (p. 170 V) *farto toto theatro.* I know no other exx. of the use of the verb in ref. to *human* contents.

l. 20. **praeco**] κῆρυξ, proclaiming the name of the winner in the *agon* (*praedicatio* 78. 16).

l. 21. **uir bonus quaeritur**] ' we investigate into the character of the good man ' : cp. 33. 10 n., and 90. 31 *haec inuenta sunt postquam sapientem inuenire desimus,* 88. 2 *quaerendum an* (*liberalia studia*) *bonum uirum facerent.* For the conciseness of expression cp. *Tro.* 884 *dedisce captam* and passages like Ou. M. 8. 463 *pugnant materque sororque* ('a mother's and sister's love '), Sen. *Contr.* 10. pr. 14 *patrem familiae praeferre, oratorem subducere* (' keep in background '). See also 80. 6 n. 87. 10 n.

l. 27. **contemnendus est ipse contemptus**] *Hel.* 13. 7 *contumeliam ipsi contumeliae facere.*

§ **5.** l. 28. **perge et propera**] *Phaedr.* 862 *perge : properato est opus.*

### PAGE 73

l. 2. **quod perdiscere uix senex possis**] The same thought 72. 3, 111. 5, N.Q. 3. pr. 3, 4.

§ **6.** l. 6. **incidet**] ' come by accident ', as often in Sen. (generally with a personal subject, I think, but cp. *Prou.* 5. 7) : Cic. *Fam.* 2. 7. 2 contrasts it with *uenire* ' to come of set purpose '.

l. 8. **est tanti ... occupaturo**] 53. 9 n. For **semel** practically equivalent to *simul*, ' at one stroke,' cp. N.Q. 2. 28. 3 *ictu totum globum s. dissipante.*

l. 9. **unum est bonum quod honestum**] μόνον τὸ καλὸν ἀγαθόν ἐστιν, a Stoic canon.

l. 10. **famae**] 63. 16 n.

### LXXVII

Socrates in the *Phaedo* (ch. 6) claims the Pythagorean Philolaus as a supporter of the view that one must not die

πρὶν ἀνάγκην τινὰ θεὸς ἐπιπέμψῃ, and Cicero (*Cato* 73) says
Pythagoras held that we must not leave our post *iniussu imperatoris, id est dei*. The early Stoics may have preached
the same view, but in practice they interpreted such phrases
as ἀνάγκη or 'God's command' very lightly, Zeno killing
himself because of a broken toe, Cleanthes because of a
gumboil. Diogenes Laertius however (7. 130) gives us to
understand that the Stoics as a whole gave very strict teaching on the subject : the wise man would quit life ὑπὲρ πατρίδος
καὶ ὑπὲρ φίλων κἂν ἐν σκληροτέρᾳ γένηται ἀλγηδόνι ἢ πηρώσεσιν ἢ
νόσοις ἀνιάτοις. Seneca's position does not vary very much
from this. The body is a guest-house, and we must depart
as soon as we find we are a burden on our host (120. 14) ;
58. 34 *sqq. si inutile ministeriis corpus est, ... si (senectus) coeperit
concutere mentem ... si mihi non uitam reliquerit sed animam,
prosiliam ex aedificio putri ac ruenti* (obviously from Bion,
whom Teles reports (p. 10 H) as saying καθάπερ καὶ ἐξ οἰκίας
ἐξοικιζόμεθα ὅταν τὸ ἐνοίκιον ὁ μισθώσας οὐ κομιζόμενος τὴν θύραν
ἀφέλῃ κ.τ.λ., οὕτω καὶ ἐκ τοῦ σωματίου ἐξοικίζομαι, ὅταν ἡ ... φύσις
τοὺς ὀφθαλμοὺς ἀφαιρῆται τὰ ὦτα τὰς χεῖρας τοὺς πόδας ... ὥσπερ ἐκ
συμποσίου ἀπαλλάττομαι οὐδὲν δυσχεραίνων, οὕτω καὶ ἐκ τοῦ βίου
κ.τ.λ. Cp. Cic. *Cato* 84 for the first part, the note on § 8
below for the second). *morbum non fugiam, dumtaxat* ('so
long as it is') *sanabilem nec officientem animo. non afferam
mihi manus propter dolorem: sic mori uinci est. hunc tamen
si sciero perpetuo mihi esse patiendum, exibo ... quia impedimento mihi futurus est ad omne propter quod uiuitur.* This
was the general view of the imperial period. The younger
Pliny mentions several cases of the kind : 1. 12 (after 34 years
of gout), 3. 7 (*insanabilis clauus*), 6. 24 ; cp. too 1. 22 where a
man agrees to live on as his doctors hold out hopes of a cure.
Martial has an epigram on the theme (1. 78). As for the
right to commit suicide ὑπὲρ φίλων, Sen. recognises that it
may sometimes be necessary to live on for their sake : see on
78. 2.

Seneca's own suicide was not caused by any of the considerations named by Diogenes, but was quite in accordance
with his words in 70. 5 *sqq.* 'The wise man can win release.
*nec hoc tantum in necessitate ultima facit, sed cum primum illi
coepit suspecta esse fortuna.* He begins to consider carefully
whether his life had not best end here. It is a question
not of dying sooner or later, but of dying well or ill. If
he knows he is going to be executed, he will not put an end
to his life any more than did Socrates. But one may choose
an easy death in preference to a hard one.' It is noticeable

that Seneca's views get broader and broader as the passage progresses. The first sentences would justify only such acts as that of Cocceius Nerva who killed himself *integro statu*, *corpore illaeso*, so that people claimed that he had won *honestum finem, dum integer, dum intemptatus* (Tac. A. 6. 26). But the rest of the passage gives philosophic sanction to the ghastly series of suicides which the *Annals* contain.

The *Phoenissae* (63-215) contains a dialogue between Oedipus and Antigone on our theme. Cp. esp. l. 79 *tantis in malis uinci mori est* with 58. 36 *sic mori uinci est*, l. 98 with § 7 below (see the note there), ll. 146 *sqq.* (suicide easy : many ways) with 70. 14 etc., ll. 190 *sqq.* (courage sometimes needed *not* to commit suicide) with 78. 2 below.

**§ 1. l. 14. Alexandrinae naues]** It was in a 'ship of Alexandria' that St. Paul was brought to Italy, landing at Puteoli (*Acts* 28. 11 *sqq.*). They were laden mainly with corn : cp. Suet. *Ner.* 45 where one arrives in time of famine laden only with sand for the court-wrestlers ! But they doubtless regularly brought many other articles of merchandise : see on *Puteolorum*.

**l. 16. tabellarias]** 'mail-boats': *tabellarius* is the regular word for a letter carrier, 'post'.

**l. 18. pilis]** 'the pier', now the Molo, the most striking of the remains of the place : it often figures on the ancient glass-ware of Puteoli (carried away by visitors as a souvenir of the place ?).

**Puteolorum]** The chief business city in Italy at this time. For a good account of it see Friedländer's *Petronii Cena Trimalchionis*[2] pp. 73 *sqq.*

**l. 20. siparum]** 'topsail', a rare word used also in the Tragedies : cp. Epict. 3. 2. 18 βυθιζομένου τοῦ πλοίου σὺ ἐπαίρεις τοὺς σιφάρους ; Entering harbour at full speed was naturally prohibited.

**§ 2. l. 23. urguetur]** 'is propelled', 'gets power'.

PAGE 74

**l. 3. intrauere]** 'get between', probably a nautical term : cp. Verg. A. 7. 201 *fluminis intrastis ripas portuque sedetis.* So of landing in Ou. M. 13. 24 *litoraque intrauit Pagasaea Colcha carina* Cp. Lucil. 125 M *promunturium remis superamu' Mineruae*, Ou. M. 15. 709 *inde legit Capreas* *promunturiumque Mineruae.* The southern promontory of the bay of Naples was crowned by a temple of the goddess.

l. 4. **alta procelloso** etc.] The author of this line is unknown.

§ **3**. l. 9. **meorum ... rerum mearum**] Seneca's uncle had been viceroy (*praefectus*) of Egypt for 16 years (*Hel.* 19. 6): he himself must have had an estate or business there. **Accepturus**, 'though I was sure to get'.

l. 11. **olim**]=*iamdudum*, a meaning almost confined to Silver Latin: the only instance I know from earlier times is in Nouius fr. 101 R *olim exspectata ueniunt septem Saturnalia.* In Ou. M. 2. 466 it is just possible to take the word in its classical sense, but I believe it has there the other meaning, which from the time of the elder Seneca becomes common, being found even in Quintilian: see Mayor on Iuu. 4. 96.

**nec perit quicquam mihi nec acquiritur**] 'I have had nothing to lose or gain': cp. Cic. *Tusc.* 1. 109 (would I had died) *nihil enim iam acquirebatur.* Seneca has 'found peace', and *tranquillissimus ille animus ... nec ablatum sibi quicquam sentit nec adiectum* (36. 6), like Diogenes, of whom he says *effecit ne quid sibi eripi posset: putabo hunc non esse felicem si quem mihi alium inueneris* cui nihil pereat. (*Tranq.* 8. 4).

l. 15. **plus uiatici quam uiae**] Cic. *Cato* 66 'Anything sillier than *quo uiae minus esset eo plus uiatici quaerere*?'

l. 16. **uiam quam peragere non est necesse**] Cic. l.c. 70 *neque enim histrioni ut placeat peragenda fabula est ... neque sapientibus usque ad 'plaudite' ueniendum est.* For the emphasis on the preposition cp. Intr. p. lxxxvi.

§ **4**. l. 20. **tota**] 'complete'.

l. 21. **non ex maximis causis**] cp. 70. 5 quoted in intr. above.

**nec**]=*ne ... quidem* (33. 10 n.) in its common force of 'not ... either' (see e.g. § 10 below).

l. 22. **tenent**] 'hold us back (to life)': cp. 70. 15 *hoc est unum cur de uita non possimus queri: neminem tenet,* 77. 16 *quae te morantur ac retinent.*

§ **5**. l. 23. **Marcellinus**] surely not, as seems generally assumed (e.g. by Hense in his *Index Nominum*), the *Marcellinus noster* of XXIX, who is described as an all but hopeless scoffer at philosophy.

l. 23. **quietus**] is perfectly sound : the word is used with
*temperans* in 25. 7, *probus* in Vell. 2. 119. 4, *uerecundus* in
Plin. *Ep.* 7. 31. 1.    The young M., like Persius, had
that calmness and freedom from passion which comes to most
men only with old age : cp. 26. 3 'I should like to know how
much *ex hac tranquillitate ac modestia morum* I owe to
philosophy, and how much to the fact that I am getting old'.
For the 'young-old' person in antiquity cp. the proverb
mentioned by Cic. *Cato* 32 *quod monet mature fieri senem si
diu uelis senex esse, ib.* 38 *adulescentem in quo est aliquid
senile ... probo,* Plin. *Ep.* 5. 16. 2 *iam illi* (girl of fourteen)
*anilis prudentia erat.*

l. 25. **multa imperante**] lit. 'making great demands', i.e.
requiring much attention.

### PAGE 75

l. 1. **consilium quod deliberanti gratius fore suspicabatur**]
Cp. B. 6. 30. 5 *una (amicorum) contentio, quis blandissime
fallat,* Tac. H. 3. 56 : *nec quicquam nisi iucundum et laesurum
acciperet* (of Vitellius' refusal to listen to good advice).

§ **6.** l. 5. **uir fortis ac strenuus**] evidently a common
phrase ; Suet. *Tib.* l uses it to translate the Sabine word *Nero,*
and it is known to Cicero, Horace and Quintilian : cp. too
Livy's *fortiter ac strenue.*

l. 10. **cogita quamdiu iam idem facias**] The same thought
in 24. 26, *Tranq.* 2. 15 (both introducing the murmur
'*quousque eadem ?*'). Our passage is quoted by Bacon,
*Advancement of Learning* ed. Spedding, p. 424 : cp. Croaker
in the *Good-natured Man,* Act 1 : 'Ah ! He grew sick of
this miserable life, where we do nothing but eat and grow
hungry, dress and undress, get up and lie down'.

l. 11. **circulum**] 'the daily round'.

§ **7.** l. 13. **illi**] Marcellinus, but the subject of *detraxit*
is the *amicus.*

l. 14. **parere**] *sc.* his orders that they should stab him :
cp. § 9 and Shakspere *Julius Caesar* 5. 3. 41, 42 *Now be a
freeman, and with this good sword, That ran through Caesar's
bowels, search this bosom.*

l. 16. **familiam periculum adire**] The murder of a man by
his slaves was not a rare occurrence at Rome (see Mayor on
Plin. *Ep.* 3. 14. 1 and 107. 5 below) : in such cases any

slave who had failed to render his master help that lay in
his power was liable to execution.

l. 17. **alioqui**] 'besides', as fairly often in the younger
Pliny and occasionally in Seneca and Tacitus.

**tam ... quam**] We should say 'To prevent (his killing
himself) was as bad as ...' : for the order see on 12. 6, for the
genitive *mali exempli* cp. *Ira* 3. 18. 2 *uir mali exempli*,
for the thought cp. Hor. A.P. 467 *inuitum qui seruat idem
facit occidenti*, Sen. *Contr.* 8. 4 *non magis crudeles qui uolentes
uiuere occidunt quam qui uolentes mori non sinunt*, Sen.
*Phoen.* 98 *qui cogit mori | nolentem in aequo est quique pro-
perantem impedit.*

**§ 8. l. 20. cena**] The same image as in Bion (see intr.
above) : cp. Cic. *Tusc.* 5. 118 and Munro on Lucr. 3. 938.

**circumstantibus**] 17. 3 *circumstat illum turba seruorum.*
A reference to dividing τὰ ὑπολειπόμενα from a sacred banquet
among the slaves in Hermeias (Athen. 4. 32) : on the other
hand in Antiphanes (*ib.* 6. 81) a slave complains that it is
hard to see ἄμητας ἡμιβρῶτας ὀρνίθειά τε lying about, ὧν οὐδὲ
λειφθέντων θέμις δούλῳ φαγεῖν.

l. 22. **facilis**] Cic N.D. 3. 73 *f. et liberalis.* It agrees with
*animi.*

l. 23. **etiam cum** etc.] 'even when the cost of an action of
this nature had to be defrayed out of his own pocket', and
not, as it now really was, out of his heir's. For *de suo* see 21.
7 n. ; *fieret* represents the passive of a phrase like *liberalitate
utebatur* implied in *erat animi liberalis* : see on 54. 4.

**§ 9. l. 26. ferro**] See on *parere* in § 7.

**abstinuit**] absolute, as in Cels. 2. 12. 2, and so *abstinentia*
in 70. 9, Cels. and many Silver writers (Cicero uses *inedia*).
In Greek, ἀποκαρτερεῖν, ἀποχή.

l. 27. **tabernaculum**] to prevent the vapour escaping.

l. 30. **uoluptate**] Plat. *Tim.* 38 ἀπονώτατος τῶν θανάτων καὶ
μᾶλλον μεθ' ἡδονῆς γιγνόμενος ἢ λύπης, Cic. *Tusc.* 1. 82 *fit
nonnumquam etiam cum uoluptate.*

**dissolutio**] absolute, as in 82. 15. Cic. adds *naturae.*

## Page 76

l. 1. **liquit animus**] 57. 5 n.

**§ 10. l. 2. fabellam**] 'anecdote', as in Phaedrus and the
elder Sen.: so often *fabula* in Horace. Cp. *fabulator,*
'raconteur', 122. 15 below.

l. 5. **excessit**] absolutely, a Silver usage (avoided by Quintilian). *Excessus* is occasionally so used by Cicero, *decedere* quite commonly by the classical writers.

§ **11**. l. 9. **quandoque**] 'some day', as in Cicero's Corr. and Livy.

l. 12. **flebit quod ante annos mille non uixerit**] Cp. Teles and Montaigne in intr. to LIV above.

l. 15. **alienum est**] 'has nothing to do with you'.

§ **12**. l. 16. **punctum**] sc. *temporis*, a very rare use of the word, recurring however in 49. 3.

**coniectus es**] Cp. 108. 22 *in Tiberii principatum iuuentae tempus inciderat*.

**ut**] '*supposing* you (are allowed to)'.

l. 19. **desine** etc.] Verg. A. 6. 376 (the Sibyl to Palinurus who wishes to be ferried over Styx before he has received burial-rites).

l. 22. **ad hanc legem natus est**] For this form of the *Consolatio* common-place 'all must die' (see intr. to LXIII) cp. Xen. *Apol.* 27 ἐξ ὅτουπερ ἐγενόμην κατεψηφισμένος ἦν μου ὑπὸ τῆς φύσεως ὁ θάνατος, Menander 816 K ἐπὶ τοῦτ' ἐγένοντο πάντες, and many passages of Sen. (esp. *Marc.* 17. 1 *ad hoc genitus es ut perderes, ut perires*).

l. 24. **series**] sc. *causarum* : 'chain'. The Stoics defined Fate as αἰτία τῶν ὄντων εἰρομένη (D.L. 7. 149) and the conception plays an important part in their study of Nature. Cp. 88. 15 below.

§ **13**. l. 2. **mori dubitas**] The only ex. I know in Sen. where the infin. follows *dubitare* used positively. So Cic. *Att.* 10. 3 a. 2.

l. 3. **aliquando ad id peruenturum ad quod semper ibas**] a favourite thought of Seneca's, really only a variation of the *Consolatio* motive illustrated above. Cp. e.g. 24. 20 *tunc ad illam peruenimus, sed diu uenimus*, 120. 18 *ad mortem extremus dies peruenit, accedit omnis*.

l. 4. **nullum sine exitu iter est**] 'no lane without a turning', a proverb omitted by Otto, *Sprichwörter*.

§ **14**. l. 6. **puerorum**] For contempt of death by the most ignoble persons see 70. 19 *sqq.* (*bestiarii*).

l. 7. **Lacon**] The story is found in Philo *De Lib. Sap.* 17 p. 463 M, Sen. *Suas.* 2. 8 and ps.-Plut. *Apophth. Lac.* (Varia

35). It is suggested that it may have been in Bion's περὶ
δουλείας : the incident belongs to 221 B.C.

l. 9. **Dorica lingua**] οὐ δουλευσδῶ.

**fidem**] 'fulfilment', a rare use, I think, outside the
poets.

l. 11. **caput rupit**] Plut. *Cat. min.* 68 (Cato reflects) τὴν
κεφαλὴν ἅπαξ πατάξαντα πρὸς τὸν τοῖχον ἀποθανεῖν ἔνεστι, Plin.
*Ep.* 3. 16. 12 *aduerso parieti caput impegit* (Arria), Tac. A.
4. 45 *saxo caput afflixit* (to escape further torture). In ps.-
Plut. l.c. he jumps from the roof.

§ **15.**  l. 11. **libertas**] 12. 10 n.   Cp. 51. 9 *ego illam* (Fortune) *feram, cum in manu mors sit* ?

l. 14. **puta nolle te sequi, ducēris**] 107. 11 below.

l. 16. **seruio**] For the tense, see Intr. p. lxvi.   It seems
natural enough here, in a statement of the resolution finally
adopted.   For the change from *seruiam* in § 14 cp. 82. 21
*quemadmodum exhortaris* ? after § 20 *quomodo exhortabitur* ?

l. 18. **moriendi uirtus**] 78. 4 *animus moriendi*, Stat. T.
11. 627 even *irae mortis*, in the same sense.

§ **16.**  l. 21. **nulla tibi noua est**] B.V. 7. 9 *quid enim est
quod iam ulla hora nouae uoluptatis possit afferre* etc., Lucr.
3. 944 *sq.* (Nature *loquitur*) *tibi praeterea quod machiner
inueniamque | quod placeat, nil est.*

l. 23. **sapiat**] Cp. Iuu. 4. 140 *sqq.* 'He could tell *primo
morsu* whether the oysters came from Circeii, the Lucrine,
or Rutupiae', and 11. 81 (a connoisseur in his own humble
sphere) *qui meminit calidae sapiat quid uulua popinae.*

## PAGE 78

§ **17.**  l. 1. **tanti enim** etc.] 'Why, do you prize your
country enough to put your dinner off (if your doing so
would help her)?'  *Enim* as in 27. 1 and below § 18.

l. 2. **solem ... extingueres**] cp. CXXII below.

§ **18.**  l. 7. **boletatione**] 'mushroom orgy', a word not
found elsewhere.   Buecheler compares *rosatio* and *uiolatio*,
popular formations used in connexion with the decorating of
tombs on certain days of the year with roses and violets.
For the sense, cp. 24. 14 *dolor quem stomachicus ille in ipsis
deliciis perfert.*

l. 8. **scis enim**] 'Why, do you know *how* to live?'

l. 10. **custodiarum**] 5. 7 n.   Montaigne misunderstands
the passage in *Essais* 1. 19, where he makes the man a ' *soldat
de sa garde* ' and a petitioner for ' *congé de se faire mourir* '.

l. 13. **succursura**] ' will be a boon '.

§ **19**.   l. 14. **inquit**] 28. 8 n.

l. 17. **unum ex uitae officiis et mori**] N.Q. 6. 32. 12 *mors
tribnutum officiumque mortalium*, Epict. 3. 10. 11 μέρος ἐστὶ καὶ
οὖτο τοῦ βίου ... πυρετός.

§ **20**.   l. 20. **nulla uita est non breuis**] a stock argument
of the *Consolationes*, probably used by Crantor.  Cp. Cic.
*Cato* 69 *quamquam, o di boni, quid est in hominis uita diu*?,
where average and exceptional lengths of life are contrasted,
*Tusc.* 1. 94 where exceptional length is contrasted with
eternity (as here) and 99. 7, *Marc.* 21. 1 where average length
is contrasted with eternity.

l. 21. **Nestoris**] proverbial, see Hom. *Il.* 1. 250 (' had seen
two γενεαὶ μερόπων ἀνθρώπων and was now living μετὰ τριτά-
τοισιν ') and Otto, *Sprichw.* s.v.

**Sattiae**]   *Claudio principe ex nobili domo XCIX*
(*annos*) *nata excessit* Plin. N.H. 7. 158 : her longevity is also
referred to by Mart. 3. 93. 20 (see Housman, C.R. 1908
p. 46).   Huelsen (Rh. M. 1908 p. 633) thinks that the inscription C.I.L. vi 9590 (beginning *C. Mattio Lygdamo, medico
Sattiae*) refers to the same lady, her proud doctor inscribing
on his tomb the name of the client who furnished the best
evidence of his skill.

l. 22. **annis**]   Intr. p. lviii.

l. 25. **quomodo fabula, sic uita**]   For the simile which Shakspere has made so familiar to us, cp. the remark of Demades
to Philip (Diod. 16. 87) τῆς τύχης σοι περιθείσης πρόσωπον
Ἀγαμέμνονος, αὐτὸς οὐκ αἰσχύνῃ πράττων ἔργα Θερσίτου, cited by
Hense in his edition of Teles, p. xci.   He points out there
that it was a favourite thought of Bion's : and Cynic and
Stoic writers revel in it.   The particular point involved here
is found in Cic. *Cato* 70 cited on § 3 above and Epict.
4. 1. 165.   For Seneca's use of the illustration see further
80. 7 below, and 115. 15 *dabat in illa fabula* (of Euripides)
*poenas Bellerophontes quas in sua quisque dat.*

l. 26. **non quam diu sed quam bene**]   So Cic. *Fin.* 3. 46
*Stoicis non uidetur optabilior beata uita si sit longa quam si
breuis*, and countless passages of Sen. : e.g. 70. 5 *cogitat
semper qualis uita non quanta sit* and 78. 27 below.

PAGE 79

## LXXVIII

Of the three aspects under which Sen. here considers his
theme, one, as he notes at § 6, has already been frequently
handled by him. The second, the attitude of the philosopher
towards pain, forms the subject of the second book of the
Tusculans, and Seneca's treatment of it has much in common
with Cicero's. There is some reason to believe that the latter
was using Posidonius, and it is to be observed that with this
letter begins Seneca's series of references to that philosopher's
views. As for the sections on the loss of pleasures, they
simply form one of those tirades against luxury so dear to
the popular philosopher of all ages and so frequent in the
declamations (see Intr. p. xxxix): cp. the references in the
notes to 110. 12 and N.Q. 4. 13.

The composition of the letter is loose enough. After dis-
missing the subject of death, at § 6, Sen. proceeds to deal
with pain. At § 11 he turns to *intermissio uoluptatum*, but
returns at § 12 to pain, which occupies the next eight sections.
Then §§ 20, 21 deal with a theme which hardly belongs to
any of the three heads originally proposed, but may be
summarised as *intermissio officiorum*, and paves the way for
the return to the *intermissio uoluptatum*, a theme which
occupies Sen. from § 22 until § 25, where, in spite of the
self-denying ordinance of § 6, he falls into one of his commonplaces on the terrors of death.

§ **1.** l. 4. **destillationibus]** 'catarrhs': cp. next note.

l. 5. **in consuetudinem adductas]** 75. 12 *una destillatio nec
adhuc in morem adducta tussim facit, assidua et uetus,
phthisin.*

l. 8. **poterat adulescentia iniurias ferre]** Plin. *Ep.* 1. 12. 5
*hunc (morbum), quoad uiridis aetas, uicit et fregit.*

l. 11. **ipse]** as opposed to mere local irritation in nose or
throat: 'my very life began to flow from me'.

§ **2.** l. 13. **patris me…senectus retinuit]** Cp. 98. 15 (*uitae
plenus est*, and doesn't want more *sua causa, sed eorum quibus
utilis est*), 104. 2 (an interesting passage, in which he describes
how he takes care of his health for the sake of his young
wife).

l. 15. **fortiter desiderare]** 'bear the loss bravely', recurs in
*Marc.* 16. 3.

l. 16. **imperaui**] almost 'forced myself', the thought being somewhat paradoxical. For the words *aliquando ... fortiter facere est* see on 54. 7.

§ **3**. l. 17. **quae**] namely, his *studia* and the *amicorum sermones*.

l. 18. **si**] 28. 9 n.

l. 19. **acquiescebam**] 54. 3. The whole phrase = *ipsa solatia*.

l. 20. **cedunt in**] 'become', as often from Livy onwards: cp. e.g. *cessit in prouerbium* in Sen. and the elder Pliny.

l. 23. **surrexi**] of convalescence, as in § 14: L.S. cite ἀνίστασθαι ἐκ κλίνης from Andocides. *Cubare* regularly means 'to be ill' but I know no other ex. of this corresponding sense of *surgere* : § 14 suggests that it was colloquial.

l. 24. **et nihil** etc.] 'and (almost 'but': see 56. 11 n.) 'tis the smallest debt I owe her'.

§ **4**. l. 25. **multum contulerunt**] 33. 6 n.

### PAGE 80

l. 3. **non iudicabam me ... mori**] 'To live in hearts we leave behind is not to die' Campbell, *Hallowed Ground*.

l. 7. **alioqui**] 'otherwise', i.e. if one has *not* that desire.

l. 8. **animum moriendi** etc.] For the phrase see on 77. 15, for the whole thought cp. e.g. 4. 5 *uiuere nolunt, mori nesciunt*, 74. 11 *nec uiuere nec mori uolumus*, Epict. fr. 24 Sch. μήτε ζῆν θέλοντες μήτε ἀποθνήσκειν.

§ **5**. l. 11. **uergit**] 'sinks', 'inclines'. In classical prose the word seems used only of the 'lie' of places, except in Cic. *Phil.* 11. 26 where it is used of *auxilium* taking a certain geographical direction. In Silver Latin (esp. Sen., including the Tragedies, and Tac.) it is fairly commonly used as a synonym of *inclinare*.

l. 12. **legas clarius**] 15. 7 n.

**receptaculum**] Cp. N.Q. 3. 15. 1 *uenae et arteriae, illae sanguinis, hae spiritus receptacula* (such being the ancient view of the function of the arteries).

l. 13. **uiscera concutias**] 15. 6 n.

l. 14. **uirium causa**] 'for the stomach's sake': see on 15. 3.

l. 15. **aduoces**] a very uncommon use of the word, which, although often used metaphorically in poetry and Silver prose, generally carries with it the idea of summoning one's resources or qualities: cp. *Ira* 2. 12. 5 (cited on § 16 below).

§ **6**.  l. 22. **morbi ... naturae**] The gen. here denotes '*due to*'.

l. 23. **saluti illis fuit** etc.] Was Seneca thinking of himself? See intr. to LIV : he repeats the idea in *Tro.* 489 *haec causa multos una ab interitu arcuit,* | *credi perisse.*

l. 24. **morieris ... quia uiuis**] really the same point as the first *Consolatio* theme mentioned in intr. to LXIII : cp. 30. 10 *uiuere noluit qui mori non uult.* Very similar is *Prou.* 5. 7 'how long each was to live *prima nascentium hora disposuit*' ( =*Oed.* 988, H.F. 874), a thought employed by Arellius Fuscus in the Thermopylae *suasoria,* Sen. *Suas.* 2. 2.

**aegrotas**] Intr. p. lxii.

§ **7**.  l. 27. **proprium**] i.e. one that may fairly be said to be peculiar to *morbus*, not, like death, one to which health is equally liable.  For the general argument here cp. Cic. *Fin.* 1. 49 *meminerit maximos (dolores) morte finiri, paruos multa habere interualla requietis.* From *Fin.* 2. 22, *Tusc.* 2. 44, Sen. *Ep.* 30. 14 it is clear that Epicurus pointed out that intense pain could not last long (so however already Aeschylus in a fragment [? Philoctetes] πόνου γὰρ ἄκρον οὐκ ἔχει χρόνον). Cic. in the first passage and Sen. *Ep.* 24. 14 have the play which is embodied in the pentameter *si longa est, leuis est, si grauis est, breuis est* cited by Burton *Anat. of Mel.* 2. 3. 1. 1 and rendered by Herrick 'Griefe if't be great, 'tis short : if long, 'tis light '.

## PAGE 81

l. 1. **intentio**] is opposed to *remissio,* 'the continuance with unabated violence', the thought being put paradoxically, as in §§ 8, 9 and 10.

§ **8**.  l. 6. **sentit**] sc. *corpus.*

l. 8. **spiritus**] 'vital energy' : see on 15. 3. above, and cp. Quint. 9. 2. 4 (Without *figures* a speech) *iacet et uelut agitante corpus spiritu caret.*

l. 11. **corruptus umor**] Lucr. 3. 502 *ubi iam morbi reflexit causa, reditque* | *in latebras acer corrupti corporis umor* (of recovery from a fit), N.Q. 6. 32. 3 *umoris corrupti abundantia* (enough to kill us).

l. 12. **elidit**] 'cures itself' : the verb is a medical one and denotes ordinarily the shaking off of a complaint that has threatened to become chronic : see the edd. on Hor. *Ep.* 1. 15. 6.

**§ 9** l. 15. **uerminatio**] a rare, evidently homely, word like *uerminari* (*-are*), which Sen. also uses: see Intr. p. xliv. Both denote irritation in the way of pain or itching.

l. 16. **mora**]=*tempore*. Seneca wishes to gratify himself with a paradoxical form of expression: cp. N.Q. 6. 17. 2 *impetum mora quaerit* (of a river fuming over rocks that block its passage).

l. 20. **incitatior**] 'exceptionally violent': cp. 110. 15 *irritare cupiditates per se incitatas*.

**alienationem**] 'numbness': cp. 89. 19 *tunc incipit medicina proficere ubi in corpore alienato dolorem tactus expressit*, Quint. 8. 3. 75 *membra morbis abalienata*.

**§ 10.** l. 24. **male habet**] 56. 8 n.

l. 25. **multum illis cum corpore fuit**] The same phrase in 26. 2: cp. on 12. 11 (*quid tibi cum*). Cicero has *omnia mihi sunt cum, minus mihi est cum* in his letters (*Fam.* 13. 1. 2, 15. 10. 2).

### PAGE 82

l. 1. **diuina**] Perhaps the most striking of Seneca's many allusions to the divine origin of the soul are 31. 11 *quid aliud uoces* (*animum rectum*) *quam deum in corpore humano hospitantem* (cp. Iulian 6 p. 196 D τῷ ἐν ἡμῖν θεῷ, τοῦτ᾽ ἔστι τῷ νῷ) and 41. 1, 2 *prope est a te deus, tecum est, intus est ... sacer intra nos spiritus sedet*. See also on 86. 1. It is a particularly favourite theory with the Stoics, but of course Pythagoras and Plato had already maintained it.

**querula**] 'peevish', 'discontented': 92. 33 (*corporis*) *morosum imperium delicatumque est*. In *Tranq.* 1. 2 *in statu q. et moroso positus sum: nec aegroto nec ualeo* it is almost 'hysterical'.

l. 2. **quantum**] '*only* so far as'.

**§ 11.** l. 3. **inquit**] 28. 8 n. and below § 20.

**abstinere cibo** etc.] Epict. 2. 14. 21 ἀσίτησον σήμερον, ὕδωρ πίε. The technical term for such prescribing was ἀπαγορεύειν. References to it are very common in Latin and later Greek writers. Athenaeus (4. 44, 9. 38) preserves a proverb ὥσπερ τοὺς πυρέττοντάς τι περιφερόμενον ὁρᾶν based on the Tantalus-like situation of a sick man at a dinner: cp. Plin. *Ep.* 2. 8. 2 *quae sic concupisco ut aegri uinum, balinea, fontes*. Machon makes one of his characters reply to the question 'How is Ptolemy treating you' with 'Too early to say yet': πεπότικε μὲν γὰρ ὥσπερ ἰατρός μ', ἔφη, | ἃ δεῖ· φαγεῖν δὲ σιτί' οὐ δέδωκέ πω (Athen. 6. 40). Cp. too the graphic scene in Pers. 3. 90 *sqq.* The empirics claimed that the medicinal value of *abstinentia* was discovered by accident (Cels. 1 pr. p. 6 D).

§ 12. 1. 14. patientia] =τὸ παθεῖν. **Quod** below is accusative.

§ 13. 1. 20. leuem dum putas facies] a variation of the thought illustrated on 54. 7. The same rule for obtaining happiness is implied in the quotations from Epicurus and a comic poet (*non est beatus esse qui non se putat*) in 9. 20 *sqq.* : cp. also *Tranq.* 10. 1, N.Q. 3. pr. 15. Such maxims as 13. 4 *saepius opinione quam re laboramus* are very common in Sen.: cp. e.g. 42. 10, *Const.* 5. 2, *Marc.* 7. 1 *sqq.*, 19. 1, in all of which *opinio* is 'our own view' of the matter, though *Marc.* 7 l.c. shews how easily it may acquire the force 'the general belief of mankind' ' convention ' (just as δόξα is often equivalent to νόμος).

1. 22. ad] 'according to': cp. 11. 9 n. and esp. 16. 7 *si ad naturam uiues, numquam eris pauper, si ad opiniones, numquam eris diues.*

§ 14. 1. 24. praeteritorum dolorum conquestiones] Cp. 5. 9 n.

1. 27. deploratus] 'given up'. The word inherited the metaphorical use of the older term *depositus.*

## PAGE 83

1. 2. retractare] Cic. *Att.* 8. 9. 3 *augemus dolorem retractando,* and so several times in Sen.: see on 63. 6.

1. 5. ferre ... tulisse] Intr. p. lxxxvi. The obvious illustration from Vergil is given by Sen. himself in § 15.

§ 15. 1. 10. forsan etc.] Aeneas to his companions disheartened by the storm, A. 1. 203.

1. 11. illa] *Illas* might be expected, but Sen. has *haec* of the Vergil passage in mind.

1. 12. se ... intenderit] 'nerve himself': Cic. *Tusc.* 2. 56 ' The *sapiens* will not groan, *nisi forte ut se intendat ad firmitatem* as do runners and athletes'.

§ 16. 1. 17. athletae] This passage alone was enough to suggest the Paul and Seneca correspondence (Intr. p. xcviii). Cp. Muson. 28 H. ' Think what men endure for vile desires,

for profit, for glory. ἆρ' οὖν οὐχὶ δεινὸν ἐκείνους μὲν ὑπὲρ
οὐδενὸς τῶν καλῶν ἀνέχεσθαι ταῦτα πάσχοντας, ἡμᾶς δ' ὑπὲρ
καλοκἀγαθίας καὶ τοῦ κακίαν μὲν ἐκφυγεῖν κ.τ.λ.', Dio Chrys. 8
p. 146 D οὐχ ὑπὲρ σελίνου, ὥσπερ αἱ αἶγες κ.τ.λ., Cic. *Tusc.*
2. 40 *uide pugiles: caestibus contusi ne ingemiscunt quidem...
gladiatores ... quas plagas perferunt ... ergo hoc poterit 'Samnis,
spurcus homo ...', uir natus ad gloriam ullam partem animi
tam mollem habebit* etc., Sen. *Ira* 2. 12. 5 ' These rope-walkers
and divers get little or no pay : *nos non aduocauimus patientiam quos tantum praemium exspectat*'. Other illustrations
from the endurance of boxers and wrestlers in 80. 3 below,
*Ira* 2. 14. 2, *Prou.* 2. 3.

l. 21. **ut pugnent**] i.e. as practice for real contests : cp.
*Prou.* l.c. 'They ask their trainers *ut totis contra ipsos uiribus
utantur*.'

l. 23. **praedicationi**] κηρύγματι ; see 76. 4 n.

l. 25. **in ceterum**] ' for the rest of our life ': cp. *Ira* 3. 36. 4
*de cetero* ' in future' (probably the meaning in Curt. 4. 1. 14).

§ **17**. l. 28. **perniciosior hostis fugientibus**] Xen. *Cyr*
3. 3. 45. Sall. has two versions : *Cat.* 58. 16, *Iug.* 107. 1.

## PAGE 84

l. 3. **fortes**] ' strong', not ' brave ': **portemus** is ' carry '.

l. 4. **concitatum**] ' swift ', as in 40. 2.

l. 5. **refectioni**] a medical, perhaps post-Augustan word :
cp. *remissio* (53. 9 n).

l. 6. **donat**] This verb is used once by Cic. (*Fam.* 5. 4. 2)
and occasionally in Livy and Ovid with the meaning 'forget'
or 'forgive' (i.e. like *condonare* in the best Latin). If a dative
is added, it denotes the person forgiven (see Ou. A.A. 3. 85)
or the person or thing in consideration whereof one forgives
or forgets : so e.g. Cic. l.c. *rei publicae inimicitias donare*,
Liu. 8. 35. 5 *damnatus donetur populo*, Ou. P. 2. 7. 51
*culpa grauis precibus donatur saepe suorum*). The Silver
writers greatly extend these uses by making 'forgive' or
'forget' include 'refrain from demand', 'forgo': Cicero
uses *condonare* similarly in *Off.* 2. 78. Here the disease
waives its claim to a large part of your time (cp. the *morbus
multa imperans* of the last letter, § 5): so Stat. T. 1. 31 ' be
content to rule the earth, Domitian, *et sidera dones*'. From
this meaning it is but a step to one which seems at first sight

very unnatural, that of 'spare' 'save' (N.Q. 2. 59. 4 *hoc*
(misfortune) *nulla felicitas donat*, Luc. 6. 54 *sqq.*)    See
further on 90. 35.

  **necesse est** etc.] 'It must have its intervals, to enable
it to reach a climax.'    As it cannot always be at the climax
(§ 7), the fact that at any given moment it is so implies that
there has been an easier interval just before: cp. 46. 2 'I like
the style of your book : I should use the term *impetus* in
reference to it, *si interquieuisset* (if it contained any less
vigorous passages), *si interuallo surrexisset*: as it is, one
can only use the expression *tenor*'.    For *exsurgat* cp. also Sen.
*Contr.* 2. 6. 6 *intermissa uitia uehementius surgere*.

 l. 8. **extinguetur aut extinguet**] *Prou.* 6. 6. *dolor aut solue-
tur aut soluet.*

 § **18**.    l. 12.    **bonas partes**] out of the drama of (your ?) life:
cp. 14. 13 *ultimas partes Catonis*, 'closing scenes of his life'.

 l. 16. **uarices exsecandas praeberet**] Cic. *Tusc.* 2. 35 (of
Marius) *cum uarices secabantur*, 53 *uetuit se alligari ... et
tamen ... crus alterum non praebuit.* Παρέχειν and *praebere*
are technical in this sense : for the operation Celsus (7. 31)
uses the verb *excidi*, Sen. *Prou.* 3. 2 *extrahi* (*uenas*).

 l. 17. **ridere**] The taste for the horrible which is so prominent in the declamations makes the description of torture one
of their favourite topics : (cp. Sen. *Contr.* 2. 5. 4-6 ; 9. 6 lemma ;
10. 5. 26) : no doubt the contemptuous smiles of the victim
played a regular part in it ; the same trait in 13. 5, Liu. 21.
2. 6 (=Sil. 1. 179), Prud. *Perist.* 10. 792 *dolorem uerberum
ridebat.*    Cp. on § 19.

 l. 18. **instrumenta crudelitatis**] Sen. *Contr.* 2. 5. 4 *expli-
cantur crudelitatis ... apparatus et illa instrumenta* etc.

 § **19**.    l. 22.    **praecordia**] 'stomach', as e.g. in Hor. *Epod.*
3. 5.

 l. 24. **tortos**] by gout : cp. 67. 3 *podagra distortus aut
equuleo longior factus.*    Tortures are compared to the pains
of disease in 24. 14 and Prud. *Perist.* l.c. 481-505.

 l. 25. **quod renouaret**] 'some instrument (or "wound") to
revive them'.    The same thought in 85. 29 *per assiccata
uiscera recens demittitur sanguis.*    It is from the declamations :
cp. *Contr.* l.c. 6 (a tyrant *loquitur*) *torque: illa pars etiam
potest ; subice ignes ; in illa parte iam exaruit cruor ; seca* and
Prud. l.c. 796.

PAGE 85

l. 1. **ex animo**] 54. 6 n.

l. 2. **uis tu**] 47. 10 n.

**§ 20.** l. 7. **esse in usu**]=*exerceri* : cp. V.B. 25. 8 *malo has in usu mihi esse quae exercendae tranquillius sunt.*

l. 9. **temperans aeger**] 'a good patient' : cp. 65. 1 'I was not well, but feeling better in the afternoon began to write, *donec interuenerunt amici qui mihi uim afferrent et tamquam aegrum intemperantem coercerent'.*

**§ 21.** l. 11. **etiam in lectulo**] Cic. *Tusc.* 2. 61 'Pompey came to Posidonius and, finding he was ill, said how sorry he was *quod eum non posset audire : at ille,* "*tu uero*" *inquit* "*potes*" and he discussed *cubans* the question *nihil bonum nisi honestum'.*

l. 13. **uestimentis**] 'bedclothes'.

l. 15. **coegerit**] sc. *morbus.*

**§ 22.** l. 20. **magis iuuat bibere sitientem** etc.] The argument reminds one of Plato *Gorg.* 51 Τὸ πεινῆν ἔλεγες πότερον ἡδὺ ἢ ἀνιαρὸν εἶναι ; 'Ανιαρὸν ἔγωγε· τὸ μέντοι πεινῶντα ἐσθίειν ἡδύ ... διψῶντα δὲ δὴ πίνειν ἄλλο τι ἢ ἡδὺ φῂς εἶναι ;.

l. 22. **ex**] 'after'.

l. 25. **sensuum**] obj. gen. : cp. 58. 26 *omnia quae sensibus seruiunt.*

**§ 23.** l. 26. **o infelicem aegrum**] ironical, like *o hominem calamitosum* 86. 11, ὦ τῆς συμφορᾶς Luc. *Luct.* 17. Similarly Luc. 4. 381 *satis est fluuiusque Ceresque :* | *heu miseri qui bella gerunt !*

l. 27. **uino niuem diluit**] Simonides, Xenophon and others are cited in Athen. 3. 97–99 for this use of snow : for the language here cp. *Prou.* 3. 13 *suspensam auro niuem diluit, Ira* 2. 25. 4 *puero male diluenti niuem irascitur :* so of *ice* Mart. 9. 90. 5 *pertundas glaciem triente nigro.* This particular privation is the theme of Mart. 6. 86.

**rigorem**] 'cold', a meaning perhaps confined to poetry and post-Augustan prose.

l. 28. **capaci scypho**] The *scyphus* was deeper than the *calix* : it takes the epithet *capacior* in Hor. *Epod.* 9. 33, Petr. 65, Sen. *Ira* 3. 14. 2 and Apoll. Sidon. *Carm.* 22 § 5 ; cp. also 83. 23 *ille Herculaneus s.*

l. 29. **insuper**] Mart. 5. 64. 1, 2 'pour in the wine, Callistus : *tu super aestiuas, Alcime, solue niues'.*

**glacie**] N.Q. 4. 13. 8 *ne niue quidem contenti sunt, sed glaciem exquirunt*, Plin. N.H. 19. 55 *hi niues, illi glaciem potant*, Mart. 9 l.c.

l. 30. **Lucrina**] See Mayor on Iuu. 4. 141 (cited on 77. 16).

### PAGE 86

l. 1. **cenationem**] a Silver word, somewhat common in Sen.

**tumultus**] 'bustle': cp. 114. 26 *aspice culinas nostras et concursantis inter tot ignes coquos: unum uideri putas uentrem cui tanto tumultu comparatur cibus?*, 122. 16 below.

l. 2. **obsoniis**] a 'popular' word. In 47. 8 we have *obsonator* (otherwise only Plaut. and Martial): *obsonare* (*-ri*) appears to be confined to Comedy, except for Cic. *Tusc.* 5. 97 where it is used in rendering the ὄψον συνάγειν of the Socrates story in Athen. 4. 46.

l. 4. **calloso**] N.Q. 4. 13. 10 *fauces occallatae cibis ardentibus* : the whole passage is worth comparing.

**§ 24.** l. 6. **in conspectu**] i.e. on a sideboard, ready in case anyone's hunger was not appeased by the more dainty fare that graced the table. So Petr. 66 *in prospectu habuimus ursinae frustum*, 73 *uinum in conspectu*, 92 *in conspectu ministrantem*.

l. 8. **totas**] 110. 12 *non desideras ... linguas phoenicopterorum et alia portenta luxuriae iam tota animalia fastidientis*.

l. 11. **sanus**] with a play on the two meanings 'well' and 'sane'.

**§ 25.** l. 12. **sorbitionem**] 'broth', doubtless a thin one.

**calidam**] for want of ice etc.: cp. *Ira* 2. 25. 1. Mart. 6. 86. 5 'may mine enemy drink his water warm (*potet calidam qui mihi liuet aquam*)'.

l. 13. **luxu fluentibus**] The same phrase in *Phaedr.* 205: it is also in Liu. 7. 29. 5. So *mollitia fluere, luxuria* or *deliciis diffluere* in Cic.: see also on 114. 4. Tr. 'unnerved'.

l. 16. **fines**] i.e. the boundary lines between them: cp. 44. 6 above.

**§ 26.** l. 19. **in odium ... adducere**] 56. 1 n.

**§ 27.** l. 23. **perceptus longissimae fructus est**] 77. 20 n.

l. 27. **uanis et ideo infinitis**] cp. 16. 9 *naturalia desideria finita sunt, ex falsa opinione nascentia ubi desinant non habent* and *Hel.* 10. 11.

PAGE 87

**§ 28.  1. 1. Posidonius]** 33. 4 n.  For the thought, cp. Cic. *Tusc.* 5. 5 (to philosophy) *est autem unus dies bene et ex praeceptis tuis actus peccanti immortalitati anteponendus* (probably from Posidonius' προτρεπτικοί: Susemihl *Gesch. d. gr. Litt.* 2. 146[216]), for **plus patet,** 53. 11 n.

**§ 29.  1. 3. interim]** 'for the present', of action that serves as a temporary substitute for something that is to be done in the future: a Silver use of which Sen. is extremely fond. I have noted some twenty exx. in the Letters: so esp. where he postpones the treatment of some *quaestio* (as e.g. in 87. 1 and 108. 19 below).

   **hoc tene, hoc morde]** Cp. **46.** 2 *grandis, erectus es : hoc te uolo tenere, sic ire.*  Here however the force seems a little different, and the addition of *morde* suggests that Sen. is reproducing a passage of some Greek writer in which a Cynic philosopher addressed a pupil in terms suggestive of the animal from which the sect took its name (κυών): cp. D.L. 6. 46 προσερρίπτουν αὐτῷ (Diogenes) τινες ὀστάρια ὡς κυνί.  Cp. *mordicus tenere* in Cic. *Ac.* 2. 51.

   **1. 5. quicquid potest facere, factura sit]**  The same point in 88. 17 below and often: cp. Luc. 3. 101 *uelle putant quodcumque potest.*

   **1. 6. quicquid exspectatum est** etc.]  18. 6 n.  For *leuius* cp. *Const.* 19. 3 *leuiora accident exspectantibus, Ep.* 76. 35 *leuia facit diu cogitando,* conversely 91. 3 *inexspectata plus aggrauant,* 107. 4 *nouitate grauiora sunt.*


## LXXIX

There can be little doubt that to this letter is due the ascription of the *Aetna* to Cornelius Severus by certain Renaissance MSS. of the poem.  But it is almost certain that in § 5 Seneca is referring to *episodical* treatment of the subject.  This is the natural meaning of *locum,* and it was in episode that Vergil and Ovid, the other names he cites, had handled it ; in the *Bellum Siculum* Severus had ample opportunity to do the same.  The objection is not of course so fatal to Wernsdorf's theory that Lucilius, Seneca's correspondent, was the author of *Aetna*: L. was not bound to follow Seneca's suggestions to the letter.  But in spite of the able support given the theory by Ellis in his ed. of the poem (xxxvi *sqq.*) it is difficult to see anything more than possibility in it. That Seneca's omission to refer to the poem is strong evidence against the Vergilian authorship assumed or suggested by Suetonius, Servius and the oldest MS. of the poem, and fairly good evidence against its having been published when this letter was written, is undeniable. Attempts to connect anonymous works with particular authors of more or less repute have not generally proved successful in the past.

§ 1. l. 11. **epistulas**] The context seems to suggest a *single* letter : cp. 18. 9 n.

l. 15₂ **respondeat**] See on 11. 1. For the exact force here cp. Cic. *Fam.* 2. 5. 2 *opinioni hominum*, Sen. *Contr.* 3. pr. 1 *famae suae.*

l. 17. **dignum est** etc.] the tone of the *Nat. Quaest.* : cp. esp. 6. 4. 1 *haec ex quibus causis accidant, digna res excuti.*

l. 18. **uno uento**] It was usually stated that Auster was the disturbing cause, and so he himself implies in 14. 8 *ille (Auster) est enim qui Siculum pelagus exasperet* etc. (similarly *Marc.* 17. 2 where Charybdis is named). Cp. Ou. M. 8. 121 *Austro agitata Charybdis* (which reads like a proverbial expression).

l. 22. **emergere**] Strabo 6. 2. 3 τὰ ναυάγια (from Charybdis) παρασύρεται πρὸς ἠόνα τῆς Ταυρομενίας. Sil. 14. 254 *sqq. qui ... correptas sorbentem uerticis haustu | atque iterum e fundo iaculantem ad sidera puppes | Tauromenitana cernunt de sede Charybdim* must be due to a confused recollection of all this.

§ 2. l. 25. **subsidere**] 91. 11 *uasta uis ignium colles ... erosit et quondam altissimos uertices, solacia nauigantium, ... ad humile deduxit,* Aelian V.H. 8. 11 τῶν ὀρῶν τὰ ὑψηλότατα ἀκούομεν μειούμενα· τὴν γοῦν Αἴτνην φασὶν οἱ πλέοντες ἐξ ἐλάττονος ὁρᾶν ἢ πρὸ τοῦ ἐβλέπετο.

## PAGE 88

l. 4. **neutrum**] points *forward*, not backward (a fact which has misled a good many commentators) : Sen. says 'But still, that's only a *suggestion* of mine : it is quite possible that the exact reverse of what I have just assumed is really the case, and that it is the mountain's height that is decreasing, the fire remaining as strong and vigorous as ever.' For the resolution of *neutrum* into the two *nec* clauses cp. *Tranq.* 1. 1

*neutrum licet nec tamquam in bello paratum esse nec tamquam in pace securum.*

l. 7. **ipsius Aetnae est**] ' does not belong to, is not dependent on Aetna'.

§ **3.** l. 10. **Lyciæ**]    Plin. N.H. 5. 100 *in Lycia mons Chimaera noctibus flagrans, Hephaestion ciuitas, et ipsa saepe flagrantibus iugis.* The Solfatara was quiescent in the time of Seneca.

l. 12. **nascentium**]    See Intr. p. lxi.    Vitruvius has it: Sallust uses *gignentia*, Columella *uirentia*, which Sen. combines with *florentia* in 84. 4 below.

§ **4.** l. 17. **niues**]    The same point, volcanic fires and eternal snows, in Sil. 14. 64 *sqq.* (of Aetna).

l. 19. **imputes mihi**] ' expect me to feel grateful for '.    This well known Silver use, in which the word denotes ' to set down something as a favour granted to some one ', occurs first in Phaedrus 1. 22. 8 and the elder Sen., and even Quintilian has it once.    Sen. has more than a dozen examples.    ' It will be one for me and two for yourself ', he says : cp. Phaedr. l.c. *noli imputare uanum beneficium mihi.*

**morbo**] often denotes what we might call a ' weakness ' for something : for laughing (Cat. 39. 7), for asking questions (B.V. 13. 2), for art (Cic. *Verr.* 4. 1. 1 *istius, quemadmodum ipse appellat, studium, ut amici eius, m. et insaniam*), for talking (Cato in Aul. Gell. 1. 15. 9), for giving (B. 1. 14. 1 et al.); here for *writing*: cp. *cacoethes* in L.S.    Lucian *Salt.* 6 uses νόσος of a passion for dancing, Anth. Pal. 11. 340 of one for writing epigram.

l. 20. **daturus**] 'gratify with it', the direct object *curam* being understood.    So in B. 1. 7. 3 *ambitioni dedit, non mihi,* 5. 20. 5 *misericordiae et humanitati dedi* (in both cases supply *beneficium*).    A very similar expression is *morbo suo morem gessit* (B. 1. 14. 1); cp. Quint. 2. 17. 2 *studiis suis aliquid praestare.*

§ **5.** l. 21. **do**] deliberative : see on 77. 15.    The meaning is practically *oportet dem* : ' what will you take, not to ... '.

**in tuo carmine**] probably Sen. refers to a definite poem on which he knew Luc. to be engaged : in N.Q. 3. 1. 1 he quotes a line of his upon the rising of Alpheus in Sicily.

l 22. **sollemnem**] 'customary', without any religious connotation, a rare use until the Silver age at any rate.    Sen. has several exx., e.g. the phrase *s. officium* or *officia* at least four times.

l. 23. **locum**] 47.11 n. For the thought, cp. 104. 15 *Maeander, poetarum omnium exercitatio et ludus.*

**Ouidius**] M. 15. 340 *sqq.*

l. 24. **Vergilius**] A. 3. 571 *sqq.*

**impleuerat**] 'treated fully': cp. Sen. *Contr.* 4. pr. 3 *tacta-leuiter implebat* (of teacher's corrections), 7. pr. 3 *locum beate implebat.*

l. 25. **Seuerum Cornelium**] Quintilian gives high praise to the first book of his epic, *Bellum Siculum.* The elder Seneca preserves two fragments of his works, one of considerable length (upon Cicero's death) and both extremely interesting as regards their style, which bridges the gap between that of the *Metamorphoses* and that of the *Pharsalia.*

l. 26. **feliciter se dedit**] Cp. 36. 3 *bene se dabit in uetustate ipsa tristitia.* This use of *se dare* seems to belong rather to colloquial Latin: cp. a tragic poet cited in Cic. N.D. 3 66 *ei ita dat se res ut operam dabit,* Afranius 332 R *eaque ferme se dedere melius consultoribus.* Vergil has it in G. 1. 287: *sic datur* 'That's the reward you get' in Plautus is analogous.

### PAGE 89

l. 1. **aperuisse**] often used of pioneers: L.S. s.v. II B.

§ 6. l. 2. **subactam**] 'well prepared', an agricultural term for careful tilling: see 86. 5 below. Cicero uses it metaphorically in *De Or.* 2. 131 *subacto ingenio.*

l. 3. **inuenturis inuenta non obstan'**] 33. 11 n. and intr. to that letter.

l. 4. **condicio**] 'prospects', 'position'. I think Burton has this passage in mind in the preface to his *Anatomy of Melancholy* where he writes, à propos of literary plagiarism, 'He that comes last is commonly best'.

l. 5. **parata ... habent**] perhaps the most ingenuous exposition of the advantages of *imitatio* contained in all Latin literature.

l. 6. **nec illis** etc.] i.e. in seizing them he is not committing an act of violence, as he would be if they were someone else's property.

§ 7. l. 7. **te non noui**] 18. 3 n.

l. 8. **saliuam mouet**] Petr. 48 *quicquid ad saliuam facit.*

l. 9. **grande**] This adj. regularly denotes the 'sublime' in Cic. and Quint. : cp. too the story told by the elder Seneca

*Suas.* 2. 17 of a declamator (also a Seneca) *qui cupiebat grandia dicere adeo ut nouissime morbo huius rei et teneretur et rideretur* : *nam et seruos nolebat habere nisi grandes* : eventually he got the nickname of Seneca Grandio. Here perhaps it denotes little more than 'fine writing', for which force cp. Pers. 1. 14 and 114. 11 below.

**prioribus**] '(the work of) your predecessors'.

1. 10. **plus sperare**] Cp. Statius' warning to his *Thebais* (12. 816 *sq.*) *nec tu diuinam Aeneida tempta* | *sed longe sequere et uestigia semper adora.*

1. 12. **retracturus ingenii tui uires**] Cic. *Diu. Caec.* 48 *ex eo quod potest in dicendo aliquantum remittet* (of a counsel who has to 'play second fiddle' to his leader).

§ **8.** l. 14. **inter cetera hoc habet boni**] 47. 21 n.

1. 16. **ascenditur**] of rising to better things, as in 21. 2 above: cp. also 73. 15 *ascendentibus manum porrigunt*, 84. 13 *conscendere hunc uerticem libet cui se fortuna summisit.*

1. 17. **non est incremento locus**] 66.9 *crescere posse imperfectae rei signum est, Const.* 5. 4 *in summum perducta incrementi non habent locum.*

**statur**] The use of *stare* in the sense of *sistere* 'come to a halt' is rare, and perhaps Silver.

§ **9.** l. 23. **dotes**] 51. 1 n. He means of course qualities desirable in themselves, but not *essential* for the possession of wisdom, the προηγμένα of the Stoics. Of the four named, two obviously belong to *eloquentia* : cp. what Sen. says of it in 75. 6 'no more needed by the *sapiens* than by a doctor'. The other pair I think refers to what Cic. *Off.* 2. 48 makes the second branch of *oratio*, viz. *sermo*. Its chief charm he says is *comitas affabilitasque*. *Expeditus* then means 'a good conversationalist', one who is not 'tongue tied': cp. 40. 12 above.

### PAGE 90

§ **10.** l. 1. **in se ruere**] 'fall on itself'; cp. 91. 9 *in se Paphos corruit* (earthquake).

1. 7. **nos ... educere**] 44. 1 n.

### LXXX

Except for the 'Mask of happiness' and the new turn given to the 'Play of life' image of 77. 20, this letter does

little but repeat thoughts with which previous letters in this
Selection have already made us familiar.   For Seneca's
attitude towards interruption see on LVI ; for the peace
afforded by festivals cp. 83. 3 *hodiernus dies solidus est : nemo
ex illo quicquam mihi eripuit* (§ 7 shews that the *Circenses*
were on) and Plin. *Ep.* 9. 6. 1 'I have been busy studying.
" *Quemadmodum* " *inquis* " *in Vrbe potuisti ?* " *Circenses
erant.*' The philosopher and the athlete have been compared in 78. 16, the popularity of the two callings in 76. 4.
For true liberty see 12. 10, 51. 9 above.

§ **1.** l. 12. **beneficio**] 53. 11 n.

l. 14. **sphaeromachian**] In some way or other the *sph.* must
have partaken of the nature of a sham fight.  See § 2 *spectaculum non fidele et lusorium* (cp. 117. 25 *arma lusoria*, foils
with a button on them '), N.Q. 2. 44. 2 *leuioribus fulminibus
et lusoriis* and Stat. *Silu.* 4 pr. 'These poems of mine are
no doubt trifles, *sed et sphaeromachias spectamus et palaris
lusio* (18. 8 n.) *admittitur*'.  Curiously enough Pollux describes
a σφαιρομαχία of just the opposite kind, a boxing contest in
which competitors had iron balls fastened to their hands
to increase the effect of their blows.

l. 16. **hac**]=*huius rei*, as often e.g. in Livy.

**crepabit**] on its hinges.

l. 17. **uelum**]  For the use of curtains to screen doors cp.
Iuu. 9. 105, Mart. 1. 34. 5, Suet. *Claud.* 10 (where the future
emperor hides *inter praetenta foribus uela*).

**uno** actu] lit. 'with one undivided impulse', practically
'at a steady swing (pace)'.

l. 19. **facio**] 54. 4 n.   For the thought see intr. to XXXIII.

l. 21. **seruio...assentior**] The same contrast in reference to
his relations to God in *Prou.* 5. 6.

§ **2.** l. 21. **magnum uerbum**]  'too confident an utterance':
cp. εἰπεῖν μέγα, *magna uerba* in Verg. A. 11. 381 (imitated by
V.F. 5. 599 with *m. dicta*) and twice in Sen. (see esp. 82. 7 =
*Tro.* 575 where the adjective however is *magnifica*), *magna
loqui* in Tibullus, Ovid (at least four times), Sen. H.F. 436,
*aliquid magnum dixerat* Verg. A. 10. 547, *magna lingua* Hor.
O. 4. 6. 1 (of Niobe).  The opposite idea in Prop. 4. 9. 32
*uerba minora deo* 'beneath his dignity'.

l. 23. **ecce**] 56. 1. n.

l. 24. **stadio**] suggests the Greek Naples: see intr. to LXXVI. Statius' preface cited above dates thence.

**excutit mihi**] 56. 14 n.

l. 25. **huius ... rei**] i.e. what is going on in the *stadium* : the noise suggests the following thought.

PAGE 91

l. 3. **fidele**] 'genuine': cp. Cic. *Fin.* 2. 4. 6 *uera, id est fidelia, simplicia,* Vell. 2. 29. 3 *in reconcilianda gratia fidelissimus* and *fideliter* in § 6 and 84. 7 below.

l. 4. **imbecilli animo**] 88. 19 n.

§ **3.** l. 6. **reuoluo**] 'ponder over', perhaps here first in prose, though Vergil and Ovid know the use, which is found occasionally in Tacitus. For the thought cp. Cic. *Tusc.* 5. 77 'What? Yield to pain when one has seen young Spartans *incredibili contentione certantes* pugnis, calcibus, *unguibus, morsu denique*' etc.

l. 9. **puluere**] 51. 10 n.

l. 12. **proiectus ... conculcatus exsurgat**] preserves the language of the illustration from wrestling : 13. 2 *ille qui supplantatus aduersarium toto tulit corpore nec proiecit animum proiectus, qui quotiens cecidit, contumacior resurrexit.*

l. 15. **illis**] *quorum lacertos miramur* § 2.

**multo cibo ... potione ... oleo**] See on 15. 3.

l. 17. **apparatu**] 'stock in trade', 'accessories', like *instrumenta* (44. 7 n): cp. *Hel.* 5. 1 *id egit rerum natura ut ad bene uiuendum non magno apparatu opus esset.*

§ **4.** l. 19. **uelle**] a favourite thought of Seneca's : cp. e.g. 34. 3 *pars magna bonitatis est uelle fieri bonum* (= *Phaedr.* 249 *pars sanitatis uelle sanari fuit*). Erasmus introduces it in the *Colloquies*.

l. 22. **his**] 'in which they now are'.

l. 24. **uentre fraudato**] Light eaters who did not require all the food which a master was bound by law to provide (see on 90. 19) might make money by selling some of it. So Ter. *Phorm.* 43 *quod ille* (a slave) *unciatim uix de demenso suo | suom defrudans genium compersit miser.* Pomponius 79 R has the phrase *uentrem fraudare suum.*

**pro capite numerant**] Plaut. *Rud.* 929 *pollicitabor pro capite argentum.*

l. 25. **quanticumque**] not a relative here, but equivalent to *quantiuis*, 'no matter what the price' : so in Livy (mostly however in the meaning 'ever so *small* ') and Tac. Cp. Intr. p. lviii. So *quantuluscumque* B.V. 11. 2 (and Tac.)

## PAGE 92

§ **5.** l. 1. **nomen libertatis**] 'the entry *To* (or *By*) liberty'. The word *nomen* is a technical one in book-keeping, denoting primarily the mention of A's *name* in B's ledger as a record of money having passed between them. Sometimes, as in our passage, it denotes the mention of the consideration in view of which the money was paid. *Vanum* means 'delusive': as Sen. goes on to say, the buyer had not bought, the seller had not sold, the article in question. In B. 5. 8. 3 the idea that a man can confer a *beneficium* on himself suggests to Sen. the phrase *lusorium nomen* i.e. a 'bogus transaction'.

For the contrast between real liberty and legal liberty cp. N.Q. 3. pr. 16, Pers. 5. 73 *sqq*.

l. 3. **a te petas**] The same phrase in *Tranq.* 9. 2, *Hel.* 5. 1, B. 7. 1. 7, *a se impetrare* 15. 11, 41. 1, B.V. 20. 4, *a se obtinere* 87. 4 n.

§ **6.** l. 6. **compara... pauperum et diuitum uultus**] The same thought in *Hel.* 12. 1.

l. 8. **in alto**] 'deep-seated' : cp. 72. 5 'The *sapiens* may occasionally feel something to remind him that he is mortal, *sed id leue et quod* summam cutem *stringat*. Such things are like *eruptiones pusularum* : *nullum* in alto *malum est* '

l. 9. **uelut nubes leuis**] 27. 3.

l. 10. **aut**] 'or rather'.

l. 11. **grauis**] 'burdensome'.

**suppurata**] 'cankered', lit. 'full of hidden sores'; **tristitia** is abl. : cp. Soph. O.T. 1396 κάλλος κακῶν ὕπουλον.

l. 13. **exedentes**] So with *animum* several times in Cic. : cp. θυμὸν κατέδειν in Homer. For **cor** see on 51. 13.

l. 14. **agere felicem**] 'to play the part of, act like, a happy man'. The earliest exx. of this usage that I know are in Cicero's Correspondence, and refer to one Hirrus, whom Caelius (*Fam.* 8. 2. 2) describes as *nobilem agens* and in ref. to whom Cicero says (*ib.* 2. 9. 1.) *egi omnes illos iuuenes quos ille iactitat.* Cicero goes on to explain this phrase by quoting detached lines from lost dramatic plays in a way

which certainly suggests that Hirrus really was given to
private theatricals, so that the two writers may have used
*agere* here with some of its literal sense : in *Fam.* 8. 9. 1 Caelius
says that Hirrus '*ciuem bonum ludit*'. The purely metaphorical use (with the general meaning 'behave like' not
necessarily implying hypocrisy) appears in the elder Seneca,
Velleius and Val. Max. and is fairly common in Sen. (*Agam.*
959) and Tac.

§ **7.** l. 14. **hoc exemplo**] See on 77. 20.   For the present
use of it cp. 76. 31.

l. 17. **latus incedit**] 'struts with his chest thrown out': cp.
Hor. S. 2. 3. 183 *latus ut in circo spatiere*.   Sen. also joins the
verb with *altus*.

l. 19. **en impero** etc.] The author is unknown, but Quint.
(9. 4. 140) uses the first line (w. *sceptra* for *regna*).

l. 20. **ponto Helles**] in view of *Isthmos* must mean here the
Aegean.

l. 21. **urguetur**] 'is beset'.   Allusions to the geography of
the Isthmus are popular with the Latin poets (and esp.
common in Sen.'s tragedies).   For the particular point mentioned here cp. Ou. H. 4. 105 *aequora bina oppugnant Isthmon*,
Sen. *Phaedr.* 1024 *quae duobus terra comprimitur fretis*.

l. 22. **accipit**] per month.

§ **8.** l. 23. **impotens**] 'ambitious'.   In Cic. the word is
hardly more than the equivalent of ἀκόλαστος and *intemperans*,
but in Silver Latin it often has the present force, or that
of *superbus*.   Cp. esp. *Agam.* 247 *superba et impotens*.   So
the noun *impotentia*.

l. 25. **quod nisi** etc.] another ownerless line.

l. 26. **diurnum**] 'daily allowance': Sen. *Contr.* 1. 1. 12
*d. petere* (of a beggar).

l. 27. **supra capita**] Iuu. 3. 240 *curret super ora*, Plin. P. 24.
5 *illos ergo umeri ceruicesque seruorum* (sc. *uehebant*) *super ora
nostra*.

l. 28. **delicatos**] Cp. *deliciae* in 55. 1 above.

l. 29. **personata felicitas**] *Prou.* 6. 4. *non est ista solida et
sincera f.: crusta est et quidem tenuis* ('plate'), *Ep.* 115. 9
*omnium istorum ... bratteata* ('gold leaf') *f. est.*

§ **9.** l. 30. **equum empturus**] 47. 16 n.

PAGE 93

**§ 10.** l. 8. **insigni**] 'badge': cp. *Ira* 3. 16. 3 *iram quasi insigne regium exercuerunt, Phoen.* 41 *gerens i. regni,* and esp. Curt. 3. 3. 19 *cidarim Persae uocabant regium* capitis insigne : *hoc caerulea* fascia ('band': διάδημα has the same meaning) *albo distincta circumibat.*

l. 10. **quid de aliis loquor** etc.] a common turn in Latin litera-ture : cp. Cic. *Tusc.* 1. 33 *licuit Themistocli, licuit Epaminondae, licuit (ne ... externa quaeram) mihi,* Ou. M. 8. 879 *quid moror externis? etiam mihi nempe* etc., Sen. *Contr.* 1. 1. 3 *tam longe exempla repeto tamquam in domo desit?* Similarly Spenser, F.Q. Bk. 3 *init. For which what needes me fetch from Faerie Forreine ensamples it to have exprest Sith it is shrined in my soveraine's brest* etc.

l. 12. **intus te ipse considera**] Pers. 3. 30 *ego te intus et in cute noui,* 4. 52 *tecum habita : noris quam sit tibi curta supellex.*

**aliis credis**] Hor. *Ep.* 1. 16. 19 *uereor ne cui de te plus quam tibi credas,* Pers. l.c. 46 *egregium cum me uicinia dicat | non credam?* Cp. too 7. 12 above.


LXXXII

In the first part of the letter Sen. has pointed out that philosophy is the only means of securing real tranquillity. At § 8 he suddenly passes to the examination of two syllogisms. The first is *nullum malum gloriosum est—mors autem gloriosa est—mors ergo non est malum.* Zeno, its author, answered it with another : '*nihil indifferens* (i.e. ἀδιάφορον, the famous Stoic term for things in themselves neither good nor bad) *gloriosum est—mors autem gloriosum est—ergo mors non est indifferens*'. Sen. points out that almost everything that is *gloriosum* is connected with (*circa*) these 'indifferent' things : e.g. (§ 11) *laudatur non dolor, sed ille quem nihil coegit dolor* (i.e. 'over whom it had no power').

The theme of the rest of the letter is that fear of death is a *natural* weakness, which syllogisms can never overcome. Seneca whilst admitting the value of logic (49. 6 *nec nego prospicienda ista, sed prospicienda tantum et a limine salu-tanda, in hoc unum ne uerba nobis dentur*) often attacks the use made of it by e.g. Zeno and Chrysippus, and always on the same grounds. Cp. for instance with §§ 20–23 below these

extracts from 48. 6: ' " *Mouse* is a syllable: a mouse eats
cheese: therefore a syllable eats cheese." I suppose if I
can't shew the fallacy, I run the danger of catching syllables
in a mouse trap, or having cheese eaten up by one of my
books. ... *non est iocandi locus: ad miseros aduocatus es'* (cp.
49. 8–10). The same standpoint of practical utility is adopted
by him in ref. to the Stoic allegories (B. 1. 4. 5), *quaestiones*
such as '*an sapienti sapiens prosit?*' (*Ep.* 109. 17 *sqq.*), a
general education (LXXXVIII below) and antiquarian studies
(B.V. 13. 8 *sqq.*).

§ 15.  l. 18. media]=ἀδιάφορα in the widest sense, i.e. the
προηγμένα, the ἀποπροηγμένα and the strictly ἀδιάφορα.

l. 19. sic ... quomodo] 'in the same degree as'.

l. 20. capillos] i.e. whether the number of them is odd or
even: see D.L. 7. 104 τὸ ἀρτίας ἔχειν ἐπὶ τῆς κεφαλῆς τρίχας ἢ
περιττὰς (mentioned as a stock ex. of something absolutely
ἀδιάφορον).

l. 22. sui amor etc.] B. 4. 17. 2 'no one needs urging *in
amorem sui, quem adeo dum nascitur trahit* ('imbibes')'.

l. 24. aspernatio] an extremely rare word used twice again
by Sen., always with the idea of *repugnance*: Cicero uses
*aspernari* analogously.

multa nobis bona eripere] Ps.-Plat. *Axioch.* 2 δέος ...
περιαμύττον τὸν νοῦν, εἰ στερήσομαι τοῦδε τοῦ φωτὸς καὶ τῶν
ἀγαθῶν, Cic. *Tusc.* 1. 83 *angit ... discessus ab omnibus eis quae
sunt bona in uita*, 2. 10 *metus quidam et dolor cogitanti fore
aliquando finem huius lucis et amissionem omnium uitae com-
modorum*.

## PAGE 94

l. 2. tenebrarum metus] Lucr. 2. 55 *pueri ... omnia caecis |
in tenebris metuunt*.

§ 16.  l. 5. exercitatione] 63. 15 n.

l. 6. contemni debet etc.] i.e. it ought to be, but as an
actual fact is seldom, despised.

l. 10. carcer infernus] of Hell, as *carcer* alone in *Marc.* 19.
4 (a passage very similar to this), *c. umbrarum, inferorum,
Ditis* in his Tragg.

l. 12. ingens ianitor etc.] a *contaminatio* of Verg. A. 6.
400, 401 and 8. 296, 297 *sqq.* The *ianitor* is of course
Cerberus.

l. 15. **fabulas**] Democritus dealt with the point in his περὶ
τῶν ἐν Ἅιδου (ψεύδεα περὶ τοῦ μετὰ τὴν τελευτὴν μυθοπλαστεύοντες
χρόνου, he says in Stob. Fl. 120. 20) and it was a regular part
of the Epicurean teaching: cp. e.g. Lucr. 3. 978 *sqq.*, Cic.
*Tusc.* 1. 11 and 48, Hor. O. 1. 4. 16 *fabulae Manes*, and Seneca's
ref. to the topic as *Epicurea cantilena* (24. 18). There and in
*Marc.* 19. 4 his language is much the same as here.

l. 17. **aeque ... quam**] We should invert and say 'as afraid
of being nowhere as of being in hell ': 12. 6 n.

§ **17.** l. 23. **recipit**] 'admit of', 'permits', as in Cicero.

PAGE 95

§ **18.** l. 2. **peruenire tanti sit** etc.] The sentence is really
untranslateable : the meaning is 'to achieve which is so
desirable that one is ready to submit to the suffering ...' : see
53. 9 n.

l. 9. **tu ne cede malis** etc.] The Sibyl to Aeneas, Verg. A.
6. 95 *sqq.* It is generally stated (e.g. by Norden and Nettle-
ship ad loc.) that the Seneca MSS. differ from those of Vergil
in reading *qua tua te* etc., but this is not true at any rate of
VP (= O). *Fortuna* must mean 'the face, aspect, of Fortune'.

§ **19.** l. 14. **inuadendum**] 'rushed upon', of eager seeking,
as several times in Sen.: e.g. 108. 2. *nec auide inuadenda
universa.*

**nostri**] the Stoics.

l. 15. **interrogationem**] 'syllogism', as in Cicero, who has
the corresponding use of the verb : *quaestiuncula* is also used
by Sen. The explanation is of course that the premiss is
regarded as a *question* which the other party answers affirma-
tively. Another name, *conclusio* (vb. *concludere*) refers to the
set form in which the arguments must be framed. Much
rarer is the word *collectio* used in § 9 and quoted by Quintilian
as used by Rutilius Lupus and Celsus. Such names as
*sophisma, cauillatio* and *captio* are also employed depreciat-
ingly by Cic. and Sen. For Zeno's syllogisms see intr. above.

l. 17. **redigo**] constantly used of getting something into a
certain space, form etc. (e.g. in 84. 2 below, and *in artem
redigere* in Cic. and Sen., quite like our 'reduce to a science '),
here 'put into (logical formulae) '.

l. 19. **circumscribi**] Cic. *Ac.* 2. 46 *fallacibus et captiosis
interrogationibus circumscripti atque decepti* : below, § 22 and
B. 4. 26. 1 *interrogatione insidiosa capi.*

l. 20. **aliud respondet, aliud putat**] cp. 45. 8: so already Cic. *Tusc.* 1. 16 *haec spinosiora prius ut confitear me cogunt quam ut assentiar.* Quint. 7. 3. 15 notes that syllogisms are useless with a jury: *persuadendum est iudici* (cp. § 20 below) *qui etiamsi uerbis deuinctus est, ... tacitus dissentiet.*

l. 21. **simplicius**] 40. 4 n.

§ **20.** l. 22. **inuoluuntur**] 'are made intricate': cp. 109. 18 *implicta soluere.*

l. 24. **imponam**] 'deceive,' as often in Sen.: it is a colloquial use found in Cicero's letters and most Silver writers (but not Quint.).

PAGE 96

l. 1. **do**] 47. 17 n.

**reip. bellum in unum transferentes domum**] The same thought in B. 4. 30. 2 and Liu. 2. 49. 1 *familiam unam subisse ciuitatis onus,* Ou. F. 2. 197 *una domus ... onus susceperat urbis,* Sil. 7. 59 *Fabia gente incolumi deforme putabat | publica bella geri.* No doubt the incident was often used as a *suasoria*-theme.

l. 3. **Laconas**] The subject of the 2nd of the elder Seneca's *Suasoriae.* Cp. Cic. *Tusc.* 1. 101 (cited on § 21) and Sen. himself in B. 6. 31 (speech of Demaratus dissuading Xerxes from the attack).

§ **21.** l. 7. **excipiant**] 'support', like *suscipimus* in 90. 25 below: both uses seem rare. *Ruina,* as constantly, conveys the idea of a falling mass. Cp. B. 5. 18 *si domum tuam ne concidat excepero.*

l. 11. **stans**] as opposed to *fugiens*: Suet. *Vesp.* 24 *imperatorem stantem mori oportere* (cp. Cic. *Tusc.* 2. 54).

l. 13. **sic inquit** etc.] The same words in V.M. 3. 2. E. 3. In Greek the saying runs οὕτως ἀριστᾶτε ὡς ἐν ᾅδου δειπνήσοντες (so Stob. 3. 7. 65; Plutarch *Apophth. Lac.* (Leon. 13), Diod. 11. 9. 4 give it in or. obl.: παρήγγειλε ἀριστοποιεῖσθαι etc.). Cic. *Tusc.* 1. 101 gives it in the form *pergite animo forti, Lacedaemonii: hodie apud inferos fortasse cenabimus*).

l. 14. **creuit**] Ou. H. 16. 226 *crescit lentus in ore cibus,* Iuu. 13. 212 *interque molares | difficili crescente cibo.*

l. 15. **elapsus est**] through trembling: so the tablets in Ou. M. 9. 572.

l. 16. **promiserunt ad**] the regular phrase for accepting an invitation (Plaut. Cic. etc.).

**§ 22.** l. 17. **dux ille**] The event referred to took place in Sicily, during the first Punic war : as the officer's name was a matter of dispute, Sen. omits it. See Liu. 22. 60. 11, Gellius 3. 7 (citing from Cato's *Origines* and Quadrigarius), Frontin. 4. 5. 10, Flor. 1. 18. 13 (*circa Camarinensium saltum*): Cic. *Tusc.* 1. 101 clearly refers to the same thing. It was the stock Roman counterpiece to Thermopylae.

l. 18. **milites**] 300 acc. to Livy-Florus, 400 Cato.

l. 20. **ire, commilitones**, etc.] In Cato he simply warns his general that they will be cut to pieces, in Livy he says 'let us die to save the legions'; no *uox* at all is given in Florus. Cic. l.c. quotes Cato as saying *legiones saepe alacres in eum locum profectas unde redituras non arbitrarentur*: perhaps he added to his tale a *general* remark on the valour of Roman troops and Sen., or some declaimer before him, evolved from it a *uox ducis*.

l. 22. **uestrae**] of you Stoic logicians.

l. 24. **frangunt animum** etc.] 48. 9 '*utinam tantum non prodessent* (*sc.* the syllogisms): *nocent!* I can prove to you *comminui et debilitari generosam indolem in istas angustias* (*argutias* MSS.) *coniectam*'.

l. 25. **contrahendus** ] 'cramped'.

**spinosa**] 'hair-splitting', 'subtle' as e.g. in Cic. *Tusc.* 1. 16 cited on § 19 : cp. *Fin.* 4. 79 *disserendi spinae*.

PAGE 97

**§ 23.** l. 5. **auertis**] 'rout', τρέπεις.

l. 6. **nectis**] Cp. *nodos* § 19.

**§ 24.** l. 7. **serpentem**] Another incident of the first Punic war, related by Gell. 7 (6) 3 (from Aelius Tubero), Livy (in the lost 18th book), V.M. 1. 8 E. 19, Plin. N.H. 8. 36, and Sil. 6. 140-290.

l. 10. **pythio**] If this reading is right, *pythium* (-*us* ?) must have been the name for a specially large *ballista* : Buecheler thinks it got its name from the Pythian god of archers, Apollo. For the use of these against snakes in general cp. C. 1. 25. 4 *ubi* (*serpens*) *in monstrum excreuit ... ballistis petitur*, against this particular one, Gell., V.M., Sil., ll. cc.

l. 11. **pro ... solida**] 'endowed with strength in proportion to'.

l. 13. **et**] 7. 12 n.

l. 14. **subula**] instead of a *uenabulum* : so, in the same
context, 85. 1 *pudet in aciem descendere pro dis hominibusque
susceptam subula armatum.* For *excipere* (technical for
receiving the beast as it breaks from cover) cp. e.g. Hor. O.
3. 12. 12, Quint. 4. 2. 17.


## LXXXIV

Seneca's second letter warns Lucilius against desultory
reading : *certis ingeniis immorari et innutriri oportet si uelis
aliquid trahere* ('imbibe') *quod in animo fideliter sedeat.
nusquam est qui ubique est.* His point in 45. 1 is the same :
*non refert quam multos (libros) sed quam bonos habeas ... lectio
certa prodest, uaria delectat.*

The comparison of the effect of reading on the mind to
that of food on the body contained in § 6 below and 2. 3 (*non
prodest cibus nec corpori accedit qui statim sumptus emittitur*)
was no doubt a common one. The question of *lectio* and
*imitatio* was one which the rhetores handled and Quintilian
in the first two chapters of his tenth book doubtless often
simply reproduces their rules and illustrations : from them
rather than Seneca may come 1. 19 : *ut cibos mansos ac prope
liquefactos demittimus quo facilius digerantur, ita lectio non
cruda sed multa iteratione mollita et uelut confecta memoriae
imitationique tradatur.* Much of this eighty-fourth letter is
appropriated by Macrobius in the preface to his *Saturnalia*
without a word of acknowledgment or any attempt to change
the form, so that it is to Macr., not Seneca, that John of
Salisbury and his debtor Peter of Blois refer for the bee-
simile of § 3. Petrarch knows better (*De Reb. Fam.* 1. 7) and
observes that Macrobius has not followed the spirit, as well as
the letter, of Seneca's remarks, and given the stolen thoughts
a new form.

The part of the letter omitted (§§ 11-13) consists of a
general *exhortatio* (προτρεπτικός : see intr. to XC) to the
earnest pursuit of wisdom as the only really profitable occupation.

§ 1.   l. 21. **ista**] simply equivalent to *haec.*

l. 25. **aliena**] that of the bearers of the *lectica.*

**studio**] The sing. as in 15. 6 above, which also illustrates Seneca's point that he can read whilst travelling. Cp.
Plin. *Ep.* 3. 5. 16 (my uncle rebuked me for walking)

'*poteras*' inquit ' *has horas non perdere* ' : *nam perire omne tempus arbitrabatur quod studiis non impenderetur.* It was not impossible even to *write* in this way: cp. n. on 15. 6.

PAGE 98

l. 1. **recessi**] is a confession : I have *of late* given them up, and now I am encouraged to resume them.

l. 5. **alit**] Quint. 1. 8. 8 *quae ingenium alant praelegenda* (in schools).

l. 6. **reficit**] Quint. 1. 12. 4 *stilus lectione requiescit*.

§ **2**. l. 6. **nec scribere tantum** etc.] Quint. 10. 1. 2 'Eloquence not *solida atque robusta nisi multo stilo uires acceperit, et citra* (" without ") *lectionis exemplum labor ille* (i.e. of composition) *carens rectore fluit* '.

l. 8. **contristabit**] ' take the freshness out of ', a term from *res rustica*, in which it denotes the effect of heat or drought upon vines etc. *Tristis* and *tristitia* are often used similarly (cp. 12. 2 above).

**de stilo dico**] I know no other example of this preposition with *dico* in the sense of ' namely '. Equally rare, I think, is its use with the verb in its corrective sense, N.Q. 5. 6. 1 *est aliquid in aqua uitale. de aqua dico ? ignis ... quaedam creat.*

l. 9. **soluet ac diluet**] ' will render weak and diffuse ' : see 33. 7 *sqq.* above, and cp. Quint. 10. 2. 4 *pigri est ingenii contentum esse eis quae sint ab aliis inuenta.*

l. 12. **redigat**] See on 82. 19 : cp. esp. *Ad Herenn.* 3. 16 *dispositio* (cf. *disponunt* below' *est per quam illa quae inuenimus in ordinem redigimus.*

**corpus**] 89. 1 *ingens corpus philosophiae*, Liu. 3. 34. 7 *corpus omnis Romani iuris.* We should simply say ' a whole '.

§ **3**. l. 12. **apes**] Illustrations from the habits of the bee were not uncommon : e.g. Arist. *Au.* 750 ἔνθεν ὡσπερεὶ μέλιττα | Φρύνιχος ... μελέων ἀπεβόσκετο καρπόν, Isocr. *Demon.* 52 ὥσπερ τὴν μέλιτταν ὁρῶμεν ἐφ' ἅπαντα μὲν τὰ βλαστήματα καθιζάνουσαν, ἀφ' ἑκάστου δὲ τὰ βέλτιστα λαμβάνουσαν, οὕτω δεῖ καὶ τοὺς παιδείας ὀρεγομένους ... πανταχόθεν τὰ χρήσιμα συλλέγειν, Lucr. 3. 11 *sqq.* and Hor. O. 4. 2. 27 *sqq. apis Matinae* | *more modoque* | *grata carpentis thyma ... carmina fingo.*

l. 16. **Vergilius noster**] A. 1. 432, 433.

**§ 4. l. 24. inueniri apud Indos**] For the knowledge of the sugar-cane cp. Eratosthenes in Strabo 15. 1. 20 and esp. Plin. N.H. 12. 32 *saccharon et Arabia fert, sed laudatius India: est autem mel in harundinibus collectum.*

### PAGE 99

**l. 3. huic rei genitum**] Ter. and Cic. have such datives after *natus,* though the constr. with *ad* is far commoner.

**l. 4. qualitatem**] a word of Ciceronian coinage, by no means uncommon in Sen.

**l. 5. uirentium florentiumque**] 79. 3 n.

**§ 5. l. 10. separare**] corresponds to the *disponunt ac per fauos digerunt* of § 3.

**l. 13. libamenta**] 'sips': we use a different metaphor, and say 'gleanings'. *Libare* is used in ref. to bees in Lucr. and Vergil, in ref. to literary 'culling' in Cic.

**etiam si apparuerit** etc.] Burton, *Anat. of Melanch.* (Pref., near the beginning) 'As ... a bee gathers wax and honey out of many flowers and makes a new bundle of all ... I have laboriously collected this cento out of divers writers ... Whom have I injured? The matter is theirs most part, and yet mine: *apparet unde sumptum sit* (which Seneca approves)' etc.

**l. 15. in corpore nostro**] See intr. above.

**§ 6. l. 18. innatant stomacho**] a technical phrase: see Hor. S. 2. 4. 59 and Plin. N.H. 23. 38 where it is contrasted with *concoquitur*; cp. too 122. 6 below.

**l. 21. praestemus**] = *efficiamus*: so often in Sen.: cp. esp. N.Q. 1. 13. 2 *nubes quae hoc praestant* ( = *imaginem reddunt*).

**l. 22. hausimus**] 'taken in', as already in Cic. in ref. to doctrines and culture (though he rather prefers to add *e fontibus* etc.). Sen. often uses *trahere* thus.

**§ 7. l. 23. concoquamus**] Cp. 2. 4 *unum excerpe quod illo die concoquas,* Epict. *Ench.* 46 'in philosophical discussions keep quiet, μέγας γὰρ ὁ κίνδυνος εὐθὺς ἐξεμέσαι ὃ οὐκ ἔπεψας.'

**memoriam ... ingenium**] 33. 8 above.

**l. 24. fideliter**] 'with conviction': 80. 2 n.

**l. 25. nostra faciamus**] Cp. 33. 8 *scire* (as opposed to *meminisse*) *est et sua facere* and Burton above.

l. 27. **minores summas** etc.] as e.g. the tota! 27 contains
the smaller sums 6, 9 and 12, each different from the other.

## PAGE 100

§ **8.** l. 2. **altius fixerit**] The same idea as our 'make a
deep impression': cp. 16. 1 *hoc firmandum et altius cotidiana
meditatione figendum est.* Cicero, Livy etc. use *infigere* similarly. The dative as in *Tranq.* 1. 3 *consuetudo hoc uitium mihi
altius figat.*

l. 3. **imaginem**] Sen. *Contr.* 1. pr. 6 *numquam par fit
imitator auctori*, Quint. 10. 2. 11 *quicquid alteri simile est,
necesse est minus sit eo quod imitatur*, *ut umbra corpore et
imago facie*, D.L. 6. 84 (Style of Onesicritus like Xenophon's)
πλὴν ὅτι ὡς ἀπόγραφος ἐξ ἀρχετύπου δευτερεύει.

**mortua**] 'lifeless', as in Cic. *Att.* 2. 19. 3 *mortuo plausu*:
in 67. 14 Sen. quotes the application of the phrase *Mare
Mortuum* to a *uita secura et sine ullis fortunae incursionibus.*

l. 7. **ex quo uoluit**] For the grammar cp. Plin. *Ep.* 3. 6. 5
*ex quo uoles marmore.*

l. 9. **competant**] This verb corresponds closely to συμβαίνειν
in Greek. Here it means 'combine': cp. 75. 6, where *si ita
competit* means 'if we can get the combination'; the meanings 'be suitable to' 'belong by right to' are quite analogous:
all seem to belong to the colloquial and technical sphere
(Varro, Colum., elder Plin., Quint., Sil., Tac., Suet.). Cicero
does not use the verb at all: for the force of *petere* cp.
*suppetere.*

§ **10.** l. 14. **quem ueteres philosophi nouerant**] a naive
confession of his dependence on his Greek sources. *Theatris*
below suggests that he is thinking mainly of the dramatic
chorus, in which as a matter of fact no women took part.

l. 15. **commissionibus**] With the word *ludorum* dependent,
this word denotes simply 'celebration', *committere spectaculum*
(*agona*) being the regular phrase for 'beginning' 'opening'
the games. Here however it denotes the entertainment
itself: so Plin. P. 54 *ludis et commissionibus.* It is not easy
to decide whether the word applied to any kind of public
performance, or was limited in some way, e.g. to the *agones*
or 'contests' which became so common in imperial times.
Here a concert is meant: in Plin. l.c. (cp. Suet. *Aug.* 89) the
context suggests mimes and pantomimes, and cp. Macr. *Sat.*
2. 7. 9 *Laberius sequenti commissione mimo nouo interiecit hos
uersus.*

l. 17. **uias**] 'gangways' : cp. Mart. 5. 14. 8 where a man sits there after being ejected from the rows of seats.

l. 19. **concentus ex dissonis**] *Marc.* 18. 4 *auium concentu dissono*, *Ot.* 5. 6. *per diuersa conspirent.*

## PAGE 101

### LXXXVI

The luxury of rich men's houses was a favourite philosophical theme ; Fabianus Papirius, for instance, cannot resist touching upon it in handling a declamation in which a poor man's son protests against being forced by his father to accept adoption by a *diues* (Sen. *Contr.* 2. 1. : see extracts in Intr. p. xl). For Seneca one may refer to passages like §§ 7–9, 15 and 43 of xc below, 114. 9 and those cited in the notes. Lucan's description of Cleopatra's banqueting-hall (10. 111 *sqq.*), as my notes shew, has several reminiscences of this letter.

For descriptions of baths in particular we may cp. Stat. *Silu.* 1. 5 (a description of that of his wealthy friend Claud. Etruscus), Mart. 6. 42 (of the same bath), Lucian's *Balneum* and Sidon. Apoll. 2. 2. 4. *sqq.* The points touched by Seneca are :

(1) The smallness of the bath (§ 4).

(2) The darkness (§§ 4, 8, 11). Good light is praised by Stat. l.c. 45, Mart. l.c. 8, Luc. l.c. 5, 6, 7, Sidon. l.c. 4. Cp. too Colum. 1. 6, Plin. *Ep.* 1. 3. 1. The remains of baths at Pompeii represent a development extending over a period of nearly 200 years. The so-called 'Central' Baths were in process of construction when the catastrophe befell the city, and Mau, noting that the three main rooms had large windows and that the *caldarium* was so placed as to receive as much sun as possible, adds 'The contrast is indeed marked between the numerous large windows with their attractive outlook, and the small apertures through which light was admitted in the older baths' (*Pompeii*, E.T. p. 210).

(3) The plainness of the floor (§ 5). The magnificence of this in fine baths is implied by the words *nisi gemmas calcare nolimus* in § 7 : cp. too Stat. 41. The splendours of floors in general is a favourite topic with Seneca : cp. 114. 9 below ; Tibullus 3. 3. 16 *marmoreum solum.*

(4) The plainness of the walls (§ 6) : cp. Sidon. 5 *interior parietum facies solo leuigati caementi candore contenta est.* Contrast the list of precious stones in Stat. 34 *sqq.,* Mart. 11 *sqq.,* Luc. 6. For the walls of houses in general cp. on *crustis* below.

(5) No glass in the ceiling (§ 6). Stat. l.c. 42 *effulgent camerae, uario fastigia uitro | in species ... nitent.*

(6) Fittings simple (§ 6). Stat. l.c. 47 *nil ibi plebeium : nusquam Temesaea notabis | aera, sed argento felix propellitur unda | argentoque cadit.*

Petrarch (*De Reb. Fam.* 2. 9) asks his readers to judge by Seneca's delight at the sight of this villa of his own joy at the thought of seeing Rome. For his tribute to the words of § 1 see Intr. p. ci.

It is curious that the information as to the transplanting of olives and vines at the end of the letter is given apparently for itself, and not, as it might so easily have been, as the text of some moral lesson. We know that Seneca was interested in vine-growing : Colum. 3. 3 mentions the huge returns made him by his estate near Nomentum, and in CXII where Seneca illustrates a philosophical point from the vine-grower's art (cp. 41. 7) he calls the latter *nostrum artificium* (cp. too 2. 3 *non conualescit planta quae saepe transfertur, Marc.* 16. 7 *sobolem ex illis* (*sc.* trees uprooted or broken) *residuam fouet et in scissuram semina plantasque deponit*).

§ **1**. l. 5. uilla] at Liternum. He went there acc. to Livy 38. 52. 1 to avoid the prosecution threatened by the two Petilli.

l. 7. sepulchrum] Liu. l.c. 53. 8 *eo ipso loco sepeliri se iussisse ferunt monumentumque ibi aedificari ne funus sibi in ingrata patria fieret.* In c. 56 he says he had seen the *monumentum* at Liternum, but notes that among the numerous points on which doubt existed was the question where S. was buried. In the well known tomb of the Scipios at Rome (opened in 1780) no inscriptions were found to either Publius or Lucius Scipio.

l. 8. quidem] emphasises *animum* as contrasted with the body, so practically equivalent to 'however', 'but', a meaning it not uncommonly bears in Sen. : cp. 90. 7. For the thought cp. Manil. 4. 887 (*an dubium est*) *in caelum redire animas caeloque uenire?* and Vell. 2. 123 (of Augustus) *animam caelestem caelo reddidit,* and 78. 10 n. For *ex quo erat* cp. Soph. O.C. 1227 βῆναι κεῖθεν ὅθενπερ ἥκει, Eur. *Suppl.*

532 *sqq.* ὅθεν δ' ἕκαστον ἐς τὸ σῶμ' ἀφίκετο | ἐνταῦθ' ἀπῆλθε, πνεῦμι μὲν πρὸς αἰθέρα κ.τ.λ., and Epict. 3. 13. 14 ἔρχου· ποῦ; εἰς οὐδὲν δεινὸν, ἀλλ' ὅθεν ἐγένου.

l. 9. **non quia**] Intr. p. lxii.

l. 10. **Cambyses**] son of Cyrus, King of Persia. His mad reign is described in Herodotus' third book. He conquered Egypt, but failed in an expedition against the Ethiopians, through completely neglecting the commissariat question (Hdt. l.c. 25 οὔτε παρασκευὴν σίτου οὐδεμίην παραγγείλας, οὔτε λόγον ἑωυτῷ δοὺς ὅτι ἐς τὰ ἔσχατα τῆς γῆς ἔμελλε στρατεύεσθαι· οἷα δὲ ἐμμανής τε ἐὼν καὶ οὐ φρενήρης κ.τ.λ.)

l. 13. **aut Scipio** etc.] the διεζευγμένον or *disiunctum* of ancient logic, the statement that one of the two things is essential implying that a choice must be made between them : *aut etiam aut non* is the stock example. 'You could not have both, S. at Rome and Rome in liberty'.

§ **2.** l. 15. **nihil inquit** etc.] Livy gives no speech, but admits that there were other accounts of the episode than his : from one of the latter Sen. may be drawing here, though it is not by any means necessary to presuppose any original.

l. 17. **beneficio meo**] 'what you owe to me'.

§ **3.** l. 21. **exonerauit**] Liu. 2. 2. 7 *exonera ciuitatem uano metu* (urging Collatinus to go into voluntary exile).

l. 22. **libertas**] 'the Republic', as in *Tranq.* 5. 3 *qui tuto insultauerat agmini tyrannorum* (Socrates), *eius libertatem* (παρρησίαν) *libertas* (ὁ δῆμος) *non tulit.*

l. 24. **imputaturus**] 79. 4 *n.* Rome would owe him gratitude as much for having gone into exile himself as for having driven H. into exile.

§ **4.** l. 27. **propugnaculum uillae**] Sen. emphasises the military aspect of this villa : cp. *munimenti* below § 8 and what he says in 51. 11 above.

## PAGE 102

l. 1. **subrectas**] The trans. use of this verb occurs at least 9 times in Sen. (including the Tragg.) : it was probably colloquial, appearing in Plaut., Vergil, Livy (p.ptc. only), Columella and the elder Pliny. Of buildings, as here, in Sil. 2. 599 *subrectae molis rogus.*

**cisternam**] Petr. 73 *balneum angustum et cisternae frigidariae simile.*

l. 2. **uiridibus**] must, I think, refer to the *silua* of a few
lines above. For such neuters cp. on 79. 3 : this particular
use seems to have been technical, being found in Vitr.,
Phaedr., Colum. and the younger Pliny.

§ **5**. l. 8. **Carthaginis horror**] Lucr. 3. 1034 (where see
Munro).

l. 9. **semel**] by the Gauls in 390 B.C.   The declaimers
rather affect the use of the simple *semel* in the sense of *tantum
semel* : cp. Sen. himself, *Tro.* 134 : *nil Troia semel tulit.*

§ **6**.   l. 15. **orbibus**] perhaps ' mirrors ' : Mart. 9. 17. 5 has
*nitidum orbem* of one, and Plin. N.H. 36. 67 speaks of *speculae
parietum.*   Round insets of some precious stone may however
be meant : cp. Iuu. 11. 175 *Lacedaemonium orbem* of the
floor.

l. 16. **Alexandrina**]   A comp. of Plin. N.H. 1 (summary of
Bk. 36) with *ib.* 36. 54 *sqq.* shews that the name was given
to (1) two spotted marbles first discovered in the reigns of
Augustus and Tiberius, (2) ophites, (3) porphyry, (4) basalt.

**Numidicis**[1] The Numidian marble was much used for
wall-lining.   Its colour was a rich golden yellow.

**crustis**] thin slabs, covering over plain walls : 115. 9
*miramur parietes tenui marmore inductos.*   Sen. is rather
fond of referring to them as types of the brilliant sham :
cp. esp. *Prou.* 6. 4, B. 4. 6. 2, Lucan l.c. 114 *nec summis
crustata domus sectisque nitebat | marmoribus.*

l. 17. **distincta**] ' varied by ', ' alternating with '.

**in picturae modum uariata**] ποικίλαι χρίσεις Muson.
108 H.

l. 18. **circumlitio**] evidently denotes the application of
varnish or something similar to bring out the colours : cp.
Quint. 8. 5. 26 *nec pictura in qua nihil circumlitum est eminet*
and (metaphorically) 12. 9. 8 ' some orators if their themes
be *tenuiora, extrinsecus adductis ea rebus circumliniunt* '.

**praetexitur**] ' is laid on to adorn ... '.   *Praetexere* in the
sense ' grace ', ' adorn ' is very rare, but cp. the use of
*praetextum* in 71. 9 *illud pulcherrimum reip. praetextum,
optimates* (and several times in V.M. as the equivalent of
*decus*) and V.B. 2. 2 *colorem uestium quibus praetexta sunt
corpora.*

**uitro**]   See intr. above.

l. 19. **Thasius lapis**] Stat. l.c. 34 *non huc admissae Thasos aut undosa Carystos* (because of their colour, purple alone being accepted in the baths he is describing).

l. 20. **templo**] For the thought 'men's houses better than those of the gods' cp. Sall. *Cat.* 12. 3 *operae pretium est* (after looking at modern *uillae*) *uisere templa deorum quae nostri maiores, religiosissimi mortales, fecere*, Manil. 5. 291 *triclinia templis | concertant*, Luc. l.c. 111 *ipse locus templi quod uix corruptior aetas | extruat instar erat.* Similarly in Theopompus (in Athen. 6. 109): 'not one of the even moderately wealthy but spends more on his daily needs than πρότερον ἐν ταῖς ἑορταῖς καὶ ταῖς θυσίαις ἀνήλισκον'.

**piscinas**] 56. 2 n.

l. 21. **in quas** etc.] Cp. 108. 16 below, and Mart. 6. 42. 17 *contentus potes arido uapore | cruda Virgine Marciaue* (two of the aqueducts) *mergi.* Such sweats could be taken in the *caldarium* or the *Laconicum* : in the Martial passage the latter is meant.

**exsaniata**] The verb occurs again in *Hel.* 3. 1, elsewhere perhaps only in Celsus and Columella, and means 'to squeeze out liquid' (primarily, matter out of a wound). For the use here cp. 30. 1 *infirmi corporis et exsucti.* In 108. l.c. we have the phrase *corpus exinanire sudoribus.*

l. 22. **argentea epitonia**] Stat. cited in intr. above (6).

§ **7.** l. 23. **plebeias**] Cp. Stat. l.c.

l. 24. **libertinorum**] with their love of shew : cp. intr. to XXVII. The bath Statius describes l.c. belonged to the son of one of these men.

l. 25. **nihil sustinentium**] i.e. of no structural value. Luc. l.c. 119 inverts the thought : the precious pillars of ebony were *auxilium, non forma domus* ('did not count as a decoration at all').

l. 29. **calcare**] Luc. l.c. 116 *totaque effusus in aula | calcabatur onyx.*

### PAGE 103

§ **8.** l. 2. **blattaria**] 'fit only for moths'.

l. 3. **solem**] see intr. above.

l. 5. **colorantur**] 'get tanned'.

l. 6. **habuerant**] 'met with'.

l. 7. **dedicarentur**] evidently used in ordinary Latin of
profane buildings : so often in Suet., e.g. *Ner.* 12 *dedicatis
thermis*, 31 *cum domum absolutam dedicaret.*

**et**] 'actually' : 33. 2 n.

§ **9**. l. 11. **quadrantaria**] *Quadrans* was the ordinary fee
paid : see edd. on Hor. S. 1. 3. 137.

l. 12. **suffundebatur**] by pipes below the surface.

l. 14. **referre**] 'a matter of importance'.

**pellucida**] ablative : sc. *aqua.*

§ **10**. l. 15. **di boni**] Intr. p. l.

**illa**] *sc.* at Rome.

l. 16. **gregali**] 'ordinary', probably a colloquial use : it does
not seem to occur before Sen., but is found in the elder
Pliny and Statius. In Livy *gregalis* (*amictus*) means 'belonging to a *gregarius miles*'.

l. 17. **aedilem**] For the superintendence of baths by the
aediles see Momms. St-R³. 2. 510⁴. It was, as Seneca implies
below, part of their general jurisdiction over public places :
cp. V.B. 7. 3 *balinea ac sudatoria ac loca aedilem metuentia.*

l. 21. **non hanc** etc.] Such temperatures were not however
unknown to the Greeks : cp. Antiphanes (in Athen. 1. 32)
'How I have enjoyed my bath : ἐφθὸν κομιδῇ πεποίηκεν.
ἀποκναίσειεν ἂν | κἂν ὁστισοῦν μου λαβόμενος τοῦ δέρματος.' Cp.
Petr. 72 *coniciamus nos in balneum : sic calet tamquam furnus,*
Plin. N.H. 29. 26 *balineae ardentes quibus persuasere* (sc.
*medici*) *in corporibus cibos coqui.*

l. 23. **uiuum lauari**] To burn him alive (cp. Sen. *Contr.* 10.
pr. 8 *me uiuum uri oportet*) isn't bad enough : *bathe* him alive.
The play on *-uari* and *-uri* is characteristic : Intr. pp. lxxxii *sqq.*

§ **11**. l. 25. **rusticitatis**] a favourite word of Ovid's, who
seems the first writer to use it : the analogous use of *rusticus*
however occurs in Plautus and Cicero. It denotes of course
ignorance of town life and luxuries, breeding etc.

l. 27. **specularibus**] 'Small panes of glass were found in
the openings of the Baths near the Forum : had the Central
baths been finished glass would undoubtedly have been used
for the windows of the caldarium', Mau, *Pompeii* (E.T.)
p. 279. The ordinary word for 'glass' is *specularis lapis,
specularia* being used of the windows thus protected : cp.
below 90. 25, Mart. 8. 14. 3 *specularia ... | admittunt soles
et ... diem* (in a greenhouse), Iuu. 4. 21 *latis specularibus* (of a
*lectica*).

**l. 28. decoquebatur]** 'got himself parboiled': below, 108.
16 *decoquere corpus atque exinanire sudoribus*, Clemens
*Paedag.* 3. 9 (of baths) ῥακοῖ τὰ σώματα καὶ προγηράσκειν
ἀναγκάζει **καθέψοντα.**

**l. 29. concoqueret]** From the Pliny passage cited on § 10
it appears that some doctors held that this bathing after a
meal helped the digestion : cp. too Col. pr. 16 *cotidianam
cruditatem Laconicis excoquimus.*  That it was freely indulged
in is shewn by many passages : see the edd. on Hor. *Ep.* 1.
6. 61 and Iuu. 1. 143.

o hominem] 78. 23 n.

## PAGE 104

**§ 12.  l. 6. si scias]** *Si nescis* would be more usual.  For
the mood see Intr. p. lxiii.

**l. 7. qui priscos mores urbis tradiderunt]** The chief of
them was of course the antiquarian Varro.  His *De uita
populi Romani* seems to have been a kind of history of Roman
civilisation.  One of the fragments of his *Catus*, a work on
the education of children, runs : *mihi puero modica una fuit
tunica et toga* ... balneum non cotidianum, *alueus rarus.*  For
the picture of ancient simplicity cp. N.Q. 1. 17. 7 *antiqui illi
uiri, satis nitidi si squalorem opere collectum aduerso flumine
eluerant*, Veget. E.R.M. 1. 3 *sudorem cursu et campestri
exercitio collectum iuuentus abluebat in Tiberi.*

l. 10. **nundinis]** sc. '*only*'.

l. 13. **uirum]** Xen. *Symp.* 2. 3 ὀσμὴ ἄλλη μὲν ἀνδρὶ ἄλλη δὲ
γυναικὶ πρέπει, Luc. *Cyn.* 17 'You rich people have τὴν αὐτὴν
ὀδμὴν as the men who are infamously effeminate'.

**munda balnea ... spurciores]** Sen. *Contr.* 1. pr. 8
*immundissimis se excolere munditiis* (in a tirade against the
age).

**§ 13.  l. 16. Horatius]** S. 1. 2. 27.  The MSS. there give
the name as Rufillus.

l. 17. **dares]** 'were you to produce': cp. 47. 17 n.

**hircum]** alluding to the remainder of the Horatian line
*Gargonius hircum* (sc. *olet*): the reference is to perspiration.

l. 21. **tamquam suo]** 27. 7 n.  Cp. Mart. 2. 12. 2 *tibi est
numquam non alienus odor.*

**§ 14.  l. 22. tristia]** 'severe', 'austere'.

l. 23. **Aegialo**] Plin. N.H. 14. 49 mentions him as a famous vine-grower, who *ipsum Africani colebat exilium*. No doubt he was the authority for § 20 also.

l. 24. **patre familiae**] The word seems sometimes to connote the possession of thrift and management. It is the regular word for the farmer in the writers on *Res Rustica*: cp. e.g. Cato *Agr.* 2. 1, Cic. *Rosc. Am.* 120 *p. f. rusticanus* and 122. 6 below.

l. 26. **arbustum**] Otto s.v. cites a Greek proverb, γεράνδρυον μεταφυτεύειν.

l. 27. **oliuetum alteri ponit**] If they try to raise it from *seed*, they are not likely to live long enough to reap the reward of their exertions: the idea appears first in a fragment of the comedian Caecilius (210 R) *serit arbores quae saeclo prosint alteri*, cited by Cic. *Cato* 24.

## PAGE 105

§ **15**.  l. 2. **te quoque**] i.e. you, Lucilius, as well as the *seri nepotes*: you are young enough to sow a tree and hope to enjoy its shade—for Vergil is wrong in implying that it will not grow high enough to give much until the time of your grandchildren.

l. 3. **tarda uenit**] G. 2. 58 : the previous line is *iam quae seminibus iactis se sustulit arbos*.

l. 4. **qui non quid** etc.] Cowley's note on his *Davideis*, l. 24, refers to this very interesting criticism of Vergil's Georgics.

§ **16**.  l. 8. **hoc**] this instance of his writing *decenter* rather than *uere*.

**mihi necesse fuit**] 'I could not but ...'.

l. 10. **uere fabis** etc.] G. 1. 215, 216.

l. 15. **uidi**] But Sen. is in the warmer clime of Southern Italy, Vergil was thinking of the country round Mantua.

§ **17**.  l. 18. **ad**] 'to the length of'.

**rapo**] 'knob', 'lump', formed by the roots etc., here more narrowly defined by *amputatis ... pependerant*.

l. 22. **calcauit**] Cato *Agr.* 28 gives the same directions for tree-planting (including olives) in general : *in scrobe quom pones ... calcato pedibus bene, deinde festucis uectibusque*.

§ **18**.  l. 23. **pinsatione**] a word doubtless common enough in technical writers. Sen. is quoting Aegialus, as *ut ait* shews: so with *grandiscapiae* with its explanatory *ut ita dicam* in § 21.

l. 24. **mouetur**] *sc.* the *truncus*.

l. 26. **precario**] *Marc.* 11. 3 *precarii spiritus et male haerentis*: cp. 53. 8 n.

## PAGE 106

l. 6. **uestietur**] Cic. discovered at Syracuse the tomb of Archimedes *saeptum et uestitum uepribus et dumetis* (*Tusc.* 5. 64), Livy writes of mountains as *uestiti siluis* (32. 13. 3). The absolute use recurs in B. 3. 29. 5. *montes uestientur.*

l. 7. **retorrida**] 12. 2 n.

§ **19.**  l. 10. **cum tamquam a planta processerint**] 'as they have come from what is virtually a cutting'.

§ **20.**  l. 12. **etiamnunc**] 'too'; see on 56. 4.

l. 13. **arbusto**] the elm up which it was trained : see below *non suas ulmos.*

l. 14. **capillamenta**] 'minutest fibres', of the roots, as in Colum. and the elder Plin.

l. 15. **colligenda**] 'gathered up with it'.

**liberalius sternenda**] 'be given a generous covering of soil'.

l. 16. **corpore**] as well as the *rapum.*

l. 17. **Martio exacto**] i.e. '*as late as* the end of M.'

l. 18. **tenent**] perhaps technical, 'have struck root'; hardly a mere synonym to *complexae sunt.*

**non suas ulmos**] Verg. G. 2. 82 *arbos | miratur ... nouas frondes et non sua poma* (produced by slips from fertile trees which have been inserted in the original *arbos*). Here the meaning is other elms than those up which they were originally trained : cp. *arbusto suo* of a few lines above.

§ **21.**  l. 19. **grandiscapiae**] 'thick stemmed', not found elsewhere, but see on *pinsatio* above.

## PAGE 107

## LXXXVII

The superfluity of much that habit has made us regard as necessary, and the folly of judging men by mere externals are themes intimately connected with the Cynic doctrines of

αὐτάρκεια and the natural life. In XVIII and XXI we have
seen those doctrines applied to questions of diet: here, as in
B. 7. 9, 10 (a diatribe put in the mouth of the Cynic Demetrius), the application is quite general. That the lightness of
travelling trunks should suggest the theme is natural enough,
superfluities being frequently regarded in Sen. as the *sarcinae* of their possessors: cp. 44. 7 above and the metaphor
involved in *expeditissimus* of 90. 13 below. In 123. 1–7
similar circumstances suggest a similar train of thought. As
my notes will shew, 41. 6, 7 and 76. 32 contain close parallels
to many points in our letter.

In the part omitted (§ 12–end) Sen. handles some Stoic
syllogisms dealing with the question of *Bonum*.

§ **1.** 1. 5. **naufragium ... feci**] Apparently Sen. is comparing the simplicity of his travelling with that of ship-
wrecked people who have lost all their boxes. The same
paradox in Sen. *Contr.* 7. 1. 4 *naufragus a litore emittitur* (of a
man sent out in a crazy skiff).

**antequam ... ascenderem**] i.e. '*without* going on board'.

1. 7. **paradoxa**] the celebrated Stoic maxims 'All good
actions equally good', 'Every fool mad', 'The wise man a
king' etc., which Cleanthes said were παράδοξα, οὐ μὴν
παράλογα.

1. 9. **prima facie**] perhaps not a very common phrase for
Cicero's *primo aspectu* and *prima specie*.

1. 10. **interim**] 78. 29 n. We should say 'For the present,
let me content myself with saying that ...'.

1. 12. **iudicio**] 'of set purpose', 'of our own accord': it is
coupled by Quint. (8. 3. 4) with *sponte*.

§ **2.** 1. 14. **paucissimis seruis**] Cp. Athen. 6. 105 (from
Polybius and Posidonius) Σκιπίων ὁ Ἀφρικανὸς ἐπίκλην ἐκπεμ-
πόμενος ὑπὸ τῆς συγκλήτου...πέντε μόνους συνεπήγετο οἰκέτας:
he adds (from Cotta) that Julius Caesar took only three
ἐπὶ τὰς Βρεττανίδας νήσους. For the fashionable style see
on § 9 below.

1. 16. **Maximus**] Caesonius Maximus, mentioned by Tac.
A. 15. 71 as one of those banished in conn. with the Piso conspiracy. Mart. 7. 44 and 45 have a bust of him for their
theme.

§ **3.** 1. 19. **prandio**] 83. 6 *panis siccus et sine mensa
prandium, post quod non sunt lauandae manus.* Cp. Augustus'
lunch, Suet. 76: *nos in essedo panem et palmulas gustauimus.*

l. 20. **paratum**] 'ready to hand', 'easily obtained', as often in Sen.: cp. e.g. 90. 18 below.

**agminis cura**] 'the task of a regiment (of slaves)': cp. Sil. 11. 284 *coli tanto agmine mensas* and *Tranq.* 1. 6 cited in Apparatus.

l. 21. **pugillaribus**] for writing down his thoughts: cp. *cogitationibus* below, and Plin. *Ep.* 3. 5. 15 *in itinere ... ad latus notarius cum libro et pugillaribus*, describing the habits of his uncle the author of the natural history: he himself took these implements to a boar hunt! (see l. 6. 1).

## PAGE 108

l. 1. **illae**] the *caricae*. *Pulmentarium* is the Gk. ὄψον, a relish eaten with bread : so Hor. S. 2. 2. 20 writes *quaerere pulmentaria* for the συνάγειν ὄψον of the well-known Socrates apophthegm (Athen. 4. 46).

l. 2. **annum nouum**] For the use of *caricae* in conn. with New Year's day, see Ou. F. 1. 185: 'why are dates and *caricae* sent? *omen causa est, ut res sapor ille sequatur* | *et peragat coeptum dulcis ut annus iter*'. Cp. 83. 5 *anno nouo legere, scribere, dicere aliquid ... auspicabar.*

l. 5. **aliena**] 'what is not really its own property'; cp. 76. 32 'lay aside wealth, rank, the body itself, and *animum intuere ... alieno an suo magnus (sit)*'.

§ **4.** l. 8. **ambulando**] i.e. '*only* by the fact that they move'. Those of a Nero were shod with silver (Suet. 30).

l. 9. **non propter aetatem**] not for coolness, but economy.

**a me obtineo ut**] The same constr. in Sen. *Contr.* 9. 4. 21, *Pol.* 16. 6: the addition of the *a me* seems to constitute a distinct advance towards the meaning 'obtain'.

l. 11. **peruersa uerecundia**] 'false shame', which Horace calls *malus pudor* (*Ep.* 1. 16. 24): cp. his *pudens praue* A.P. 88.

§ **5.** l. 16. **parum profeci**] 5. 1 n.

l. 20. **stupetis**] of foolish admiration in Hor. S. 1. 4. 28 (w. abl), 6. 17 (w. *in* and abl.), Verg. G. 2. 508 (*stupet attonitus rostris*). Cic. uses *stupidus* similarly in *Parad.* 5. 37 *tabula te stupidum detinet.* The constr. of the verb with *ad* is to be found, perhaps, only in Ovid before Sen.

l. 21. **ad ... uentum est**] 'it is a question of': 66. 19 *cum ad uirtutem uentum est.* For the thought cp. B. 1. 1. 2, where

in almost identical terms he complains that we are careful
enough when it is a matter of lending money, but *careless
when it is one of doing a favour.* The **beneficia ... fertis** clause
here is a cynical correction of the earlier utterance.

l. 23. **haec quoque iam** etc.] B. 1. 2. 3 *nemo beneficia in
kalendario scribit ... turpis feneratio est beneficium expensum
ferre.*

§ **6.** l. 24. **late possidet**] Ou. M. 5. 130 *Dorylas, quo non
possederat alter | latius.*

l. 25. **domum formosam**] *d. pulchra* 41. 7, *speciosior* Sen.
*Contr.* 1. 6. 5. The auctioneering term for ' a good family
house' seems to have been *recta* : see 100. 6 where *domus r.*
is opposed to a thoroughly up to date mansion. In *Off.* 3. 55
Cic. quotes as a common formula *uilla bona beneque aedificata.*

l. 26. **familiam speciosiorem**] 41. 7 *formosam.*

**producet**] ' exhibit for sale ' : 47. 9 n.

l. 27. **respondet**] a technical term for meeting one's calls.
It corresponds of course to the use of *appellare* noted on 21.
11. For **nominibus** ' debts ' cp. 80. 5 n.

PAGE 109

§ **7.** l. 2. **arat**] technical for holding arable land : so in
76. 15 Hor. *Epod.* 4. 13, Pers. 4. 26. Cp. 2. 6 *quantum
pascat,* 41. 7 *multum serit.*

**kalendarii**] 41. 7 *multum fenerat.* The money-lender's
ledger gets its name from the fact that interest was paid on
the Kalends of the month : cp. B. 1 cited on § 5 above and
Mart. 8. 44. 11 *centum explicentur paginae kalendarum.*

**uoluitur**] of opening and reading, as in Cicero : so
*explicentur* in Mart. l.c.

l. 3. **suburbani**] i.e. most valuable.

**inuidiose possideret**] ' one would grudge his holding '.

l. 4. **Apuliae**] The district seems to have been proverbial
as the desert of Italy : M. on Iuu. 4. 27 (where the ref.
is to the cheapness of land there) quotes a letter of Cicero's,
Sen. *Tranq.* 2. 13 and Luc. 5. 403 *sqq.*

l. 5. **pauper est ... quia debet**] Teles p. 26 H quotes a
similar argument from Bion, who compared rich but avaricious
men with bankers, as holders of money that is not their own.

§ **8.** l. 8. **unius omnes coloris**] B.V. 12. 2 *iumentorum
suorum greges in aetatium et colorum paria diducit.*

l. 10. **instratos** etc.] Verg. A. 7. 277 *sqq.*, the acc. being governed by *iubet duci* of l. 276.

l. 13. **nec mulam**] 41. 6 *non faciunt meliorem equum aurei freni.*

§ **9.** l. 20. **trossulis**] 76. 2 n.

**in uia diuitibus**] 'wealthy enough as far as one can judge from their travelling', an echo of § 7 above: in reality he is up to the neck in debt. For the brevity of expression cp. 33. 8 n.

**cursores** etc.] 123. 7 presents a close parallel (*Numidarum praecurrat equitatus ... agmen cursorum antecedat ... honestum hominem uenire magno puluere ostendant*). Mart. 12. 24. 6, 7 mentions the *rector Libyci niger caballi* and the *succinctus cursor.* Nero, says Suet. (*Ner.* 30), used to travel with *Mazacum turba atque cursorum.*

l. 24. **cum maxime**] 7. 6 n.

**utrum** etc.] Even in the Augustan age the bankrupt noble often turned gladiator (see Prop. 4. 8. 25): Sen. refers to the custom again in 99. 13. It was the theme of several declamations (see e.g. the one cited from Quintilian in Intr. p. xxxvi, note 1).

l. 25. **cultrum**] 'hunting knife', used in the *uenationes* as opposed to the gladiatorial battles (see on 7. 3).

§ **10.** l. 27. **Catonem**] a favourite form of 'emphasis' (see Intr. p. xciv) similar to that illustrated on 76. 4, the meaning being 'all that the name implies'. Even Cicero has it (N.D. 2. 2 *est* ('it befits') *philosophi et pontificis et Cottae* and Sulpicius uses it in his *Consolatio* (*Fam.* 4. 5. 5 *noli te obliuisci Ciceronem esse*): cp. Sen. *Suas.* 7. 8 (*ille uerus est Cicero*, of his *writings*) and esp. H.F. 1239 *nunc* Hercule *opus est* (sc. *Herculi*), *Med.* 910 (I was a girl when I tore Absyrtus to pieces) Medea *nunc sum : creuit ingenium malis.*

## PAGE 110

l. 1. **mannis**] *Detonsi manni* figure in the smart turn-out of Propertius' rival, l.c. 15.

**asturconibus**] 'amblers': they came from Asturia in Spain, and are mentioned chiefly for the easiness of their movement.

**tolutariis**] This word does not occur elsewhere, but *tolutilis* and *tolutim* are used in ref. to 'high steppers': see too on 40. 11.

l. 2. **defrictum**] a *uerbum humile* (Intr. pp. xlii *sqq.*) : cp. the words *mulos qui fricabat consul factus est* which, as Gellius 15. 4. 3 tells us, were written on a wall against a consul who had once got his living *comparandis mulis et uehiculis* (i.e. by keeping a livery-stable).

§ **11.** l. 5. **quantum ad ista**] He goes on to deal with syllogisms : see intr. above.

l. 6. **diuinauit**] The subj. is of course the antecedent of *qui.*

## LXXXVIII

The Sophists united in their educational scheme philosophy, rhetoric and a variety of other subjects. Plato and Aristotle, each in their own way, taught that rhetoric had no direct connexion with philosophy, and subjects like grammar and literary history began about the time of Alexander's death to develope into separate sciences. Gradually there grew up the ἐγκύκλιος παιδεία, an educational system of various arts and sciences (ἐγκύκλια μαθήματα), the round of which (*orbis ille doctrinae* says Quint. 1. 10. 1) must be made by all who aspired to culture. This letter refers to grammar, music, geometry, arithmetic and astrology (see further on § 18) : rhetoric and dialectic were also included. The seven τέχναι passed on to the Romans (see on § 1 below) and formed the *triuium* and *quadriuium* of the Middle Ages.

Hostility to this general culture appears almost simultaneously in the founders of the Cynic and Cyrenaic schools of philosophy. Antisthenes said (D.L. 6. 11) that virtue was a matter of deeds, μήτε λόγων πλείστων δεομένη μήτε μαθημάτων, Aristippus (D.L. 2. 79) compared those who took the ordinary education but neglected philosophy to the suitors who, unable to win Penelope, wooed her maids. Diogenes attacked the grammarians, musicians, astrologers and orators (D.L. 6. 27 *sq.*: cp. on § 7), Epicurus' hostility to πᾶσα παιδειά is attested by many fragments in Usener's collection (e.g. 117, 163) and many passages in the writings of his adversaries. Even Bion, who was really more of a literary man than a philosopher, ridiculed music and geometry (D.L. 4. 53) : to him indeed some writers ascribe the Penelope apophthegm mentioned above. This however was probably only a concession to Cynic convention : the Cynics, Diogenes Laertius tells us (6. 103), παραιτοῦνται τὰ ἐγκύκλια μαθήματα. As for their successors, the Stoics, whilst Zeno declared general education

ἄχρηστον (D.L. 7. 32), Chrysippus (*ib.* 129) said it was very
useful (εὐχρηστεῖν). Very likely he did not mean by this to
claim more for them than Seneca does in our letter.[1] How
far Seneca himself is reproducing Posidonius is not known,
but the style is thoroughly Senecan and the general standpoint (see § 3 and esp. §§ 29 *sqq.*) is one which we have
already met in Seneca: see intr. to LXXXII. For the pro-
paedeutic position assigned the liberal arts in § 20, cp. Isocr.
*Antid.* 266 'γυμνασίαν μέντοι τῆς ψυχῆς καὶ παρασκευὴν φιλοσοφίας
(which however here as regularly in Isocrates means *rhetoric*)
καλῶ τὴν διατριβὴν τὴν τοιαύτην, in many respects like that of
children at school: καὶ γὰρ ἐκείνων οἱ περὶ τὴν γραμματικὴν καὶ
τὴν μουσικὴν καὶ τὴν ἄλλην παιδείαν διαπονηθέντες πρὸς μὲν τὸ
βέλτιον εἰπεῖν ἢ βουλεύσασθαι ... οὐδεμίαν πω λαμβάνουσιν ἐπίδοσιν,
αὐτοὶ δ' αὐτῶν εὐμαθέστεροι γίγνονται πρὸς τὰ μείζω καὶ σπου-
δαιότερα τῶν μαθημάτων', Cic. *Hortens.* fr. 23 *litteris liberalibus-
que doctrinis ante excoli animos et ad sapientiam concipiendam
imbui et praeparari decet.* Norden (A.K-P. p. 673 *sqq.*, to
which I owe the passages from Isocrates and Cicero) has
pointed out that we find in the fathers of the church and
religious writers of the Middle Ages similar divergency of
opinion as to the importance of classical studies, similar
recognition of their value as a preparatory discipline.

The letter is sometimes found by itself in MSS., as a *liber
de liberalibus studiis*, and was printed separately under this
title at Lyons in 1543.

A summary of the last part of it (not printed in the text)
may be useful. In §§ 21–28 we are introduced to Posidonius'
division of the arts into *uulgares, ludicrae, pueriles, liberales.*
To the *pueriles* belong the 'encyclic arts': the epithet *liberales*
is reserved for those arts *quibus uirtus curae est*, i.e. the
various parts of philosophy. Then §§ 29–30 shew the use-
lessness of the arts for producing each of the cardinal virtues,
whilst §§ 31–46 deal with the immensity of the philosopher's
province, and the impossibility of his devoting time to the
trifling in which the grammarians, and indeed many philosophers, indulge.

§ 1.   l. 12. liberalibus studiis]   Cp. § 23 *hae artes quas*
ἐγκυκλίους *Graeci, nostri autem liberales uocant*, Cic. *De Or.* 3.

---

[1] Susemihl *Gesch. der gr. Litt.* etc. 2.135[179] thinks that § 24 of the
letter (not printed here) shews that P. actually counted the *artes liberales*
as an integral *part* of philosophy, as much so as e.g. the *pars moralis.*
But *inquit* there is the φησὶ of diatribe, the speaker the imaginary
opponent of P. (or of Sen., whose view is not, as I read the passage,
different from that of P.).

127 *artes quibus liberales doctrinae atque ingenuae continerentur.*
Sen. generally uses *studia*, occasionally *artes* or *disciplinae*
(B. 3. 34 *instituta*).

l. 14. **exit ad**] 'sets out to get' : cp. the use of *tendere* etc.
(51. 2 n.). For the thought cp. Quint. 1. 12. 17 'We don't
seek eloquence for her own sake, *sed ad uenalem usum et
sordidum lucrum accingimur ... nec uelim quidem lectorem dari
mihi, quid studia referant computaturum'*, and Petrarch *De
Reb. Fam.* 1. 6 *lucrum haud digna studiorum merces nobilibus
ingeniis uideri debet.*

l. 15. **hactenus**] like *ita*, anticipating the *si* clause ('only so
far as ').

**praeparant**] Cp. intr. above and Quint. 1. 7. 35 'grammar
minutiae *non obstant per illas euntibus, sed circa illas haeren-
tibus'*.

l. 16. **quamdiu** etc.] Quint. 1. 11. 14 *haec, dum infirma
aetas maiora non capiet* (of elementary instruction).

§ **2**. l. 20. **liberum facit**] 51. 9 n.

l. 21. **cetera pusilla** etc.] Cp. § 23 (? Posidonius) *pueriles
sunt hae artes.*

l. 23. **professores**] The word *professor* and the corresponding use of *professio* are Silver (Vell., V.M., Celsus) : how easily
the latter would arise one sees from passages like Cic. *De Or.* 1.
21 *professio bene dicendi* ('promise '), *Tusc.* 2. 12 *grammaticum
se professus.* Sen. uses here an argument the unfairness of
which he realises in 29. 5 *sqq.*, when it is turned (as it so often
is : cp. e.g. Marius in Sall. *Iug.* 85. 32) against philosophy,
which had of course its own black sheep.

l. 24. **discere ... didicisse**] ' to be learning ... to have mastered
them ': see Intr. p. lxxxvi and cp. Quint. 3. 1. 6 *nemo non
didicisse mauult quam discere.*

l. 25. **quidam**] See intr. above.

## PAGE 111

l. 1. **uirum bonum facerent**] Cp. Sall. l.c. (*Graecae litterae)
ad uirtutem doctoribus nihil profuerunt*, Athen. 5. 12 οὔτ' ἐκ
τοιούτων λόγων (those discussed in Plato's and Epicurus'
Symposia) ἀνὴρ ἀγαθὸς γίγνεται.

§ **3**. l. 2. **grammaticus**] Γραμματική, originally little more
than 'reading and writing', developed, in the age when
Pergamum and Alexandria flourished, into a research study

of literature (esp. the poets). The *grammatici* to whom
Rome committed its primary education were not of course
the equals of the Alexandrian scholars, but literary instruction was distinctly one of their duties, and Quintilian
protests against any narrow interpretation of them (see
esp. 1. 4. 5 which reads like an answer to such critics as
Seneca).

l. 3. **curam sermonis**] ὀρθοέπεια, 'correctness': *recte loquendi
scientia* (including orthography) is one of the two branches
into which Quint. divides *Grammatice*: he devotes cc. 4–7
of his first book to it.

l. 4. **historias**] = *fabularum memoria* below, the subject
matter and allusions (esp. mythological) of the books they
read in class. For this meaning of *historia* cp. *Ira* 3. 9. 1
*historia fabulis detineat*, Cic. *De Or.* 1. 187 *historiarum
cognitio* (as duty of the grammarian), Quint. l.c. 8. 18
*enarratio historiarum*, Suet. *Tib.* 70 *historia fabularis* (in
conn. with *grammatici*). Grammarians prided themselves
on knowing every detail of the legends: Quint. l.c. 20 tells
us that one Didymus who was trying to prove the falsity of
one was confronted with a work of his own vouching for
its truth. See also *Iuu.* 6. 450.

l. 5. **carmina**] not simply 'poetry' (for *every* grammarian
handled that: *poetarum enarratio* is the second of Quintilian's two branches), but 'the laws of verse' as *uersuum ...
modificatio* below shews. Quint. l.c. 4. 4 says a grammarian
ought to know music, *cum ei de metris rhythmisque dicendum
sit*. In this account of a grammarian's functions Sen. completely ignores one which Quint. (l.c. 4. 3) rightly regards as
active in all these branches—that of *iudicium*, or criticism.

**quid horum** etc.] Cp. intr. to LXXXII.

l. 6. **syllabarum**] Cp. (Plat.) Hipp. M. 6 περὶ γραμμάτων
δυνάμεως καὶ συλλαβῶν (of a grammarian's teaching) and § 39
of this letter: 'Am I to learn *Aristarchi notas?* (by which he
denoted his views as to authenticity etc. of lines) *et aetatem
in syllabis conteram?*' In 58. 5, after pointing out the archaic
use of *cerno* for *decerno*, he says 'I don't do this to shew you
*quantum tempus apud grammaticum perdiderim*'. Athenaeus
5. 65 quotes an epigram taunting the grammarians as people
οἷσι μέμηλε | τὸ σφὶν καὶ σφῶιν καὶ τὸ μὶν ἠδὲ τὸ νίν.

**enarratio**] a rare word, used 5 times by Quint., always
in conn. with the explanatory comments of the *grammatici*.

l. 7. **uerborum diligentia**] § 3 *curam sermonis.*

l. 8. **modificatio**] 'scanning', lit. 'measurement'. *Modificatio uerborum* in Gell. 10. 3. 15 apparently refers to rhythm. *modificata* in Cic. *De Or.* 3. 186 certainly does.

§ 4. l. 11. **tradunt**] 'impart', 'produce', as one who teaches logic may claim to produce clear-headedness in his pupils.

**philosophi**] i.e. not mere *grammatici.*

l. 12. **uis scire**] a common phrase in the declamations and Sen. After the dep. qu. which it regularly introduces, follows either the answer or a suggestion as to the means of obtaining it. Occasionally *uis* is used thus with other infinitives : so e.g. 95. 50 *uis deos propitiare ? bonus esto,* and so often in Martial.

l. 13. **consederint**] 'have taken their seat in the (professorial) chair': cp. the use of θρόνος, *cathedra* (M. on Iuu. 7. 203), and *sedet* in 90. 25 below.

**dissimilia ... studia**] The argument seems very thin : the differences between grammarians were scarcely greater than those between the philosophers themselves.

§ 5. l. 16. **his ipsis**] The opinions they quote from him and from which they draw their inferences (*colligunt*) are *dissimilia inter se.* The Stoics themselves however had gone a long way in this direction : cp. Cic. N.D. 1. 41 (Chrysippus) *uult Orphei, Musaei, Hesiodi Homerique fabellas accommodare ad ea quae ipse ... dixerit, ut etiam ueterrimi poetae, qui haec ne suspicati quidem sint, Stoici fuisse uideantur.* Even Plato (*Ion* 10) makes his Ion claim for Homer that he shews ἃ πρέπει ἀνδρὶ εἰπεῖν καὶ ὁποῖα γυναικὶ, καὶ ὁποῖα δούλῳ καὶ ὁποῖα ἐλευθέρῳ.

l. 19. **ne immortalitatis quidem pretio**] refers to Calypso's promise in *Od.* 5. 209.

l. 20. **Epicureum**] a favourite view : the scholiast on *Od.* 9. 28 says γνῶθι ὅτι καλῶς λέγει καὶ Ἐπίκουρος ... ἄριστον τέλος εἶναι πάντων τὴν ἡδονὴν, ἐξ Ὁμήρου τοῦτο λαβών, and a speaker in Athen. 12. 7 quotes the lines to which Sen. refers to shew that Homer's hero was ἡγεμὼν Ἐπικούρῳ τῆς πολυθρυλήτου ἡδονῆς. Cp. Luc. *Parasit.* 10 where they are cited to shew that he praised the parasite's life, and his sojourn with Calypso is called ὁ τῶν Ἐπικουρείων βίος.

**laudantem statum** etc.] *Od.* 9. 5 *sqq.* οὐ γὰρ ἔγωγέ τί φημι τέλος χαριέστερον εἶναι | ἢ ὅτ' ἐυφροσύνη μὲν ἔχῃ κατὰ δῆμον ἅπαντα | δαιτυμόνες δ' ἀνὰ δώματ' ἀκουάζωνται ἀοιδοῦ κ.τ.λ.

306     SELECT LETTERS OF SENECA

l. 22. Peripateticum] In *Il.* 24 376 *sq.* Priam says to the disguised Hermes οἶος δὴ σὺ δέμας καὶ εἶδος ἀγητός | πέπνυσαί τε νόῳ, μακάρων δ' ἔξεσσι τοκήων and these words were construed into an anticipation of the Peripatetic division of *bona* into those of the body, those of the mind, and those that were 'external'.

l. 23. Academicum] refers to the scepticism of the New Academy under Arcesilaus : cp. *Il.* 2. 486 ἡμεῖς δὲ κλέος οἶον ἀκούομεν οὐδέ τι ἴδμεν.

PAGE 112

§ 6. l. 5. quaerere] Problems of this kind (*quaestiones*) are often mentioned in conn. with the grammarians : cp. on *historias* above. In § 37 below Sen. refers to Didymus there mentioned and says that his 4000 works dealt with such points as 'Where was Homer born ? Who was really the mother of Aeneas ? *et alia quae erant dediscenda si scires*'. For similar research cp. B.V. 13. 2 ('Iliad or Odyssey composed first ?'), Iuu. 7. 234 *sqq.* (Mayor's notes) and Athen. 13. 91 (to a grammarian) ' ἐάν μέν τίς σου πύθηται the names of the heroes in the wooden horse, of Odysseus' companions etc. etc.' Nashe, *Anatomie of Absurditie* p. 47 (ed. McKerrow) 'impertinent questions, as about Homer's country, parentage and sepulcher, whether Homer or Hesiodus were older, whether Achilles or Patroclus more ancient' (with many others *not* in Seneca).

l. 8. minor Hecuba fuerit quam Helena] In Luc. *Gall.* 17 the cock which has been Euphorbus remarks that Helen was about Hecuba's age, adding, evidently in defence of a view so opposed to the impression which Homer leaves us (see next note), 'Theseus had her to wife first, and he was contemporary with Heracles, who sacked Troy a generation before the Trojan war'.

l. 9. male tulerit aetatem] Homer representing her as very old, Helen as still in the prime of beauty.

§ 7. l. 11. Vlixes ubi errauerit ... ne nos semper erremus] Diogenes (in D.L. 6. 27) τοὺς γραμματικοὺς ἐθαύμαζε, τὰ μὲν τοῦ Ὀδυσσέως κακὰ ἀναζητοῦντας, τὰ δ' ἴδια ἀγνοοῦντας. καὶ μὴν καὶ τοὺς μουσικοὺς τὰς μὲν ... χορδὰς ἁρμόττεσθαι, ἀνάρμοστα δ' ἔχειν τῆς ψυχῆς τὰ ἤθη. Cp. for similar antitheses §§ 9, 13 and 19 : the principle is quite the same in August. *Conf.* l. 21 *quid enim miserius misero non miserante se ipsum et flente Didonis mortem ... non flente autem mortem suam* etc.

**l. 12. utrum ... orbem**] Aul. Gell. 14. 6. 3 mentions in a series of these pedantic *quaestiones* one as to *utrum ἐν τῇ ἔσω θαλάσσῃ Vlixes errauerit an ἐν τῇ ἔξω*, quoting for the former Aristarchus, for the latter Crates Mallotes (who first instituted grammatical studies at Rome).

**l. 14. in tam angusto**] 91. 17 *quis enim esse magnus in pusillo potest?* (of Alexander and the world).

**l. 17. forma**] must refer to Calypso, **hostis** perhaps to Circe.

**l. 18. monstra**] such as the Cyclops.

**l. 19. blandimenta aurium**] of the Sirens.

**l. 20. quomodo patriam amem**] Practical rules (*praecepta, παραινέσεις*) formed an important branch of philosophic composition : cp. 94. 1 *eam partem philosophiae quae dat propria cuique personae praecepta* (with exx. like those given in our passage), B. 2. 18. 1 *qualis pater esse debeat ... qualem esse oporteat filium: sunt aliquae partes mariti, sed non minores uxoris*, Hor. *Ep.* 2. 2. 131 'in this respect he was mad enough, though one who *cetera uitae seruaret munia recto | more: bonus sane uicinus, amabilis hospes | comis in uxorem, posset qui ignoscere seruis'* etc., Epict. 4. 6. 26 *τὸ πρέπον σώζουσιν ὡς ἄνδρες ὡς υἱοὶ ὡς γονεῖς* and Plato cited on § 5.

**§ 8. l. 23. uerba dederit**] 'deceived', a colloquial phrase, which he uses also in the Tragedies. It is a favourite of Ovid's. For the repetition of the *an* clause in a different form cp. 79. 10 above.

**l. 26. corpore ... animo**] Cp. Lucretia in Liu. 1. 58. 7 *corpus est uiolatum, animus insons.*

**§ 9. l. 1. acutae ac graues**] sc. *uoces*, which is inserted by **s**. The simple adj. may have been used in class.

**l. 3. fac quomodo animus** etc.] Cp. Plat. *Lach.* 14 κομιδῇ μοι δοκεῖ μουσικὸς ὁ τοιοῦτος εἶναι, ἁρμονίαν καλλίστην ἡρμοσμένος, οὐ λύραν οὐδὲ παιδιᾶς ὄργανα ἀλλὰ τῷ ὄντι ζῆν ἡρμοσμένος αὐτὸς αὑτοῦ τὸν βίον σύμφωνον τοῖς λόγοις πρὸς τὰ ἔργα, and Diogenes cited on § 7.

**§ 10. l. 7. geometres**] Cp. 91. 17 *Alexander discere geometriam coeperat, ... sciturus quam pusilla terra esset* etc.

**l. 11. digitos**] for calculations : Ou. F. 3. 123 *digiti per quos numerare solemus*, Ira 3. 33. 3 *ualetudinarius faenerator distortis uedibus et manibus ad computandum non relictis.* The

(? colloquial) phrase *commodare manum* (*manus*) analogous to our 'lend a helping hand' (lit. and metaph.) is common in Sen. (including the Tragedies): it occurs also in Vell. and the elder Sen. Hor. has *commodare aurem*.

l. 12. **patrimonium**] i.e. the business which it involves.

l. 14. **quantum habeat**] Petr. 37 *nescit quid habeat*, V.B. 17. 2 *possidere plura quam nosti*.

§ **11.** l. 19. **impotens**] 'greedy', 'grasping': see 80. 8 n. and cp. *Const.* 6. 1 *uicinus impotens aut diues aliquis regnum ... exercens.*

§ **12.** l. 23. **inquit**] the diatribe use (see on 28. 8), particularly awkward here, as one naturally supplies *geometres.*

l. 25. **expedire**] equivalent to *exponere*, as very often in Vergil and Tacitus: the use occurs also in Comedy, Cic., Sall. and elsewhere. For the special force here, 'name off-hand', cp. Iuu. 10. 219 *quorum si nomina quaeras | promptius expediam quot amauerit Oppia moechos.*

l. 27. **bene tecum agitur**] 33. 6 n: it is not everyone that is lucky enough to be able to leave his estates to an heir.

l. 28. **usucapi**] 'is acquired by prescription'. *Vsucapio* was the name given to the right by which a man could become full and absolute owner of a thing by virtue of having had uninterrupted possession of it for a certain time (a year for moveables, two years for land): cp. 12. 8 above, and see the edd. on Hor. *Ep.* 2. 2. 159 *quaedam* si credis consultis *mancipat usus.*

l. 29. **et quidem** etc.] i.e. not the *ager publicus* of a particular state.

## PAGE 114

§ **13.** l. 3. **cadat in**] 'comes under, within the scope of': so in Cicero, who however seems to prefer *sub* in such cases: cp. esp. *Or.* 67 *quicquid sub aurium mensuram aliquam cadit.*

l. 6. **recta linea ... rectum**] For the thought cp. on 11. 10 above.

§ **14.** l. 8. **caelestium** etc.] i.e. the *astrologus* or *Chaldaeus.* For their influence at Rome see M. on Iuu. 14. 248: even as early as the elder Cato's time we find the farm bailiff warned against having recourse to *haruspicem, augurem, hariolum Chaldaeum.* Sen., with the Stoics in general, regards astrology as a science: see N.Q. 2. 32. 7 'The reason why

nativities are so often wrong is because account is taken of
only a *few* stars, *omnia cum ... partem nostri sibi uindicent*'.

l. 9. **frigida** etc.] Verg. G. 1. 336, 337

l. 15. **propitianda**] The verb must have a neutral force
here, signifying not only the appeasing of anger but also the
retention of favour : so in N.Q. 2. 33 where *ad propitiandos
deos* is divided up into *bono fulmine* (where the bolt is
a good omen) *rogare* and *malo f. deprecari*.

§ **15**. l. 16. **continuus ordo**] cp. Cic. N.D. 1. 55 *continuatio
causarum* and see 77. 12 n.

l. 18. **mouent ... notant**] 'cause' ... 'betoken' : cp. N.Q. 1.
1. 4 'On some other occasion we will discuss whether the
gods send us signs, whether *rerum omnium certus ordo ducatur
..., ut quod antecedit aut causa sit sequentium aut signum*'.

**notant**] but below, *significant*, the usual word for προ-
σημαίνειν.

§ **16**. l. 23. **si uero** etc.] Verg. l.c. 424 *sqq*.

l. 26. **satis abundeque**] *sc.* 'without their help'.

§ **17**. l. 27. **numquid ... non**]=*nonne*. 'Well', says Sen.'s
adversary, 'but *isn't* the morrow hidden from me?'

l. 28. **nescienti**] *sc. id euenturum esse*.

**quid futurum sit nescio** etc.] 78. 29 n.

## PAGE 115

l. 2. **remittitur**] 'is abated'.

**boni consulo**] 'I feel thankful', as in 9. 20, 75. 6 and
107. 10 below, not, as usually, 'I am quite content'.

§ **18**. l. 6. **illo**] points forward to the *non ... euntem*, for
which one would expect *quod non eo* or an acc. and inf. clause.

l. 7. **praescriptum**] 'the whole field mapped out' for the
person who is to be really educated, 'syllabus': cp. 94. 9 'Go
into a school, and you'll find that all the teaching of which
philosophers are so proud does not get beyond *puerile
praescriptum*'. Painting and wrestling were not *generally*
included in the ἐγκύκλιος παιδεία.

l. 11. **oleo ac luto**] For the *oil* see 57. 1, for the *mud* which
was contracted by the ἀλίνδησις, when the combatants lay
on the ground struggling, cp. Luc. *Anach.* 1, where the
uninitiated Scythian asks Solon what these young folk are
doing who ἐν τῷ πηλῷ συναναφύρονται κυλινδούμενοι ὥσπερ σύες,

and Galen *Protrept.* 11 ἐν βορβόρῳ πολλῷ τὴν ψυχὴν ἔχουσι κατεσβεσμένην. Kipling's 'muddied oafs' is an echo of a very old protest.

l. 12. **constantem**] 'depending on', as often in Sen. and Quint., though rare, I think, elsewhere. Cic. writes *contineri re*, Livy and the poets (and Sen. himself) occasionally use *stare* thus.

l. 13. **aut**] 'or else', as not uncommonly in Sen.: in Cic. the use seems to be confined to the letters.

**§ 19.** l. 15. **oro te**] of interrogations, as in Liu. 5. 5. 1, and elsewhere in Sen.

**ieiuni uomitores**] refers to their habit of drinking on an empty stomach : 15. 3 n.

l. 16. **corpora in sagina** etc.] Cp. 80. 2 ; Claud. 20. 380 *abundans | corporis exiguusque animi*, Chaucer *Somnour's tale* 172 *fatte his soule and make his body lene*, where Skeat notes from Jean de Meun, *Testament* 346 (of misers) *amegrient leurs ames, plus que leurs cors n'engressent.*

l. 19. **rectam**] 'standing erect', as opposed to *iacentibus* below, the allusion being of course to the ἀλίνδησις.

l. 20. **sudem torquere**] 18. 6 n.

l. 22. **hae ... illae**] sc. *artes*, the old and the new forms of exercise.

l. 26. **ab iracundia uinci**] Cp. Ou. M. 13. 384, 385 ' *Hectora qui solus ... sustinuit* (Ajax), *unam non sustinet iram* '. For the prep. cp. Intr. p. lxviii.

## PAGE 116

**§ 20.** l. 1. **conferunt**] 33. 6 n. Cp. Sext. Emp. *Adv. Math.* 1. 1 ὡς τῶν μαθημάτων μηδὲν συνεργούντων πρὸς σοφίας τελείωσιν.

l. 4. **instrumenta**] 44. 7 n.

l. 9. **litteratura**] Quint. 2. 1. 4 *grammatice quam in Latinum transferentes litteraturam uocauerunt*; Suet. *Gram.* 4 says that at Rome the grammatici were at first styled *litterati*.

**pueris elementa traduntur**] Hor. *Ep.* 1. 20. 17 *pueros elementa docentem*, of a school-book. For the illustration cp. Isocr. in intr. above.

l. 12. **expediunt**] 'set it free', 'help'.

## XC

It is probable that one of Seneca's lost works, the *Exhortationes*, had something in common with this letter. It was, like Cicero's Hortensius, a προτρεπτικὸs (λόγος), i.e. it belonged to that class of philosophical composition which aimed at awakening in the reader the taste for philosophy. Many of the great philosophers are mentioned by Diogenes Laertius as authors of such works, but no complete specimens of these have come down to us. Plato however has something very like a προτρεπτικὸs in his Euthydemus (cc. 8-10, 17 *sqq.*) and Hartlich (*De exhortt. a Graecis Romanisque script. historia*, *Leipz. Studd.* 11. 209 *sqq.*) has given us some idea of the lines taken by προτρεπτικοί of Aristotle, Posidonius, Cicero and Seneca: the προτρεπτικός of the Neo-Platonic writer Iamblichus indeed he believes to contain large portions of Aristotle's treatise. These compositions seem to have consisted generally of two parts, the one a refutation of the attacks on philosophy made by its foes, the other a panegyric of philosophy itself.

One of the favourite arguments against philosophy was that it was a comparatively modern study and so could not be essential for the attainment of Wisdom. In the *Protreptici* this was answered by shewing that it was really of great antiquity: with this statement was often combined an account of the services it had done mankind and the advances it had made.[1] As this is the point on which most of the Senecan letter hangs, it will be useful to quote the passage of Iamblichus which deals with it and comes, if H. is right, from Aristotle's προτρεπτικός (Iambl. *Tert. Comm. Pyth.*, p. 218 V.):

νεώτατον οὖν ὁμολογουμένως ἐστι τῶν ἐπιτηδευμάτων ἡ περὶ τὴν ἀλήθειαν ἀκριβολογία· μετὰ γὰρ τὴν φθορὰν καὶ τὸν κατακλυσμὸν τὰ περὶ τὴν τροφὴν καὶ τὸ ζῆν πρῶτον ἠναγκάζοντο φιλοσοφεῖν, εὐπορώτεροι δὲ γενόμενοι τὰς πρὸς ἡδονὴν ἐξειργάσαντο τέχνας, οἷον μουσικὴν καὶ τὰς τοιαύτας, πλεονάσαντες δὲ τῶν ἀναγκαίων οὕτως ἐπεχείρησαν φιλοσοφεῖν. τοσοῦτον δὲ νῦν προεληλύθασιν ἐκ μικρῶν ἀφορμῶν ἐν ἐλαχίστῳ χρόνῳ ζητοῦντες οἵ τε περὶ τὴν γεωμετρίαν καὶ τοὺς λόγους καὶ τὰς ἄλλας παιδείας, ὅσον οὐδὲν ἕτερον γένος ἐν οὐδεμιᾷ τῶν τεχνῶν. καίτοι καὶ τὰς μὲν ἄλλας πάντες συνεξορμῶσι τιμῶντες κοινῇ καὶ τοὺς μισθοὺς τοῖς ἔχουσι διδόντες, τοὺς δὲ ταῦτα πραγματευομένους οὐ μόνον οὐ προτρέπομεν, ἀλλὰ καὶ διακωλύομεν πολλάκις, ἀλλ᾿ ὅμως ἐπιδίδωσι πλεῖον, διότι τῇ φύσει ἐστὶ πρεσβύτατα.

[1] From the *protreptici* doubtless come many such passages in other works: cp. Cic. *Tusc.* 1. 61 *sqq.*, 5. 5 *sqq.*, Hor. A.P. 391 *sqq.* (though there the *poets* are the sages) Tibull. 2. 1. 37 *sqq.* (man's debt to the *ruris dei*).

Posidonius, according to Seneca, was so carried away by his anxiety to establish the matter (and also to some extent by a certain *dulcedo orationis* : see on § 20 below) as to make early man a philosopher, and the invention of quite trivial implements and utensils the fruit of his researches.  By such a doctrine, Sen. points out, we sacrifice the αὐτάρκεια of the true philosopher who can easily dispense with these inventions.

Macaulay refers to this letter in his Essay on Bacon, treating Seneca's opinions with scant respect : those of Posidonius he regards as an anticipation of Baconian doctrine.

§ **1**.  l. 19.  **nos debere**] is subject to *haberetur*.

l. 21.  **nisi ipsam di ... tribuissent**]  Plat. *Tim*. 16 φιλοσοφίας γένος οὗ μεῖζον ἀγαθὸν οὔτ' ἦλθεν οὔθ' ἥξει ποτε τῷ θνητῷ γένει δωρηθὲν ἐκ θεῶν, referred to by Cic. *Tusc*. 1. 64 and often.

l. 22.  **dederunt**] i.e. as part of his nature.  Cp. e.g. Cic. N.D. 3. 86 *uirtutem nemo deo acceptam rettulit* etc.  That virtue could be *taught* (ἀρετὴ διδακτόν) was naturally a commonplace in the *Protreptici* : Hartlich ascribes to Aristotle's the elaborate proofs of it given by Iamblichus in his, and in the Euthydemus Clinias assumes the point.  Cp. § 44 below.

<h2 style="text-align:center">PAGE 117</h2>

§ **2**.  l. 2.  **obuenit**] often used in the classical writers of the result of the lot.  For the next clause cp. Cic. N.D. l.c. 87 ' we should not be justified in being proud of it, *si id donum a deo, non a nobis haberemus* '.

§ **3**.  l. 5.  **de diuinis humanisque uerum inuenire**] i.e. *scientia rerum d. humanarumque* as Cicero often says (see L S. s.v. *diuinus*) : for Sen. cp. 8. 6, 74. 29, *Hel*. 9. 3.

l. 7.  **comitatus uirtutum**] a Ciceronian expression :  *Fin*. 2. 111 (cp. *Off*. 3. 116 *uirtutum choro*).  For *consertarum* etc. cp. 67. 10 *indiuiduus ille comitatus uirtutum*.

l. 10.  **consortium**] κοινωνία, Cicero's *societas* (cp. next line).

l. 11.  **societatem ... distraxit**]  The same phrase in 65. 22, Cic. *Off*. 3. 28 ;  no doubt it was technical, as *contrahere societatem* was for entry into partnership.  For the sense, cp. below § 36 and *Phaedr*. 540 *rupere foedus impius lucri furor* etc.

l. 12.  **paupertatis causa** etc.]  Cp. Horace's *summas inter opes inops* and the prose version of it in *Hel*. 11. 4 *eum in summis quoque opibus paupertas sequetur*.  See also below § 38,

**73**. 7 *stulta auaritia ... nec quicquam suum creait esse quod publicum est*, B. 7. 10. 6 *sic omnia habeo ut omnium sint.*

§ **4**. l. 16. **naturam incorrupti sequebantur**] Cynics and Stoics held that the study of the habits of early man enabled them to form a clear conception of the 'Life according to Nature'.

l. 19. **mutis gregibus**] The animal kingdom was another source from which the natural life could be illustrated. For the exx. cp. 60. 2 *taurus paucissimorum iugerum pascuo impletur, una silua elephantis pluribus sufficit.*

l. 20. **praecedit armenta**] V.F. 4. 197 (of a herd crossing a strange river : the leader) *pandit iter ... iamque et mediis praecedit ab undis*: the same picture in Stat. T. 7. 436.

l. 22. **uicit**] Cp. the battles described in Verg. G. 3. 217 *sqq.*, Luc. 2. 601 *sqq.*

l. 23. **animo**] abl. of cause, ' on the strength of ... ' ' for ... ': cp. 119. 11 *familia corporibus electa*, Intr. p. lviii.

l. 26. **tuto enim** etc.] ' There is no danger in a man's having as much power as he likes, when he holds the view that he has power to do only what it is his duty to do': cp. *Tro.* 336 *minimum decet libere cui multum licet,* where *minimum* corresponds to *quod debet* here.

## PAGE 118

§ **5**. l. 6. **per quos ... posse**] i.e. ' who had first given him the power to ... '.

§ **6**. l. 11. **in tyrannidem regna conuersa** etc.] Cp. Lucr. 5. 1142 *sqq.* (after the death of the kings) *imperium sibi quisque petebat : | inde magistratum partim docuere creare | iuraque constituere, ut uellent legibus uti.*

l. 13. **tulere sapientes**] Cic. *Tusc.* 5. 5 *tu* (philosophy) *inuentrix legum fuisti*, Hor. A.P. 396 sqq. *fuit haec sapientia quondam | ... leges incidere ligno.*

l. 14. **aequo iure**] ἰσονομίᾳ, 'democracy'. For *fundauit* cp. Verg. A. 6. 810 *primam qui legibus urbem | fundabit*, Liu. 1. 19. 1 *urbem legibus de integro condere parat* (in both cases of Numa).

l. 15. **Lycurgum** etc.] Cic. *Tusc.* 5. 7 *itaque et illos septem, qui a Graecis* σοφοί, *sapientes a nostris ... nominabantur et multis ante saeculis Lycurgum* (with Ulysses and Nestor) *accepimus et fuisse et habitos esse sapientes.*

l. 17. **Zaleuci**... **Charondae**] who legislated for Locri and Catane respectively in the middle of the seventh century B.C.

l. 18. **consultorum**] without *iuris* is probably rare, outside verse. In Cic. *Bru.* 148 the omission was necessary for the sake of the point.

**atrio**] the 'consulting-room' of the lawyer: cp. Hor. *Ep.* 1. 5. 31, Ou. *Am.* 1. 13. 19 and Cic. *De Or.* 1. 200 'A lawyer's house is the city's oracle: *testis est huiusce Q. Muci ianua et uestibulum*'.

**Pythagorae**] Diod. 12. 20. 1 calls Zaleucus a pupil of P.'s: Charondas was sometimes said to have been Z.'s pupil.

l. 20. **per Italiam**] sc. *florenti*: cp. Cic. *Tusc.* 4. 2 (writing of the Pythagoreans) *cum floreret in Italia Graecia potentissimis et maximis urbibus, ea quae Magna dicta est.*

§ **7.** l. 22. **artes a philosophis inuentas quibus ... uita utitur**] Cic. *Tusc.* 5. 6 *tam longe retro respicere non possunt, nec eos a quibus uita hominum instructa primis sit fuisse philosophos arbitrantur.* For the personification of *uita* cp. Tib. 2. 1. 37 *his Vita magistris | desueuit ... pellere glande famen.*

**quidem**] 'but': see on 86. 1.

l. 24. **fabricae**] 'architecture'. The omniscient Pliny tells us that Euryalus and Hyperbius of Athens first *laterarias ac domum constituerunt: 'antea'*, he adds, '*specus erant pro domibus*' (N.H. 7. 194).

l. 25. **sparsos ... tecta moliri**] Cic. l.c. 5 *tu* (philosophy) *dissipatos homines in societatem uitae conuocasti, tu eos inter se ... domiciliis ... iunxisti* (cp. *ib.* 1. 62).

### PAGE 119

l. 1. **moliri**] 'build high' 'rear': cp. Hor. O. 3. 29. 10 *molem propinquam nubibus* (of Maecenas' house), l. 45 *cur ... nouo | sublime ritu moliar atrium?* For the height of houses at Rome see M. on Iuu. 3. 269 (esp. Vitr. 2. 8. 17 who says that, the space being limited, they had to resort *ad auxilium altitudinis*). Even Cicero speaks of *Roma cenaculis sublata atque suspensa* (*Leg. Agr.* 2. 96).

l. 2. **machinationes**] Sen. compares these houses to the *pegmata* of the Amphitheatre, structures rising in several stories and used for various purposes in the performances: cp. the arrangements for the transformation scene of a modern pantomime. In Caes. B.G. 2. 30 the word is used by

the Britons to denote the Roman storming-tower—of whose
effectiveness they were profoundly ignorant.   Cp. 88. 22
*machinatores qui pegmata per se surgentia excogitant.*

l. 3.  **prementium**] 'cramping', of their area, just as *surgentium* refers to their height.   For *urbium* cp. § 43, B.
7. 10. 5 *aedificia priuata laxitatem urbium magnarum uincentia*
and Sall.  *Cat.* 12. 3 *domos atque uillas in urbium modum
exaedificatas.*   Nero's celebrated *Domus Aurea* occupied such
a large part of the city that a pasquinade of the day pro-
phesied *Roma domus fiet* (Suet. *Ner.* 39).   On the other hand
in 114. 9 the roominess of great houses suggests the *laxitas
ruris.*

l. 4.  **uiuaria piscium**] For these *piscinae*, the charms of
which seduced men like Lucullus and Hortensius from
interest in politics (Cic. *Att.* 1. 18. 6, 2. 1. 7 etc.), see M. on
Iuu. 4. 51, where however is omitted V.M. 9. 1. 1, a passage
very like ours: *idem* (Sergius Orata) *uidelicet ne gulam
Neptuni arbitrio subiectam haberet peculiaria sibi maria
excogitauit … piscium diuersos greges separatim … includendo
ut nulla tam saeua tempestas inciderit qua non Oratae mensae
… abundarent.*   Cp. also 55. 6 above.

l. 6.  **distinctos**] V.M. l.c.

§ **8.**  l. 8.  **quo quid aliud erat … dare**]  'What was this but
to …', as often in Cic. lit. 'what but this was to …'.   For
the abl. cp. 110. 15 *quid hoc est aliud irritare cupiditates*: it
seems to have been colloquial.

l. 10.  **cum tanto periculo**] of their falling, as *imminentia*
shews (see § 43 and M. on Iuu. 3. 6).   But the height often
increased the danger in case of fire : cp. Sen. *Contr.* 2. 1. 11
(Intr. p. xli) *tanta altitudo aedificiorum est tantaeque uiarum
angustiae, ut neque aduersus ignem praesidium nec ex ruinis
… effugium sit.*

l. 11.  **suspendit**] 'rear on high': it is an architectural
term for supporting a building or a roof on arches or pillars
(so 84. 12 *magno aggestu suspensa uestibula*): cp. the use of it
(and *suspensura* § 25) in ref. to bath floors supported on
pilasters.

§ **9.**  l. 15.  **in quadratum**] when they are naturally round:
Agesilaus, when he saw in Asia a house roofed with square
beams, said τί οὖν ; εἰ τετράγωνα ἦν (sc. τὰ ξύλα φύσει), στρογ-
γύλα ⟨ἂν⟩ ἐτελεῖτε ; (Plut. *Apophth. Lac.*).

l. 16.  **designata**] the line drawn to indicate where the
plank was to be sawn through.

l. 18. **nam primi**] Verg. G. 1. 144.

l. 19. **epulum**] practically equivalent to *populum*, as it is regularly used of an entertainment in which the whole people shared. The natural place to hold one was of course the forum : cp. Liu. 39. 46. 2 *ludi funebres per triduum facti, post ludos epulum, in quo cum toto foro strata triclinia essent*, etc. Cp. then 115. 8 *capacem populi cenationem*, Plin. *Ep.* 1. 3. 1 *triclinia illa popularia* : the same exaggeration in § 25 below and elsewhere.

l. 21. **longo ... ordine**] each tree supported by several waggons arranged tandem fashion.

**uicis intrementibus**] *Vrbis tumultu* says Tib. 2. 3. 43 of the same kind of incident. Sen. uses *uici* of the streets several times. This passage seems to be in Juvenal's mind 3. 255 *sqq.* : see Mayor there.

**ex illa**] 'made from it'.

l. 22. **auro grauia**] Verg. A. 3. 464, Tac. H. 3. 33. The gilded ceilings (frequently mentioned from the time of Lucretius onwards) regularly appear in diatribes of this kind, such as that in the *Phaedra* (see on § 37 below : 497 *nec trabes multo insolens | suffigit auro*), Musonius' περὶ σκέπης (see on §§ 17, 18 : p. 108 H αἱ χρυσόροφοι στέγαι) and the *Cynicus* ascribed to Lucian (§ 9).

**§ 10.** l. 22. **furcae**] Ou. M. 8. 700 *furcas subiere columnae* (i.e. the props of the little cottage of Baucis and Philemon became pillars of a temple). For the whole picture cp. Tib. 2. 1. 39 *illi (ruris dei) compositis primi docuere tigillis | exiguam uiridi fronde operire domum*.

l. 23. **suspensae**] 'set up', but I can find no other ex. of such a force : the natural meaning would be ' supported ' (§ 8 n.). Vitruvius in very similar context (2. 1. 3) writes *furcis erectis*.

l. 26. **securi**] Cp. §§ 17, 38 and 41 below and Tibull. 1. 3. 46 (also of the Golden Age) *ultro ferebant | obuia* securis *ubera lactis oues*. For what follows cp. Latro in Sen. *Contr.* 2. 1. 1 *quietiora tempora pauperes habuimus : bella ciuilia aurato Capitolio gessimus.*

## PAGE 120

**§ 11.** l. 2. **isto modo**] ' on that principle ', as in Cicero.

l. 3. **tunc laqueis** etc.] Verg. G. 1. 139, 140.

**§ 12.** l. 8. **incendio ... adusta tellus**] A fine description of this in Lucr. 5. 1243 *sqq.*: cp. Athen. 6. 23 (immediately after an extract from Posidonius' account of the collecting of gold among the Helvetii and other Celtic tribes) καὶ τά τε πάλαι μὲν 'Ριπαῖα καλούμενα ὄρη ... νῦν δὲ "Αλπια ... αὐτομάτως ὕλης ἐμπρησθείσης ἀργύρῳ διερρύη. Did the famous gold mines at Σκαπτὴ "Υλη suggest the idea ?

**in summo**] 'on the surface': cp. B. 4. 6. 1 *latentium diuitiarum in summa terra signa (deus) disposuit*, itself very like a passage in Athen l.c. (apparently from Zeno) δείγματος μὲν οὖν χάριν ... ἐπιπόλαιον αὐτῶν (the metals) ἐστι τὸ γένος.

l. 9. **tales**] i.e. ordinary mortals (cp. § 24 below) : the same parallel between the miners and their customers in 94. 59, Athen. l.c.

**§ 13.** l. 14. **corpore incuruato** etc.] alludes to the theory that man's body is specially adapted to enable him to contemplate the heavens etc. : see Mayor on Iuu. 15. 147, where Xenophon, Aristotle, Cic., Sall., Ovid and many others are cited : the germ of it is contained in Plat. *Rep.* 9. 10. Galen points out that its supporters can never have seen 'τὸν καλούμενον οὐρανόσκοπον ἰχθύν'. For **animo humum spectante** cp. Pers. 2. 61 *curuae in terras animae* and Horace's *affigit humo diuinae particulam aurae.*

l. 16. **facilis**] here as often denotes an easy-going man, one who is easily satisfied. The matter in regard to which the *facilitas* is shewn is often denoted by *in* and the ablative : so Cicero and cp. C. 1. 20. 3 *in alieno dolore facilis* ('ready to make allowances when *he* is not the party injured '). For the simple abl. cp. Verg. A. 1. 445 *facilem uictu* (see Henry *ad loc.*) and Sil. 1. 615 *exiguo facilis* (=*contentus*).

l. 17. **expeditissimus**] Cp. intr. to LXXXVII and B. 7. 9. 1 : (A Cynic, if offered our belongings, would reply) *ego uero me ad istud inextricabile pondus non alligo nec in altam faecem rerum hunc expeditum hominem demitto,* Epict. 4. 1. 153 πάντα εὔλυτα εἶχεν, πάντα μόνον προσηρτημένα.

**§ 14.** l. 20. **serram**] Ou. M. 8. 244 *sqq.* describes how he got the idea from a fish bone : no doubt this was the account given in Posidonius ; cp. on § 22.

l. 21. **caua manu**] Cp. *Phaedr.* 519 (see on § 37 below) *iuuat nuda manu | captasse fontem.* This act of D.'s is often mentioned : Seneca's account would almost serve as a translation of the first part of that given by D.L. 6. 37 : θεασάμενός ποτε παιδίον ταῖς χερσὶ πῖνον, ἐξέρριψε τῆς πήρας τὴν κοτύλην, εἰπὼν ' παιδίον με νενίκηκεν εὐτελείᾳ.'

l. 24. dolio] the celebrated πιθός—not a wooden tub, but a large earthenware jar (well shewn in a representation of the interview with Alexander on a relief at the Villa Albani at Rome : Schreiber *Hellenist. Reliefbilder* XCIV).

§ 15. l. 27. crocum] The *sparsio* or sprinkling of the stage and spectators in theatre or amphitheatre with saffron water is alluded to by Lucretius, several Augustan poets, Pliny the elder, Martial etc. Cp. also N.Q. 2. 9. 2.

exprimat] So Ou. A.A. 1. 82 *Appias* (a fountain) *expressis aera pulsat aquis*, Luc. 9. 809 *Corycii pressura croci* (of a *sparsio*), N.Q. l.c. *intentione aquae* (*fit sparsio*).

l. 28. euripos] 55. 6 n.

<h2 style="text-align:center">PAGE 121</h2>

l. 1. uersatilia ... laquearia ... coagmentat] Cp. Petr. 60 (in the middle of dinner) *repente lacunaria sonare coeperunt* ... *ecce autem diductis lacunaribus subito circulus ingens* ... *demittitur* (with garlands and scent bottles attached), Suet. *Ner.* 31 (of the *domus aurea*) *caenationes laqueatae tabulis eburneis uersatilibus.*

l. 3. fericula] This spelling of *fercula* is well attested here and in 122. 3, where indeed three good MSS. have corrupted the word to *pericula.*

l. 7. sericorum] The gen. with *commercium* may denote either the peoples taking part in the traffic, or the objects which they exchange : it often denotes *one* only of the peoples concerned and occasionally one side only of the traffic, as here, where the meaning passes from 'exchange' to 'importation'. So in Liu. 45. 29. 11 and 13 *sale inuecto uti uetuit* is opposed to *salis commercium dedit.* The wearing of the light, almost transparent, material is often censured by Sen. : it had been forbidden to men by a SCTUM of Tiberius' reign, but was too attractive (*propter aestiuam leuitatem*, Plin. N.H. 11. 78) to be given up.

l. 8. si contenti ... in summo] Cp. Zeno in Athen. l.c. οὐδὲν (*sc.* 'of the precious metals') γὰρ ἡ φύσις ἐκβέβληκεν (=*posuit in aperto Ep.* 94. 56) ἐκ τοῦ κόσμου ... ἀλλ' ἐποίησεν ὑπογείους αὐτῶν φλέβας, πολύπονον καὶ χαλεπὴν ἐχούσας ἐργασίαν.

§ 16. l. 11. sapientibus similes] as the absolute *sapiens* was a very rare phenomenon : see on 57. 3.

l. 13. in delicias laboratur] ''tis for luxuries we toil': cp. Eurip. fr. 892 N² 'Corn and water, ἅπερ πάρεστι, we scorn :

τρυφῇ δέ τοι | ἄλλων ἐδεστῶν μηχανὰς θηρεύομεν', Zeno just cited,
and many passages of Sen.

l. 15. **districtos**] i.e. too busy to attend to philosophy.

l. 16. **ad quaecumque**] for *ad ea ad quae* : cp. *Tranq.* 9. 3
*uestes parare in quod inuentae sunt.*

l. 22. **hodieque**] A curious expression for *hodie quoque*,
found in Vell., the elder Plin., Tac. (*Germ.*) and Suet. Sen.
has it four or five times again. There seem to be no other
cases in which *que* has this force.

**§ 17.** l. 24. **calorem**] Muson. περὶ σκέπης, 107 H : 'We
must build our houses to be ... ἡλίου καὶ ἀνέμων ἐπικούρημα τοῖς
δεομένοις'.

l. 26. **uetustas**]=*uetusti*, as in N.Q. 4. 2. 17.

l. 28. **specum**] *Phaedr.* 539 *opaca dederant antra natiuas
domos*, Muson. l.c. 'The house should play the part of a
σπήλαιον αὐτοφυές'.

**recesserunt**] 'fell back'.

PAGE 122

**§ 18.** l. 11. **horum**] rather vague, pointing back to the
luxurious ways of § 15.

l. 13. **parata**] 'easily to be obtained' : 87. 3 n.

l 14. **fomenta**] 'warm wraps': how nearly it suggests the
idea contained in our word 'coddling' appears from *Prou.*
4. 9 (colds very liable to attack the man *quem specularia
semper ad afflatu uindicauerunt, cuius pedes inter fomenta
subinde mutata tepuerunt*, who has his rooms warmed by hot-
water pipes). Cp. Muson. l.c. 106 H 'not good τὸ σῶμα
ταινίαις κατειλεῖν οὔτε χεῖράς τε καὶ πόδας περιδέσει πίλων ...
μαλακύνειν'.

l. 15. **ingens negotium**] 'a big affair', doubtless a colloquial
phrase : cp. 49. 9 *i. n. in manibus est*, Cic. *Att.* 5. 12. 1
*negotium magnum est nauigare*, and ἔργον in L.S.

l. 16. **obuia**] 'ready to hand', a Silver use : in Tib. 1. 3. 46
(cited on § 10) the literal force is still strong. Cp. Quint. 2.
16. 14 *ex obuio fere cibus.*

l. 17. **prout necessitas**] i.e. *maior minorue.* Cp. 2. 6 *modus
diuitiarum : habere quod necesse est*, § 19 below.

l. 18. **misera**] 'cause of worry' : cp. *sollicitus* in B.V. 17. 4
*maxima quaeque bona sollicita sunt* and esp. 119. 15 (in context
closely resembling ours) *deliciis omnia misere ac sollicite*

*comparantur.* The force is similar in Hor. A.P. 295 *miserα arte.*

§ **19.** l. 22. **ingenio**] i.e. exercises its brains to meet their demands.

l. 23. **contraria**] 'injurious', as in 89. 13 *non tantum super-uacuas, sed etiam contrarias.*

l. 26. **circitatur**] 'is pestered': the noun *circitor* denoted according to Ulpian, *Dig.* 14. 3. 5. 4, a kind of pedlar who took clothes and linen goods round from door to door.

**negotium gerunt**] 'work for': C. l. 3. 5 *totum corpus animo deseruit ... manus pedes oculi negotium illi gerunt.*

l. 27. **praestabantur**] A slave had a right to bare rations (called *demensum* in Ter. *Phorm.* 43, elsewhere *diaria*). *Praestare* seems technical: cp. B. 3. 21. 2 *aliquid quod domi-nus praestare seruo debeat, ut cibaria,* Claud. 15. 71 *diurnos, | ut famulae, praestare cibos* etc.

## PAGE 123

l. 2. **odores**] 'perfumes', concrete as already in Plautus and Cicero: Spenser, F.Q. 6. 10. 124 *Sweet flow'rs ... And fragrant odours they upon her threw.*

l. 3. **molles motus docentium**] of dancing masters: cp. Hor. O. 3. 6. 21 *motus doceri ... Ionicos.*

l. 4. **infractos**] 'unmanly', κεκλασμένους, τεθρυμμένους: cp. 114. 1 below, Quint. l. 10. 31 (*musice*) *nunc in scenis effeminata et impudicis modis fracta.* This use of *frangere* and com-pounds seems to be mainly Silver.

l. 5. **ope**] 'relief': so ἐπικούρημα in Xenophon and Musonius.

§ **20.** l. 8. **dulcedo orationis**] Strabo mentions this weakness of P.'s : III 2. 9 οὐκ ἀπέχεται τῆς συνήθους ῥητορείας, ἀλλὰ συνενθουσιᾷ ταῖς ὑπερβολαῖς (in describing the metals of Spain).

l. 10. **ex his**] a Grecism, I take it, on the model of e.g. Παταγύας, ἀνὴρ Πέρσης, τῶν ἀμφὶ Κῦρον πιστῶν in Xenophon : so B.V. 10. 1 *Fabianus, non ex his cathedrariis philosophis, sed ex ueris.* Sallust had led the way with phrases like *misit e praesentibus* (*Iug.* 93. 7): Curtius writes *e spadonibus mon-strantibus* for 'when some of the eunuchs pointed out', and Tac. has similar expressions.

l. 11. **primum ... deinde**] i.e. spinning and weaving. Tr. 'First, how some threads are twisted and others spun softly

and loosely, then how the hanging weights enable the warp
to have its threads stretched straight up and down, and how
the weft, inserted to soften the (warp) threads that pass each
side of it, is made to close together and unite by means of
the batten.'

l. 12. **torqueantur ... ducantur**] Ou. M. 4. 34 *aut ducunt lanas
aut stamina pollice uersant*. The wool is on the distaff in a ball:
from it the spinner *draws down* a number of threads (hence
*deducere* = ' spin '). Strength was obtained by twisting the
threads : those that were loosely spun (ὅσα τὴν συστροφὴν
χαύνην λαμβάνει Plat. *Polit*. 23, *ex molli solutoque ducere*
here) were comparatively soft.

l. 13. **ponderibus**] Each warp-thread (*stamen*) was fastened
(*iuncta* in Ovid below) to the *iugum*, the crosspiece at the top
of the loom ; at its lower end was attached a weight to make
it hang straight.

l. 14. **subtemen**] the woof or weft, the cross threads.

l. 15. **duritiam**] Plat. *Leg*. 5. 7 'We must not make warp
(στήμονα) and weft (ἐφυφήν) from the same kind of thread.
διαφέρειν δ' ἀναγκαῖον τὸ τῶν στημόνων πρὸς ἀρετὴν γένος· ἰσχυρόν
τε γὰρ καί τινα βεβαιότητα ... εἰληφὸς, τὸ δὲ (sc. τῆς ἐφυφῆς)
μαλακώτερον'.

**utrimque comprimentis tramae**] 'the warp-threads
which hold it this side and that'. The threads of the warp
had to be drawn apart so that the odd ones were on the
one side, the even on the other. The weft threads went
through the passage thus formed and the two rows of warp
threads might well be said to press the weft between them.
For *comprimere* cp. N.Q. 2. 16 'We take up water in a cup
formed by joining the two hands and then force it out *com-
pressa utrimque palma*', *Phaedr*. 1024 *duobus terra* (Isthmus
of Corinth) *comprimitur fretis*. [*Trama* evidently denotes
the warp divided to form a passage in the manner above
described. The view is expressed in *Dict. Ant*. s.v. *Tela*
that *trama* is the web of crossed threads, the crossing of the
threads after the *subtemen* is shot through, and among the
passages quoted as suiting this interpretation is ours, which
seems to me quite fatal to it. How can the *subtemen* be said to
soften the hardness of the warp-threads—*and* the *subtemen* ?']

l. 16. **spatha**] an implement in the form of a large wooden
sword (*spatha* = *épée*) used for making the threads of the weft
lie close together.

l. 18. **postea**] i.e. not in the Golden Age.

**hoc**] the kind just described, of which he now quotes (evidently from memory) a poetic description from Ou. M. 6. 55 *sqq*. The earliest form of weaving probably 'took the form of simple plaiting', says the article *Tela* in *Dict. Ant.*, and Lucr. 5. 1350 *sqq*. argues that the loom marked a stage in civilisation. [At first sight it looks as though Sen. were referring to the fact that the Ovidian loom, with the *pecten*, was an advance upon the one described by Posidonius, with its *spatha*. The context however shews that this is not so, for the fact that the invention ascribed by P. to the philosophers of the Golden Age was eventually improved upon obviously has nothing to do with the question whether he was right in ascribing it to them.]

l. 20. **harundo**] κανών, a rod threaded through the warp to form the passage described above.

l. 21. **radiis**] 'shuttles', containing the weft-thread: they were pointed: cp. Soph. *Ant*. 976 κερκίδων ἀκμαῖσιν.

l. 22. **pectine**] an improvement on the *spatha*: each stroke with it accounted for as many spaces between the upright threads of the warp as it had teeth.

l. 24. **uestis** etc.] i.e. *Serica*: cp. 114. 21 below, and almost identical language in B. 7. 9. 5.

§ **21**. l. 27. **proscissum**] of *first* ploughing in Varr. R.R. 1. 29. 2.

l. 28. **iteratum**] Col. 2. 4. 4 *censeo quod iam proscissum est iterare.*

l. 29. **herbas**] 'weeds': cp. esp. *Prou*. 3. 6 *Fabricius cenat herbas quas in repurgando* ('weeding': so *purgare* in Pliny, *purgamenta* in Sen.) *agro uulsit.*

l. 30. **necet**] technical: so 73. 16 (of a bad soil), in Laberius and Pliny (of ivy), and metaphorically in *Phaedr*. 454 *quid ... necas indolem?* (with an illustration from *seges* immediately following), Prudent. *Symm*. 2. 1041 (tares).

## PAGE 124

l. 2. **cultores agrorum**] i.e. men who make no claim to the title of *sapientes*.

§ **22**. l. 4. **in pistrinum summittit**] Cic. *De Or.* 1. 46: 'Some philosophers would like the orator to be debarred from

higher ambitions and *tantum in iudicia et contiunculas tamquam in aliquod pistrinum detrudi et compingi*'. The threat
' you shall go to the pounding mill' is common with slaves in
Latin comedy, possibly such expressions became proverbial
to express the idea of degradation. Here of course the
phrase may be taken literally.

l. 6. **rerum naturam imitatus**] For the theory that all arts
are based on imitation of nature cp. Arist. *Meteor.* 4. 3 μιμεῖται
ἡ τέχνη τὴν φύσιν, Cic. *Leg.* 1. 26 *artes ... repertae docente
Natura, quam imitata ratio* etc., Claud. 45. 44 ' *quodsi
omnis nostrae paulatim industria uitae | fluxit ab exemplis*, I
think the Parthians and Cretans got their mode of fighting
from this animal, the porcupine': cp. too Ovid cited on § 14.
For the following description cp. the Stoic Balbus in Cic.
N.D. 2. 134 *sqq. ad haec percipienda* os *est aptissimum ...
dentibus manditur atque ab his extenuatur et molitur cibus ...
quae confectio etiam a* lingua *adiuuari uidetur.    ... in* aluo
*multa sunt mirabiliter effecta ... ut facile et* calore *quem multum
habet ... et praeterea spiritu omnia cocta atque confecta* in
reliquum corpus diuidantur.

l. 12. **accedit**] ' is absorbed into'; cp. 2. 3.

§ **23**. l. 14. **pars immobilis**] the upper teeth.

l. 16. **regeruntur**] as the particles of food were by the
tongue ; so the *aqua* of the next sentence corresponds to
*saliva*.

l. 18. **perdomuit**] 'knead'. So *domare* in V.F. 6. 360 for
the Greek δέψειν, of hide-currying. *Depsere* seems almost
confined to Cato: cp. esp. *Agr.* 74 *farinam in mortarium
indito : aquae paulatim addito, subigitoque pulchre : ubi bene
subegeris defingito coquitoque.*

l. 21. **seruiret arbitrio**] ' be capable of being regulated'.
For this, or a very similar, use of the verb cp. H.O. 777 *seruit
hoc Austro latus* (sc. *Euboeae*), Plin. P. 50 *unius oculis flumina,
fontes, maria deseruiunt.* It seems Silver, so that it is interesting to note Pind. O. 3. 41 ἔδοξεν αὐτῷ κᾶπος ὀξείαις ὑπακουέμεν
αὐγαῖς ἀελίου (having no trees to shade it).

§ **24**. l. 24. **recta**] ' in its perfect form': Cic. N.D. 2. 34
' *Ratio* the property of man as distinguished from the beasts ;
above ordinary man come those *quibus a principio innascitur
ratio recta constansque* ' (a little later *perfecta atque absoluta*).
Cp. Cicero's *rectum officium* for the Stoic τέλειον καθῆκον
or κατόρθωμα.

PAGE 125

§ **25.** l. 6. **aliis ... quibus]** Intr. p. lvii.

l. 8. **speculariorum]** 86. 11 n.

l. 10. **suspensuras]** see on § 8. In the Roman villa at Brading in the Isle of Wight are the remains of a hypocaust of this kind with fifty-four pillars each consisting of about 13 tiles and 2 feet 6 inches in height. There is another at Cirencester. In chilly Britain *suspensurae* were by no means confined to baths, and even Pliny's villa at Laurentum had a corridor warmed in this way (*Ep.* 2. 17. 9): cp. *Prou.* 4. 9 below.

**impressos parietibus tubos** etc.] *Prou.* 4. 9 *cenationes subditus et parietibus circumfusus calor temperauit.* **Impressos** means 'set in'.

l. 15. **populorum]** § 9 n. above.

**suscipimus]** 'support': 82. 21 n.

**uerborum notas]** For the existence of 'shorthand' in ancient times cp. e.g. *Dict. Ant.* s.v. *Notae.* The most important passage is Suet. p. 135 R. *uulgaris notas Ennius* (grammarian of Augustan period) *primus mille et centum inuenit.* (By *primus* he apparently means 'the first to do so on a large scale', for he goes on presently) *Romae primus Tullius Tiro, Ciceronis libertus, comment(at)us est notas, sed tantum praepositionum. post eum Vipsanius, Philargyrus et Aquila, libertus Maecenatis, alius alias addiderunt. denique Seneca, contracto omnium digestoque et aucto numero opus effecit in quinque milia.* Plut. *Cat. Min.* 23 connects with Cicero the invention of σημεῖα πολλῶν γραμμάτων ἔχοντα δύναμιν, and there is preserved in various MSS. a very considerable collection of such abbreviations under the title *Notae Tironis et Senecae.* The philosopher's contemptuous language here does not in the least exclude the possibility of his having regarded them as practically useful. For the expression *uerborum notas* (i.e. a special sign for a given word) cp. Manil. 4. 197 *hinc et scriptor erit uelox* (ταχυγράφος), *cui littera uerbum est,* Prudent. *Perist.* 9. 23 *uerba notis breuibus comprendere.*

l. 16. **excipitur]** The regular word for taking notes of any kind: cp. e.g. 108. 6 (pupils) *cum pugillaribus ueniunt, non ut res excipiant sed ut uerba.*

l. 17. **sequitur]** *Apocol.* 9 (Janus, eloquent as the forum-god should be), *multa diserte dixit quae notarius persequi non potuit,* Quint. 1. pr. 7 *quantum notando consequi potuerant.*

l. 18. **mancipiorum**] Tiro and Aquila at any rate were freedmen.

l. 19. **altius sedet**] *Altius* must I think mean 'higher': the metaphor may be that of a tribunal (cp. 74. 28 *altius fastigium* of virtue, 76. 31 *alt. fast.* of the rich and influential, 111. 4 *fastigium* of philosophy) or a professorial chair (see on 88. 4). Cp. esp. 95. 10 *erras si putas (philosophiam) tantum terrestres operas promittere : altius spirat.*

§ **30.** l. 20. **abduxit**] 'divorced'.

§ **31.** l. 24. **Anacharsis** etc.] Strabo 7. 3. 9 ascribes the statement to Ephorus, and adds that it was false : πῶς γὰρ ὁ τροχὸς εὕρημα αὐτοῦ, ὃν οἶδεν Ὅμηρος; Pos. had met such appeals to *Il.* 18. 600 *sqq.* by declaring the lines interpolated, an early example of the tendency to sacrifice the poet's text to the commentator's theories as to the culture of the Homeric age.

l. 30. **tamquam**] '*qua*', we should say : and so does Sen. in the next clause : the same variety in 85. 34.

l. 6. **sapientem inuenire**] 76. 4 n.

§ **32.** l. 7. **Democritus**] I know no other authority for this statement.

l. 9. **medio saxo**] the keystone : cp. 118. 16 *unus lapis facit fornicem, ille qui latera inclinata cuneauit et interuentu suo uinxit.*

§ **33.** l. 12. **excidit**] 27. 5 n. It is, I think, used ironically here : 'why don't you say ... ? '

l. 13. **ebur molliretur**] Plutarch *An uitios. ad infel. suff.* 4 τὸν ἐλέφαντα τῷ ζύθει (beer) μαλακὸν γενόμενον καὶ χαλῶντα κάμπτουσι καὶ διασχηματίζουσι.

§ **34.** l. 23. **deinde ... imperata**] The language of 76. 23 and 120. 12 coincides closely : cp. intr. to cvii.

**universa**] Cp. 76 l.c. (The good man cheerful whatever befalls him) *sciet enim id accidisse lege diuina, qua uniuersa procedunt* ('in accordance with which the world's course goes on'), 71. 16 *lex uniuersi* (in similar context), and the κοινὸς νόμος of Cleanthes' Hymn.

l. 24 **derexit ad**] 'made to conform with': cp. Cic. *Leg.* 2. 13 *naturam, ad quam leges hominum deriguntur.*

l. 24. **sequi deos**] 16. 5 (*philosophia*) *docebit ut deum sequaris feras casum.* V.B. 15. 5 *illud uetus praeceptum : 'deum sequere'*: cp. also 107. 9 and 11 below.

l. 28. **mixtas paenitentia**] See the intr. to XXVII (esp. Antisthenes there cited).

l. 29. **felicissimum esse** etc.] Cp. 12. 5 n., and just below.

### PAGE 127

§ **35.** l. 2. **ciuem extra patriam**] alludes to Epicurus' maxim οὐ πολιτεύσεται ὁ σοφός: cp. e.g. Cic. *Fam.* 7. 12. 2 'They tell me you've turned Epicurean : *quid fiet populo Vlubrano, si tu statueris* πολιτεύεσθαι *non oportere?'*

**extra mundum deos**] Epicurus made them dwell in the space between the various worlds (the μετακόσμια or *intermundia*). Cp. particularly fr. 362 Us. καθάπερ εἰς ἀλλοδαπὴν ἀπῴκισε (τοὺς θεοὺς) καὶ ἔξω που τοῦ κόσμου καθίδρυσε.

l. 3. **donauit**] probably 'made the slave of ': at least *Marc.* 20. 2 *fortuna aequo iure genitos alium alii donauit* and C. 1. 3. 2 *inter illos* (Epicureans) *qui hominem uoluptati donant* suggest this rendering rather than 'sacrifice', a force which might well arise from that illustrated on 78. 17.

l. 6. **pretium ... pretio**] 'reward' will suit both cases. For **capi** cp. e.g. 9. 12 'the wise man comes to friendship *quomodo ad rem pulcherrimam, non lucro captus'*.

§ **36.** l. 12. **ex**] i.e. 'abandoning': cp. § 3 above.

§ **37.** l. 14. **statum quidem** etc.] With this description of primitive man it is interesting to compare that of *Phaedr.* 483 *sqq.* from which several parallels have already been cited (see §§ 3, 9, 14, 17). The resemblances are recorded in the notes, and are very close. The view it represents was the popular one, not accepted by all authorities. A struggle for existence is clearly assumed in the Aristotle passage cited in the intr. to the letter, and Zenodotus in explaining the Homeric δαιτὸς ἐΐσης remarked that οἱ πρῶτοι ἄνθρωποι, οἷς δὴ οὐ παρῆν ἄφθονος τροφὴ, ἀθρόον ἐπ' αὐτὴν ἰόντες βίᾳ ἥρπαζον καὶ ἀφῃροῦντο τοὺς ἔχοντας καὶ μετὰ τῆς ἀκοσμίας ἐγίνοντο καὶ φόνοι (so Athen. 1. 21). The point is dealt with at length by Rohde, *Gr. Rom*². 216² (where however these passages are omitted).

l. 20. **nulli subigebant** etc.] Verg. G. 1. 125 *sqq. In medium quaerebant* means that what they gained went into the common stock : cp. *in commune* etc. below.

**§ 38.** l. 25. **sufficiebat … in tutelam**] *Hel. 9. 1 terra …* (Corsica) *uix ad tutelam incolentium fertilis.*

l. 29. **seducere**] ' set apart ', withdrawing it from the common stock for his own personal use.

### PAGE 128

**§ 39.** l. 6. **prouinciarum spatium**] a favourite thought of Seneca's: cp. 89. 20, *Ira* 1. 21. 2, B. 7. 10. 5 : cp. too Petr. below.

l. 7. **per sua peregrinationem**] 89 l.c. ' not content unless *trans Hadriam et Ionium Aegaeumque uester uilicus regnat* ', and esp. Petr. 48 where Trimalchio says ' I want to add Sicily to my estates, *ut, cum Africam libuerit ire, per meos fines nauigem* '.

**§ 40.** l. 12. **diripientium**] implies that in the plundering much got wasted : cp. Tac. H. 4. 22 *rapi permisere : ita paucis diebus per licentiam absumpta sunt quae aduersus necessitates in longum suffecissent.*

l. 13. **non minus inuenisse quam … monstrare**] We should say ' the teaching … quite as much as the discovery ' ; the same inversion in 102. 30 : cp. on 12. 6.

l. 15. **superesse poterat** etc.] implies an impersonal phrase *mihi superest* (*deest*), ' I have too much (little) ' : cp. B. 2. 10. 1 *ne hoc quidem confitenti, deesse sibi in sumptum ad necessarios usus.*

l. 16. **nondum ualentior** etc.] *Phaedr.* 543 *factus praeda maiori minor.*

l. 17. **sibi**] emphatic, ' for his own private use '.

**iaceret**] emphatic, ' lie stored up, unused '. It seems almost technical in this connexion : cp. B. 1. 2. 4 (*beneficia*) *apud ingratos iacebunt* (opposed to *aliquid redit* just before), Plin. *Ep.* 10. 54 (62). 1 *pecuniae otiosae iaceant.*

**§ 41.** l. 21. **feras**] *Phaedr.* 502 *callidas tantum feris | struxisse fraudes nouit.*

l. 25. **sollicitudo nos in … purpura uersat**] Antiphanes in Athen. 4. 44 ''Tis wretched μαλακῶς καθεύδειν δεδοικότα'. It was probably a favourite thought with Epicurus : cp. Lucr. 2. 34 (purple won't cure fevers), Epic. 207 Us. κρεῖττόν σοι θαρρεῖν ἐπὶ στιβάδος κατακειμένῳ ἢ ταράττεσθαι χρυσῆν ἔχοντι κλίνην. Cp. also *Phaedr.* 520 *certior somnus premit | secura duro membra uersantem toro*, and Luc. *Cyn.* 9 ὄψει πολλάκις

ἐπὶ τῆς ἐλεφαντίνης κλίνης καὶ τῶν πολυτελῶν στρωμάτων τοὺς
εὐδαίμονας (rich, *beati*) ὕπνου λαχεῖν οὐ δυναμένους.   Mart. 2. 16
has a characteristic refinement of the *locus* : ' the sick man's
purple coverlets are really the cause of his fever'.

**§ 42.** 1. 27. **non impendebant** etc.] Compare with this
passage a fine one in B. 4. 6. 2, where Seneca reproaches
man for ungratefulness to God : *si domus tibi donetur in qua
marmoris aliquid resplendeat etc. etc., non mediocre munus
uocabis:* (as it is) *ingens tibi* domicilium sine ullo incendii aut
ruinae metu *struxit, in quo uides ... integras lapidis pretio-
sissimi moles etc. etc., tectum uero aliter nocte aliter interdiu
fulgens.* See also *Phaedr.* 496 *sqq. mille non quaerit tegi |
diues columnis ... non cruor largus pias | inundat aras ... sed
rure uacuo potitur et aperto aethere | innocuus errat.*

## PAGE 129

1. 2. **in praeceps agebatur**] ' whirled down into space',
the idea being that beyond the horizon is the edge of a
yawning precipice : cp. Manil. 2. 794 where the western *cardo*
is described in very similar language (' here' he says, '*fugit
mundus praecepsque in Tartara tendit* ').

1. 4. **domus**] B. l.c. above.  *Caeli domus, mundi d., Olympi
d.* and the like are found in the poets from Ennius onward.

1. 5. **media caeli parte**] the zenith, *ex occulto* being the
eastern horizon.

**§ 43.** 1. 7. **at uos** etc.] B. l.c. above.

1. 8. **picturas**] ' wall paintings' such as are found in pro-
fusion at Pompeii.

**si quid increpuit**] almost proverbial : cp. Cic. *Cat.* 1. 18
*quicquid increpuerit, Catilinam timeri (non est ferendum)*, Sen.
*Ep.* 96. 1 *domus crepuit* (in a list of disasters).

1. 9. **attoniti**] of fear, as often in Sen.: Livy and Tacitus
use it with *pauore, terrore* etc.

**instar urbium**] § 7 above.

1. 10. **spiritus**] *Tranq.* 17. 8 '*in ambulationibus apertis
uagandum*, that the mind may be quickened *caelo libero et
multo spiritu* ', *Phaedr.* 501 *aperto aethere.*

1. 11. **perflatus**] is very typical of Seneca's ' technical'
vocabulary (Intr. pp. xlii *sqq.*): L.S. cite only Vitr., Cels.,
Col. and the elder Pliny for it.

**leuis**] as opposed to *grauis*, 'healthy', 'refreshing':
conversely Verg. E. 10. 75 *grauis cantantibus umbra*.

l. 13. **obsolefacti**] 'with all the freshness spoiled': so *obso-
lescere* is opposed to *nitere* and the like in Cic. and the younger
Pliny, to *illustrior* (*fieri*) in Tac.   For this interesting
manifestation of some sense of Nature's beauty cp. Fabianus
in Sen. *Contr.* 2. 1. 13 (cited in Intr. p. xli) and Iuu. 3. 17
*sqq.*: *in uallem Egeriae descendimus et speluncas | dissimiles
ueris: quanto praesentius esset | numen aquis, uiridi si mar-
gine cluderet undas | herba, nec ingenuum uiolarent marmora
tofum.*

§ **44**.  l. 18.  **sed**] returns to the beginning of § 37.   For
the words cp. *Phaedr.* 483 *non alia* (*uita*) *magis est libera
aut uitio carens.*

l. 20. **iam**] really qualifies *est*, 'when we come to that title
it is a matter of ...'.   For **in** cp. 16. 3 *philosophia non in
uerbis sed in rebus est* and Intr. p. lxix.

l. 22. **a dis recentes**]  Plat. *Phileb.* 6 οἱ παλαιοὶ κρείττονες
ἡμῶν καὶ ἐγγυτέρω θεῶν οἰκοῦντες, Dicaearchus (in his βίος
Ἑλλάδος, quoted by Porphyr. *De Abstin.* 4. 2) τοὺς παλαιοὺς
καὶ ἐγγὺς θεῶν (φησὶ) γεγονότας, Cic. *Tusc.* 1. 26 (*antiquitas*)
*quo propius aberat ab ortu et diuina progenie hoc melius ea
fortasse quae erant uera cernebat.*

l. 23. **mundus nondum effetus**]  Lucr. 5. 799, 800 *minus est
mirum si tum sunt plura coorta | et maiora, noua tellure,*
2. 1150 *iam ... effeta tellus.*

**quemadmodum ... ita**]  'though ... still', for *ut ... ita*, a
somewhat rare use I think.

l. 26. **dat uirtutem**] repeats §§ 1, 2.

§ **45**.  l. 28.  **ima terrarum faece**]  94. 58 *nihil est illis*
(gold and silver etc., the *ima terrarum* as he has just called
them) *dum fiunt et a faece sua separantur informius.*

l. 30. **homo hominem ... spectaturus occideret**]  7. 3 n.

§ **46**.  l. 3.  **quid ergo** est?]  a colloquial phrase, occurring
frequently in Sen. and found also in Cic., Hor. (A.P. 353)
and Petr.   It qualifies the preceding sentence (which sometimes, as here and in 32. 2, contains a concessive *quidem*)

and seems to mean 'But what of that'. Here, as often, it corresponds to the French *n'importe*, 'all the same'.

**ignorantia**] *sc.* 'only', and so with *nesciat* below and *materia* in the last sentence of the letter.

l. 6. **iustitia** etc.] the four cardinal virtues of Cicero's *De Officiis*.

## CVII

For this kind of *Consolatio* see intr. to LXIII, where LXXXI and Iuu. 13 are compared.

For the particular incident which forms the text of our letter cp. the famous story of Diogenes, who refused to follow in pursuit in such a case, saying γελοῖον εἰ Μάνης μὲν χωρὶς Διογένους ζῇ, Διογένης δὲ χωρὶς Μάνου οὐ δυνήσεται (D.L. 6. 55). Hor. *Ep.* 2. 1. 121 regards as a virtue almost peculiar to the poet the power to look upon such things as *fugas seruorum* as a joke.

Just as LXXXI becomes a discussion of various aspects of gratitude, so here we soon pass into the theme of resignation in general, for which see note on 90. 34. One of the passages there cited (120. 12), the whole of XCVI, *Prou.* 5. 4–7 and V.B. 15. 5 are full of parallels to our letter: some of these I cite below.

§ **1.** l. 16. **dispiciendis**] of seeing *clearly* and in the right light: cp. C. 2. 6. 1 *tristitia inhabilis est ad dispiciendas res.* Sen. uses *dispectus* (a word peculiar to him) in the corresponding sense.

### PAGE 131

l. 1. **nomen**] They could not really be friends, if they were ready to deceive one. Cp. 3. 1 'You say I must not speak quite freely to your friend, which is practically to say that he is *not* a friend : *proprio illo uerbo quasi publico* ("in its popular sense") *usus es*'.

l. 2. **quo turpius non sint**] From *amicorum* implied in *nomen* must be supplied *amici* as *predicate* to *sint*. Translate 'that their failure to deserve the name may be more inexcusable'.

l. 4. **te aliis molestum esse**] a contemptuous way of referring to L.'s *occupationes*: '*you* were plaguing *other* people', as the slaves had plagued him.

§ **2.** l. 4. **nihil insolitum**] a stock argument in all *Consolationes*, including that of the Queen in *Hamlet* ('Thou know'st

'tis common') : cp. 96. 1 *solet fieri*, Iuu. 13. 8 *nec rara uidemus* |
*quae pateris*. Another turn is given the thought in 81. 1
*si hoc nunc primum, age ... gratias*.

l. 6. **ridiculum est**] Iuu. l.c. 34 *nescis* | *quam tua simplicitas
risum uulgo moueat*.

**spargaris**] In *Ira* 3. 6. 4, B. 6. 9. 1 *respergi* is used
similarly. Martial and Juvenal both refer to the muddiness
of Rome's streets : 96. 3 closely resembles our passage : the
context in *Ira* l.c. is the same.

l. 7. **publico**] 'the streets'.

l. 9. **incident**] i.e. by accident. Cp. 96. 1 *decernuntur, non
accidunt*, 120. 12 *non in se casu delatum, sed quasi delegatum
sibi, Prou.* l.c. 7 *non incidunt, sed ueniunt*.

l. 11. **arietes**] See on 56. 13.

l. 12. **o mors**] Soph. *Aias* 854 ὦ Θάνατε, Θάνατε νῦν μ'
ἐπίσκεψαι μολών, Prop. 2. 13b 50 *diceret aut 'o Mors, cur mihi
sera uenis ?*'

**mentiaris**] because, as Admetus says in Euripides (*Alc.*
669 *sqq.*), though men pray for it, ἢν ἐγγὺς ἔλθῃ Θάνατος, οὐδεὶς
βούλεται | θνῄσκειν.

l. 13. **efferes**] 'bury'.

§ **3.** l. 15. **mori uult** etc.] If the text is sound, the
meaning must be 'Does anyone say he would fain die? I
dare say he would, but he must be ready for worse than
that, lingering disease and sorrow for instance and all the
troubles to which life on earth is liable'.

**praeparetur**] 18. 6 n.

l. 16. **uenisse ubi**] perhaps a colloquial phrase : cp. *Apoc.* 7
*desine fatuari : uenisti huc ubi mures ferrum rodunt*.

**ubi tonat fulmen**] i.e. where trouble must be expected :
cp. *Ira* 3. 6. 1 *pars superior mundi ... omni* tumultu *caret :
inferiora* fulminantur, *Tranq.* 11. 7 *sciebam in quam tumul-
tuosum me contubernium natura clusisset*, Plin. N.H. 2. 102 *hinc*
(below moon) ... tonitrua ... fulmina ... *plurima* mortalium mala.

l. 18. **luctus** etc.] Verg. A. 6. 274, 275 (of the 'vestibule'
of Hell where these and other personifications are on guard).

l. 20. **contubernio**] *Tranq.* l.c. above.

§ **4.** l. 26. **nouitate grauiora**] 91. 3 *nouitas adicit calamitatibus pondus*, 76. 34 *magna pars est apud imperitos mali nouitas*.

§ **5.** l. 1. **occiderunt**] 77. 7 n.

l. 6. **cum maxime**] 7. 6 n.

§ **6.** l. 9. **nulli querenda quia paria omnibus**] cp. 30. 11 and Cic. *Tusc.* 1. 119 *quod omnibus necesse est, idne miserum esse uni potest?*

l. 12. **usi sunt**] 'have availed themselves of', or more generally, 'have had', *omnibus* of course meaning 'to be available for all'.

l. 13. **aequitas**] 'resignation', as occasionally in Cicero; cp. the force of the adj. in *aequo animo*.

**tributa**] 96. 2 *tributa uitae*, N.Q. 6. 32. 12 *mors tributum officiumque mortalium*.

§ **7.** l. 18. **homo perniciosior feris omnibus**] A favourite thought in popular philosophy : see Intr. p. xl and cp. 103. 2, C. 1. 26. 4. Martial has an epigram upon it in *Spect.* 18 (on a tame tiger's suddenly attacking a lion) : *ausa est tale nihil siluis dum uixit in altis : | postquam inter nos est, plus feritatis habet* : cp. too Byron *Sardanapalus* 1. 2. 136 *the ravens | And wolves, and men, the fiercest of the three.*

l. 22. **naturae consentiamus**] So *deo assentior* (opposed to *pareo* or *seruio*) 96. 2, *Prou.* l.c. 6, Epict. 2. 16. 42 ὁμογνω-μονῶ σοι, σός εἰμι.

§ **8.** l. 22. **natura autem** etc.] Doubtless another common-place of the diatribe (see esp. Hor. O. 2. 10. 13 *sqq.*, Epictetus below), but the idea is already involved in Soph. *Aias* 670 *sqq.*

l. 27. **contrariis rerum aeternitas constat**] Cp. e.g. Hor. *Ep.* 1. 12. 19 : the idea was as old as Heraclitus. For Stoic applications of it cp. N.Q. 7. 27. 3 and esp. Epict. 1. 12. 16 'God ordained *summer* and *winter* ... καὶ πάσας τὰς τοιαύτας ἐναντιό-τητας ὑπὲρ συμφωνίας τῶν ὅλων'. For **constat** cp. 88. 18.

§ **9.** l. 2. **debuisse fieri**] 'were bound to happen' : see on 18. 7.

l. 3. **obiurgare**] 120. 12 *numquam uir ille perfectus ... fortunae maledixit.*

l. 4. **optimum est pati** etc.] See on 54. 7. The thought is really just the same as in the exx. cited there, the word *pati* being equivalent to *aequo animo pati*. So with our own saying 'What can't be cured etc.' (=Publ. Syr. 176), and there is

obviously no real difference between Vergil's favourite saying
' a brave man can overcome all misfortune *prudenter patiendo* '
and his version of it in A. 5. 710 *superanda omnis fortuna*
ferendo.

l. 6. **comitari**] 90. 34 n.

**malus miles ... imperatorem ... sequitur**] For the metaphor cp. 51. 6 n. : 120 l.c. and V.B. l.c. 5 closely resemble our
passage.

§ 10. l. 8. **deseramus ... intextum est**] The same thought
96. 1 *pars fati est, Prou.* l.c. 6 *scio certa et in aeternum dicta
lege decurrere,* V.B. l.c. 7 *ex uniuersi constitutione patiendum* :
cp. 74. 20 *sciat illa ... ex eis esse quae* cursum mundi *officiumque
consummant* and 90. 34 n.

l. 12. **Cleanthes**] Zeno's pupil, a man of *poetic* as well as
philosophic tendency : cp. his opinion as to the efficacy of
verse-precepts cited on 33. 6 above. A hymn of his to Zeus
in 38 hexameters, full of genuine feeling and force, is still
extant. The passage rendered here is preserved in Epictetus
*Ench.* 53 and (with some slight changes) a fragment of a
dialogue περὶ πολιτικῆς ἐπιστήμης edited by Mai (*Script. uet. n.c.*
2) : ἄγου δέ μ' ὦ Ζεῦ καὶ σύγ' ἡ Πεπρωμένη | ὅποι ποθ' ὑμῖν εἰμι
διατεταγμένος· | ὡς ἔψομαί γ' ἄοκνος· ἢν δὲ μὴ θέλω | κακὸς γενό-
μενος οὐδὲν ἧττον ἔψομαι. Seneca's last line has no equivalent
in the Greek versions.

It is interesting to compare the style of these iambics with
those of the Senecan Tragedies : with the first line cp. *Med.* 4
*et tu profundi saeue dominator maris, Phaedr.* 1159 *profundi
s. d. freti,* with the second, H.F. 1171 *nulla pugnandi mora
est,* with the third, *Phoen.* 200 *uelle fac.*

l. 15. **boni consules**] 88. 17 n.

§ 11. l. 19. **fac nolle**] 'suppose I am reluctant', a use
of *facere* found in Cic. but not in Sen.'s prose : cp. 77. 15
*puta nolle te sequi : duceris.*

l. 21. **ducunt ... trahunt**] Sen. *Contr.* 2. 5. 3 *toto itinere non
ducitur sed trahitur.*

§ 12. l. 23. **magnus animus**] though at first sight it seems
weakness : cp. e.g. V.B. l.c. 7 *deo parere libertas est.*

l. 24. **se ei tradidit**] *Prou.* l.c. 8 *praebere se fato.*

l. 25. **male existimat**] 63. 10 n.

l. 26. **emendare mauult deos quam se**] Phaedr. 4. 7. 26
*ut putentur sapere caelum uituperant,* Plin. N.H. 18. 272 *nisi
calumniari naturam rerum homines quam sibi prodesse mallent,*
Auson. *Idyll.* 6 pr. *sibi ignoscunt et plectunt deum.*

PAGE 134

## CVIII

Seneca, after some rather rambling remarks, reminds
Lucilius that the way in which people in the theatre applaud
a fine sentiment (even avaricious men appreciating a line like
*quod uult habet, qui uelle quod satis est potest*) shews that we
all have within us the seeds of virtue. 'When you get
people into a mood like this, follow it up', he goes on (§ 12),
'say all you can against avarice and luxury'. Then follows
the sentence with which my text begins.

Sotion was probably, as Fabianus (for whom see on 40. 12)
certainly was, a pupil of the elder Sextius. About the
beginning of the first century before Christ, Pythagorean
doctrines began to experience a revival. Posidonius himself
had much respect for them, at Rome Cicero said of Nigidius
Figulus *post illos nobiles Pythagoreos ... hunc exstitisse qui
illam* (sc. *doctrinam*) *reuocaret* (*Tim.* 1), and it seems likely
that Sextius (of whom Sen. *Ep.* 64. 2 says '*uiri magni et, licet
neget, Stoici*': cp. too N.Q. 7. 32. 2) was one of these early
Neo-Pythagoreans. To a diatribe by some writer of this
school Ovid probably owes much of the interesting speech
on vegetarianism put in the mouth of Pythagoras in M. 15.
75 *sqq.* The language of Musonius in a diatribe περὶ τροφῆς
is very similar to much of what Sextius and Sotion say here :
see on § 18. For the whole question of Pythagorean *abstinentia* see Mayor on Iuu. 15. 173 *sqq.*

§ 12. l. 4. uerisimile] 'credible': cp. *Tranq.* 14. 6 *ueri
simile non est quae uir ille dixerit.*

l. 6. tenera] 7. 6 n.

l. 9. inicit manum] i.e. forces them to stop and listen.

§ 13. l. 10. Attalum] 63. 5 n.

l. 12. altiorem humano fastigio] 64. 3 *cum legeris Sextium
dices 'supra hominem est'.*

l. 13. regem] refers to the Stoic paradox : 87. 1 n.

l. 15. censuram agere] 'pass judgment on the character
of'.

§ 14. l. 17. usum excederet] For the (? colloquial) sense
construction see Intr. p. lv.

l. 19. traducere] Cp. 100. 10 *uolo luxuriam obiurgari,
libidinem traduci.* It is the technical word for making a

person march in the triumphal procession : hence, in Silver
Latin, it comes to mean metaphorically, ' expose to ridicule '.
In Liu. 2. 38. 3 we see the transition between the two meanings : *non sensistis triumphatum hodie de uobis esse, uos
spectaculo ... fuisse, uestras coniuges, uestros liberos traductos
per ora hominum ?* Sen. seems to be alone in using *traductio*
analogously.

§ **15**. l. 24. **inceptu**] a very rare word, which apparently
means here *impetu in incipiendo.* Cp. § 17 below, *Ira* 1. 17.
5 *incipit magno impetu*, N.Q. 7. 32. 2 *Sextiorum secta, cum
magno impetu coepisset, extincta est.*

l. 25. **ciuitatis uitam**] i.e. the ordinary life of Rome : cp.
*ciuiliter* in Cicero cited in intr. to v.

l. 27. **renuntiatum est**] The word was regularly used in
colloquial Latin for cancelling engagements, breaking off
relations and the like.   It may (*a*) take an accusative of the
thing abandoned (so in Cic. *Verr.* 2. 1. 141 *decisionem tutori-
bus* 'told the guardians the offer was off' ; *amicitiam alicui*
pretty often) or (*b*) be used absolutely (Cic. *Att.* 2. 1. 8 *publi-
canis renuntiantibus,* ' trying to back out of their contract ').
In either case a dative may be added, of the person to whom
the notice is given.

The extension of the use we have here is probably Silver :
Seneca is rather fond of it.   The thing abandoned is personi-
fied and regarded as receiving the notice.   Sometimes the
personification is easy : *Campaniae renuntiare* (N.Q. 6. 1. 10),
*Naturae (Prou.* 6. 8) ; but we find the verb used with words
like *dolori, foro, inertiae* and *ingenio* : *renuntiare officiis* occurs
thrice in Sen., in Pliny the younger and even in Ciceronian
Quintilian.

l. 1. **ad edendum ... cogentia**] 21. 10 n.

l. 3. **descensura ... reditura**] The juxtaposition suggests the
*edunt ut uomant* of *Hel.* 10. 3.

§ **16**. l. 4. **optimus odor ... nullus**] Plaut. *Most.* 273 *mulier
recte olet ubi nil olet* (cp. Cic. *Att.* 2. 1. 1), Mart. 6. 55. 5 *malo
quam bene olere nil olere.*   Cp. too 86. 12 above.

l. 6. **balneum**] i.e. the hot bath : see 53. 3 n., and cp. 83. 5 :
' I've ceased bathing in the open, my tub is warmed by the
sun, *non multum mihi ad balneum superest* '.

**decoquere**] 86. 11 n.

l. 8. **proiecta**] 'that I had abandoned': cp. *uoluptaes relictas* 56. 10.

l. 9. **modum ... difficiliorem**] sc. *abstinentia*. For the very just thought cp. Arell. Fuscus in Sen. *Contr.* 2. 2. 10 *facilius in amore finem impetres quam modum*, the elder Sen. himself l. pr. 15 *studium eius prohiberi debebat quia regi non poterat*, *Ira* 1. 7. 2 *facilius est excludere perniciosa quam regere*, *Phaedr.* 251 *qui regi non uult amor | uincatur*.

l. 10. **proximiorem**] a rare word: see Intr. p. xlix: it is cited by Charisius from Ulpian and Minucius Felix has the advb. *proximius*.

§ **17**.  l. 16. **Sotion**] 49. 2 *modo* ('it seems but now that') *apud Sotionem philosophum puer sedi*. Hieronym. *Ad Euseb. Chron.* says he was an Alexandrian and puts his *floruit* in 13 A.D. See further in intr. above.

l. 17. **Sextius**] See intr. above.

§ **18**.  l. 20. **citra**] 'without': a Silver use, to which even Quintilian often succumbs. Tacitus has it only in his earlier works.

l. 21. **esset adducta**] 78. 1 n.

l. 22. **contrahendam**] 'contract', 'confine', 'diminish', as already in Cic.

l. 24. **uaria**] 95. 19 *necesse est inter set am diuersa dissideant et hausta male digerantur ... inconstans uariusque ex discordi cibo morbus est*.

**aliena corporibus**] Muson. p. 94 H. εἶναι σύμφυλον ἡμῖν τὴν ἐκ τῶν φυομένων ἐκ γῆς (τροφὴν) ... τὴν μέντοι κρεώδη θηριωδεστέραν καὶ τοῖς ἀγρίοις ζῴοις προσφορωτέραν.

§ **19**.  l. 26. **animorum commercium**] See on 90. 15 and 88. 34 (a question whether) *aliunde alio transeat* (sc. *animus*) *et domicilia mutet, in alias animalium formas aliasque coniectus*.

l. 29. **uidebimus**] Seneca's favourite formula (used also in Cic. *Att.* 10. 7. 1) for postponing an inquiry, often combined with the use of *interim* illustrated on 78. 29 : so 14. 14, 83. 18, 110. 2.

### PAGE 136

l. 1. **interim** etc.] It is not certain that P.'s transmigration theory and his rules for diet were so closely connected. Tertull. *Apol.* 48 observes that such a belief '*fidem infiget ab animalibus abstinendi ... ne forte bubulam de aliquo proauo suo obsonet*'.

**§ 20.** 1. 5. **implesset argumentis**] The verb seems almost technical in this context : Cestius in the elder Sen. *Contr.* 1. 5. 9 distinguishes from *color* ('implication', 'suggestion') a point or *quaestio quae impleri argumentis possit*, in 1. 8. 9 *implere* is used by itself with the same meaning and Quint. 6. 1. 12 says *quaedam quae illic* (in the exordium) *ostendere sat est, in peroratione implenda sunt magis.* See too 79. 5 n.

1. 9. **aqua mersis**] τοῖς ἐνύδροις.

1. 10. **nihil perire ... sed mutare regionem**] Ou. l.c. in intr. 165 *omnia mutantur : nihil interit.*

**§ 21.** 1. 14. **sustine**] 'hold back'. Cicero renders by *assensum (assensiones) sustinere, se ab assensu sustinere* the verb ἐπέχειν which (used absolutely) corresponds to the ἐποχή ('neutrality of judgment') recommended by the Sceptic philosophers.

1. 15. **in integro**] 'perfectly open', don't commit yourself rashly : the adj. is used analogously in the best Latin : cp. the common Ciceronian phrase *integrum est aliquid tibi.*

1. 18. **alimenta leonum** etc.] Ou. l.c. 104 *uictibus inuidit ... leonum | corporeasque dapes auidam demersit in aluum.*

**§ 22** 1. 22. **agitatiorem**] One might expect *agiliorem* (cp. 15. 2 and *Tranq.* 2. 11 *natura animus agilis est*), but cp. *Ira* 2. 19. 5 *mobilis agitatusque sanguis.* For the thought see on 15. 3.

1. 24. **in ... inciderat**] 'coincided with' (so already in Cic.). **primum principatum**] 'the beginning of the reign'. This use of *primus* and other adjectives, though quite analogous to the regular use of *summus*, seems to have been colloquial. So *primus digitus* in Catullus 'finger-tip', *prima lingua* 'root of the tongue' in the elder Pliny, *prima prouincia* 'the nearest border of the province' and *ultima prouincia* 'the remotest part' in Cicero's letters, and so probably *prima luce.* Sall. writes *proxumum mare* for 'nearest part of the sea' in *Iug.* 23. 2.

1. 25. **alienigena**] The use of this adjective with *things* seems, apart from the use in Lucretius (where it represents the technical ἀνομοιομερής), to be post-Augustan. Val. Max. has several exx. (6. 2 E. 1 a clear case of *alienigenus*), Colum. three : it may have been 'vulgar'. These *sacra* are generally called *externa* or *peregrina.*

**tum**] in 19 A.D. : Tiberius was a staunch supporter of the orthodox state religion : see Tac. *Ann.* 2. 85 : *actum de sacris Aegyptiis Iudaicisque pellendis.* The worship of Isis seems to have led to much immorality, whilst the Jews were always regarded with suspicion, as men who had no affection for any people but their own.

**remouebantur]** *pellere* is the usual word (e.g. Tac. l.c.): Suet. (l.c. below) uses *summouere*.

l. 26. **superstitionis]** the regular word for worship of other gods than those of the state: Tac. l.c. uses it of the Jewish tenets. That outward demeanour, way of living etc. *were* taken as evidence appears also from Suetonius' account of the matter (*Tib.* 36): *reliquos gentis eiusdem* vel similia sectantes *urbe summouit.*

l. 27. **animalium abstinentia]** This hardly needs illustration in the case of the Jews: for Egyptians cp. Anaxandrides in Athen. 7. 55 τὴν ἔγχελυν μέγιστον ἡγεῖ (to an Egyptian) δαίμονα, | ἡμεῖς δὲ τῶν ὄψων μέγιστον παρὰ πολύ· | οὐκ ἐσθίεις ὕεια κ.τ.λ.

l. 28. **non calumniam timebat]** He was not really afraid that Seneca would be accused of practising foreign rites, but made this his pretext.

### PAGE 137

l. 1. **philosophiam oderat]** His extant work does not betray this, though opportunities were not wanting there for the trait to have made itself apparent: e.g. in the pref. of Bk. 2 where he speaks of Fabianus' change from rhetoric to philosophy. In *Hel.* 17. 4 Sen. mentions that his father, too, much *deditus maiorum consuetudini*, wished his wife to learn only the elements of philosophy.

l. 2. **nec difficulter** etc.] Petr. 111 *nemo inuitus audit cum cogitur aut cibum sumere aut uiuere.*

**§ 23.** l. 9. **se impenderet]** 'would give all his energy' (to the task): cp. *Ot.* 3. 3. *non nitetur in superuacuum, nec se nihil profecturus impendet.*

### CXIV

That Sen. was not the first to trace the connexion between style and morals will be seen from the note on § 1. But his views as to the importance of making one's life tally with one's words (see on 11. 10) would emphasize the point for him. His father too had touched on it in his Preface, where after applying to the unmanly youths of the day much the same

language as Seneca has applied to Maecenas, he wrote (§ 10)
*ite nunc et in istis … quaerite oratores : merito talia habent
exempla qualia ingenia.* And much of what Sen. says in XL
as to the style best adapted to philosophic oratory is to the
same effect : (*philosophi*) *pronuntiatio sicut uita debet esse
composita* he says there in § 2, and in § 6 *quid de eorum animo
iudicet quorum oratio perturbata et immissa est nec potest
reprimi ?*

The Alexandrine scholars had probably handled the question as to the causes of the decay of at least Greek oratory,
possibly of that of Greek literature as a whole. It is quite
likely that we hear but the echo of their views in such
passages as Cic. *Brut.* 37, or *Tusc.* 2. 5 *oratorum quidem laus
ita ducta ab humili uenit ad summum ut iam, quod natura fert
in omnibus fere rebus, senescat breuique tempore ad nihilum
uentura uideatur.* In the Silver writers the question is often
raised, and generally in its broadest form, not confined to the
narrower sphere of oratory. That mere knowledge of the
decadence of contemporary literature does not imply power
to reform matters is shewn by the accuracy with which these
writers describe the causes and symptoms of their disease.
Votienus Montanus in the elder Seneca (*Contr.* 9. pr.) is concerned only with oratory : he objects to the unbusinesslike
character of the declamations. Velleius in those closing chapters of his first book which De Quincey has taken such pains
to praise points out how short was the period during which
the several branches of Greek and Latin literature really
flourished, and ascribes this to a law of nature by which what
does not advance must go back, and also to the decline of
interest in a subject in which work had been done that could
not be surpassed and was not likely to be equalled. After
these two critics comes the elder Seneca (1. pr. 7), who,
confining his remarks to eloquence, sees three possible ex-
planations for its decay : *the general luxury of the age,* the
fact that base occupations pay better and the law of nature
' after perfection the decline, far more rapid than the
previous rise'. The first satire of Persius rather closely
resembles our letter, dealing with literature as a whole and
oratory only incidentally, recognising the close connexion
between morals and style, and substituting for Maecenas
the foppish dilettanti of Nero's times. A new point is
made by throwing part of the blame on the public, the
admiring friends of the *recitator* and the misguided parents
of the schoolboy. The extant portion of the novel of Petronius begins with a violent diatribe against the declamations,

on much the same lines as that of Montanus in Seneca : here however the effect of these exercises on literature as a whole is hinted at in the words *nondum iuuenes declamationibus continebantur cum Sophocles aut Euripides inuenerunt uerba quibus deberent loqui* etc. In a reply to this tirade it is pointed out that parents do much harm by insisting on their sons setting up as barristers before they have had time to ripen. In another part of the work (c. 88) is a Ruskin-like passage in which the ruin of all the arts is ascribed to the increased value attached to money. Thus not only both Senecas, but writers of so different a standpoint as Persius and Petronius, agree in regarding the decay as closely connected with the decay of the old Roman character. This is the view of Tacitus in the *Dialogus de Oratoribus* (§§ 34, 35).

**§ 1.** 1. 16. **corrupti**] κακόζηλον (cp. Quint. 8. 3. 56 κακό-ζηλον, *id est, mala affectatio, per omne dicendi genus peccat. nam et tumida et pusilla et praedulcia et abundantia et arcessita et exsultantia sub idem nomen cadunt*), 'in bad taste'. The elder Sen. and Quint. often use the word in this sense, the latter indeed applying it in 10. 1. 129 to Seneca's own style ! Cic. uses *uitiosus* similarly.

1. 17. **oratio**]=*elocutio* (a word which Sen. does not use) 'style': the references to Maecenas and Sallust shew that he is not confining himself to oratory.

1. 19. **inflata**] 'bombastic', for which *tumida* or in Cicero *redundans* is more common.

**explicatio**] apparently synonymous with *elocutio*; the only other ex. I know is Sen. *Contr.* 2. pr. 1 (the word occurs several times in that work, generally in the plural, in a technical sense, apparently for the developing of a *locus* in a declamation).

1. 20. **infracta**] 'effeminate': cp. Sen. *Contr.* 7. 4. 8 *non tantum emollitae compositionis sunt, sed infractae.* The reference is to excess of *rhythm*: in 46. 2 he praises the *compositio* (see § 8 n.) in Lucilius' book as *uirilis et sancta*, and cp. Quint. 9. 4. 142 in the next note.

**in morem cantici**] The reference is clearly to *rhythm*, not, as in most passages where 'singing' is mentioned in conn. with *oratio* (e.g. Cic. *Or.* 57, Quint. 11. 3. 57, Plin. *Ep.* 2. 14. 13), *delivery*, although, to the ancients, who read aloud far more than we do, the difference was not very important. A *canticum* was both sung and danced : both aspects of it were suggested by rhythm, for (1) *modulatio, modulari* are used of

rhythm by Sen. (below § 15) and Quintilian, and (2) Quint. in
9. 4. 142 uses the verb *saltitare* of a *compositio effeminata et
eneruis.* Cp. also Cic. *Or.* 198 and esp. Tac. *Dial.* 26 'Our
pleaders *licentia compositionis* histrionales modos exprimunt:
... *plerique iactant* cantari saltarique *commentarios suos*' (i.e.
their speeches, as taken down by their scholars, could be
treated as a *canticum*).

**ducta**] 'constructed'.

**sensus**] 'thoughts', a meaning confined in prose to
post-Augustan writers: the classical word is *sententia*.

l. 21. **fidem egressi**] 'going beyond what we can accept
as probable', 'extravagant', of hyperboles: cp. Quint. 8. 6.
67 (*hyperbole*) *est decens ueri superiectio,* 73 *est omnis hyperbole* ultra fidem, *non tamen esse debet ultra modum* and
Johnson, *Life of Cowley* 'What they wanted ... of the sublime they endeavoured to supply by hyperbole, ... they *left*
not only reason, but fancy *behind them* and produced combi-
nations of ... magnificence that not only *could not be credited,*
but could not be imagined'.

**abruptae**] Sen. *Contr.* 2. pr. 2 *quaedam tam subito
desinunt ut non breuia sint, sed abrupta,* Quint. 4. 2. 45
*Sallustiana breuitas et abruptum sermonis genus:* cp. §§ 11 and
17 below (esp. *amputatae sententiae*).

l. 22. **sententiae**] contrasted here and § 11 with *sensus*
means, I think, 'sentences': so in § 17.

**suspiciosae**] 'allusive', really explained by the next
clause: see Intr. p. xxxvi. In 59. 5 he praises Lucilius with
the words *loqueris quantum uis et plus significas quam loqueris.*

l. 24. **translationis**] 'metaphor'. For *inuerecunde* cp. Cic.
*De Or.* 3. 165 *uerecunda debet esse translatio, ut deducta in
alienum locum, non irruisse ... uideatur,* Sen. *Ep.* 108. 35 *trans-
lationes improbae.* In 59. 6 he finds Lucilius' metaphors not
*temerariae* indeed, but *quae periculum sui fecerint.* Cp. § 10
below, *audax.*

**hoc**] abl. of cause, answering the *quare's.*

## Page 138

l. 1. **prouerbium**] Cicero (*Tusc.* 5. 47) and a commentator.
in Walz *Rh. Gr.* 6. 395 ascribe it to Socrates (οἷος ὁ βίος,
τοιοῦτος καὶ ὁ λόγος, *qualis ipse homo esset talem eius esse
orationem*): cp. too Plato *Rep.* 3. 11 τί δ' ὁ τρόπος τῆς λέξεως
καὶ ὁ λόγος; οὐ τῷ τῆς ψυχῆς ἤθει ἔπεται; and Menander 143 K

ἀνδρὸς χαρακτὴρ ἐκ λόγου γνωρίζεται. Quint. 11. 1. 30 *Graeci prodiderunt ut uiuat quemque etiam dicere.*

**§ 2.** l. 5. **disciplina]** 51. 11 n.

l. 6. **se in delicias dedit]** 'has taken to luxury'. *Dare* with this force of putting someone (or oneself, in which case 'betake' will often serve as a rendering) into a place or condition seems to have been colloquial: cp. Ter. *Haut.* 806 *haec deambulatio me ad languorem dedit,* Cic. *Fam.* 14. 12 *in uiam te des,* Sen. *Contr.* 1. pr. 7 *in deterius cotidie data res est,* Sen. *Ep.* 88. 35 *dare se in angustias* etc.

**§ 3.** l. 9. **ingenio ... animo]** 11. 1 n.

l. 12. **afflatur]** 'is infected', so in N.Q. 2. 53. 2: analogously *afflatus* 'contagion' in Ou. M. 7. 551 and *Tranq.* 7. 4.

l. 14. **incessu apparere mollitiam]** 52. 12 *impudicum et incessus ostendit,* N.Q. 7. 31. 2 *tenero et molli incessu suspendimus gradum,* Petr. 119 *fractique enerui corpore gressus* (along with effeminate dress), Quint. 5. 9. 14 *fractus incessus* (a token of his being *mollis et parum uir*), Iuu. 2. 17 *uultu morbum* (effeminacy) *incessuque fatetur*: see too on 40. 14.

l. 16. **quod furori simile est]** 18. 15 n.

l. 17. **ire ... ferri]** Cp. Intr. p. lxxxix and *Ira* 3. 3. 3 *sanum hunc aliquis uocat qui ... non it, sed agitur.*

**§ 4.** l. 20. **quomodo Maecenas uixerit]** Sen. is the chief authority for the effeminacy of Maecenas' *character*: the references to it in Suetonius, Juvenal and others are not very striking. It is Seneca who has preserved (101. 11) the ignoble poem in which M. prays for a long life, no matter how his body fares. It has often been translated (once by La Fontaine) and runs : *debilem facito manum,* | *debilem pede coxo,* | *tuber astrue gibberum,* | *lubricos quate dentes ;* | *uita dum superest, bene est:* | *hanc mihi uel acuta* | *si sedeam cruce sustine.*

l. 24. **oratio]** Augustus regarded it as effeminate and foppish (see Suet. *Aug.* 86, Macr. 2. 4. 12), Tacitus speaks of *calamistri Maecenatis (Dial.* 26). Quintilian (9. 4. 28) gives instances of his tendency to arrange words in an unnatural order for the sake of the rhythm. Balzac is angry with *le précepteur de Néron* for refusing eloquence to *le confident d'Auguste (Oeuvres Diverses,* ed. 1659, pp. 113 *sqq.*): cp. Intr. p. cvii.

l. 25. **discinctus]** See on 33. 2. It may be metaphorical or literal as in § 6.

**insignita**] 'conspicuous', 'affected', as e.g. *Ira* 3. 26. 3 *non est Aethiopis inter suos insignitus color* : cp. 56. 2 above.

l. 2. **uxor**] Terentia : in *Prou.* 3. 10 he applies to her the epithet 'whimsical' (*morosa*) and speaks of M. as bemoaning her *cotidiana repudia.*

**magni uir ingenii fuerat**] He says much the same in 19. 9 and 92. 35, noting in the latter passage a sentiment which he admits M. has put *diserte*, and adding *alte cinctum putes dixisse.* For the mood, see Intr. p. lxii.

l. 4. **difflueret**] See on 78. 25 : *fluere* is used in the same absolute way in *Tranq.* 17. 4.

**ebrii hominis**] *Prou.* l.c. *mero se licet sopiat* : in 19 l.c. his style is designated as *ebrius sermo* (cp. § 22 below).

§ **6.** l. 9. **Caesaris partibus**] The first occasion was in B.C. 36, the last, during the war with Antony. Cp. Momms. St-R³. 2. 729².

**signum**] 'the password' for the gates of the city or palace : it would be changed each day. The first one given by Nero was *optima matrum*, a delicate tribute to the plotter who had set him on the throne.

**discincto**] 'unbelted', even when on duty.

l. 13. **fugitiui diuitis**] 'the rich man's slaves when they are running away'. The *diues* was a regular character in mimes (e.g. Cic. *Phil.* 2. 65, Petr. 80) : for the runaway slave cp. Iuu. 13. 110 *mimum agit ille | urbani qualem fugitiuus scurra Catulli.* The MSS. read *fugitiui diuites*, which at first sight suggests a scene like that in the *Merry Wives of Windsor* when Falstaff makes his escape in female attire, and passages like Hor. S. 2. 7. 55 and Iuu. 8. 144 shew that the concealment of the face in the way here described was a stock trait in the portraiture of an *adulter*. But *fugitiuus* cannot mean simply 'running away'.

l. 16. **uxorem milliens duxit**] *Prou.* 3. 10 cited on § 4.

§ **7.** l. 17. **improbe**] 'boldly', 'licentiously' : see on § 16 and cp. Quint. cited on § 4.

l. 18. **structa**] 'arranged', of *compositio*, as in Cic. : the process is compared with mosaic work by Lucilius (84, 85 M), and Quint. 9. 4. 27 developes the illustration from building.

**abiecta**] From the idea of flinging away (*neglegenter abiecerat* Cic. *Verr.* 2. 87) the verb easily gets the idea of taking no trouble with a thing: cp. 75. 2 *sensus ... nec exor-nassem nec abiecissem*, Cic. *Brut.* 227 *uerbis non quidem ornatis sed tamen non abiectis.*

l. 25. **deliciis**] 'airs and graces': cp. 7. 7 n.

§ **8**. l. 26. **compositionis**] 'order of words', ἁρμονία, ὀνο-μάτων σύνταξις, one of the heads into which rhetoricians regularly subdivided their treatment of style. A second was 'choice of words'; the treatment of the 'figures (of speech and thought)' was generally recognised as a third. Here however, as in §§ 13–16 below and Tac. *Dial.* 21, the third head is that of 'thoughts' (*sensus, sententiae*): see on § 1 above.

l. 27. **transuersa**] 'lying cross-wise', tripping one up rather than helping one to proceed to the end of the sentence. The word is often contrasted with *rectus*: cp. then Quint. 2. 5. 11 where *sermo rectus et secundum naturam enuntiatus* is contrasted with *illa quae utcunque deflexa sunt*, which, he says, *tamquam exquisitiora miramur*.

### PAGE 140

l. 1. **dum exeunt**] 'in the utterance'.

l. 2. **felicitate nimia**] The passages cited on § 4 from XIX, XCII and *Prou.* all contain a similar allusion to the effect upon him of prosperity.

§ **9**. l. 6. **supellectili**] dative, as in *Hel.* 10. 2 *uitiis, non usibus, laboratur* etc., though he prefers the constr. of 90. 16.

l. 8. **parietes**] 86. 6 n.

**aduectis trans maria**] a favourite point in diatribes against luxury : of marble also in Muson. 108 H λίθων ... εἰς τοίχους ἐγκειμένων, ἐνίων καὶ πάνυ πόρρωθεν ἡγμένων, of delicacies 89. 22 (*tam longe aduecta*), of dress materials 110. 14 (*ultra finem hostium aduectae*). The first forty lines of the poem in Petr. 119 elaborate the theme.

l. 9. **tecta uarientur auro**] 90. 9 n.

l. 10. **lacunaribus pauimentorum respondeat nitor**] See intr. to LXXXVI.

l. 11. **commendatio**] 'attractiveness'.

l. 13. **quae includere solent cenam, prima ponantur**] Mart. 13. 14 *cludere quae cenas lactuca solebat auorum, | dic mihi, cur nostras inchoat illa dapes?* For **includere** see on 12. 10.

**§ 10.** l. 16. **illi**] the *animus.* Observe the alliteration: we might say 'standing rule' ... 'stale'. For the thought cp. 122. 5 *sqq.*

l. 17. **modo ... modo ... modo**] The writers on rhetoric (see Cic. *De Or.* 3. 152, Quint. 8. 3. 24) régularly divide words into three classes : (a) *inusitata* (b) *nouata* (or *ficta*) (c) *translata.* Quint. gives to (a) the name *propria,* but it is quite clear from his words and Cicero's that both writers have in mind mainly *archaisms* (*prisca, uetera, antiqua*).

l. 19. **iungit**] Cic. l.c. 154 mentions that new words are often made *coniungendis uerbis,* Quint. says in the same connexion, l.c. 36, 'It is always permissible *deriuare, flectere, coniungere* (*uerba*)'. As exx. Cic. cites *uersutiloquus* and *ex-pectorat.* In § 31 Quint. like Sen. has the simple verb.

**deflectit**] In Quint. l.c. 31–36 the noun *declinatio* and the verbs *deriuare* and *flectere* are used in reference to words like *beatitas, beatitudo, Sullaturit,* formed from some common word by the addition of a suffix. I suppose Sen. means the same thing.

**§ 11.** l. 21. **sensus ... sententia**] § 1 above.

**praecidant**] Quint. 10. 2. 17 *qui praecisis conclusionibus obscuri Sallustium atque Thucydidem superant,* below § 17.

l. 22. **pependerit**] often used of persons or things that are in danger of falling : cp. *Tranq.* 1. 15 *ne semper casuro similis pendeam.* It seems common only in the Silver period, but occurs in Cic. For the metaphor, that of a shaky building which hardly seems safe, cp. Quint. 9. 4. 70 (of rhythm) *clausulae claudae, atque pendentes* (= 'which *would* be ill-balanced') *si relinquantur, sequentibus suscipi ac sustineri solent* : he gives a sentence which he calls *praeceps adhuc,* but which *firmatur ac sustinetur* by the addition of two more words.

l. 24. **detineant**] i.e. refuse to part with them : cp. 7. 4 where the crowd *uictorem in aliam detinent caedem.* See also on § 16 below.

l. 25. **necesse est hoc facere aliquid grande temptanti**] Cp. Quint. 2. 4. 9 *dum satis putant uitio carere, in id ipsum incidunt uitium quod uirtutibus carent,* ps.-Longinus περὶ ὕψους 33. 2. 4 ἄπτωτος ὁ 'Απολλώνιος (the author of the *Argonautica*)· ἆρ' οὖν οὐχ ῞Ομηρος ἂν μᾶλλον ἢ 'Απολλώνιος ἐθέλοις γενέσθαι ;

PAGE 141

l. 5. **frequens**] § 2 *si modo non in uno aut in altero fuit* (*lasciuia orationis*).

l. 6. **procidisse**] perhaps continues the metaphor of *aegrae ciuitatis* (it is used as a technical term in medicine of parts that have got displaced), though Sen. may have in mind rather the fall of a building.   Both ideas seem combined in *procubuit* of § 22.

**§ 12.**  l. 7. **corona**] strictly the crowd of onlookers at a trial or at games, then, metaphorically, of the 'man in the street', 'the gallery': cp. Cic. *Fin.* 4. 74 *aliquid etiam coronae datum* (of a popular concession), Sen. B.V. 20. 2 *imperitae coronae assensiones captantem*: cp. *circulus* in Quint. cited below; in *Tranq.* 11. 8 *uerba ad summam caueam* ('gallery' exactly) *spectantia*.

l. 8. **hac**] 40. 3 n.

**togis**]  The phrase *pullus sermo* ('vulgar speech') in Varro and the use of *pullatus* in reference to the common people reflect the contrast between their soiled and dingy attire and that of the men of culture.   Cp. esp. Quint. 2. 12. 10 (a theatrical trick of this kind) *ad pullatum circulum facit* ('suits' 'appeals to').

l. 11. **uitiosa ... uitia**]  It is not merely that men praise work *that contains bad faults*, but that it is these faults that are admired.   See Intr. p. lxxxvii: the same point in Mart. 11. 92 *mentitur qui te uitiosum, Zoile, dicit:* | *non uitiosus homo es, Zoile, sed uitium.*   For the general sense cp. Quint. 2. 5. 10 *propter hoc ipsum quod sunt praua laudantur.*

l. 12. **sine uenia**] 'without allowances having to be made for him'.   Cp. Sen. *Contr.* 10. pr. 10 *multa donanda* ('forgiven': see on 78. 17) *ingeniis puto, sed donanda uitia, non portenta sunt.*

l. 16. **maximae famae**] for the genitive cp. 11. 1 n.

l. 17. **inter ... propositos**] 'who are held out to us as (deserving a place) among'.

**§ 13.**  l. 20. **oratio certam regulam non habet**]  So of order of words in 100. 6: *adice nunc quod de compositione non constet*; cp. Dionys. *Comp. Verb.* 24 where Epicurus is quoted as referring to τὸ πυκνὰ μεταπῖπτον κριτήριον of style.

l. 22. **multi** etc.]  This list of *uitia* is arranged under the three heads of § 8.

**ex alieno saeculo petunt uerba**] The first offender of
this kind whom we meet in Roman prose is Sallust (cp. Suet.
*Gram.* 10, *Aug.* 86), the second, the emperor Tiberius, whom
Augustus (Suet. l.c.) did not spare, as a hunter of *exoletas
interdum et reconditas uoces*. Pers. 1. 76–78 refers to the taste
which some of his contemporaries have for archaic drama.
Quintilian several times warns against the tendency: see
esp. 2. 5. 21 *ne quis in Gracchorum Catonisque et aliorum
similium lectione durescere uelit*, and Tacitus *Dial.* 23
speaks slightingly of those *quibus eloquentia Aufidi Bassi aut
Seruilii Noniani ex comparatione Sisennae aut Varronis sordet.*
These hints are interesting as preparing us for the archaising
rage of Hadrian's times.

l. 23. **XII tabulas loquuntur**] Quint. 1. 6. 40 'avoid words
*ab ultimis et iam oblitteratis repetita temporibus, qualia sunt*
topper *et* antegerio *et* exanclare *et* prosapia *et* Saliorum carmina uix sacerdotibus suis satis intellecta'.

l. 24. **Gracchus ... Crassus ... Curio**] Cp. Tac. *Dial.* 18 *Catoni
seni comparatus C. Gracchus* (he was always reckoned the
greater orator of the two brothers) *plenior et uberior*, ...
*Graccho politior et ornatior Crassus* (the famous orator in
whom Cicero saw his own ideals and who takes a prominent
part in the *De Oratore*). Curio, as the context shews, is not
the tribune of 50 B.C. whom Caesar bought over to his side,
but his father, mentioned by Cic. *Brut.* 210 as the contemporary of Cotta and Sulpicius and reckoned as next them in
merit.

l. 25. **Appium ... Coruncanium**] Cic. *Brut.* 55 *possumus
Appium Claudium suspicari disertum, quia senatum iam iam
inclinatum a Pyrrhi pace reuocauerit*, ... *T. Coruncanium quod
ex pontificum commentariis longe plurimum ingenia ualuisse
uideatur.* Coruncanius was contemporary with Fabricius and
Curius: Cic. is fond of mentioning the trio.

l. 27. **sordes**] 'meanness': see Intr. pp. xlii *sqq.* for the
full force of all this.

§ 14.   l. 29. **splendidis**] regularly opposed to *sordidus* in
this connexion (so in Cic.): cp. *illustribus* cited below.

**sonantibus**] Cic. *De Or.* 3. 150 (*uerbis*) *lectis atque
illustribus utatur, in quibus plenum quiddam et sonans inesse
uideatur*, *Part. Or.* 17 *alia* (*uerba*) *sonantiora ... et quodam
modo nitidiora.* Quint. uses *bene sonans* or *uocalis*: see esp.
8. 3. 16.

l. 1. **usu**] sc. *cotidiano*.

l. 3. **crura … alas**] For the illustration cp. Quint. 12. 10. 47 'I admit that style must be bright and lively nowadays: *do tempori ne hirta toga sit, ne intonsum caput* etc.' The removing of hair from the armpits or nostrils was only common cleanliness (cp. *alipilus* in 56. 2 and Ou. A.A. 1. 521), but even Ovid (ib. 506) protests *nec tua mordaci pumice crura teras.*

§ **15.** l. 6. **quidam praefractam** etc.] 100. 6 *quidam usque eo aspera (compositione) gaudent ut etiam* quae mollius casus explicuit ex industria dissipent *et clausulas abrumpant ne ad exspectatum respondeant.* Quint. 9. 4. 3, says that his teacher Domitius Afer did this, and gives instances.

l. 7. **effluxit**] 'runs out', naturally, that is, and without any intention on the part of the writer.

l. 8. **salebra**] 100 l.c. *Pollionis Asinii salebrosa et exsiliens (compositio).* See Kornemann's examination of Pollio's fragments from this point of view, *Neue Jahrb.* (Suppl.) 22.

**iuncturam**] Quint. 9. 4. 32 *sqq.* deals with this as one of the three subdivisions of *compositio.* The question of allowing hiatus is perhaps the most important part of it.

l. 10. **modulatio**] See on *cantici* in § 1 above.

§ **16.** l. 11. **illa**] seems to be only a particular form of the first kind mentioned in § 15: *clausulas* means 'ends of clauses', as in 100 l.c.

l. 13. **quid illa**] 'what of that …'. So often in colloquial style: cp. Verg. A. 3. 339 *quid puer Ascanius*, Sen. *Contr.* 9. 6. 9 *quid illa quae fratrem … sparsit*, H.F. 707 *quid ille … qui*: similarly in Greek, as e.g. τί γὰρ δὴ παῖς ὁ τοῦ Λαερτίου Soph. *Aias* 101.

**in exitu lenta**] 'not anxious about making an end': the abl. seems possible, although *exitum* might perhaps have been expected.

**qualis Ciceronis est**] Cp. 40. 11 and esp. 100 l.c. where Sen. says of his *compositio* as contrasted with Pollio's *una est*, pedem seruat, lenta *et sine infamia* mollis.

l. 14. **deuexa**] contrasted with *praeceps* in 12. 5: cp. 100. 7 (after the words cited above) *omnia apud Ciceronem desinunt, apud Pollionem* cadunt.

**molliter detinens**] 'gently checking' a reader who hurries on to the end: cp. § 11 above and esp. 23. 8 *alia* (flotsam on the river) *lenior unda detinuit ac mollius uexit, alia uehementior rapuit.*

l. 15. **pedem**]  Cp. 100 l.c. :  Cic. too uses it of prose rhythm.

l. 16. **sententiarum**] may be simply 'thoughts' as in Cic. *Opt. Gen. 7 est enim uitiosum in sententia si quid absurdum* etc., but is, I think, rather 'a *pointed* thought': see Intr. p. xxxv.

l. 17. **pusillae** etc.]  For the list cp. Cic. *Opt. Gen.* l.c. *absurdum, alienum, non acutum, subinsulsum.*

   **improbae**] 'bold', Sen. *Contr.* 7. 5. 14 *i. dixit sententiam* : cp. *improbe structum* in § 7, and *inuerecunde* in § 1.

l. 18. **floridae et nimis dulces**] 'too elegant and luscious'. *Floridus* is the Gk. ἀνθηρός : both names were applied to the style which was neither 'sublime' nor 'plain'. *Dulcis* is often applied to *sententiae* by the elder Sen.: see 2. pr. 2, l. 39, 6. 8.

l. 19. **nihil amplius quam sonant**] cp. 40. 5 and the story from the elder Sen. cited in Intr. p. xxxvii, note 1.

§ **17.** l. 21. **sub quo**] on the analogy of expressions like *sub rege, sub domina* in Cicero and Horace.

l. 23. **amputatae sententiae** etc.]  Cp. *sensus praecidant* of § 11 and Quint. there cited.  Cic. *Or.* 170 contrasts those who *infracta et amputata loquuntur* with those *qui apta et finita pronuntiant.*

l. 24. **ante exspectatum cadentia**] 'ending unexpectedly, suddenly': cp. 100. 6 cited on § 15, *abruptae* in § 1 and Cic. *Or.* 168 *contiones saepe exclamare uidi cum apte uerba* cecidissent. *id enim exspectant aures ut uerbis colligentur sententiae.*

l. 25. **L. Arruntius**]  Vell. 2. 86. 2 mentions him in conn. with the year 31 B.C. as *prisca grauitate celeberrimus.* **Sen.'s** point is that extravagant style need not always betoken moral disease.

## PAGE 143

l. 1. **nitens**] 'aiming'.

l. 2. **exercitum argento fecit**]  Tac. A. 6. 33 *auxilia mercede facerent.*

l. 3. **amare coepit**] the same phrase in Pomponius **174 R** and Petr. 61, *deamare coepit* Laberius 41 R : see on **27. 8.**

l. 4. **fugam … fecere**] τροπὴν αὐτῶν ἐποίησαν 'put our men to flight'; Livy uses the expression.

l. 6. **bellum fecit**] This phrase is found in Cic. and Caes.

l. 7. **dedere** se … **fecere**] This construction seems to have been colloquial: we find it at least once in Cic. (*Brut.* 142), in Lucr., Varr., Ou. and Col. Its presence in Verg. A. 2. 538, 539 is only one of many instances of V.'s taste for the *communis sermo*.

**§ 18.** l. 10. **incidebat**] i.e. by accident : 76. 6 n.

l. 12. **uitium pro exemplo**] Cic. *Or.* 171 *nihil illorum nisi uitium sequuntur*, Quint. 10. 1. 25 *accidit his* (slavish imitators) *ut deteriora imitentur* (*id enim est facilius*) *ac se abunde similes putent si uitia magnorum consequantur*.

**§ 19.** l. 13. **hiemantibus**] 'being stormy': Hor. S. 2. 2. 17 *hiemat mare*; Columella and the elder Pliny use it of the weather.

l. 19. **infulcire**] an extremely rare word outside Sen., who has it four times.

l. 20. **famas**] The plural occurs also in Plautus and Arnobius (who is fond of archaisms).

**§ 21.** l. 29. **sequi**] 'aim at': cp. 5. 2 n.

**interuellunt**] 'partially remove': it seems to be a gardening word and means 'to thin out' in Columella and Pliny.

## PAGE 144

l. 1. **pressius**] 'closely': the use of *pressus* and *presse* in reference to style ('restrained', 'chaste', 'precise' etc.) is simply a metaphorical extension of this meaning, which is however very rare in literature. L.S. cite only Palladius and Vegetius (with *putare* and *radere*).

l. 2. **summissa**] 'allowed to grow long'. I know no ex. of this use before the elder Sen. (*Contr.* 9. 4. 19): it appears also in the younger Pliny, Tac. and Suet. *Promissus* is used of beard or hair in Varro, Caesar and Livy, and the latter writes *capillum ac barbam promisisse* (6. 16. 4): Lucr. has *malis demittere barbam* and *immissus* is used similarly by the poets and Quint. Cp. καθιέναι.

l. 3. **improbi**] 'glaring': cp. 94. 19 *imbecillam aciem committis inprobo lumini*.

l. 4. **perlucentem togam**] *Const.* 18. 3 *ipse pellucidus, crepidatus, auratus* (of Caligula). For these robes see on 90. 15.

l. 5. **transire**] ' miss '. For *intentional* omission the verb is of course almost technical, but the use we have here is rare : cp. 94. 25 *ante oculos posita transimus*, and Sen. *Contr.* 1. 6. 10 *Gallio illud quod omnes scholastici transierant dixit.* The principle is the same in such cases as N.Q. 7. 1. 1 *cotidiana nos transeunt*, where the thing missed becomes the subject.

l. 7. **dum conspici**] sc. *uolunt.*

**talis est oratio**] The construction is rather loose : after *quod uides illos sequi* one would expect *id sequitur oratio Maecenatis.*

l. 9. **scientes uolentesque**] H.F. 1301 *uolens sciensque. Prudens et sciens* or the like was a proverbial phrase : Otto, *Sprichw.* s.v. *scire.*

§ **22**. l. 12. **ista orationis quid aliud quam ebrietas**] ' this drunken style—one can call it nothing else '. For the parenthetic *quid aliud quam* cp. C. 1. 18. 2 *in uiuarium q. a. q. serpentium* (' of what were practically serpents ', viz. lampreys).

l. 13. **ebrietas**] *eloquentia ebrii hominis* § 4.

l. 17. **procubuit**] Cp. *procidisse* § 11.

§ **23**. l. 19. **rege incolumi** etc.] Verg. G. 4. 212, 213 of the bees, on the loss of the queen.

PAGE 145

CXXII

The turning of day into night and night into day was no new thing. Athenaeus (6. 105) quotes from Chamaeleon the words of the Sybarite Smyndirides who οὔκ ἔφη τὸν ἥλιον ἐτῶν εἴκοσιν οὔτ᾽ ἀνατέλλοντα οὔτε δυόμενον ἐωρακέναι, and in 12. 31 he quotes from Phylarchus the statement that some of the Colophonians observed the same practice. Cato's reference to it is not recorded elsewhere : it is not clear from § 2 whether it was he who applied the name *Antipodes* to the offenders or whether this is a refinement of Seneca's. Cicero in *Fin.* 2. 23 speaks of *asotos qui solem ut aiunt nec occidentem umquam uiderint nec orientem*, and in one of the Senecan declamations (3. 1) a man who has been ill-treated by young Mohocks says : *sic fit ubi homines maiorem uitae partem in tenebris*

*agunt, ut nouissime solem quasi superuacuum fastidiant.* **Cp.**
*Anth. Lat.* 1. 318 and 77. 17 above.

§ **1**. l. 4. **resiluit**] 'has shrunk': so e.g. in Ou. M. **3**. **677**
*in spatium resilire manus breue uidit.*

l. 7. **officiosior**] The adj. is often used in conn. with social
and professional duties; here it seems to mean little more
than 'busy', 'industrious': cp. 101. 1 *equitem Romanum
splendidum et officiosum.*

l. 8. **excitat**] 'wakes', like the cock in Ou. F. l. **456** who
*prouocat ore diem.*

**alto sole**] Cp. the description in Pers. 3. 1 *sqq.*

§ **2**. l. 14. **Vergilius**] G. l. 250, 1.

§ **3**. l. 23. **se uiui condiderunt**] 55. 4 n.

l. 24. **nocturnae aues**] The *bubo* (horned owl) is often mentioned as a bird of evil omen: cp. too Luc. l. 558 (omens
before the outbreak of the civil war) *dirasque diem foedasse
uolucres.*

l. 25. **suas**] 'of their own making (choice)'.

## PAGE 146

l. 1. **fericula**] Cp. 95. 18 *multos morbos multa fericula
fecerunt.*

**discoctis**] The verb appears to have been an everyday
one for cooking *thoroughly*: Celsus and the elder Pliny use
it. Here *dis-* is intended to have its usual separative force.

l. 3. **iusta sibi faciunt**] 'conduct their own obsequies': see
12. 8 n.

**mortuis ... parentatur**] seems to mean 'Why even the
*parentalia*, feasts in honour of the really dead, are held in
the daytime': see on 12. 8.

§ **4**. l. 9. **obscuro**] For the fattening of geese see Mayor
on Iuu. 5. 114, 115: the treatment is still followed in the
production of *pâtes de fois gras.*

l. 11. **at**] The birds are improved by all this : not so human
beings. For the *suspectus color* cp. B. 4. 13. 1 *corpora ignauia
pallentia saginare.*

l. 15. **morticina**] Intr. p. xliv: it is used by Plautus, Varro
and the elder Pliny.

l. 18. **inuidet caecis**] Iuu. 10. 228 *perdidit ille oculos et
luscis inuidet.*

l. 19. **tenebrarum causa**] 'that he might live in the dark'.

§ **5**. l. 26. **e contrario stare**] i.e. act in a way diametrically opposed to it.

§ **6**. l. 27. **ieiuni bibunt**] The whole section reminds one of 15. 3 above : see notes there.

l. 28. **inanibus uenis**] Hor. S. 2. 4. 25 *uacuis committere uenis* | *nil nisi lene decet*, Ou. M. 8. 820 *in uacuis spargit ieiunia uenis*.

## PAGE 147

l. 3. **potent**] 'soak': observe the use of the word in preference to *bibere* in the phrase *amare, potare* (Pompon. 162 R.,
Sall. *Cat.* 11. 6).

l. 6. **patresfamiliae**] 86. 14 n. Here the connotation is much
the same as that of the word *bourgeois* : cp. Sen. *Contr.* 10.
pr. 14 where Augustus says *numquam audiui patremfamiliae
disertiorem* of a good speaker, a man who spoke well without
appearing to aim at eloquence.

l. 7. **innatat**] See the note on 84. 6 above : in the second
passage there cited the elder Pliny says of mellow wine
*minus inebriat sed stomacho innatat* (N.H. 23. 38).

§ **7**. l. 10. **commutant cum feminis uestem**] refers to the
*Sericae uestes* : see 90. 15 n.

l. 12. **hieme concupiscunt rosam**] Mart. 4. 29. 4 *hibernae
rosae* (as a type of the 'out of season'): see also the fourteenth
epigram of his eighth book : theme 'Your apple trees are
cosy in your greenhouses, I shiver in a draughty garret.'
One is reminded of Shakspere, *Love's Labour's Lost* 1. 1. 105
*At Christmas I no more desire a rose* etc.

§ **8**. l. 15. **pomaria in turribus serunt**] For these roof
gardens, *pensiles horti* in Pliny and Curtius, cp. Cic. *Frag.* F. 5.
78 *sollertiam eam quae posset uel in tegulis proseminare ostreas*,
the elder Sen. *Contr.* 5. 5. *ut sint in summis culminibus
mentita nemora*, Sen. *Ira* 1. 21. 1 *nemora suspendere*, *Thy.* 464
*nulla culminibus meis* | *imposita nutat silua*.

l. 17. **improbe ... egissent**] 'it would have been presumptuous
for them to shoot'.

l. 19. **thermarum**] See V.M. 9. 1. 1 '*Orata* (see on 90. 7)
*pensilia balnea primus facere instituit* : from small beginnings
this increased, *ad suspensa caldae aquae tantum non* ( = 'al-
most') *aequora*', *Thy.* l.c. *nec fumant manu* | *succensa multa
stagna*.

§ 9. l. 24. **lucet** etc.] Athen. 6. 105 adds to the quotation cited in intr. above the comment οὗτος, ὡς ἔοικεν, πρωὶ μὲν ἐκάθευδεν, ὀψὲ δ᾽ ἠγείρετο.

## Page 148

l. 3. **mane**] as a noun is evidently colloquial : L.S. cite Cic. (Corr.), the Bell. Afr., and Hor. (Sat.).

§ 10. l. 5. **acerbo**] 'untimely': the adj. is frequently used thus with *funus* or *mors*, both in literature and in the epitaphs.

**ad faces et cereos**] The regular accompaniments of a child's funeral : see *Tranq.* 11. 7 and esp. B. V. 20. 5 *at mehercules istorum funera tamquam minimum uixerint ad faces et cereos ducenda sunt.* Hence a graceful thought in the description of the march of the dead to Hades, H.F. 855 : *his* (the young) *datum solis* (*minus ut timerent*) | *igne praelato releuare noctem.*

l. 9. **confitenti**] means that he applied to T. for a grant of money to enable him to keep up his position as a senator : Tac. A. 2. 37, 38 describes the emperor's refusal to help thus a nephew of the great Hortensius. Cp. B. 2. 7. 2.

§ 11. l. 11. **Montanus Iulius**] Seneca's father calls him *egregius poeta* (*Contr.* 7. 1. 27) : Donatus quotes from Seneca (? father or son) a tribute of his to Vergil's delivery.

l. 12. **frigore**] 'disfavour', as in Hor. S 2. 1. 62, Quint. and the younger Pliny. Terence and Cicero use *frigere* analogously : cp. e.g. Ter. *Eun.* 268 *nimirum homines frigent.* The metaphor was evidently colloquial.

**ortus et occasus**] i.e. *descriptions* of sunrise and sunset : cp. *Apoc.* 2 *cum omnes poetae, non contenti ortus et occasus describere, etiam medium diem inquietent* (with three sample lines). Examples of the tendency in Sen. himself, H.F. 125 *sqq.* (dawn), V.F. 2. 34 *sqq.* and 3. 726 *sqq.* (sunset), 4. 90 *sqq.* (dawn) : it is only one of the ways in which the century's taste for descriptions from Nature shows itself.

l. 15. **Natta Pinarius**] one of Seianus' satellites : see Tac. A. 4. 34.

l. 16. **ab ortu ad occasum**] i.e. from one of his descriptions of dawn to the one of sunset which was sure to follow soon afterwards. Of course the words ordinarily denote 'from morn to night'.

§ 12. l. 17. **recitasset**] not of course Natta, but Montanus.

l. 19. **tristis**] The bird is Procne, and still sorrows for the loss of Itys.

l. 20. **argutis**] Verg. A. 12. 475 *nidis loquacibus* (in the same context), H.F. 148 *querulos nidos*.

**reditura**] is typical of the allusive style of Silver Latin. The bird is feeding her young, but must make a second journey for her own breakfast : cp. Iuu. 10. 231 *ceu pullus hirundinis ad quem | ore uolat pleno* mater ieiuna.

l. 22. **Vinicii**] son of the Vinicius of 40. 9. He married Julia, the youngest daughter of Germanicus, in 33 A.D. (Tac. A. 6. 15) : Messalina had him poisoned for refusing her advances (Dio. 60. 27. 4).

l. 23. **improbitate linguae**] Cp. 47. 8.

PAGE 149

§ **13.** l. 1. **salutabo**] i.e. 'pay my *morning* call'.

§ **14.** l. 6. **obuium**] 90. 18 n.

l. 9. **in sermonibus**] Cic. Verr. 2. 4. 13 *in sermonem hominum uenire*, Ou. M. 12. 165 (*uictoria*) *in sermone fuit* (and so Sen. once). The plural is often used by Cicero in the sense 'tittle tattle'.

l. 12. **comedunt**] 'spend in gluttony' : so often e.g. in Comedy and Cicero, and καταφαγεῖν in Greek.

l. 15. **fabulas**] This word from the Augustan period onwards constantly denotes 'scandal', 'the talk of the town' : cp. Hor. *Epod.* 11. 8 *per urbem | fabula quanta fui* (imitated by Petrarch *Son.* 1 *si come al popol tutto | favola fui gran tempo*). The Spanish *hablar* ('speak') comes from *fabulari*.

§ **15.** l. 16. **Pedonem Albinouanum**] a contemporary and friend of Ovid's : he wrote an epic poem on Theseus, verses on Germanicus' voyage in the North sea (22 lines of which are preserved in Sen. *Suas.* 1), and epigrams which Martial often mentions among his models.

l. 19. **lucifugarum**] The word occurs elsewhere perhaps only in Apuleius. *Lucifugus* however is used by Lucilius, Cicero and others. In Lucil. (468 M) it is evidently used as Sen. uses *lucifuga* here : in Cic. (*Fin.* 1. 61) where *lucifugi* are classed between *difficiles* and *maledici* the reference is clearly to unsociableness. This explains the application of it in Rutil. Namat. 1. 440 to monks, and of *lucifugax* in Minuc. Fel. 8. 5 to the Christians.

l. 21. **rationes accipere**] 'going over his accounts' with the steward : in Petr. 30 Trimalchio's *procurator* does this.   For wrangling in this process cp. *Ira* 3. 33. 3 : the history of the word *disputare* itself, I suppose, is suggestive.

l. 23. **uocem exercere**] 15. 7 n.

l. 25. **gestari**] 15. 6 n.

**§ 16.**  l. 25. **discurritur**] 'there is a rush in all directions': cp. 95. 24 *transeo ministratorum (turbam) per quos signo dato ad inferendam cenam discurritur.*

l. 26. **coqui tumultuantur**]  See 78. 23 above.

l. 27. **mulsum et alicam**] mentioned together by Plin. *Ep.* 1. 15. 2 and Mart. 13. 6.   Plin. l.c. shews that it formed part of the *promulsis* or ' foretaste' of a meal and was sometimes cooled with snow.

l. 28. **huius diem**]  Cp. § 9 above, *proprium nobis...mane fiat,* and 83. 14 ' Piso slept till midday : *hoc* eius *erat* matutinum '. Our wastrel's day was other people's night, but as Pedo's description makes him prepare for dinner *circa lucem* it is clear, says Seneca's reader, that this meal at any rate extended into the *dies publicus* of § 9.   ' No,' says Seneca, ' he made a frugal meal, and it was all over before the day of ordinary mortals began.'

### Page 150

l. 4. **lychnobium**] ' a liver by candlelight', with a play on the word λύχνος ' luxurious '.

**§ 17.**  l. 5. **proprietates**] ' singularities ', ' differences ' · cp. 94. 19 *non opus est exhortatione ut colorum proprietates oculus intellegat: a nigro album etiam nullo monente distinguet.*

l. 9. **declinationes**] ' forms': cp. the grammatical use of the word (*casus rectus* is the nominative).   For the thought cp. 16. 9, 39. 5.

**capit**] ' admits of '.

l. 10. **soluti**] ' not involved ' : cp. *expedita* at the end.

l. 11. **distorti**] ' twisted ': cp. 48. 4 *uerba distorques* of syllogisms (contrasted with the *aperta et simplicia* of § 12).

**§ 18.**  l. 19. **retro uiuunt**]  For *retro* of reversing the natural order cp. *Ag.* 34 *uersa natura est retro.*

**§ 19.**  l. 23. **contra aquam remigantibus**]  A proverbial form of expression : Otto, *Sprichw.* s.v. *flumen* quotes many passages, but does not refer to Verg. G. 1. 201 *sqq.*

# INDEX TO THE NOTES

\* *denotes that the word (or the particular use of it) is not found in prose until the Silver period,* † *that it is colloquial or technical ;* )( *between two words means 'as opposed to'.*

*The references in Arabic numerals are to letter and section: Roman numerals are used where the matter is to be found in the introduction to a letter.*

exercise xv
†exhibere molestiam 56. 6
exhortatio = προτρεπτικός
LIII, LXXXIV, XC
exigere ad 11. 10; secum
27. 1
exire ad aes 88. 1; =dis-
cedere 18. 13
existimare male de 63. 10
exitus: *see* 'nausea'
exonerare ciuitatem 86. 3
expedire 'help' 88. 20;
'name off-hand' 88. 12
expedite 40. 12
expeditus (of conversational
powers) 79. 9; 'inde-
pendent' 90. 13
explicari 'expand' 56. 6
explicatio 114. 1
expositi 7. 3
exprimere 'squeeze out' 11.
7, 90. 15 (sprays)
†exsaniare 86. 6
exsilire (of a fountain) 40. 11
exspectatum, ante 114. 17
exspirare diu 54. 1
exsurgit morbus 78. 17
extendere aures 40. 3
extenuare spiritum 55. 2
extrinsecus, auscultare 33. 6


fabella 77. 10
Fabianus Papirius 11. 4, 40.
12
Fabii 82. 20
fabrica 90. 7
fabulae 'town-talk' 122. 14
facere, archaic uses of 114.
17; )( inuenire etc. 27. 6;
'make (oneself) out' 44.
1; =preceding verb 54. 4
(cp. *fieri* 77. 8); fac (w.
acc. and inf.)=finge 107.
11

faces: *see* 'cerei'
facie, prima 87. 1
facilis 'easily got' 5. 4;
'easily satisfied' 90. 13;
'generous' 77. 8
faex (of gold mines etc.) 90.
45
fama=opinio 63. 16; famae
(pl.) in Sall. etc. 114. 19
fame conferred by writers
21. 8
fames artificia docuit 15. 7;
*see* 'irritare'
familia 'slaves' 87. 6
*familiaris 'usual' 18. 8
fartus 76. 4
fastigium 47. 18, 108. 13
(humanum)
Fate: huius operis pulcherrimi cursum cui quicquid
patimur intextum est 107.
10; continuus ordo fato-
rum 88. 15; *see* 'series'
fear and hope connected 5. 7
feminae, time for mourning
allotted to 63. 13
fericula 90. 15 (spelling),
122. 3
ferre aetatem male 88. 6; se
53. 4; in futurum ferri
15. 9; )( trahere 44. 7
ferro et igne 7. 4
fictilibus uti etc. 5. 6.
fidelis 'genuine' 80. 2; 'reliable' 27. 2
fideliter 84. 7
fides: †bona fide 56. 11;
'fulfilment' 77. 14; Quiritium fidem 15. 7; fidem
egressi sensus 114. 1
fieri: *see* 'facere'
figere altius 84. 8
φιλήτης 51. 13
fines bonorum etc. 78. 25
fish in bad weather, no 55. **6**

¹ In the case of this lemma I have drawn upon the text itself, and not confined myself to illustrations handled in the notes.